Klaus Pracht

Massivholz-Möbel selber bauen

Entwürfe, Konstruktionen
und Details
in über 1000 Zeichnungen

AUGUSTUS VERLAG AUGSBURG

Die Deutsche Bibliothek – CIP-Einheitsaufnahme

Pracht, Klaus:
Massivholz-Möbel selber bauen : Entwürfe, Konstruktionen
und Details in über 1000 Zeichnungen / Klaus Pracht. –
Augsburg : Augustus-Verl., 1993
ISBN 3-8043-0195-9

Lektorat, Satz und Gestaltung: Günter Wiegand, Kronberg-Oberhöchstadt
Umschlaggestaltung: Bine Cordes, Weyarn unter Verwendung einer Zeichnung von Eberhard Holder, Stuttgart

AUGUSTUS VERLAG AUGSBURG 1993

Druck: Neue Stalling, Oldenburg
ISBN: 3-8043-0195-9
Printed in Germany

Vorwort

Der Wunsch, Möbel selbst zu bauen, ist nach wie vor weit verbreitet. Dem kommt entgegen, daß die Menschen heute über mehr Freizeit verfügen als noch vor wenigen Jahren, und daß häufig großes Interesse besteht, dem Wohnbereich einen individuellen, unverwechselbaren Ausdruck zu geben.

Damit gibt es in mehrfacher Hinsicht Informationsbedarf für den Freizeit-Tischler. Einmal braucht er Vorschläge, welche Möbel die vorhandene Ausstattung ergänzen können, zum anderen sind technische Anleitungen zum Bau und zur Gestaltung nötig.

Das vorliegende Buch geht diesem Interesse nach. Es bietet eine große Auswahl an Formen, Größen und Konstruktionen und fordert den Leser auf, nach eigenem Bedarf und Geschmack auszuwählen und abzuwandeln. Einzelne Möbelstücke sind jeweils exemplarisch in ihrer Konstruktion illustriert und beschrieben.

Die Größe der Stücke ist nicht festgelegt. Bewußt sind außer Empfehlungen für die zu wählende Holzstärke keine Maße angegeben. Der Freizeit-Tischler soll selbst entscheiden, wie groß z. B. ein Schrank sein soll. Das ist außer von der vorgesehenen Verwendung auch von dem erforderlichen zeitlichen und kostenmäßigen Aufwand abhängig, den er betreiben will.

Massivholz ist als Material für den Möbelbau sehr gefragt. Das Ja zum natürlich gewachsenen Material ist verständlich. Die Kern- und Splintholzflächen im Langholz oder die Jahresringe im Hirnholz sind je nach Holzart sehr ausdrucksstark. Das ist bei der Gestaltung zu berücksichtigen: Je vielgestaltiger ein Möbelstück sein soll, desto ruhiger muß das gewählte Material wirken.

Zur Vermeidung von Monotonie, die durch den ausschließlichen Einsatz von Naturholz entstehen kann, empfiehlt sich der Kontrast mit anderen Materialien und die Verwendung von Farben. Dabei kann man sich durchaus auf unbunte Farben (Schwarz und Weiß) oder auf eine Farbe in heller und dunkler Tönung beschränken.

Bei den vorgeschlagenen Konstruktionen sind aufwendigere Holzverbindungen in der Regel vermieden. Die Teile werden meist miteinander verdübelt, so daß die Möbel auch ohne große Ausrüstung an Werkzeugen und Maschinen herzustellen sind. Die Konstruktionen müssen das Arbeiten des Holzes – das Quellen und Schwinden – zulassen. Daher erhalten z. B. Türen und andere ebene Flächen Leisten, damit sie gerade gehalten werden und sich nicht verziehen.

Möbel aus Massivholz selbst zu bauen, kann für den Leser eine anspruchsvolle Freizeitbeschäftigung darstellen. Sie bietet zudem die Möglichkeit, sich um interessante Kleinigkeiten (z. B. ein Geheimfach in einem Schrank oder einer Kommode) zu kümmern, die im Serienmöbelbau nicht berücksichtigt werden. In diesem Sinne wünschen Autor und Verlag viel Freude und Erfolg.

Inhalt

1 **Grundlagen** 8-33

Überblick	8/9
Nutzung und Gestaltung	10/11
Abmessungen	12/13
Konstruktion und Material	14/15
Holz und Leim	16/17
Holzverbindungen	18/19
Metallverbindungen	20/21
Gestelle	22/23
Stollen	24/25
Regale und Schränke	26/27
Flächen und Klappen	28/29
Türen und Türbeschläge	30/31
Schubkästen	32/33

2 **Tische** 34-51

Allgemeines	34/35
Beistelltische	36/37
Wandtische	38/39
Klapptische	40/41
Satztische und Sideboardtische	42/43
Rollwagentische	44/45
Schaukastentische	46/47
Ecktische	48/49
Blumenständer	50/51

3 **Kommoden** 52-59

Kommoden mit eckigen Kästen	52/53
Kommoden mit Rundungen	54/55
Kommoden mit Stufen	56/57
Schreibkommoden	58/59

4	Regale	60-77
	Gerade Regale	60/61
	Regale mit Schrägen	62/63
	Regale mit Rundungen	64/65
	Regale mit Blenden	66/67
	Regale mit Stäben und Wangen	68/69
	Regale mit Profilleisten	70/71
	Regale für Stereoanlagen	72/73
	CD-Ständer und Regale für Fernseher	74/75
	Regalkombinationen	76/77

5	Schränke	78-91
	Quadratische Hängeschränke	78/79
	Rechteckige Hängeschränke	80/81
	Aufsatzschränkchen	82/83
	Schränke mit Satteldächern	84/85
	Schränke mit Pultdächern	86/87
	Schrankkombinationen	88/89
	Gestaltete Schranktüren	90/91

6	Vitrinen	92-95
	Vitrinenschränke	92/93
	Vitrinen zwischen Schrankteilen	94/95

7	Schreibmöbel	96-101
	Schreibschränke	96/97
	Sekretäre	98/99
	Stehpulte und Schreibtische	100/101

8	Wohntürme	102-107
	Wohntürme mit Brettstollen	102/103
	Wohntürme mit Dächern	104/105
	Wohntürme mit Sprossen und Scheiben	106/107

9	Möbelprogramme: Konstruktion	108-121
	Quadratische Rahmen	108/109
	Rechteckige Rahmen	110/111
	Horizontale und vertikale Bretter	112/113
	Diagonale Bretter	114/115
	Horizontale und vertikale Leisten	116/117
	Lisenen, Raster und Stufen	118/119
	Sprossen und Gitter	120/121

10	Möbelprogramme: Gestaltung	122-135
	Schlitze und Kerben	122/123
	Ausschnitte	124/125
	Möbelbeispiele mit Ausschnitten	126/127
	Profile und Aufdicktungen	128/129
	Möbelbeispiele mit Profilen	130/131
	Runde Formen	132/133
	Schrank mit geschweiftem Oberteil	134/135

Material

Schnittholz

Bei Schnitthölzern ist die Auswahl zwischen in- und ausländischen Hart- und Weichhölzern zwar groß, für den Heimwerker kommen aus preislichen und verarbeitungstechnischen Gründen aber fast nur Kiefer und Fichte in Frage. Kiefer ist mit seinem hellen Splint und dunklen Kern sowie durch die lebhafte Maserung sehr ausdrucksstark. Es eignet sich daher vor allem für einfache Formen und glatte Flächen. Fichte ist dagegen relativ ausdrucksarm, fast blaß. Das erlaubt stärkere Profile. Zu berücksichtigen ist ferner, ob für das zu bauende Möbel und die vorgesehene Gestaltung astreines oder ästiges Holz in Frage kommt.

Jahresringe

Die Wachstumsstruktur des Holzes muß beim Möbelbau unbedingt beachtet werden, um späteren Schäden vorzubeugen. Holz ist ein lebendiges Material. Es arbeitet quer zur Faser, auch wenn es gut getrocknet ist. Die Konstruktionen müssen so gewählt werden, daß sie das Quellen und Schwinden zulassen. Die Jahresringe – am Hirnholz eines Brettes zu sehen – sollten aufrecht stehen, vor allem bei beweglichen Teilen wie Türen und Klappen. Bei liegenden Jahresringen verzieht sich ein Brett: auf der linken Seite (zum Splint hin) wird es hohl, auf der rechten (kernseitig) wölbt es sich.

Möbelfronten

Regale haben offene Fronten, bei anderen Möbeln sind die Fronten durch bewegliche Bauteile geschlossen. Aus Brettern zusammengefügte bewegliche Flächen müssen durch Leisten gerade gehalten werden, aber so, daß das Holz nicht am Arbeiten gehindert wird. Dazu dienen auf den Flächen Schraubleisten oder an den Enden Hirnholzleisten.

- Türen lassen sich drehen oder schieben, sie schlagen vor die Seiten oder Böden oder liegen zwischen ihnen.

- Klappen werden gekippt und dienen als Ablage oder Schreibfläche.

- Schubkästen werden mit ihren Seiten, Vorder- und Hinterstücken zusammengedübelt. Die Böden bestehen aus Sperrholz und werden von hinten eingeschoben.

Halbfabrikate

Holzhandel und Heimwerkermärkte bieten eine große Auswahl von Halbfabrikaten an: Leisten, Kanteln, Bretter, Stäbe, Profile, außerdem weiter vorgefertigte Bauteile wie verleimte Flächen, Rahmen, Füllungen, Tischbeine, Schrankteile usw. Der Freizeit-Tischler hat so die Möglichkeit, Möbel vollständig aus vorgefertigten Teilen zu bauen, was freilich die Gestaltungsmöglichkeiten einengt.

Möbelbeschläge

Neben Beschlägen zum Bewegen, Öffnen und Schließen gibt es besondere Beschläge für zerlegbare Möbel, die aber bei den hier vorgestellten, fest verleimten Möbeln nicht verwendet werden.

Zum *Bewegen* dienen Bänder und Scharniere, die fest oder aushängbar, stückweise oder durchlaufend, gerade oder gekröpft gearbeitet sind. Sie liegen sichtbar in den Fronten oder an den Seiten oder sind verdeckt montiert. Der Handel hält viele Fabrikate bereit, die in Beschlagkatalogen eingesehen werden können.

Zum *Öffnen* dienen Knöpfe, Griffleisten, Nuten oder Aussparungen.

Zum *Verschließen* werden Schnäpper, Riegel und Schlösser angebracht. Schlösser werden je nach Stärke der Türen oder Kästen hintergeschraubt, eingelassen oder eingesteckt. Die Schließung erfolgt seitlich, oben oder unten oder kombiniert.

Oberflächen

Die Behandlung der Holzflächen ist von großer Bedeutung für das Aussehen und die Wirkung von Massivholzmöbeln. Die Schnittflächen werden geglättet und naturbelassen. Eine farblose Lasur schützt gegen Schmutz. Zur Betonung der Maserung kann vorher geölt werden. Durch Beizen, lasierenden oder deckenden Anstrich ist farbliche Gestaltung möglich. Die Farbauswahl muß unter gestalterischen Gesichtspunkten erfolgen. Bei einfarbigen Möbeln kommen Formen und Profile stärker zur Geltung, beim farblichen Absetzen einzelner Teile werden diese zwar unterstrichen, können aber das Gesamtbild unruhig machen und stören.

Bearbeitungsformen

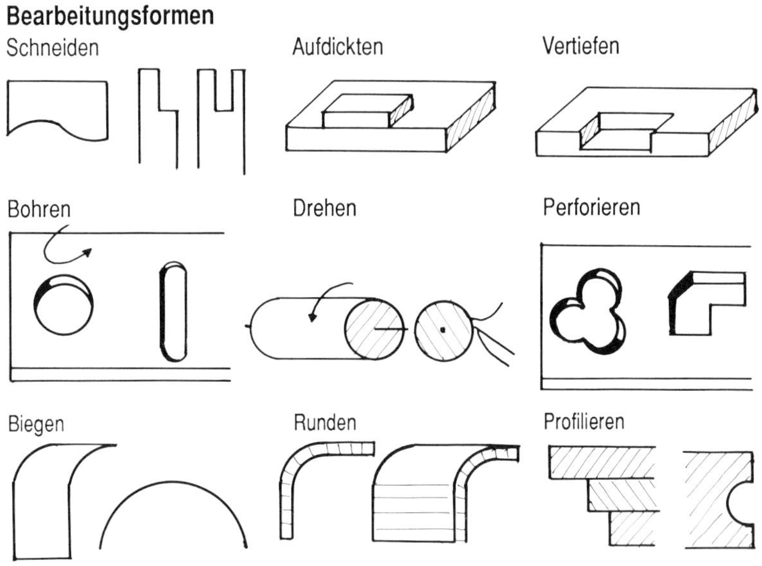

Bauarten

Die Bauweise von Möbeln aus Massivholz hat sich über Jahrhunderte handwerklich entwickelt und entspricht der Struktur des Holzes.

Brettbau
Schmale Bretter werden zu breiten Flächen verleimt und horizontal wie vertikal zu Körpern verbunden. Die Kantenverbindungen halten die Flächen eben. Bewegliche Flächen werden auf der Rückseite durch Schraubleisten gerade gehalten.

Rahmenbau
Die einzelnen Rahmenhölzer werden der Einfachheit halber an den Ecken jeweils durch zwei Dübel miteinander rechtwinklig fest verbunden. Die Rahmen erhalten Füllungen aus Holz, Glas oder anderem Material. Holzfüllungen können in den Nuten der Rahmenhölzer frei arbeiten und werden dabei eben gehalten.

Korpusbau
Ein Möbelkörper besteht aus den Seiten, dem Ober- und Unterboden und der Rückwand, die den hinteren Abschluß bildet und aussteift. Türen, Klappen und Schubkästen verschließen die Möbelfront, Innenböden dienen zur Aufteilung in einzelne Fächer.

Stabilität
Die Festigkeit von Möbeln hängt nicht nur von der durchdachten Konstruktion und der soliden handwerklichen Ausführung ab, sondern darüber hinaus von der Aussteifung der offenen und geschlossenen Körper und Gestelle. Diese Funktion haben Querverbindungen, z. B. Zargen, vor allem aber Rückwände. Groß dimensionierte Bretter und Flächen, z. B. Regalböden, müssen gegen Durchbiegen gesichert werden. Dazu dienen Vorleimer und Verstärkungen.

Zargenbau
Zargen sind hochkant stehende Bretter, die horizontal eingesetzt werden, um z. B. Flächen an Regalen auszusteifen. Bei Tischgestellen verbinden Zargen die Tischbeine miteinander.

Sprossen
Runde Stäbe oder kantige Leisten werden als Querstücke zwischen Brettern, Stollen oder Flächen eingebohrt oder eingestemmt. Sprossenfolgen bilden leiterartige Elemente oder offene Felder von Körpern oder transparente Füllungen von Rahmen.

Gestellbau
Gestelle bestehen aus Brettern, Kanteln, Leisten oder Stäben. Sie dienen einmal als Traggerüste für Körper (z. B. unter Schränken oder Kommoden) oder für Flächen (z. B. unter Tischen und Bänken). Zum anderen ergeben sie offene Körper, z. B. Vitrinen und Wohntürme. Gestellverbindungen lassen sich gut durch Dübel herstellen.

Stollenbau
Stollen sind tragende Gestellteile, die an den Körperkanten oder -seiten hochgeführt werden bis zu den obersten Korpusteilen oder sogar darüber hinaus.

Rasterflächen
Sie werden aus meist sich rechtwinklig kreuzenden Brettlamellen, Leisten oder Stäben gefertigt. Die Oberkanten liegen bündig oder sind versetzt. Rasterflächen dienen im Möbelbau als Gestelle, Ablageflächen oder Teile von Körpern. Auch als Möbeltüren werden sie eingesetzt.

Verbindungen
Im Möbelbau müssen die Teile sehr solide miteinander verbunden werden, da Möbel bewegt werden und teilweise hohen Belastungen ausgesetzt sind.

Holzverbindungen sind feste oder lösbare Verbindungen von Möbelteilen. Für die hier vorgestellten Möbel werden nur einige der vielen Möglichkeiten gezeigt. Als feste Verbindungen sind dies vor allem Dübel, verleimte Langholzfugen – quer zur Faser hält kein Leim –, Federn, in Ausnahmen auch Zapfen und Zinken. Eine lösbare Verbindung ist z. B. die Stegverbindung mit Keilen.

Die Verbindungen können verdeckt liegen oder sichtbar sein, dann müssen sie aber gut aussehen. In dieser Hinsicht kommen vor allem die alten handwerklichen Holzverbindungen in Frage. Um sie auszuführen, braucht man viel Erfahrung und handwerkliches Geschick. Sie werden daher für den Freizeit-Möbelbau nur ausnahmsweise vorgeschlagen.

Metallverbindungen sind feste oder lösbare, einfache oder aufwendige Verbindungsmittel. Am verbreitetsten sind Schrauben und Nägel. Praktisch sind auch Winkel und Bleche. Alle Metallverbindungen werden bei Möbeln aus Massivholz nur verdeckt angebracht. Dabei ist der Verlauf der Holzfasern zu beachten: im Hirnholz hält keine Schraube und kein Nagel.

Einzelmöbel sind auf Tätigkeiten und Nutzungsansprüche des Menschen abgestimmt. Ihre Gestaltung ist auf vielfältige Weise möglich.

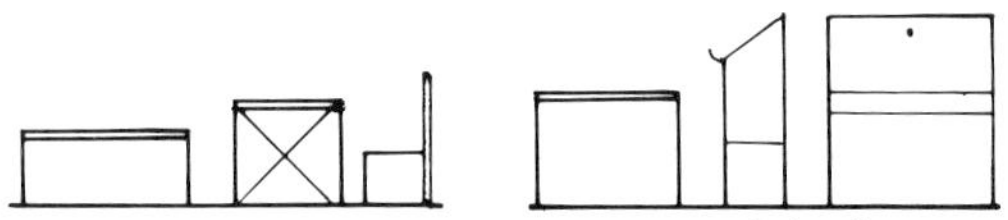

Tisch Stuhl Essen Schreiben

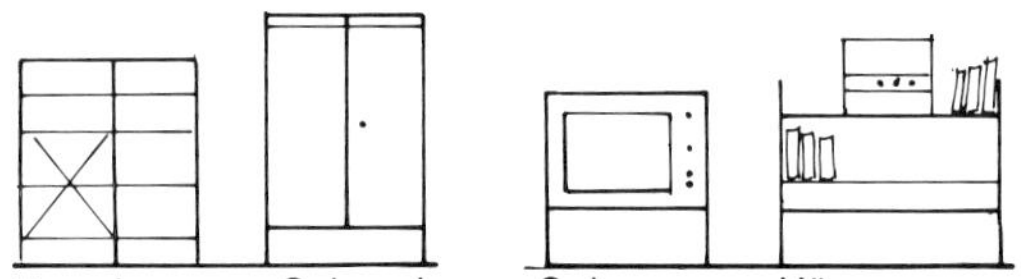

Regal Schrank Sehen Hören

Möbelprogramme bestehen aus aufeinander abgestimmten Möbeln, die trotz unterschiedlicher Funktion durch ihre Form- und Farbgebung eine einheitliche Wirkung zeigen.

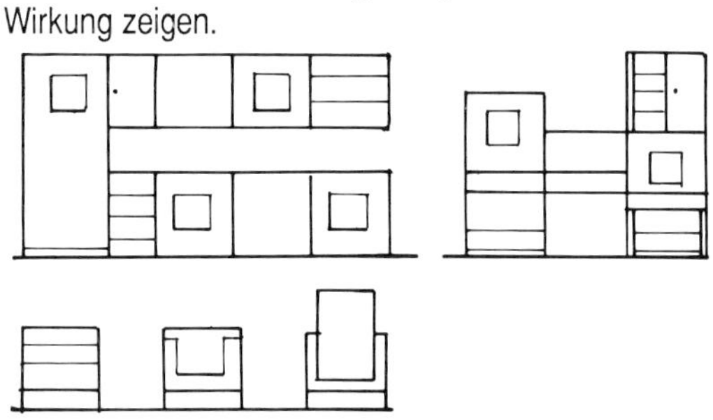

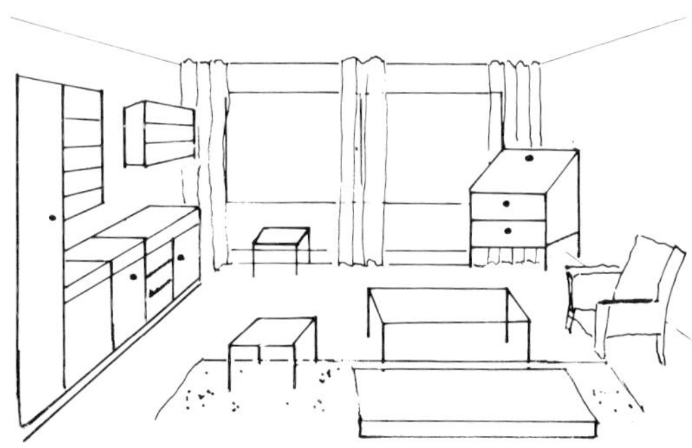

Räume werden sowohl mit Einzelmöbeln als auch mit Programmen ausgestattet. Größe, Form, Material und Farbe des Mobiliars bestimmen maßgeblich die Raumatmosphäre.

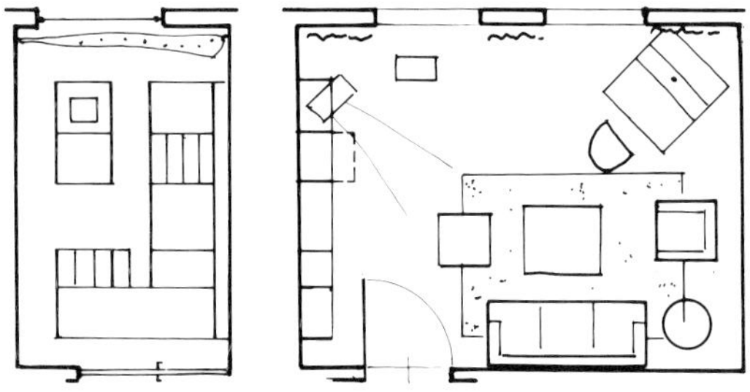

Wandansicht Grundriß

Gestaltung beruht auf vielen Faktoren, die bedacht werden müssen. Neben der Größe und den Proportionen wirken z. B. Form und Farbe eines Möbels. Auch Bauteile (Flächen, Gestelle, Beine, Leisten usw.) sind zu gestalten.

Abmessungen

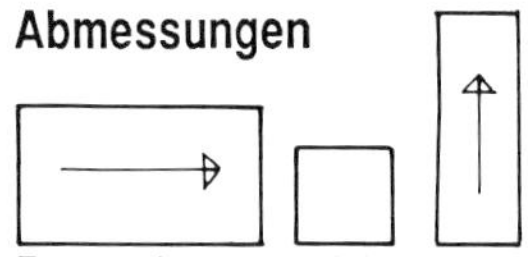

Proportionen Dimensionen

geschlossene Flächen

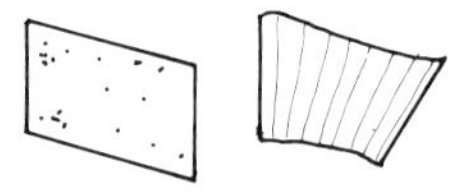

plan verzogen

Körper

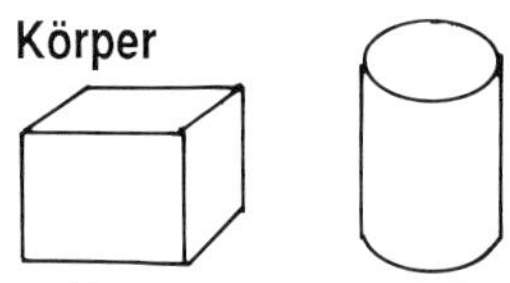

eckig rund

offene Flächen

Leisten Rahmen Geflecht

Formen

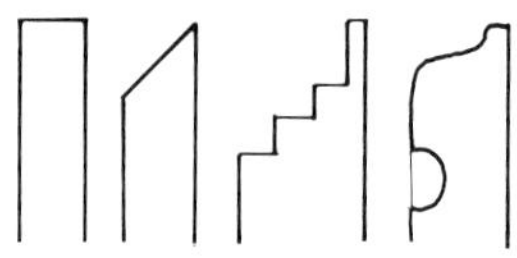

eckig rund

Anordnung

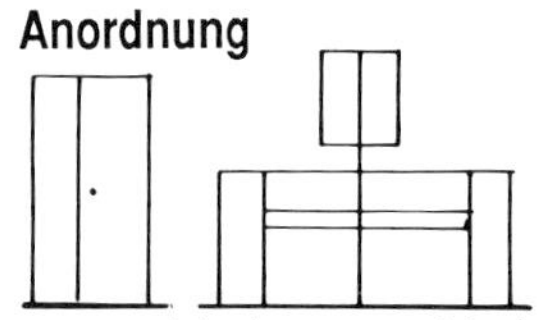

asymmetrisch symmetrisch

Gliederung

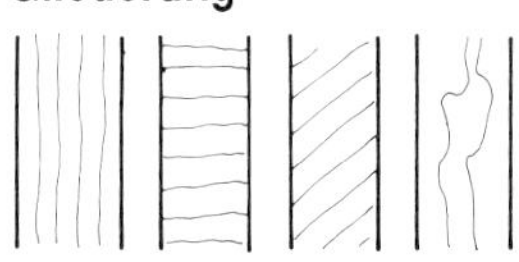

Farbgebung

unbunt - farbig
hell - dunkel
glänzend - matt

Aufbauten

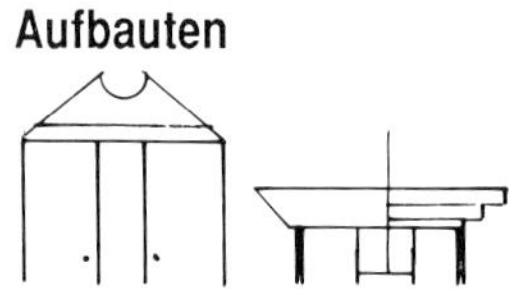

Blende Kranz

Unterbauten

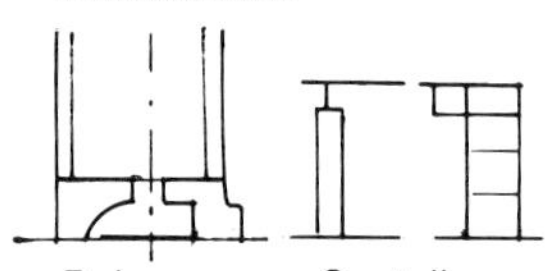

Beine Gestelle

Seiten und Kanten

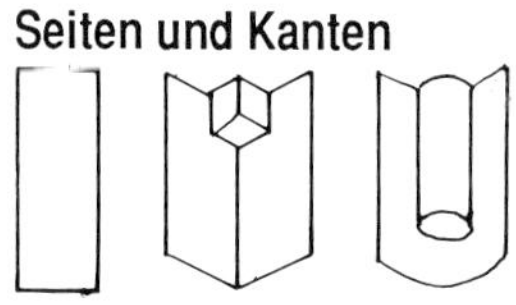

Böden

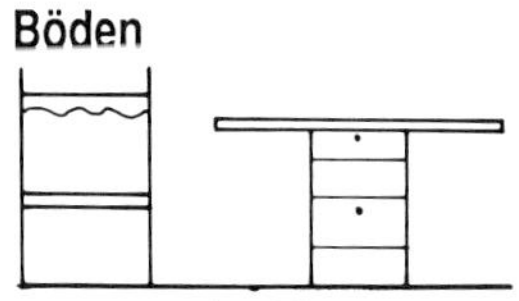

oben in der Mitte unten

Ausdrucksformen

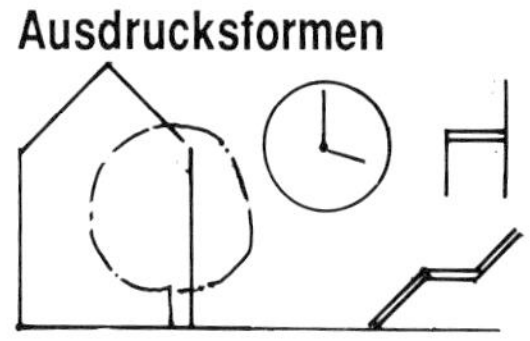

Entsprechung von
Ort Zeit Nutzung

Steigerungsformen

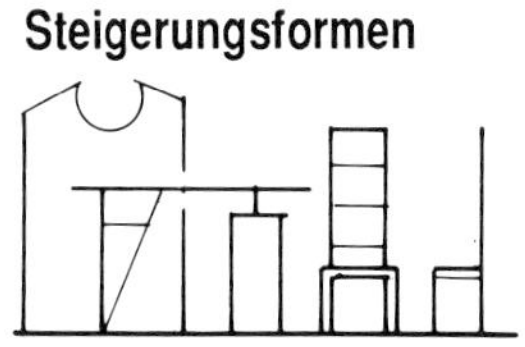

Übertreiben von Größen

Die Größe der Möbel ist relativ frei wählbar. Der Leser soll selbst entscheiden, welche Abmessungen mit der angestrebten Nutzung seiner Möbel und der Art und Größe seiner Räume harmonieren. Dieses Beispiel eines Schranks zeigt im Vergleich mit einem Stuhl, wie sich die Größe eines Möbels unter Beibehaltung der Proportionen verändern läßt.

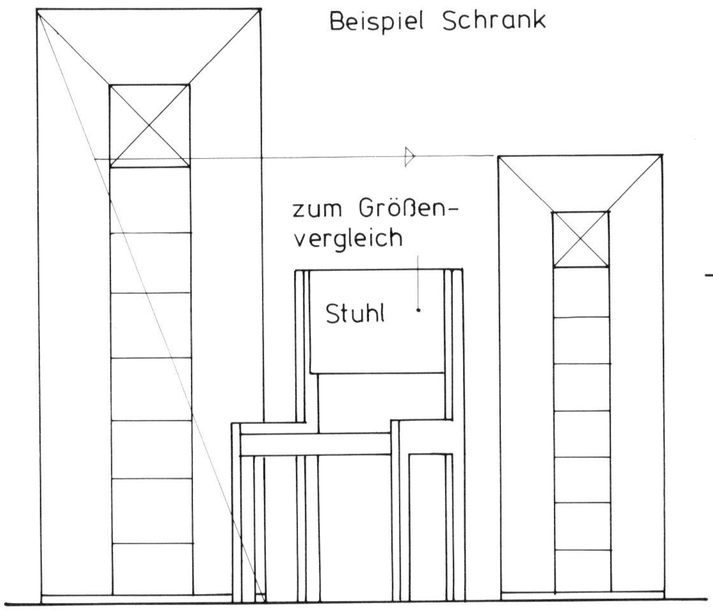

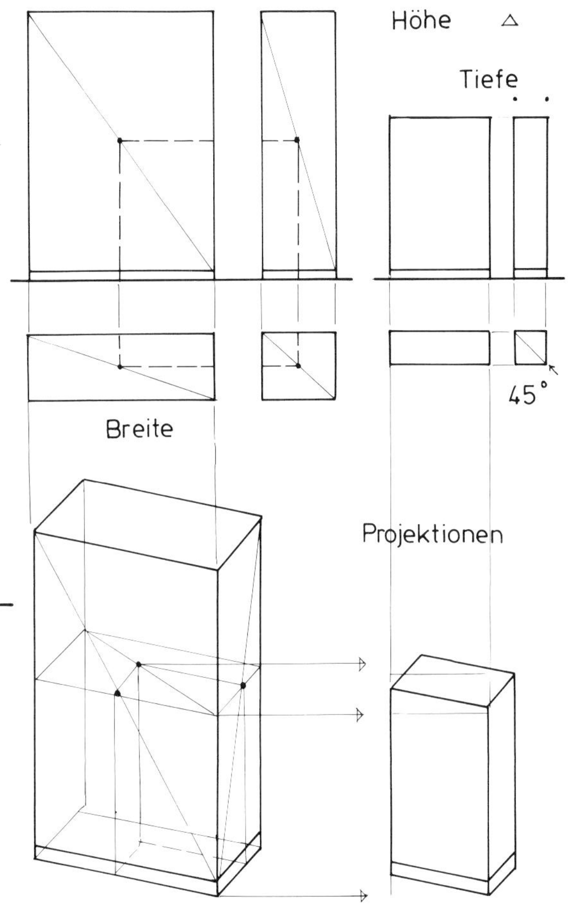

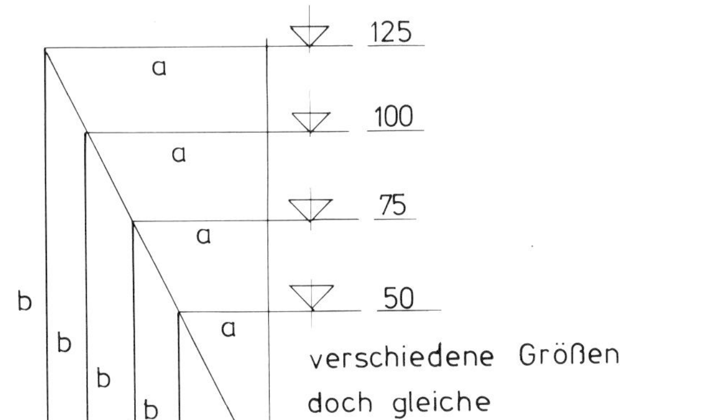

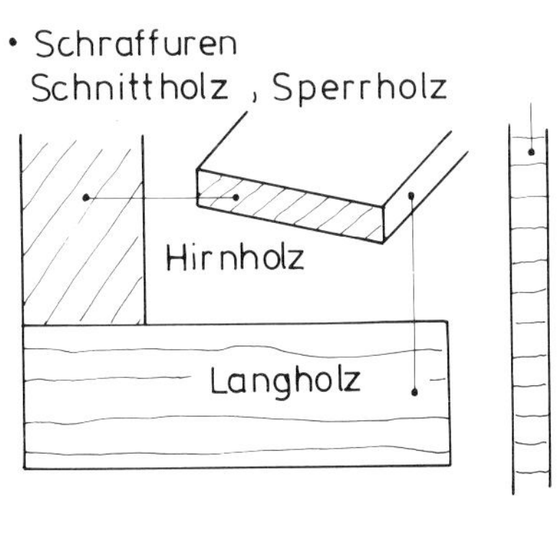

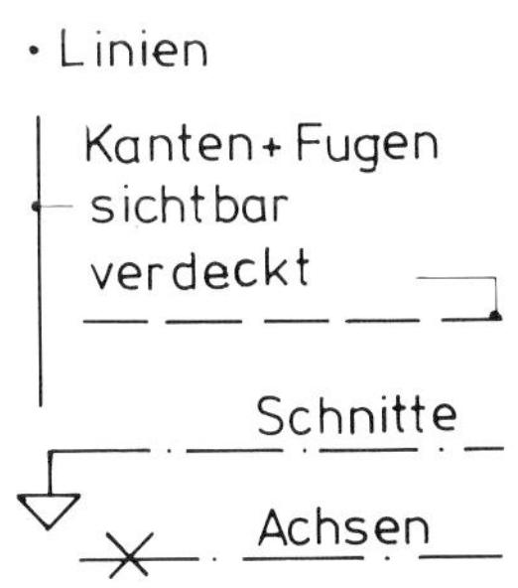

Die Proportionen bei unterschiedlicher Größe der Darstellung bleiben dann gewahrt, wenn sich die entsprechenden Eckpunkte auf einer Diagonalen verschieben. Das gilt sowohl für die zweidimensionale Darstellung in der Seitenansicht oben als auch für die dreidimensionale isometrische Darstellung darunter. Die in den Zeichnungen enthaltenen Informationen über Material, Konstruktion und Gestaltung bedürfen der Erläuterung. Ansichtslinien werden relativ dünn gezeichnet, Schnittflächen stärker umrandet, verdeckte Kanten und Fugen gestrichelt. Schnittebenen sind als Schnittpunktlinien dargestellt und mit Pfeilen markiert. Hirnholz zeigt diagonale Schraffur, Langholz lange Freihandlinien, Werkstoffplatten sind quer schraffiert.

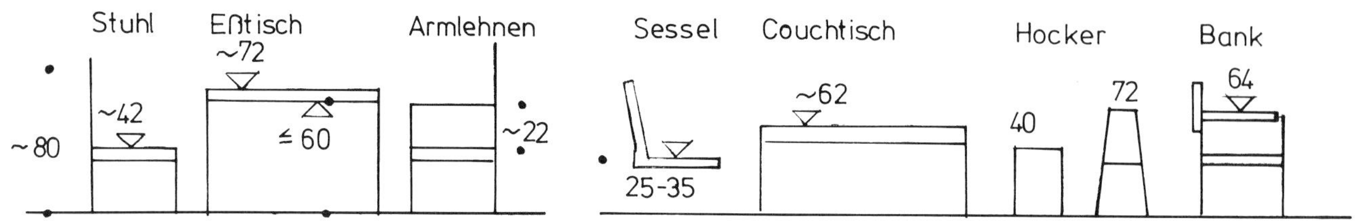

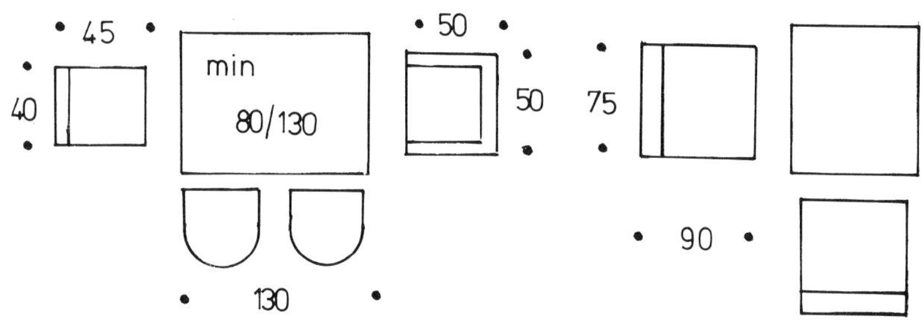

Die Maße der Möbel sind grundsätzlich auf den Menschen und seine Bedürfnisse abzustimmen. Das gilt vor allem für die Maße von Stühlen und Tischen. Ebenso sind die Sichthöhen und Griffbereiche zu bedenken. Sie variieren hinsichtlich Größe, Alter und Ansprüchen der Personen, für die ein Möbel bestimmt ist.

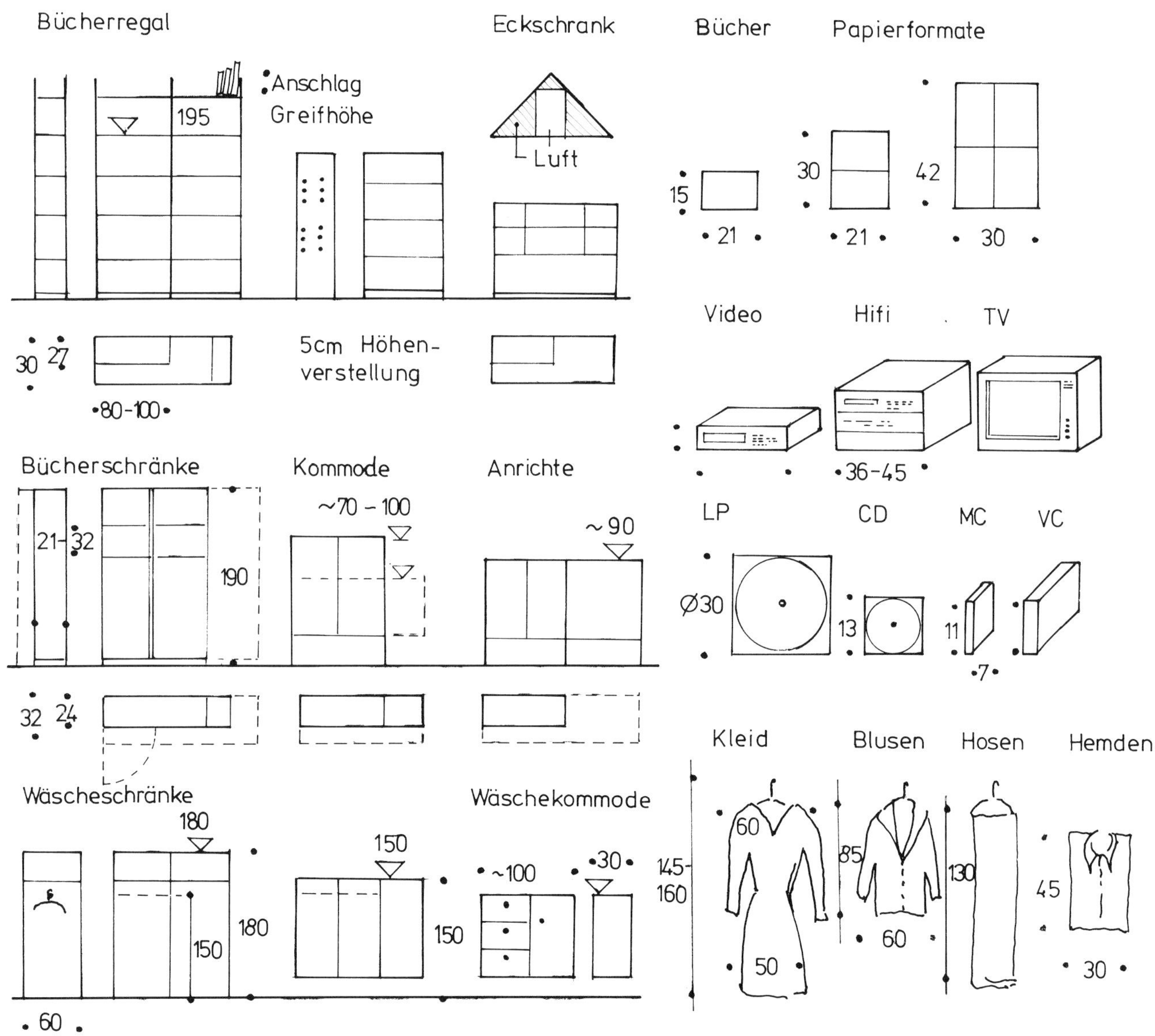

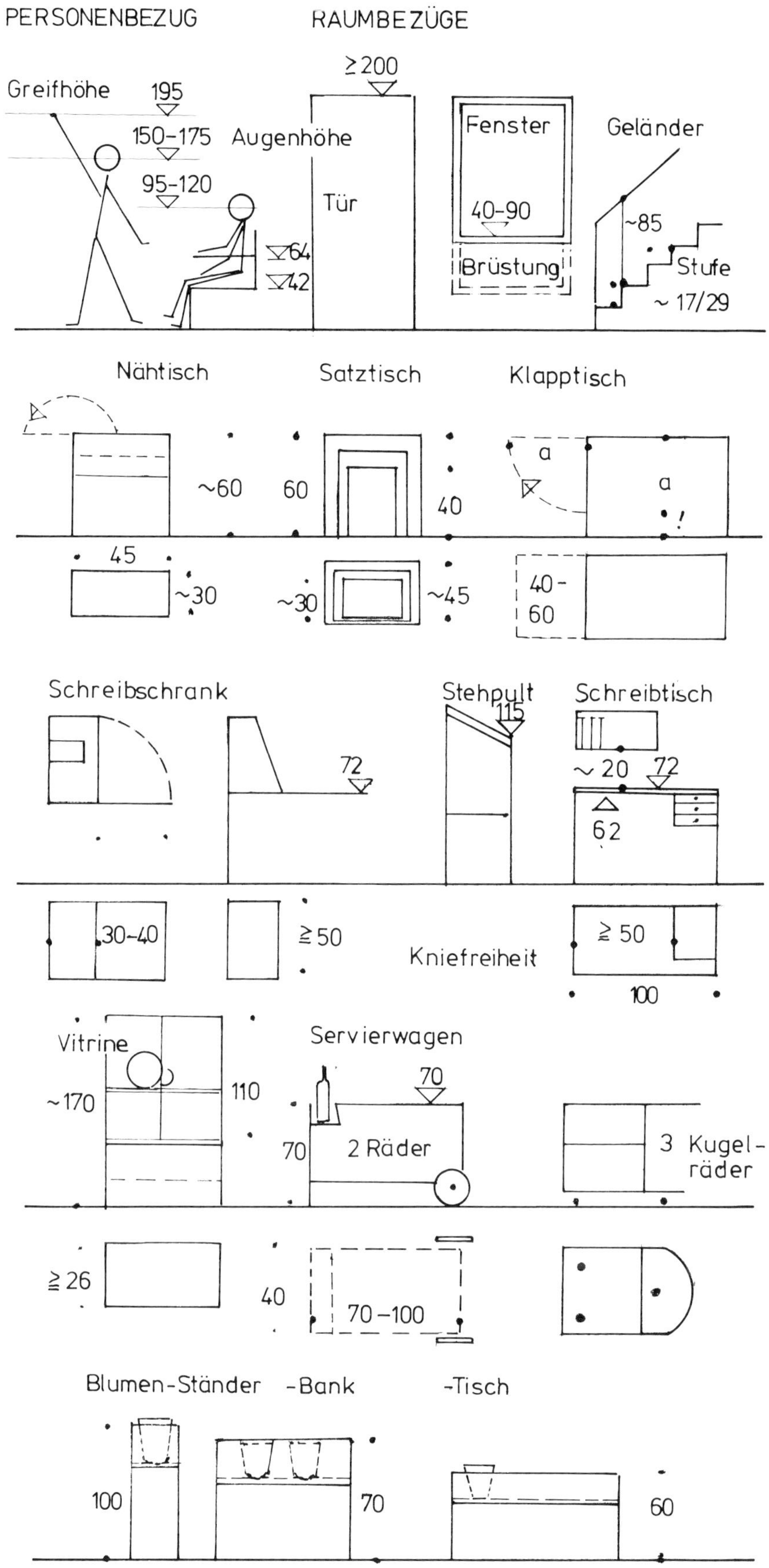

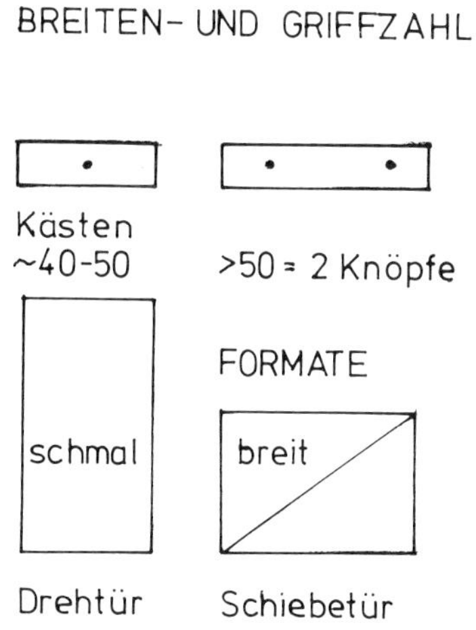

Raumbezüge, z. B. Decken- und Türhöhe, Brüstungen und Geländer, spielen für die Festlegung der Möbelmaße und Größen ebenso eine Rolle wie die Proportionen der Körper und Flächen. Das gilt nicht nur in bezug auf die Gestaltung, sondern auch für die technische Ausführung. Drehtüren sollen z. B. senkrechte, Schiebetüren waagerechte Formate aufweisen. Schubkästen dürfen nicht zu breit sein, damit sie besser laufen.

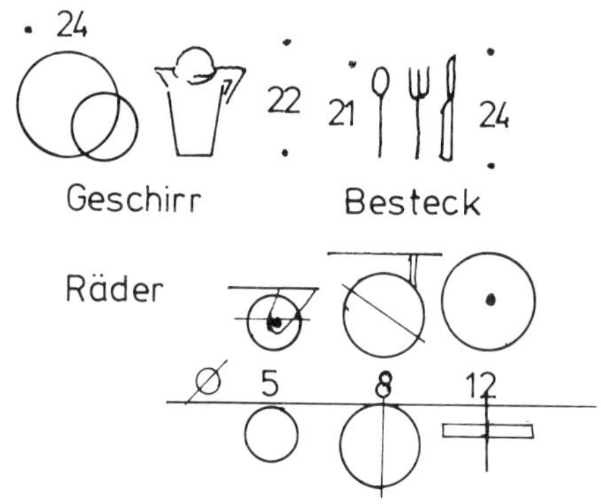

Die Abmessungen der Dinge, die in Regalen und Schränken untergebracht werden sollen, sind zu berücksichtigen – gleichgültig, ob es sich um Bücher und Geräte oder um Kleidung handelt.

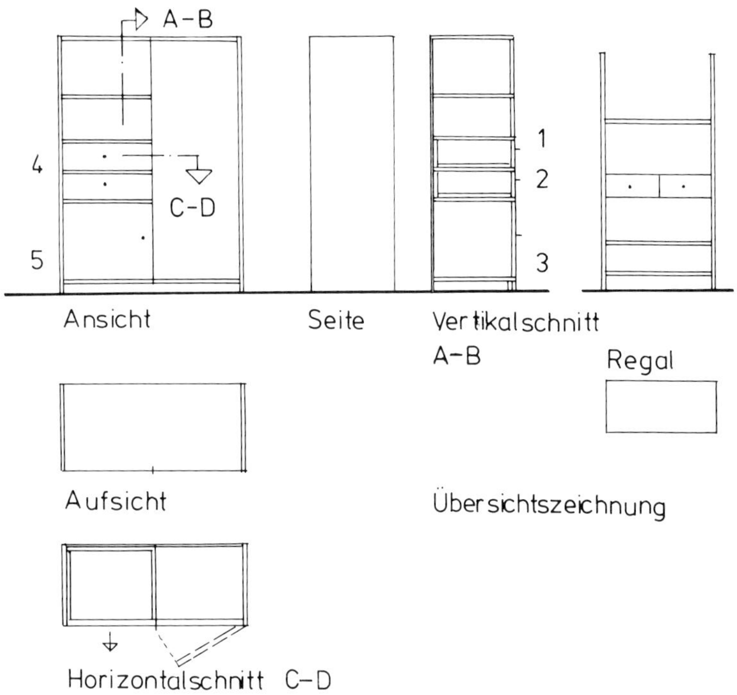

Konstruktionszeichnungen stellen Möbel im verkleinerten Maßstab dar.

Ansichten bilden das Möbel von vorne ab.

Die *Seitenansichten* liegen rechts daneben mit der Front nach rechts.

Die *Aufsicht* liegt in der Flucht unter der Ansicht mit der Front nach vorn.

Die *Schnitte*, vertikal und horizontal, sind in ihrer Lage und Ausrichtung in der Ansicht durch Strichpunktlinien und Pfeile eingetragen. Sie zeigen die Bauteile der Möbel auf.

Detailzeichnungen geben die Konstruktion der Möbel vergrößert wieder. Die Ziffern kennzeichnen die Lage der Details in der Übersicht.

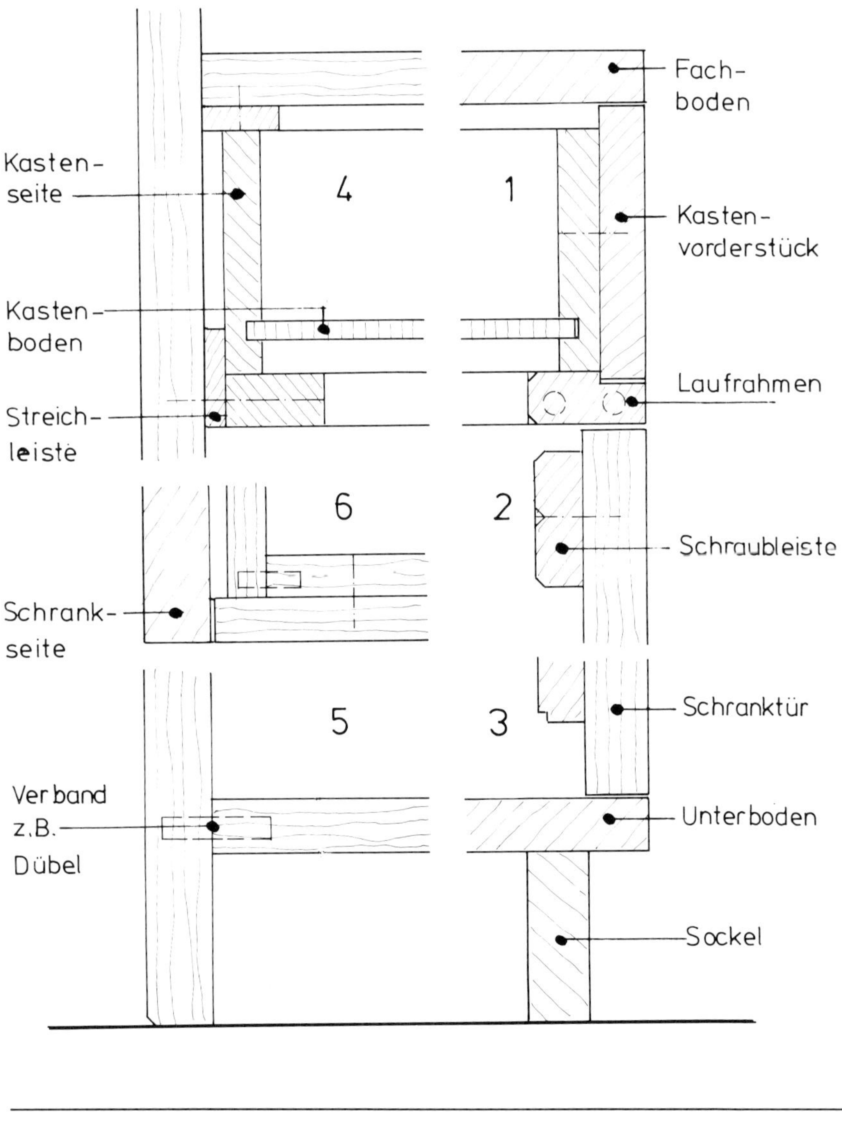

Holzstärken

Fachböden je nach Spannweite ca. 20 mm

Kastenvorderstücke je nach Verbindung mit den Kastenseiten ca. 16 mm

Kastenseiten je nach Nuttiefe der Kastenböden ca. 12 mm

Kastenböden je nach Größe ca. 4–6 mm Sperrholz

Laufrahmen je nach Breite der Kästen ca. 20 x 60 mm

Streichleisten 3 x 20 mm

Schrankseiten je nach Schrankhöhe ca. 18–24 mm

Schranktür je nach Türhöhe und -breite 18–24 mm

Schraubleiste als Türgrathalterung 18 x 50 mm

Unterboden je nach Spannweite und Unterstützung ca. 20 mm

Sockel je nach Höhe 20–25 mm

Schrankrückwand je nach Höhe 6–8 mm Sperrholz

Regale unterscheiden sich von Schränken eigentlich nur durch offenen Fronten. Die Holzstärken sind daher für beide nahezu gleich.

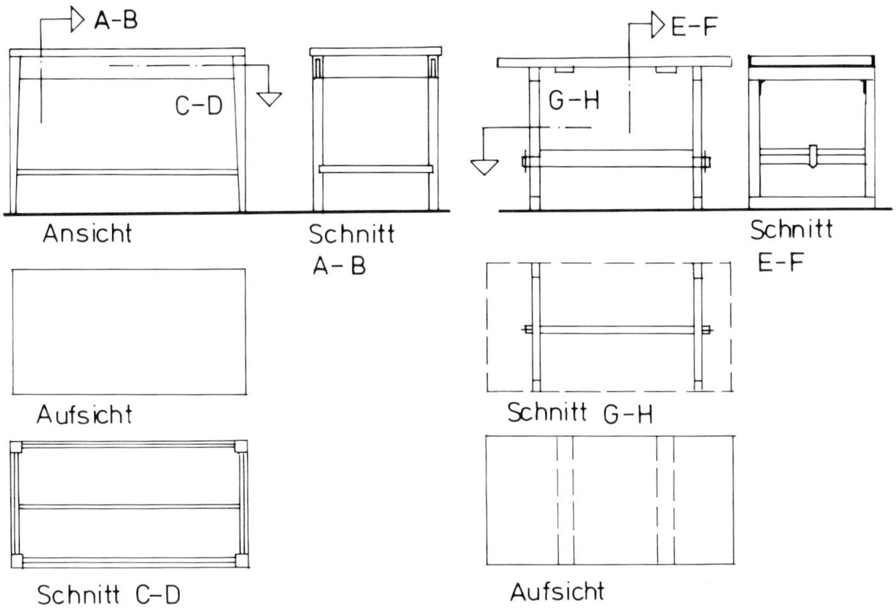

Tische unterscheiden sich konstruktiv durch ihre Bauart. Da diese auf die Holzstärken Einfluß hat, sind hier zwei grundlegende Varianten einander gegenübergestellt. Das Zargengestell links erlaubt es, die Tischplatte ringsherum zu befestigen. Sie kann damit um rund ein Drittel dünner sein als bei der Rahmenkonstruktion rechts, bei der die Platte lose aufliegt. Der Längssteg rechts steift aus und ist somit höher als der Quersteg links, der nur die Beine verbindet.

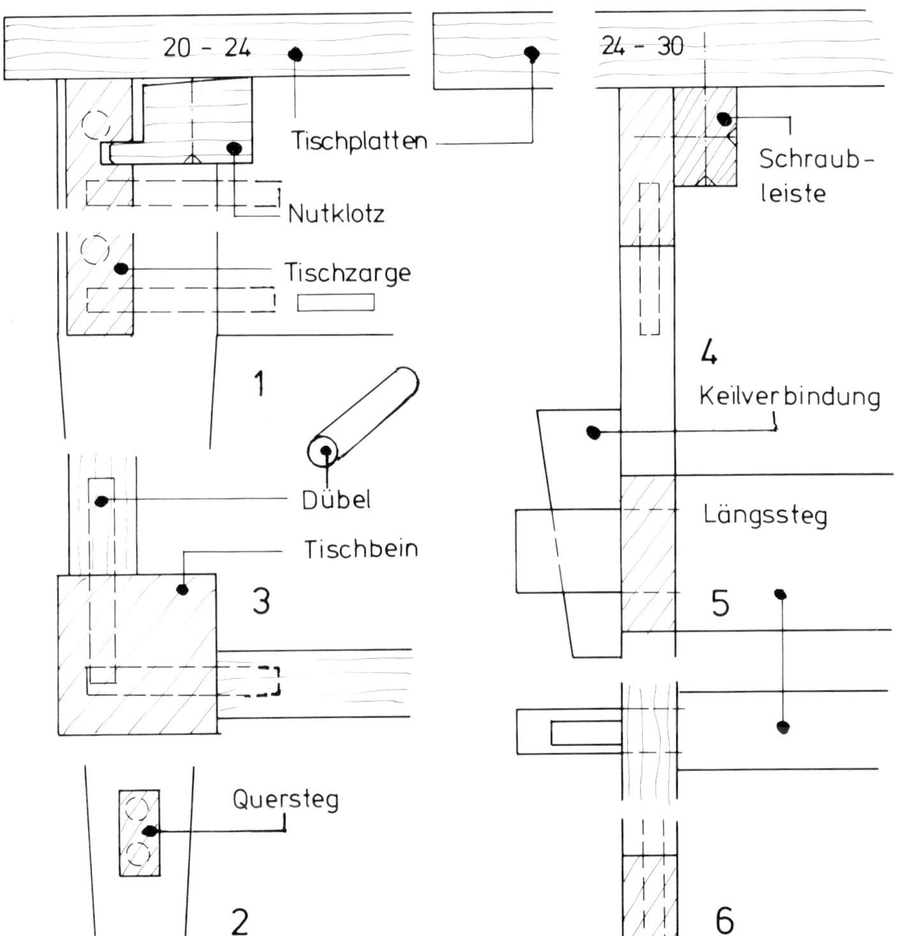

Holzstärken

Tischplatte, auf der Zarge mit Nutklötzen gehalten, je nach Plattengröße 20–24 mm

Tischplatte, lose aufliegend und auskragend, mit Schraubleisten gerade gehalten, ca. 24–30 mm

Tischzarge je nach Spannweite und Größe 20–24 mm stark und 50–60 mm hoch

Tischbeine je nach Länge 40–60 mm im Quadrat

Beinzuspitzung je nach Tischbelastung auf mindestens 20–30 mm im Quadrat möglich

Dübeldurchmesser 8–10 mm, Länge ca. 40 mm

Quersteg gedübelt ca. 25 x 40 mm

Längssteg mit Verkeilung je nach Spannweite 30 x 80 mm

Zapfen 24 x 60 mm

Keil 10 x 80 mm

Holz ist für die Herstellung von Möbeln ein bevorzugtes Material. Als organischer Werkstoff hat Holz im Verhältnis zu seinem geringen Gewicht eine hohe Festigkeit und günstige physikalische Eigenschaften. Es ist leicht zu bearbeiten.

Nadelhölzer haben, im Verhältnis zu ihrer Dichte, eine hohe Festigkeit und arbeiten wenig; die Preise sind niedriger als für Laubhölzer. Laubhölzer sind schwerer und lassen sich nicht so leicht bearbeiten wie Nadelhölzer.

Weiches Holz läßt sich besser leimen und verarbeiten als hartes, das allerdings für hohe Beanspruchungen besser geeignet ist.

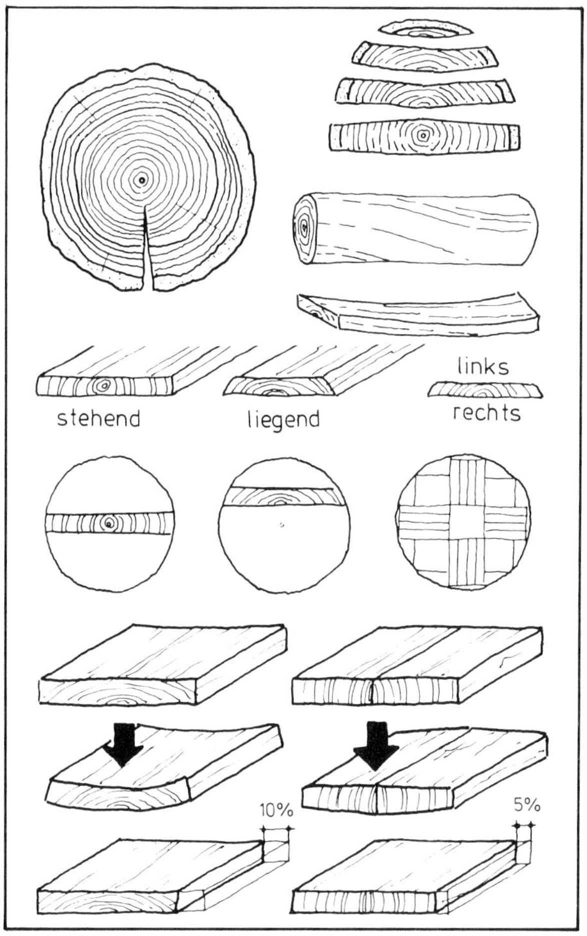

Die **Güte** des im Handel befindlichen Holzes hängt vom Wachstum der Bäume ab. Als natürlicher Baustoff ist es Umwelteinflüssen ausgesetzt, z. B. Sturm, Frost, Hitze und Tierfraß. Es quillt und schwindet, je nach Temperatur und Luftfeuchtigkeit, oder verzieht sich, z. B. durch Drehwuchs. Das Quellen und Schwinden wird als Arbeiten bezeichnet. Es muß bei der Verarbeitung unbedingt berücksichtigt werden.

Stehende **Jahresringe** sind bei der Brettauswahl zu bevorzugen. Bretter mit liegenden Jahresringen können sich werfen. Man unterscheidet die linke und die rechte Seite eines Bretts. Die linke zeigt nach außen (Richtung Rinde) und wird beim Trocknen hohl, die rechte zeigt nach innen (Richtung Kern) und wird rund.

Allgemein gilt: **Schwundmaß** in Richtung Holzfaser = 0,1 %, in Richtung Mark = 5 %, in Richtung Jahresringe = 10 %.

Die **Schnitthandelsformen** – Bauholz, Bretter, Leisten –, ob sägerauh, gehobelt oder geschliffen, sind so vielseitig, daß es normalerweise keine Schwierigkeiten machen dürfte, in der Holzhandlung Geeignetes zu finden. Es gibt bei Möbeln eine Vielzahl von Einsatzmöglichkeiten für Massivholz, z. B. bei Sitzmöbeln: Beine und Stollen, Zargen und Stege, Sprossen und Lehnen; bei Möbelkörpern: Rahmen und Sockel, Leisten und Vorleimer, Seiten-, Vorder- und Hinterstücke von Kästen usw.

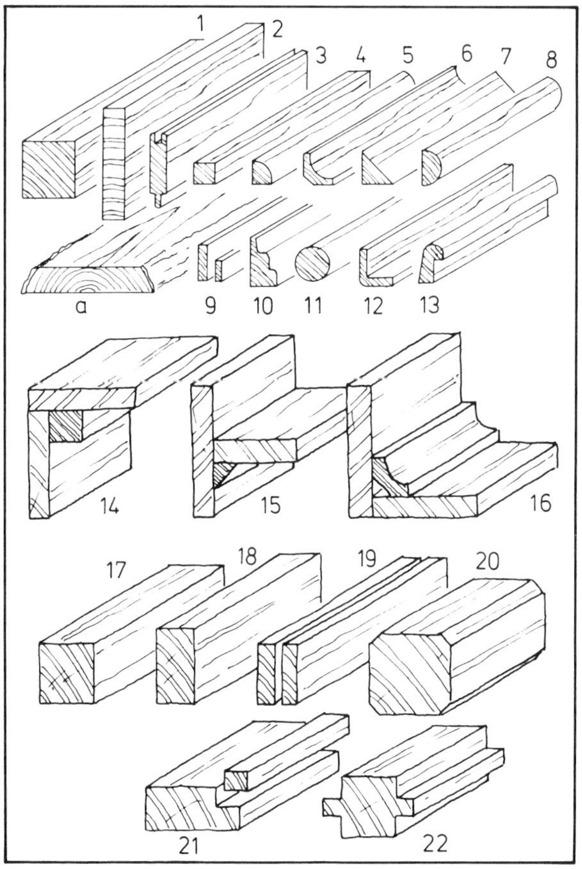

Handelsformen von Schnittholz:

a unbesäumte Bohle
1 Bauholz sägerauh und gehobelt, in verschiedenen Abmessungen
2 Bretter, handelsübliche Breite 100–270 mm, Dicke 12–36 mm
3 Nut- und Federbretter
4 bis 13 Massivholzleisten, Rahmenhölzer und Spezialprofile

Leisten

14 Quadratleiste als Verbindung
15 Dreikantleiste als Bodenträger
16 Hohlkehlleiste als Staubschutz oder Fugenschließung

Kanthölzer

17 Kantholz, quadratisch, 6–18 cm Seitenmaß
18 Bohle, d = 4–10 cm
19 Bretter, d = 1–4 cm
20 Profilholz, gefast
21 Rahmenholz, gefalzt, mit Leiste zum Halten einer Füllung
22 Rahmenholz, beidseitig gefalzt

Leime und Kleber, als Verbindungsmittel für Hölzer und Holzwerkstoffe, gibt es für unterschiedliche Zwecke:
- Weißleime gibt es gebrauchsfertig in Dosen, z. B. für stumpfe Fugen;
- Alleskleber sind farblos und schaffen wasserfeste, elastische Verbindungen;
- Kontaktkleber in Tuben für das Aufbringen von Furnieren;
- Zweikomponentenkleber, bestehend aus Härter und Klebharz, für Klebestellen mit sehr hoher Verbindungskraft.

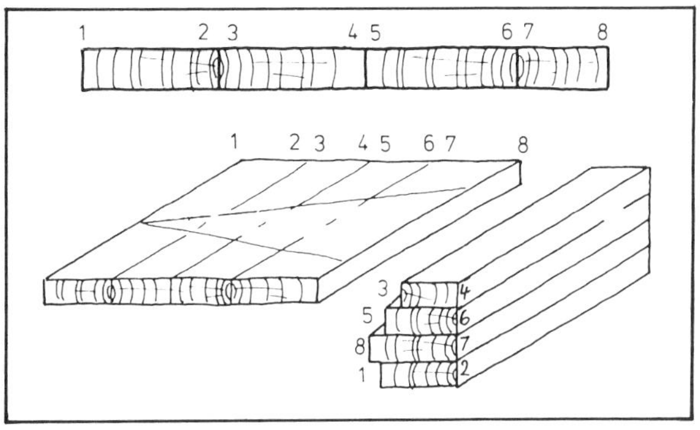

Das Verleimen von Flächen aus Brettern:
- Kern an Kern, Splint an Splint zusammenlegen;
- Brettlagen durch ein Dreieck kennzeichnen;
- Bretter übereinanderstapeln zur gemeinsamen Leimangabe;
- zusammenlegen und pressen.

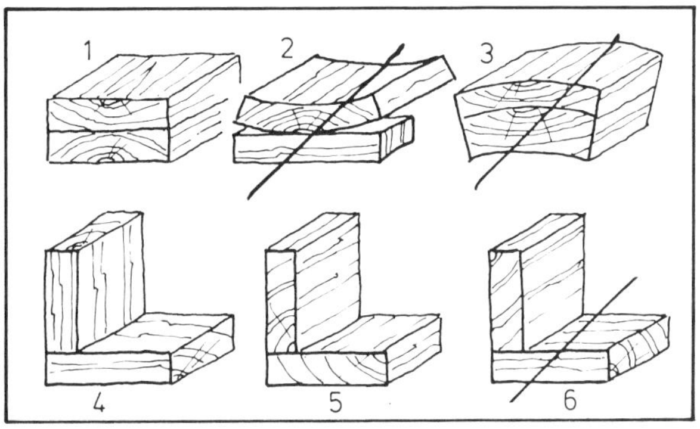

Das **Verleimen** muß werkstoffgerecht ausgeführt werden.
1 richtig: Splint an Splint oder Kern an Kern
2 falsch: Querholz auf Langholz
3 falsch: Kern an Splint
4 und 5 richtig: gleiche Schwundrichtung
6 falsch: Langholz auf Querholz

Verleimen

Das Zusammenpassen der Leimkante nennt man »Fugen«. Die Bretter werden so zusammengelegt, wie sie später verleimt werden sollen. Hierzu ist eine genaue Kenntnis der Eigenschaften des Holzes (Quellen und Schwinden) erforderlich. Für große Massivholztafeln sollten möglichst schmale Bretter mit stehenden Jahresringen verwendet werden, um ein Verwerfen der Fläche zu vermeiden.

Kleine Leimflächen sind mit Borstenpinseln einzustreichen, große Flächen mit Kammspachtel, möglichst nicht aus Metall.

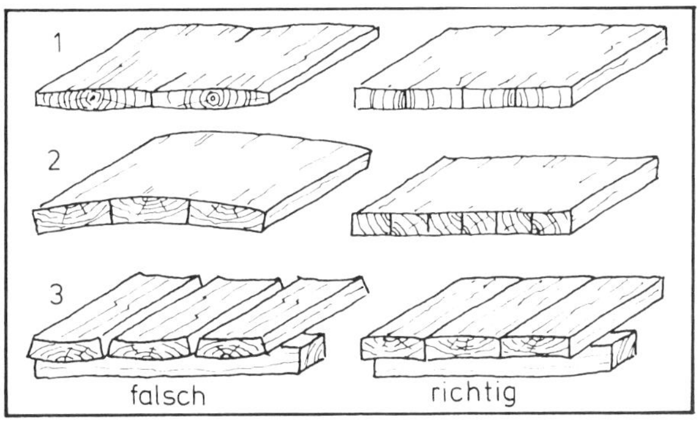

1 Kernstücke sind aus den Brettern herauszuschneiden, um ihnen die Spannung zu nehmen.
2 Bei Seitenbrettern linke und rechte Seite immer im Wechsel zusammenleimen.
3 Bei Brettern auf Konterlattung immer die rechte Seite (rund) nach oben, Fugen bleiben dann geschlossen.

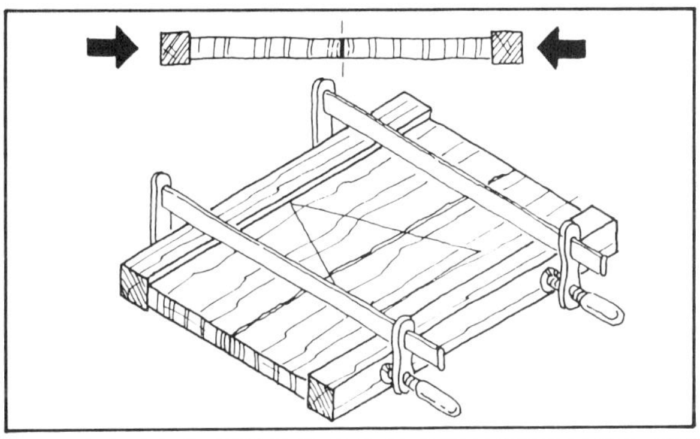

Beilagen vermeiden Kantenverletzungen beim Pressen. Bei Spanplatten besser auf beiden Seiten Leim angeben. Der Preßdruck muß gleichmäßig gut verteilt sein, dazu sind große Beilagen zu verwenden und genügend viele Schraubzwingen anzusetzen.

Zu verleimende Teile mit Schraubzwingen und Beilagen ausreichend lange fest einspannen (1-3 Stunden, siehe Verarbeitungshinweise des Herstellers). Austretender Leim wird mit einem feuchten Tuch abgewischt.

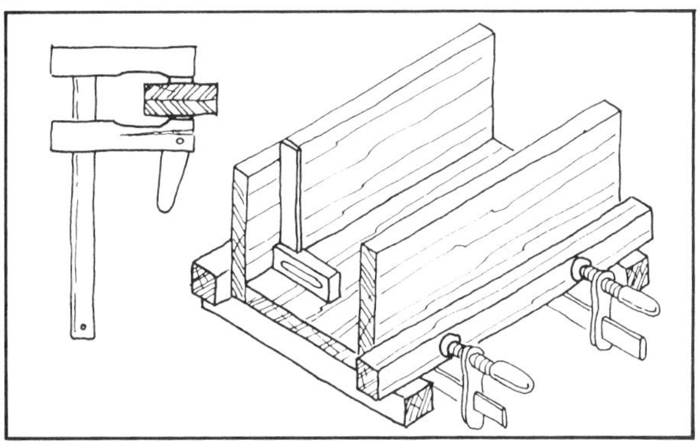

Beim Aufeinanderleimen von Flachleisten genügen oft Holzzwingen mit Schnellspannhebel. Beim Zusammenleimen von Körpern immer mit dem Winkelmesser den rechten Winkel überprüfen, ggf. Zwingenlage nachkorrigieren.

Rahmenverbindungen können durch Holzverbände wie durch Metallverbinder verdeckt oder sichtbar hergestellt werden.

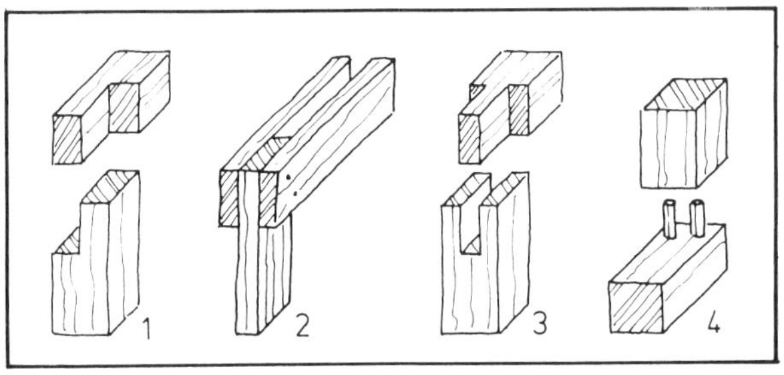

Rahmenverbindungen
1 überblattet
2 Zargenkonstruktion, genagelt
3 geschlitzt, mit Zapfen
4 gedübelt

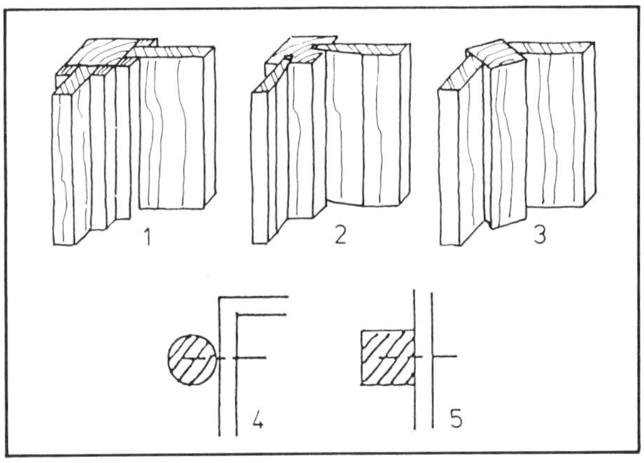

Stollen-Wand-Konstruktionen
1 Stollen an der Ecke sichtbar
2 Füllungen eingenutet
3 Stollen diagonal gestellt, Verbindung der Füllung mit Dübeln
4 Stollen rund oder eckig, an Kanten
5 auf Flächen aufgedübelt oder geschraubt

Stegverbindungen mit Keil sind sehr günstig; einmal sind sie außerordentlich stabil, zum anderen lassen sie sich ohne weiteres öffnen. Das ist für die Zerlegbarkeit, z. B. von Gestellen, von großer Bedeutung. Die Steg- und Keilanordnung kann senkrecht wie waagerecht, an schmalen Teilen ebenso wie an breiten Brettern und Möbelwangen erfolgen. Die Keile sollten nicht zu kurz und nicht zu schräg gearbeitet sein. Das Vollholz, d. h. das Stück vom Keilloch bis zum Stegende, muß lang genug sein, damit es beim kräftigen Anziehen des Keils nicht abschert.

Mit der Feinsäge wird der Zapfen entsprechend der Brettstärke und dem Überstand abgesetzt. Das Keilloch wird ausgestemmt.

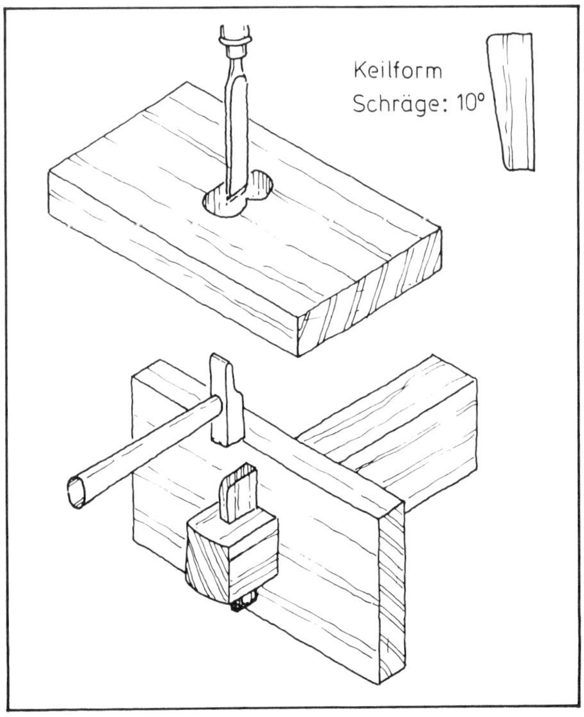

Verleimte Keile pressen Zapfen auseinander und sichern die Verbände. Der Druck muß immer gegen das Hirnholz gerichtet sein.

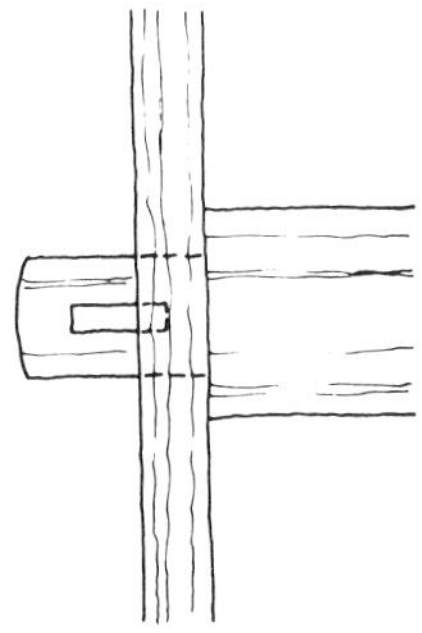

Stegverbindungen
1 gezapft, mit lösbarem Keil
2 Zarge, durchgehend eingezapft und verkeilt

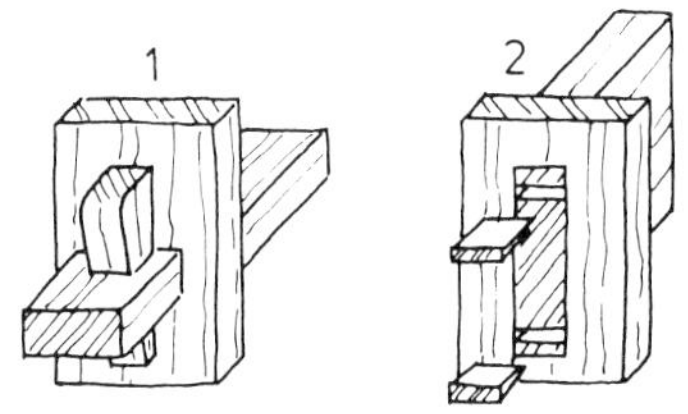

Die Wahl der Holzverbindungen wird durch technische und wirtschaftliche Überlegungen beeinflußt.
- Das natürliche Wachstum des Holzes ist bei ihrem Einsatz unbedingt zu beachten.
- Breitenverbindungen dienen zum Herstellen von Flächen (z. B. Böden und Füllungen).
- Eckverbindungen schließen Körper zusammen, z. B. Böden und Seiten von Regalen und Schränken.

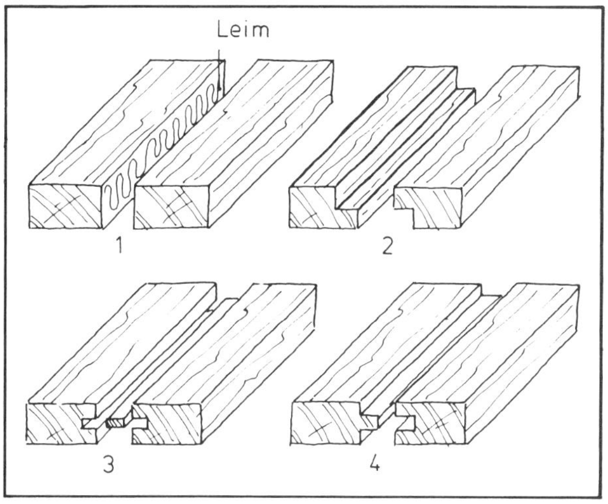

Flächenverbindungen
1 stumpf verleimt
2 überfälzt, hoher Leimflächenanteil
3 genutet, mit Fremdfeder
4 genutet, mit Feder

Eckverbindungen
1 über Massivholzleiste, genagelt, besser geschraubt
2 schräg genagelt
3 geschraubt
4 gedübelt
5 genutet, mit Querholzfeder
6 mit angestoßener Feder
7 gefalzt
8 gezinkt

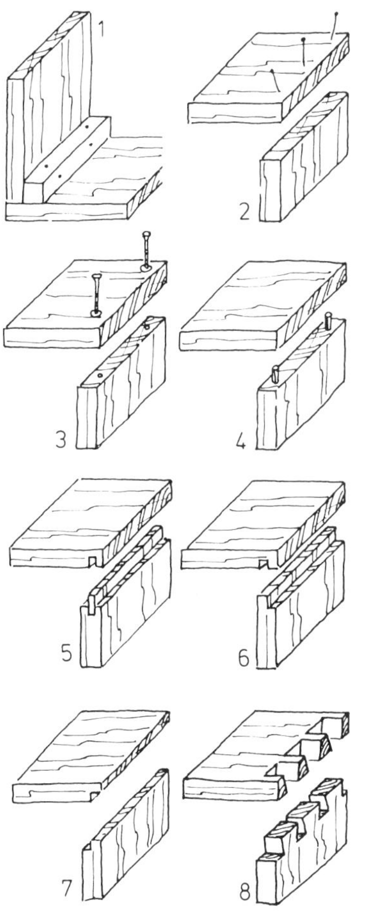

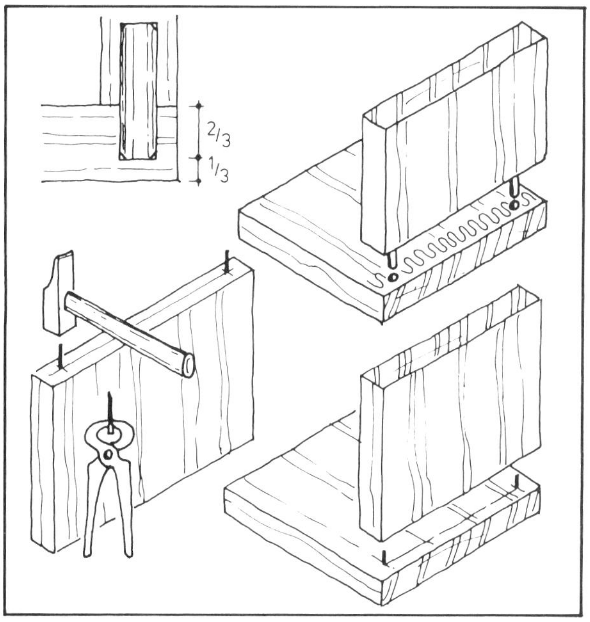

Dübeln
Gedübelte Verbindungen sind eine leicht herzustellende Lösung und verdrängen geschlitzte oder gezinkte Holzverbindungen immer mehr. In beide zusammengefügte Bretter werden mit dem gleichen Werkzeug Dübellöcher gebohrt. Gedübelte Verbindungen können stumpf oder auch auf Gehrung ausgeführt werden.

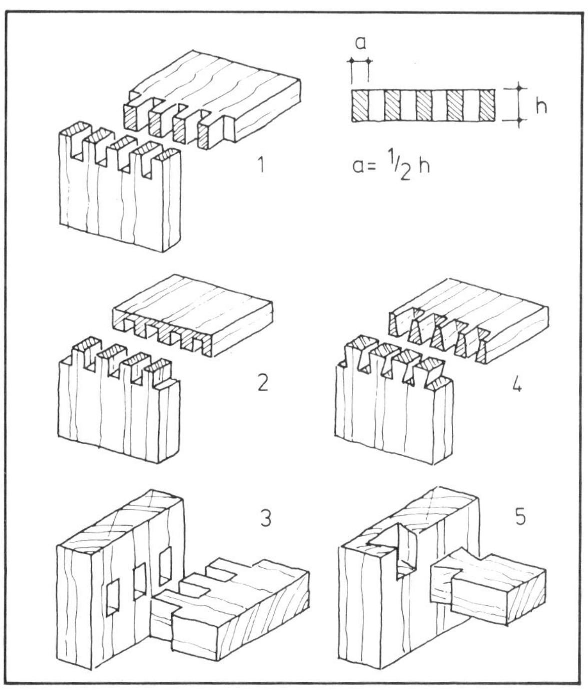

Zinkungen
Die Zinkung hat die Eigenschaft, Bretter am Werfen zu hindern, sie jedoch miteinander quellen und schwinden zu lassen. Die Ausführung der Zinken ist durchgehend oder verdeckt, gerade oder schräg.
1 Zinken, gerade (Fingerzinken)
2 Zinken, verdeckt, für Schubkästen
3 Fingerzinken, durchgehend; sie können verkeilt werden, z. B. bei Massivholzmöbeln
4 Zinken, schwalbenschwanzförmig; Beanspruchung möglich sowohl auf Zug als auch auf Druck
5 Aufzinker, Anwendung beim Rahmenbau als Zusammenhalt von Korpusteilen

Feste Metallverbindungen

Nägel und **Schrauben** dienen der Befestigung von Beschlägen wie der Verbindung von Holzteilen. Nägel sind unterschiedlich in Gewicht, Größe und Form. Je nach Einsatzart und Anforderung bestehen sie aus Holz, Eisen, Stahl oder Messing. Die Nagelform ist rund, quadratisch oder rechteckig. Sie werden in Längen von 5 bis 200 mm angeboten. Die Haltekraft ist bei rauhen, rechteckigen Nägeln größer als bei runden. Schrauben haben eine größere Haltbarkeit als Nägel, es gibt sie in verschiedenen Längen mit unterschiedlichen Köpfen.

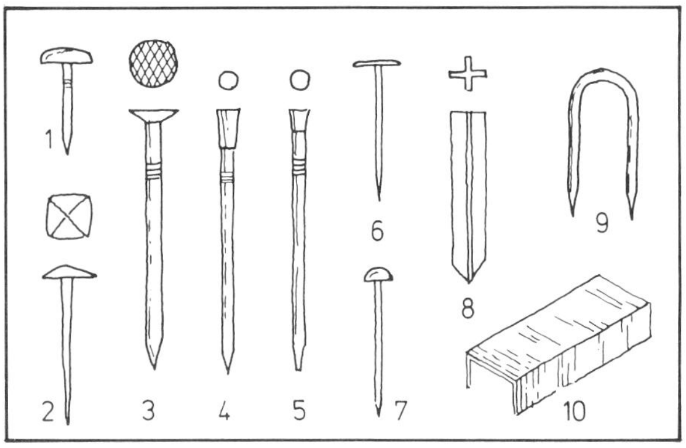

Nägel
1 Polsternagel
2 Zierkopfnagel
3 Senkkopfnagel
4 Wagnerstift
5 Stauchkopf
6 Kammzwecke
7 Drahtstift
8 Kreuznagel
9 Krampe
10 Tackerklammer

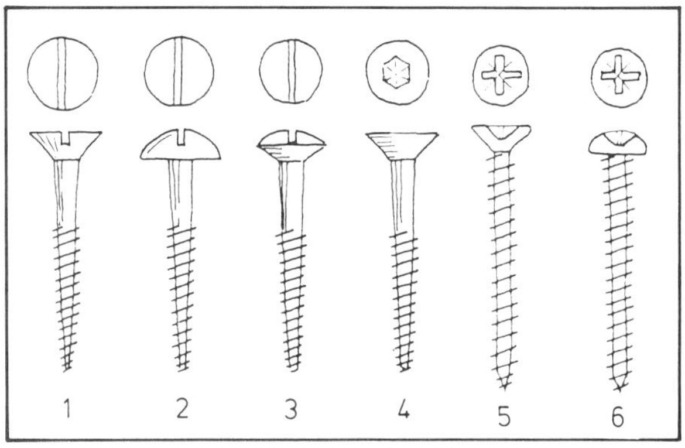

Holzschrauben
1 Flachkopfschraube
2 Rundkopfschraube
3 Linsenkopfschraube
4 Inbusschraube

Schnellschrauben
5 mit Flachkopf
6 mit Rundkopf, geeignet für schnelle Montage; hoher Ausreißwiderstand, mit Bohrmaschine ein- und ausschraubbar

Bleche und **Winkel** finden bei untergeordneten Möbeln Anwendung. Sie werden mit Holzschrauben befestigt und bieten sich deshalb für zerlegbare Möbel an. Für Bett- und Rahmenkonstruktionen gibt es vorgefertigte Teile.

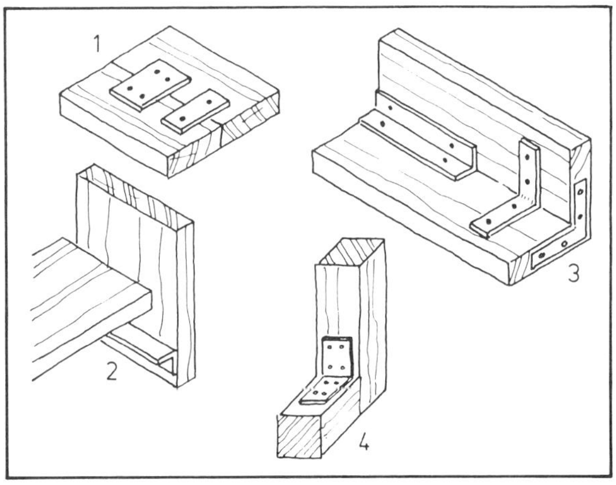

Bleche für Eckverbindungen
1 Flachbleche für Verbindungen in der Ebene
2, 3 Winkelbleche
4 Metallwinkel für Rahmenverbindungen

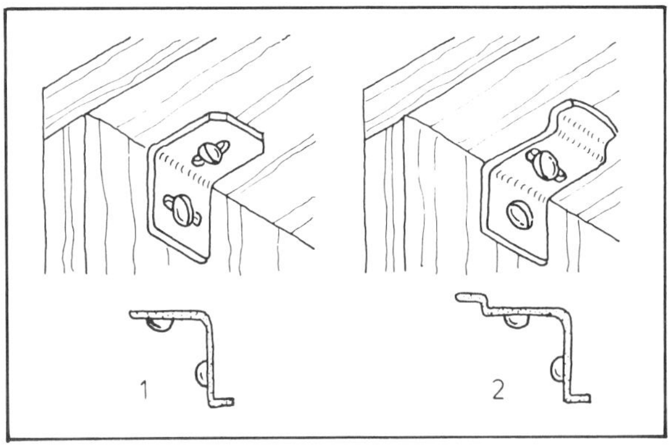

Langlochschlitze ermöglichen das Justieren beim Einbau und das Arbeiten (Quellen und Schwinden) des Holzes nach dem Festschrauben.
1 mit Hakendorn
2 gekröpft

Lösbare Metallverbindungen

Zerlegbare Schränke sind transportabel, die Einzelteile können leicht und komplett in Kartons verpackt werden. Eine Fülle verschiedener und raffinierter Verbindungsbeschläge ermöglicht schnellen Aufbau. Die Stabilität ist bei diesen Konstruktionen jedoch etwas eingeschränkt. Die einfachste Verbindung ist die mit einer Schraube. Komplizierter ist der Systembeschlag aus mehreren Einzelteilen, der unsichtbar und nur mit einer Drehung feststellbar ist.

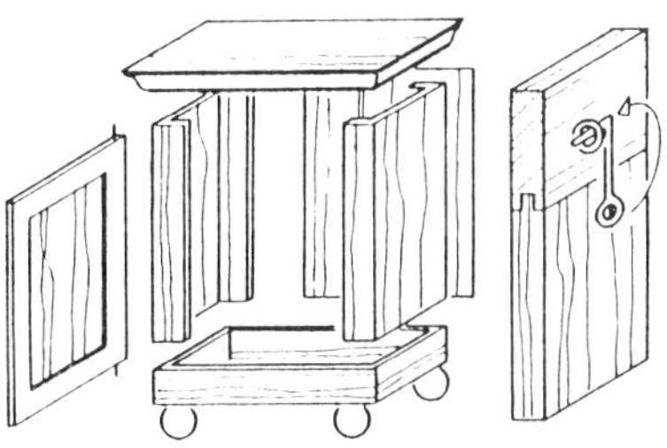

Besondere Beschläge garantieren die einwandfreie Montage und Demontage zerlegbarer Möbel. Sie sitzen in oder an den Schrankseiten, mittig oder nach vorn versetzt und werden mit dem Boden vertikal oder horizontal zusammengezogen.

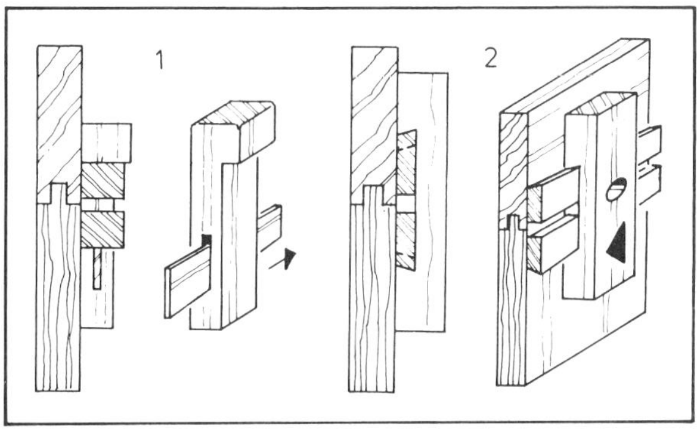

Klassische Schrankverbinder

1 Steckschließe: Ein Steckholz mit einseitigem Kopf wird durch den Rahmen des Sockels oder Kranzes und eine aufgeleimte Leiste geschoben.

2 Die Schrankschließe mit konischer Gratnut läuft in zwei sich verjüngenden Leisten mit entsprechendem Grat.

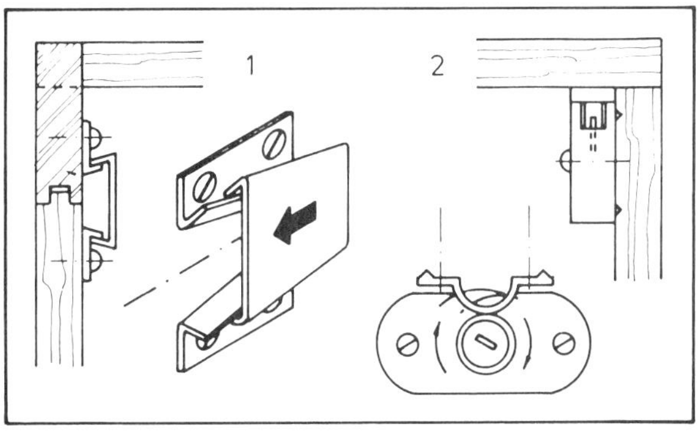

Keilverbindungen

1 durch Aufschieben eines konischen Überwurfs (mit Hammer)

2 durch konisches Klemmrad (mit Schraubendreher); diese Verbindung ist häufig bei älteren Möbeln anzutreffen.

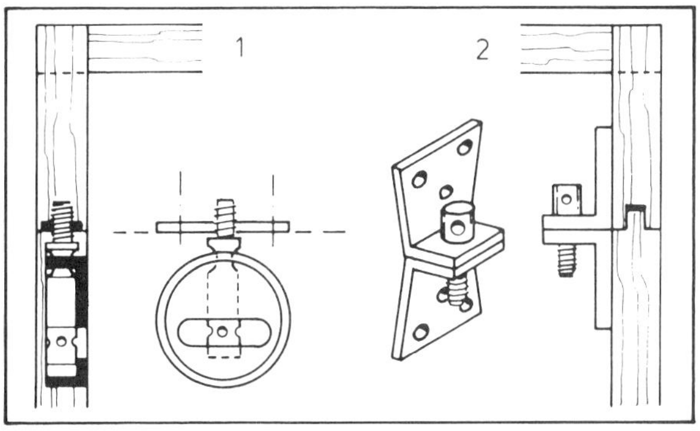

Klassische Schraubverbindungen

1 Berliner Schraubbeschlag, in Seitenwand und Kranz eingelassen, mit einem Spitzdorn bewegbar; Einbau oder Einlaß erfordern handwerkliche Übung.

2 Hamburger Schrankschraube, auf Seitenwand und Kranz aufgeschraubt, mit einem Spitzdorn bewegbar; einfachste Montage, jedoch in den Schrankraum ragend.

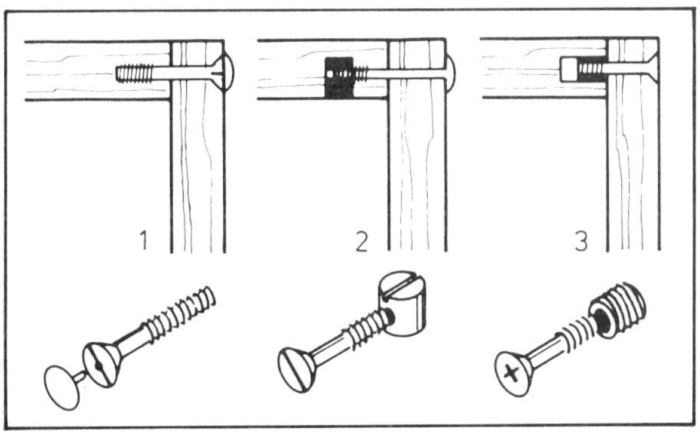

Schraubverbindungen

1 mit einteiliger Schraube und Zierkappe

2 mit Feingewindeschraube und Kunststoffmutterbolzen

3 mit Rampa-Schraube und Messingschraubbolzen

Alle drei Arten sind von außen sichtbar.

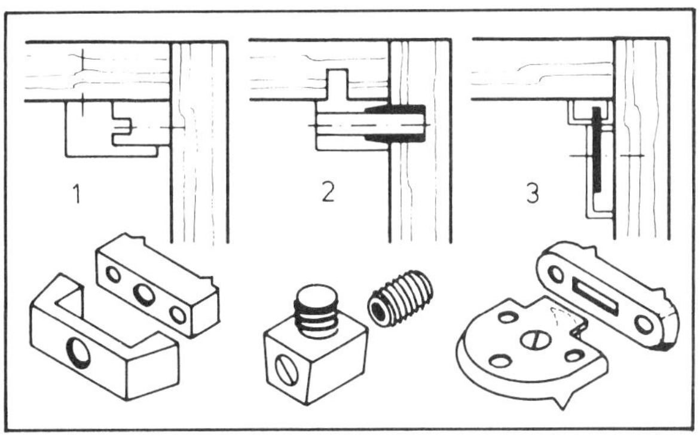

Beschlagverbindungen

1 Aufschraubtrapez

2 Einbohrtrapez

3 Exzenter

Alle drei Arten sind innen vorstehend.

Gestelle gibt es bei Tischen, Stühlen, Betten und als Untergestelle für Kommoden. Sie haben tragende Funktion, sind meist aus Massivholz und in Rahmenbauweise konstruiert.

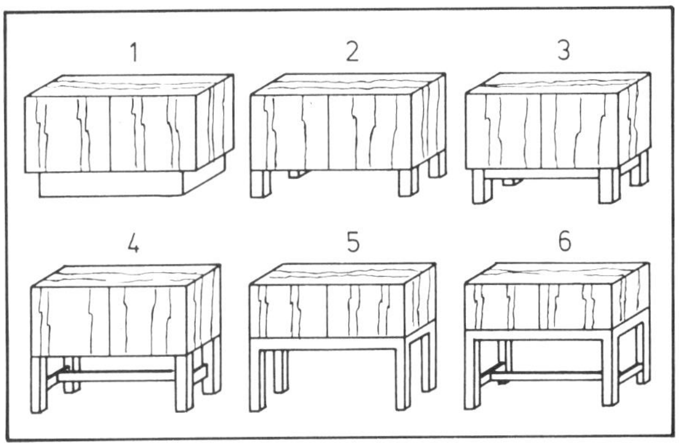

Einfache Gestelle

1	Sockel	4	Gestell mit Mittelsteg
2	Füße	5	Bockgestell
3	Zargengestell	6	Bockgestell mit Mittelsteg

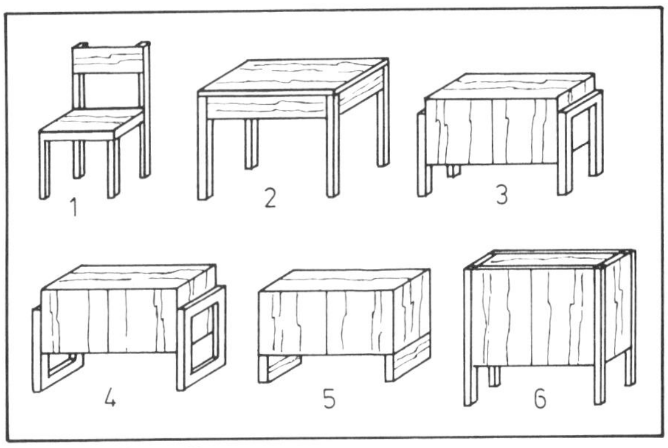

Spezielle Gestelle

1	Stuhlgestell	5	Kufen
2	Tischgestell	6	Stollen, durchlaufend vertikal
3	Gabel, seitlich		
4	Rahmen, seitlich		

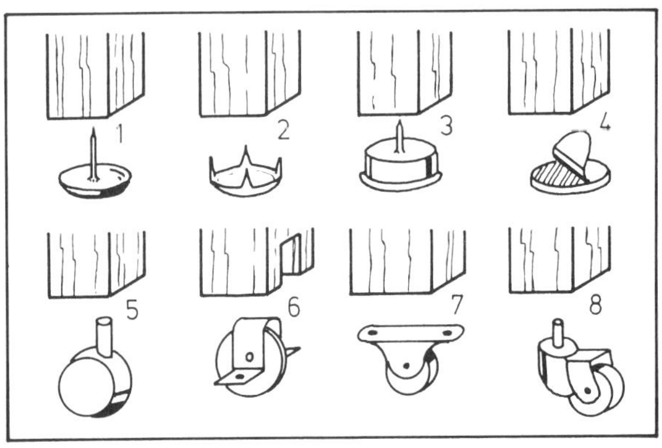

Gleiter und Rollen für bewegliche Möbel

1	Nagelgleiter	5	Kugelrolle, eingebohrt
2	Kronengleiter	6	Rad, eingeschlitzt
3	Gummipuffer	7	Rad, untergeschraubt
4	Klebefilz	8	Rad, schwenkbar

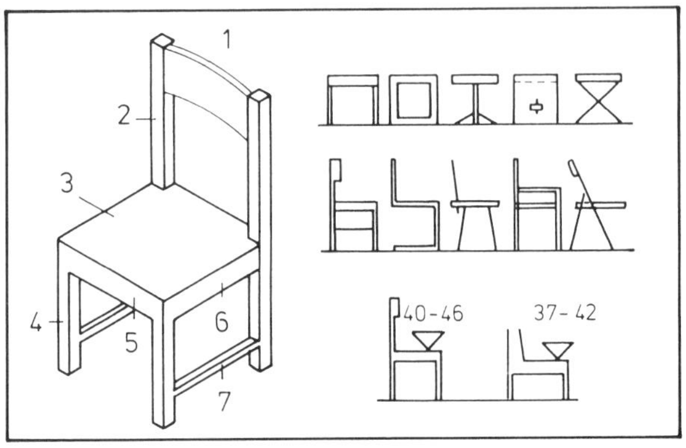

Begriffe

1	Lehne	4	Bein	verschiedene Konstruktionen
2	Stollen	5	Vorderzarge	
3	Sitzfläche	6	Seite	
		7	Steg	

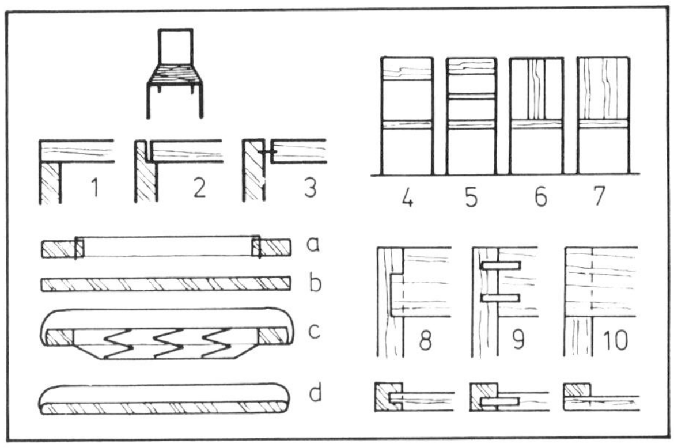

Stuhlsitze

1 auf Zargen
2 in gefälzten Zargen
3 in Zargengestell eingehängt
a) Geflecht, b) Brett, c) Polster, Federkern, d) Polster, Schaumstoff

Stuhllehnen

4–7 verschiedene Formen

Verbindungen Lehne-Stollen:
8 Zapfen, abgesetzt
9 gedübelt
10 überblattet

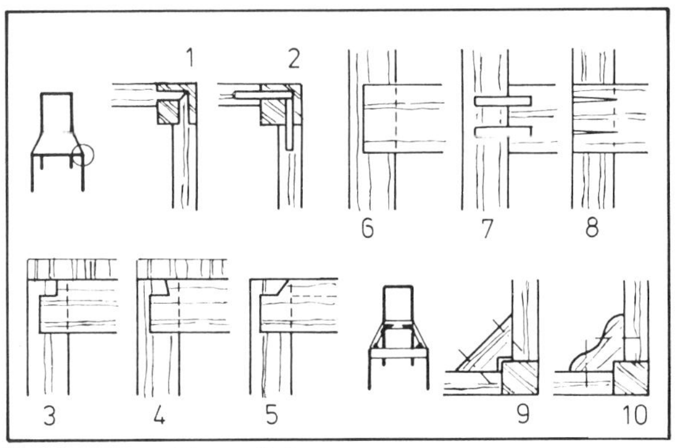

Verbindungen Zarge-Bein

1	gezapft	6	verdeckt
2	gedübelt	7	gedübelt
3	gerade	8	durchgehend verkeilt
4	schräg nach vorn	9 und 10	Aussteifungen
5	schräg nach hinten		

Tische bestehen in der Regel aus Untergestellen (Beinen und Zargen) und Tischplatten (Blättern). Stege steifen die Gestelle aus. Für quadratische und runde Tische bieten sich Säulen an. Eßtische haben Plattenmaße von 130 x 80 cm. Die Oberkanten – auch von Schreibtischen – liegen bei etwa 74 cm, die Kniehöhen über 62 cm.

Stühle unterscheidet man in ihrer Konstruktion nach Ausbildung, Zahl und Stellung der Beine, nach der Form des Sitzes, der Arm- und Rückenlehne sowie nach der Art der Verbindung. Meistens werden Harthölzer wie Buche, Eiche, Mahagoni verwendet. Aufgrund ihrer hohen Beanspruchung im täglichen Gebrauch müssen die Verbindungen zwischen den Zargen und Beinen entsprechend stabil und konstruktiv ausgereift sein. Als Faustregel gilt: je größer die Sitzhöhe, um so kleiner die Sitztiefe. Die Maße zusammen liegen bei 95 cm.

Im Hauptteil des Buches sind keine weiteren Konstruktionen aufgenommen, da nur sehr wenige Freizeit-Tischler sich mit dieser schwierigen Materie befassen.

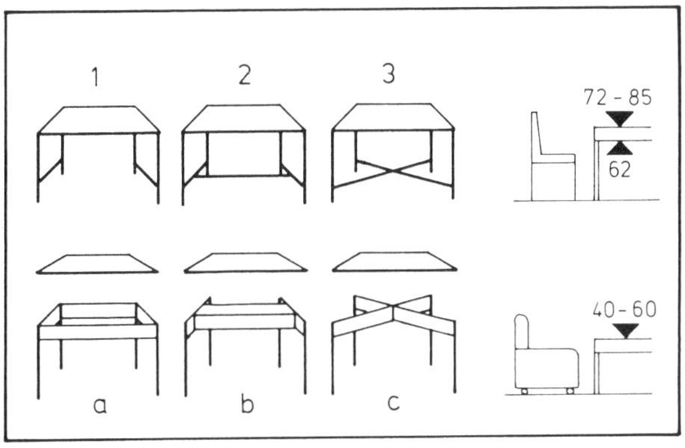

Stege
1 quer
2 quer und mittig
3 diagonal

Zargen
a) umlaufend
b) quer und mittig
c) diagonal

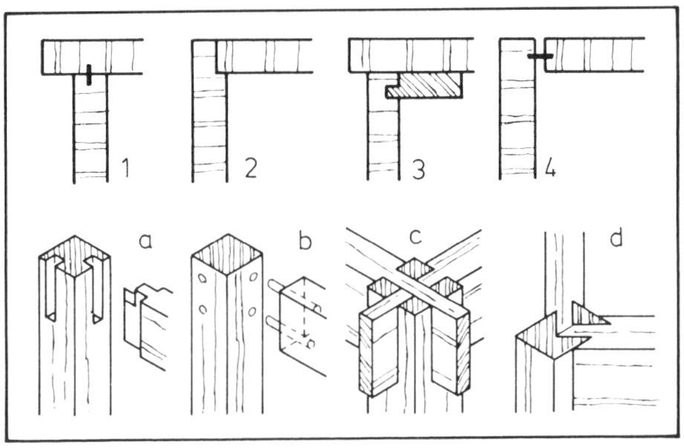

Tischplatten (Blätter)
1 auf Zarge gedübelt
2 in Zarge eingelassen
3 mit Nutklötzen verschraubt
4 eingehängt

Eckverbindungen
Bein und Zarge
a) gezapft
b) gedübelt
c) ausgeklinkt (Knoten)
d) eingestemmt

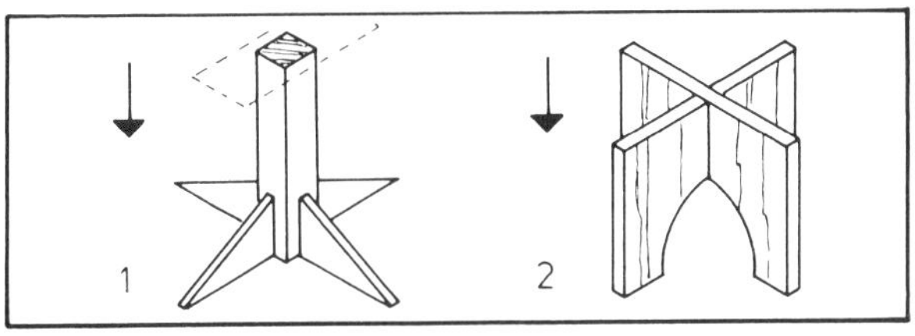

Tischbeine
1 als Stempelfuß, mittig, große Kniefreiheit
2 in Plattenbauweise, über Kreuz, zerlegbar

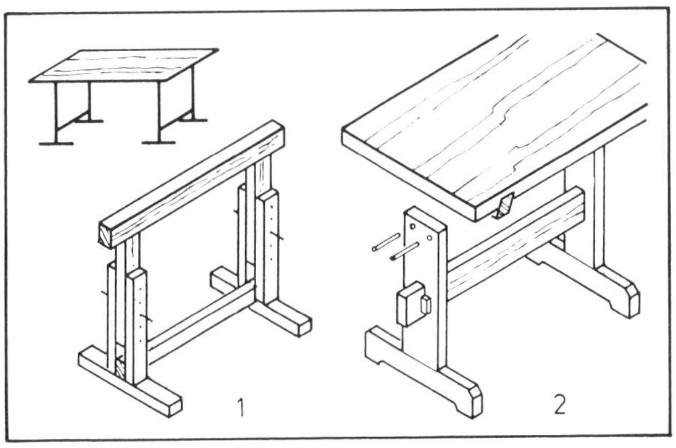

Böcke mit lose aufgelegter Platte sind einfach auf- und abzubauen.
1 Bock, höhenverstellbar
2 Bock, mit Keilzapfen zwischen Steg und Bein
Die Beine und die Tischplatte aus Schnittholz sind über Dübel mit den Gratleisten verbunden.

Tischgestelle
1 diagonal gekreuzte Beine, für starke Beanspruchung im Außenbereich
2 gestemmte Zargenverbindung (Stollentisch)
Das Tischblatt wird über Nutklötze mit dem Gestell verbunden.

Stollenmöbel haben von oben nach unten durchlaufende Tragglieder. Die Konstruktion ist prädestiniert für hohe Möbel, z. B. Schränke. Im Gegensatz zu Füßen unter Schränken und Beinen unter Tischen gehen Stollen bis zu den Oberkanten der Möbel hoch, manchmal auch darüber hinaus.

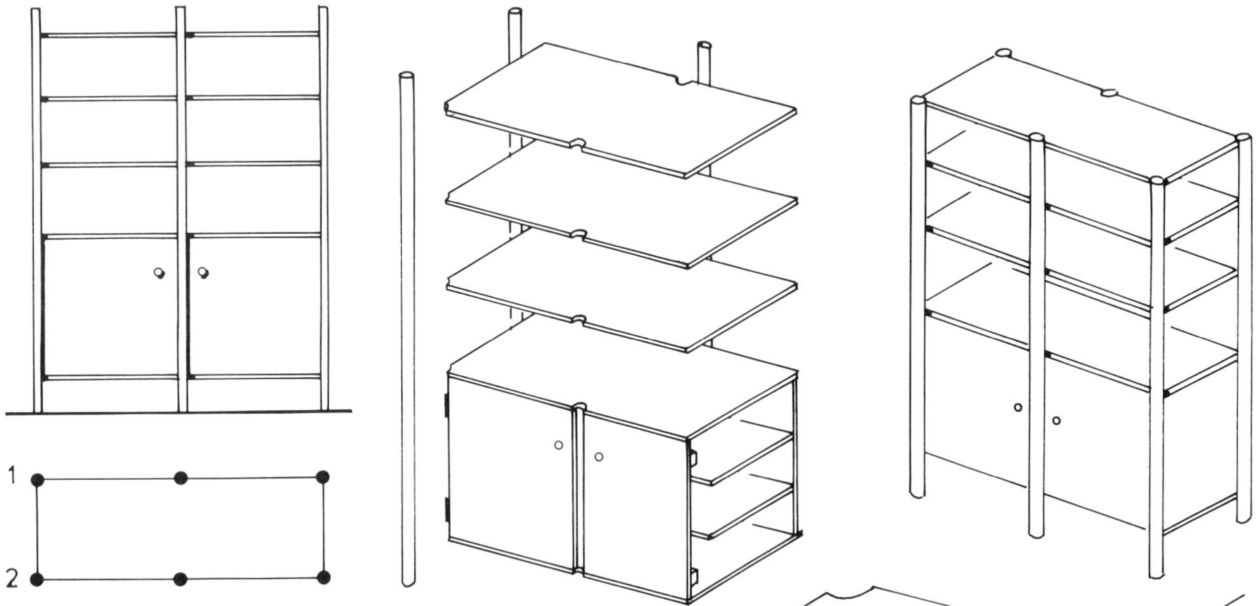

1

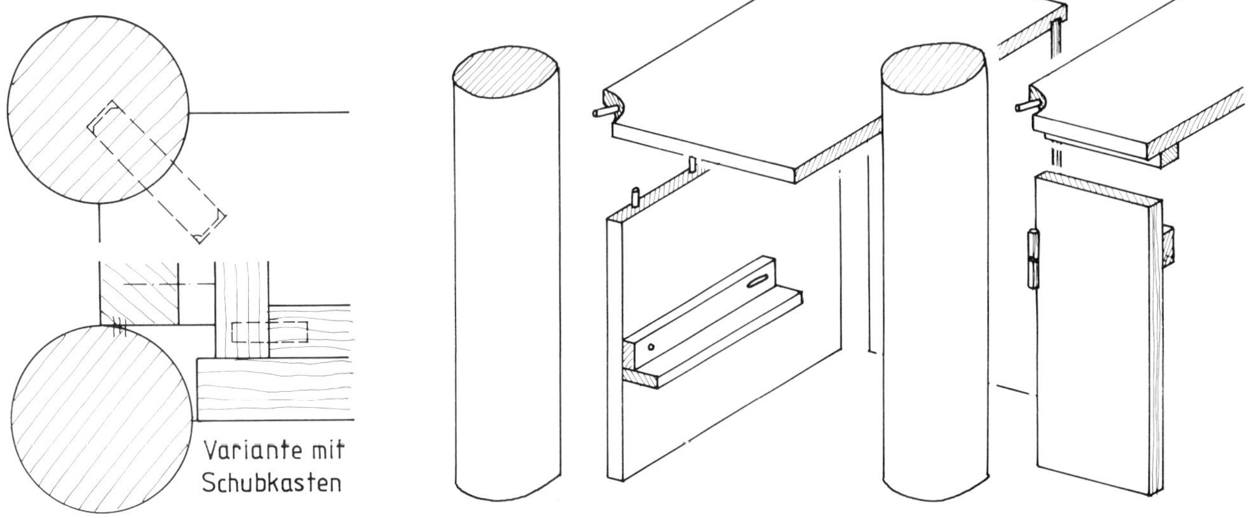

2

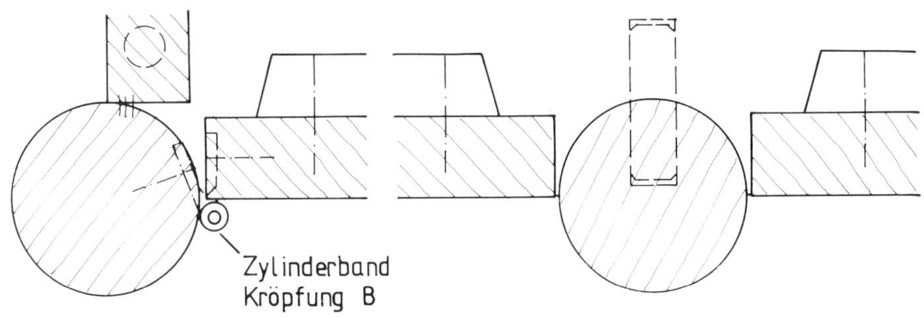

Die Böden oder Körper werden seitlich oder an den Ecken mit den Stollen verbunden (angedübelt, eingelassen oder auch durchgesteckt). Der Türanschlag oder der Einbau von Schubkästen muß bei Stollenmöbeln nicht problematisch sein. Am besten richtet man die Anschlüsse auf die Achsen der Stollen aus, die nicht unbedingt rund sein müssen.

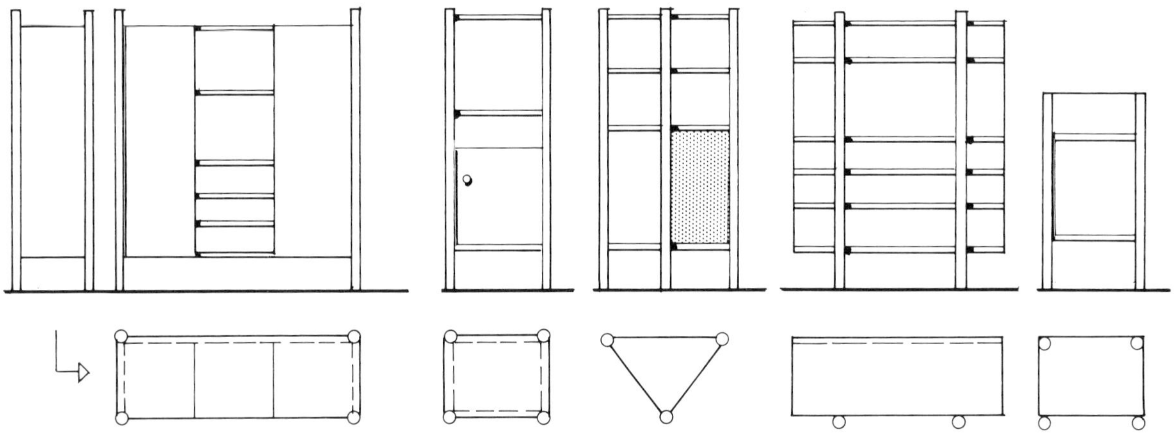

Die Grundrisse der Schränke sind rechteckig, quadratisch, trapezförmig oder dreieckig. Dabei kommt die Stollenanordnung besonders gut zur Geltung. Innerhalb der Möbelfronten sind Stollen selten, sicher auch nicht sehr praktisch, dafür aber um so auffälliger.

Die Stollen tragen meist Körper, aber auch Böden, z. B. bei Regalen. Nicht selten werden Tischplatten mit Stollenkonstruktionen verbunden. Der Abschluß unterhalb der Augenhöhe läßt das Hirnholz besonders gut zur Geltung kommen.

Das kleine Möbelstück unten links mit plastischer Gestaltung und aufklappbaren Deckeln ist vielleicht als Nähtisch geeignet. Bei dem Schränkchen rechts daneben werden die Seitenflächen abgeklappt und schlagen unter den Körper. Sie dienen als Ablagen.

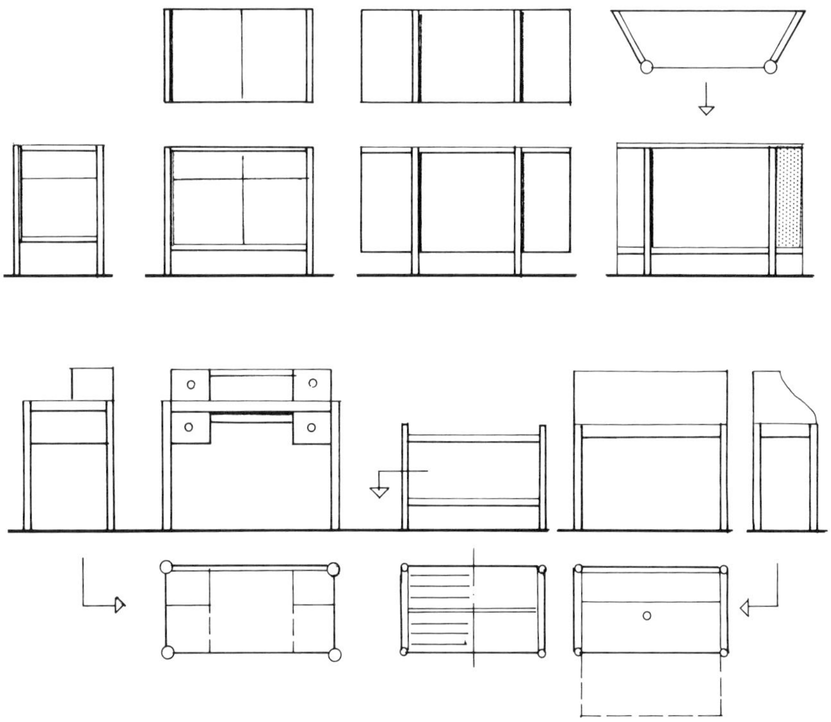

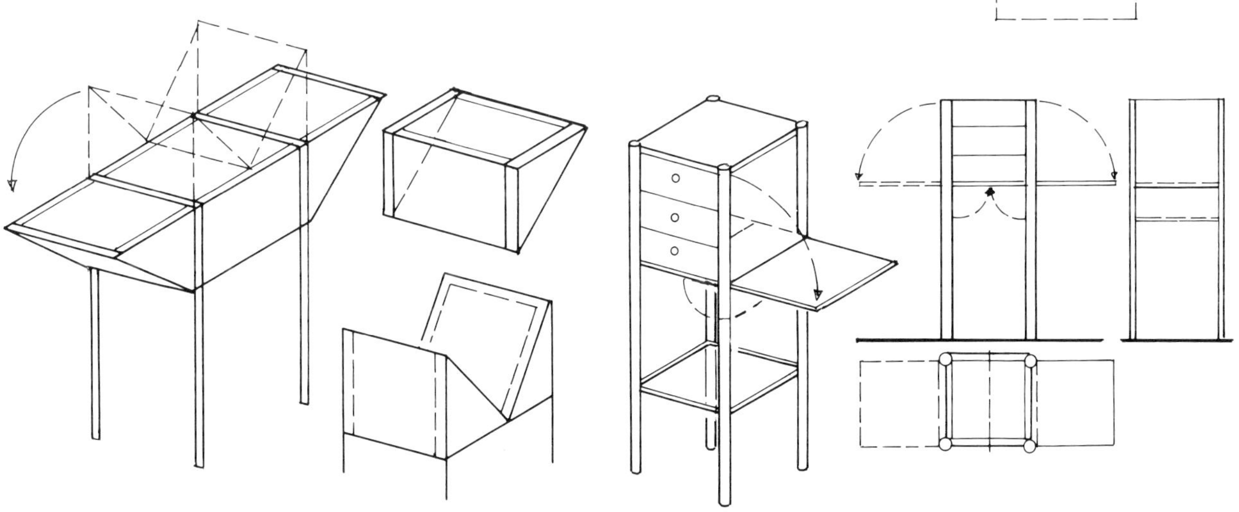

Die **Konstruktionsplanung** umfaßt den materialgerechten Zusammenbau von Möbeln entsprechend der vorgegebenen Nutzung und Gestaltung. Erst danach können Konstruktionsdetails festgelegt werden.

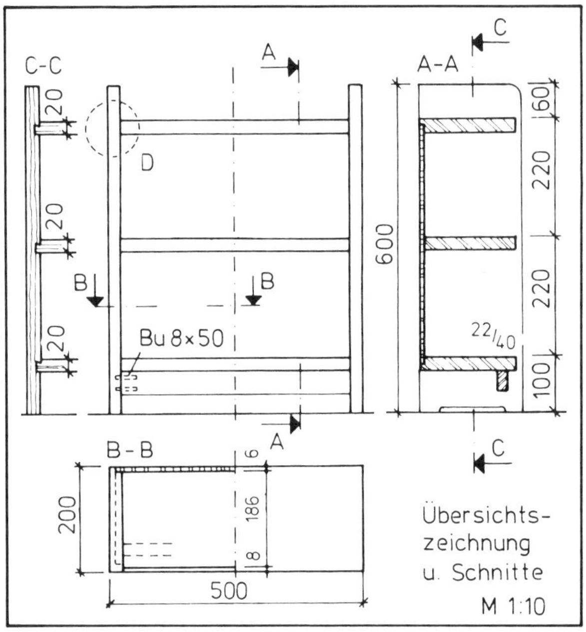

Übersichtszeichnung u. Schnitte
M 1:10

Übersichtszeichnung
Maßstäbe: 1:20, 1:10, 1:5
Details: 1:1
Für eine Möbelzeichnung werden benötigt: Vorderansicht, Draufsicht (Grundriß), Seitenansicht, Schnitt

Schnitte zeigen den inneren konstruktiven Aufbau.
Man unterscheidet:
- Horizontalschnitt B–B, parallel zum Boden
- Frontalschnitt C–C, parallel zur Vorderansicht
- Vertikalschnitt A–A, rechtwinklig zur Ansicht

Ebenso wichtig ist die Reihenfolge des Zusammenbaus, z. B. erst der Korpus, kombiniert mit festen Innenwänden oder Fächern, danach die Rückwand, zum Schluß die Türen.

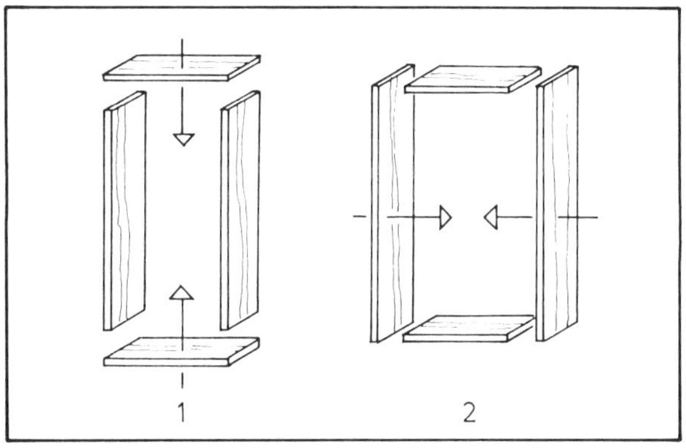

Bauart
- fest oder zerlegbar
- Aufbaurichtung, z. B.
  1 Böden auf Seiten
  2 Seiten gegen Böden

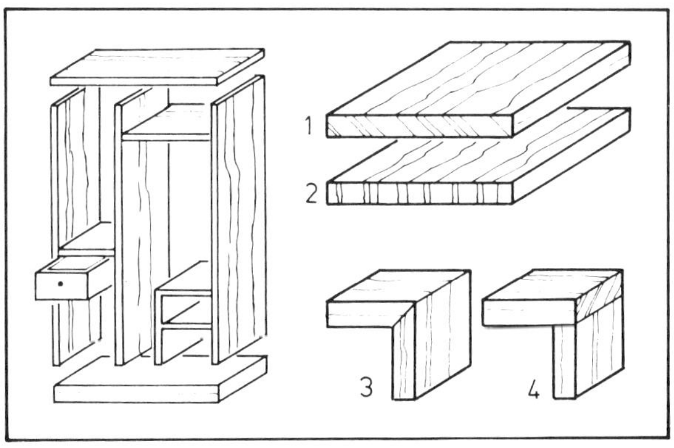

Konstruktionsplanung
- Montage, z. B.:
  Reihenfolge
  Elementierung
  Verwendungsart
- Materialwahl, z. B.:
  1 Vollholz
  2 Holzwerkstoff
- Konstruktion, z. B.:
  Rahmenbau
  Plattenbau
- Details, z. B.:
  3 auf Gehrung
  4 stumpf

Aussteifungen sind nötig gegen
- seitliches Verschieben,
- Durchbiegen,
- In-sich-Verdrehen.

Aussteifungsglieder können sein: Flächen, Platten, Seile, Streben – in allen Richtungen diagonal, einzeln oder kreuzweise.

Vollflächige Aussteifungen (a) sind wirksamer als teilflächige (b, c). Innenflächen, horizontal und vertikal (d) oder diagonal (e) konzipiert, bieten sehr hohe Steifigkeit.

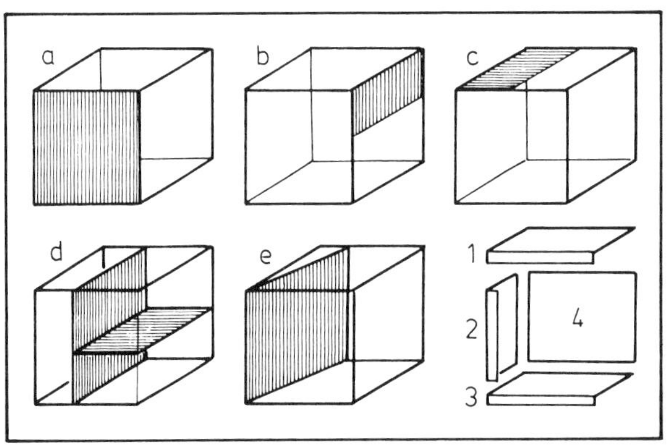

Aussteifungselemente
1 Kranz
2 Lisene
3 Sockel
4 Rückwand

Generell unterscheidet man lösbare und feste, also unlösbare Verbindungen. Hier sollen nur die festen Holzverbindungen aufgezeigt werden, wobei je nach eingesetztem Werkstoff eine materialgerechte Verbindung verwendet wird.

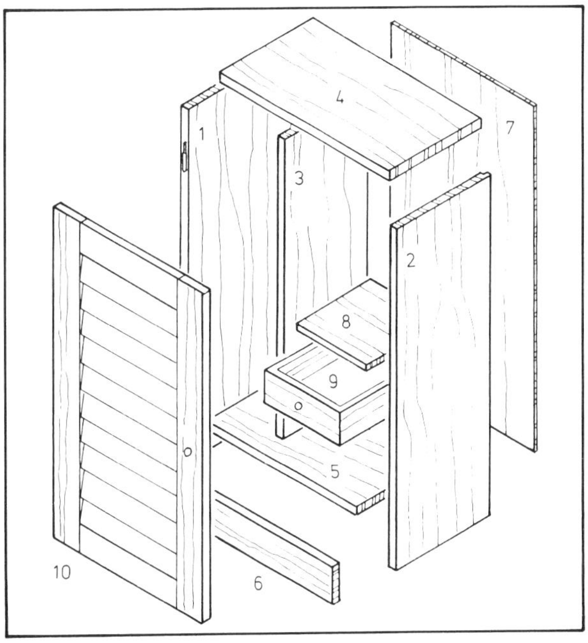

Schrankeinzelteile

1 Band, Scharnier
2 Seite (Wange)
3 Mittelseite
4 Oberboden (Aufsatz)
5 Unterboden
6 Sockelblende
7 Rückwand (Aussteifung und Staubdichtung)
8 Einlegeboden
9 Schubkasten (Zug)
10 Drehtür (z. B. Füllung aus Lamellen)

Je nach gestalterischer Absicht sind die Eckverbindungen in Aufbau und Konstruktion verschieden, z. B. Ecke gerade oder Ecke rund. Zudem haben Eckverbindungen auch statische Funktion, um z. B. am Schrankfuß den Sockel aufzunehmen (Gewichtsverteilung) oder an der Wandseite die Rückwand zu halten (Aussteifung).

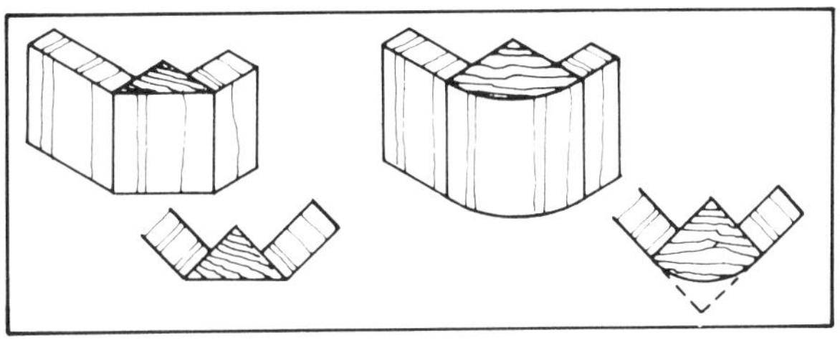

Vertikale Kantenausbildung

- gewinkelt, drei Teile mit Feder
- rund, drei Teile mit Mittelstück, rund ausgeformtes Kantholz

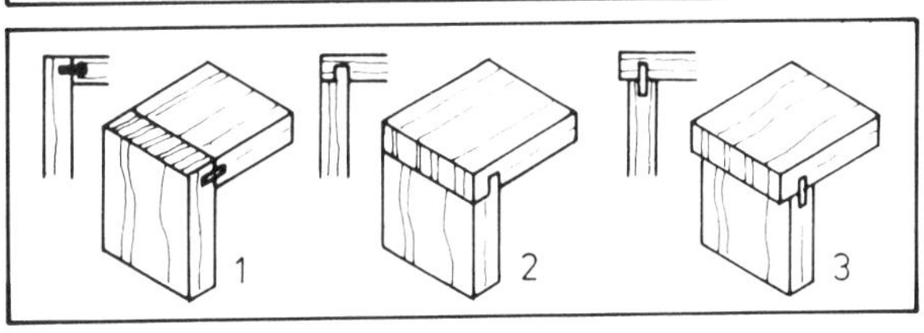

Obere Schrankecken

1 Seite läuft durch
2 Oberboden läuft durch
3 Oberboden steht über

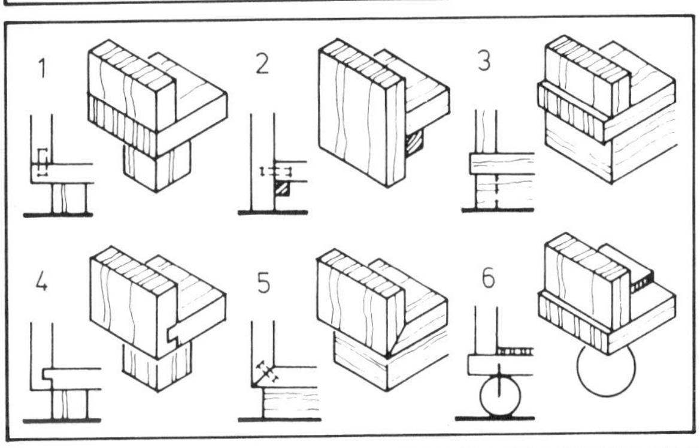

Untere Schrankecken (Sockel)

1 Seite auf Boden
2 Seite läuft durch
3 Sockel, umlaufend
4 auf Einzelfuß
5 Gehrung (Sockel)
6 auf Kugelfuß

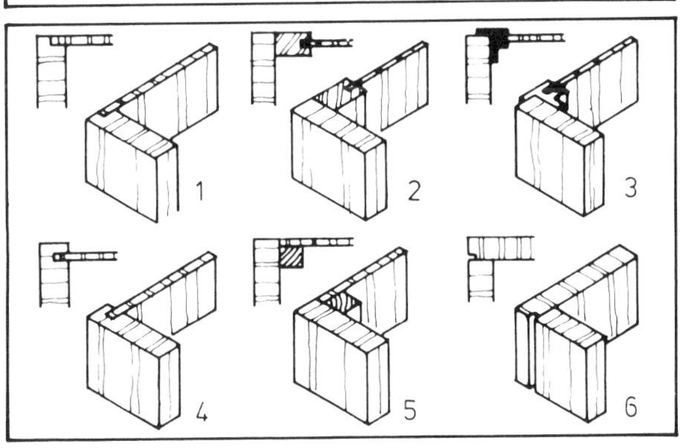

Rückwände sind hinterer Schrankabschluß und zugleich Aussteifungsteil.

Verbindungen:

1 in Falz
2 in Beistoß
3 in Kunststoffklemmprofil
4 in Nut
5 mit Leiste
6 verstärkte Ausführung, mit Schattennut

Flächen werden auf verschiedene Weise und für unterschiedliche Zwecke gefertigt. Die Flächen für Platten, Türen und Klappen sind beweglich und müssen daher in sich besonders gerade und eben bleiben. Leisten werden daher an den Enden oder unter den Flächen so befestigt, daß das Holz weiter arbeiten kann, die Flächen aber nicht gebogen oder verzogen werden.

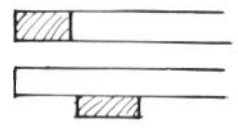

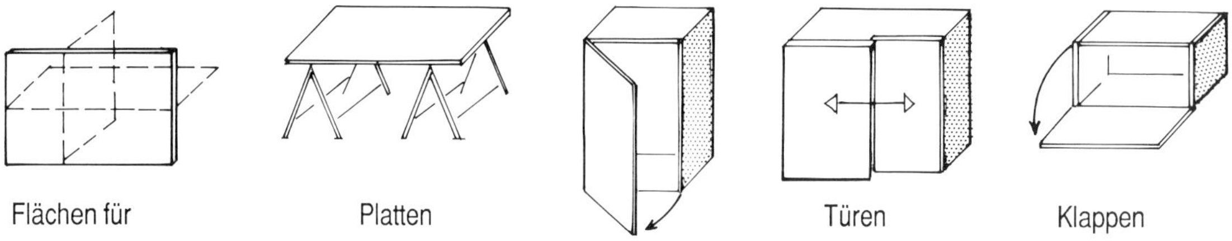

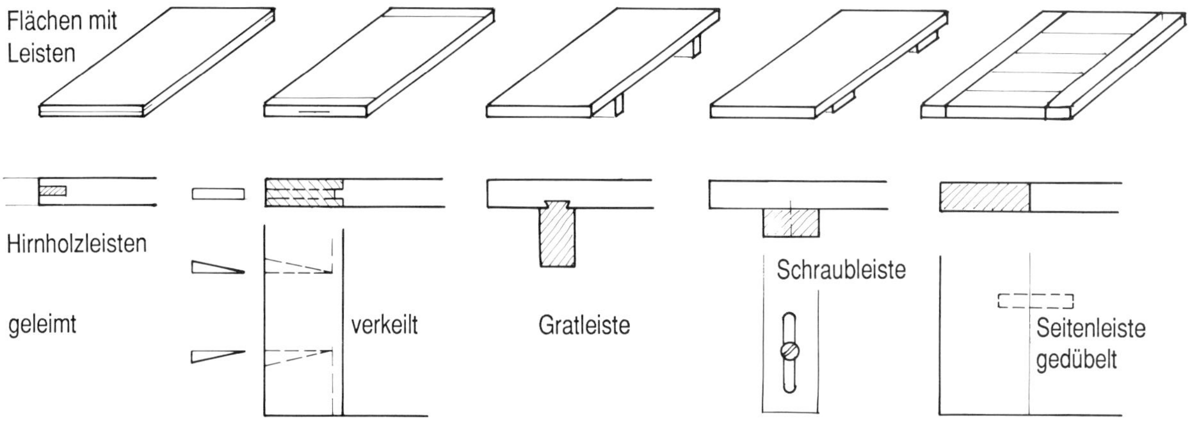

Rückwände können aus Brettern längs oder quer, einzeln oder verleimt gebildet werden. Für dünne Rückwände nimmt man auch bei Massivholzmöbeln Sperrholzplatten.

Dünne Massivholzflächen werden als Füllungen zwischen Beistößen oder Rahmen eingearbeitet. Die Beistöße werden mit den Seiten verleimt und halten sie, auch bei geringen Holzstärken, gerade. Die Rahmen steifen große Möbel besonders gut aus. Wenn sie unten offen bleiben, können die Füllungen eingeschoben werden.

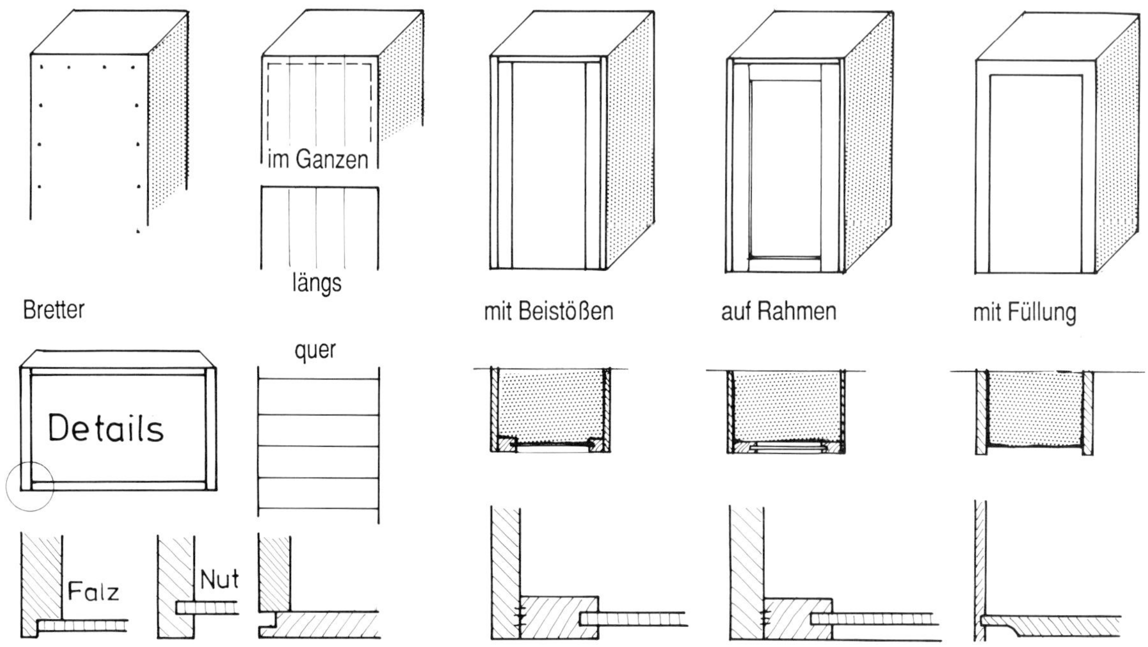

Klappen sind bewegliche Flächen ähnlich wie Türen, nur werden sie horizontal bewegt und können in geöffnetem Zustand als Ablage- oder Schreibfläche genutzt werden. Außer bei Truhen kommen sie hauptsächlich bei Schreibschränken oder Sekretären vor.
Eine Vielzahl unterschiedlicher Abstützungen und Abstoppungen halten die Klappen in waagerechter Stellung.

Öffnungsarten

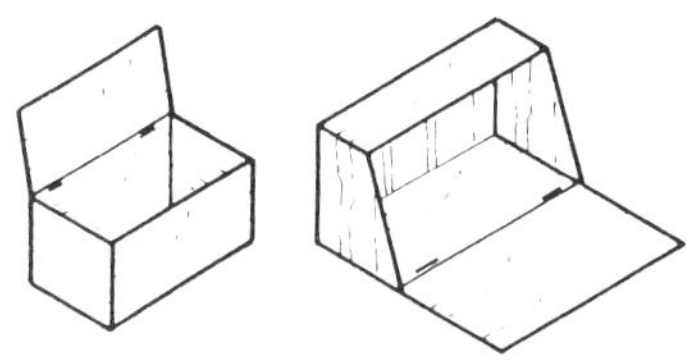

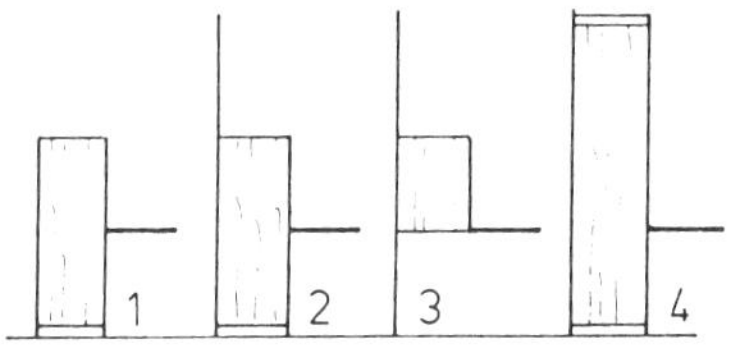

Schreibschränke
Stellungen:
1 frei im Raum
2 an der Wand
3 aufgehängt
4 eingebaut

Abstützungen, Abstoppungen halten die Klappe in horizontaler Ruhestellung. Die einfachste Abstützung ist ein unter die Klappe gestellter Stab. Ausfahrbare Konsolen sind eleganter. Abstoppungen bekommt man in Form von einfachen Klappenscheren bis zu pneumatischen Klappenbremsen, die die Klappe sanft herabgleiten lassen.

Klappenbänder bilden die beweglichen Verbindungen zwischen einer Klappe und einem Schrank. Meist sind sie eingelassen und geschraubt. Günstig sind Bänder, die einen stufenlosen Übergang zwischen der Oberfläche einer Klappe und dem Schrankboden ermöglichen.

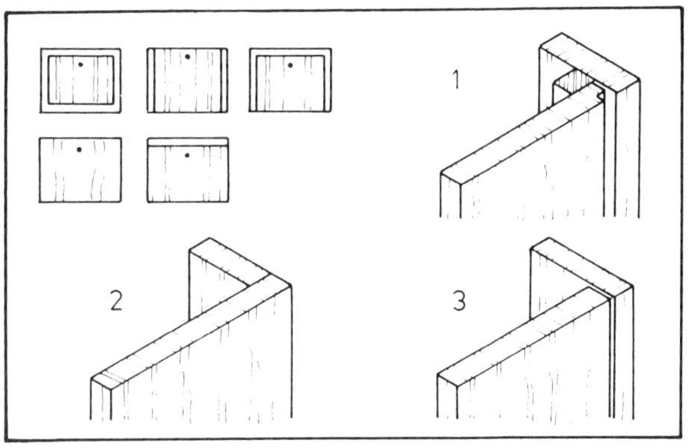

Anschlagarten
Je nach Gestaltungsabsicht der Vorderfronten von Klappenschränken unterscheidet man Anschläge als:
1 zwischenschlagend, mit Schraubleiste als Anschlag
2 vorschlagend
3 zwischenschlagend, einfache Ausführung

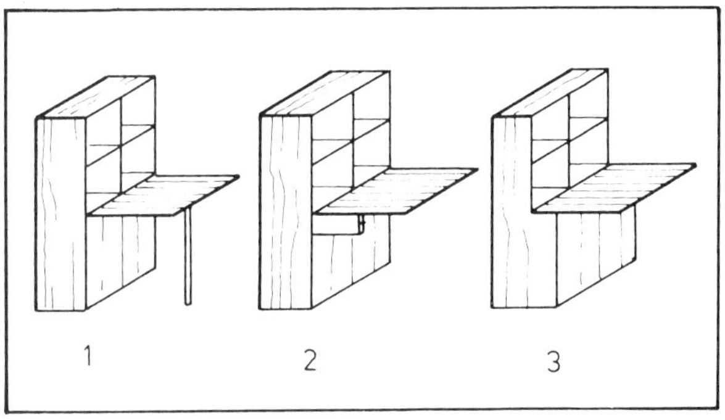

Abstützungen
1 mit Bein, an Platte beweglich befestigt und aufklappbar
2 mit Konsolen, ausziehbar
3 mit Auflager, durch Sockelvorbau, punktweise oder flächig

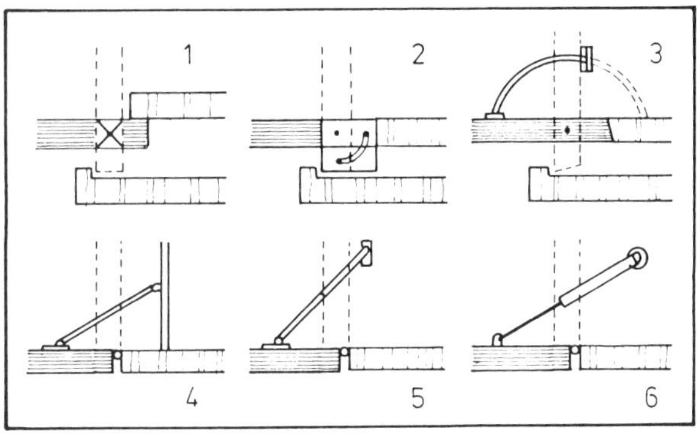

Abstoppungen
1 durch Anschlagen unter dem Zwischenboden
2 mit Spezialzapfenband
3 mit Metallbügel
4 mit Bremse in Gleitschiene
5 mit Schere
6 mit Klappenbremse, pneumatisch

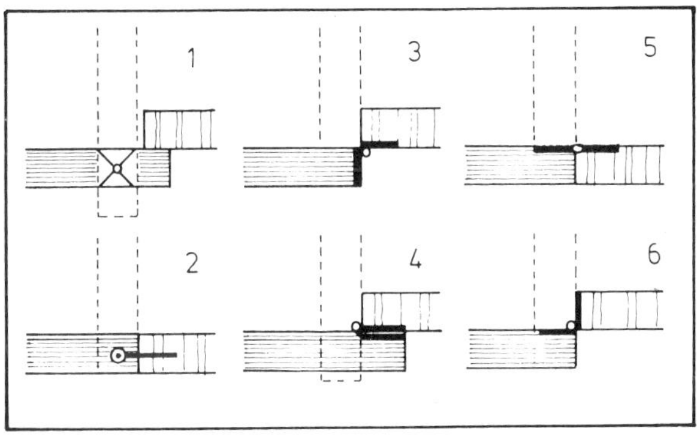

Bandanordnungen
- in der Klappe:
  1 Zapfenband
  2 Einbohrband, bündiger Übergang
- unter der Klappe:
  3 Stangenscharnier
  4 Aufsatzband
  5 Klappenscharnier, bündiger Übergang
  6 gerades Band

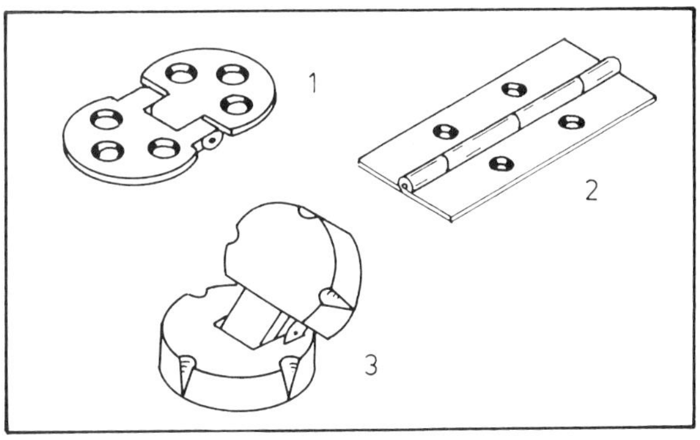

Bänder und Scharniere
1 Klappenscharnier
2 Stangenscharnier, einfache Montage
3 Einbohrklappenscharnier

Drehtüren haben verschiedene Ausführungen und Anschläge. Die Befestigung erfolgt durch Schraubleisten mit Langlochschlitzschrauben.

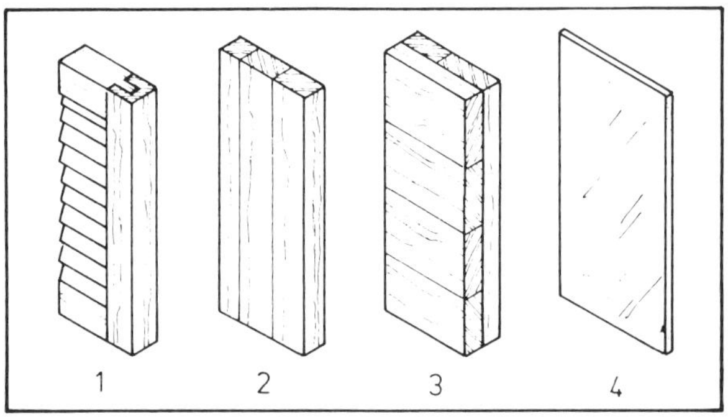

Bauarten

1 Rahmen mit Lamellenfüllung, z. B. Wäscheschrank
2 Blatt aus Massivholz
3 Blatt, kreuzweise aufgedoppelt
4 Ganzglastür

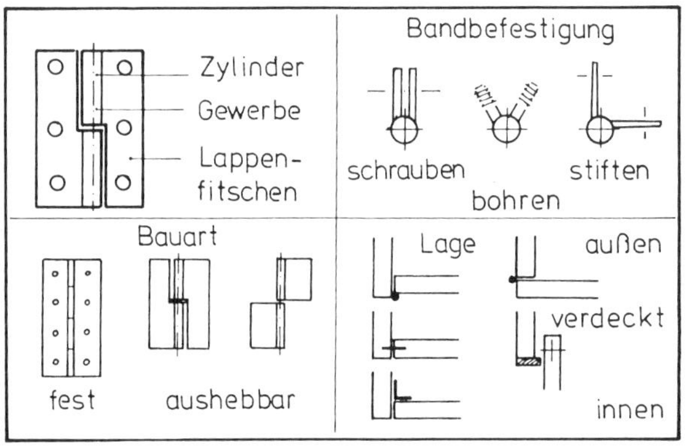

Bänder und Scharniere

o. l. Bauteilbezeichnungen
u. l. Scharniere sind mehrgliedrig und nicht aushängbar; Bänder sind einfache Drehgelenke und aushängbar
o. r. Befestigung von Lappen, Zapfen und Fitschen
u. r. Bandsitz, Lage

Anschlagarten (Beispiele)

1 vorschlagend, Einpassen entfällt, einfacher Einbau
2 zurückspringend, Front nicht bündig, hohe Paßgenauigkeit erforderlich

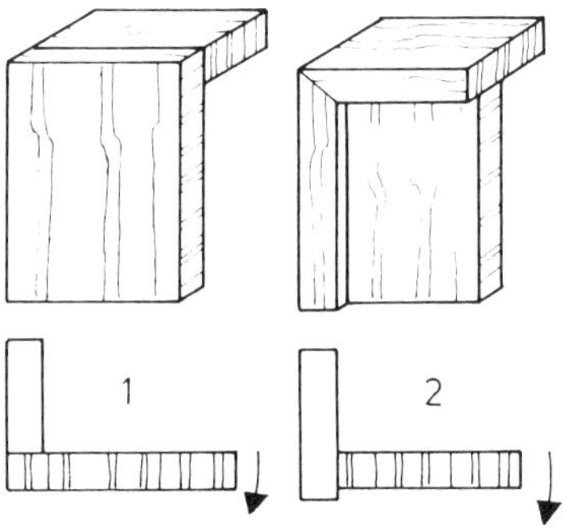

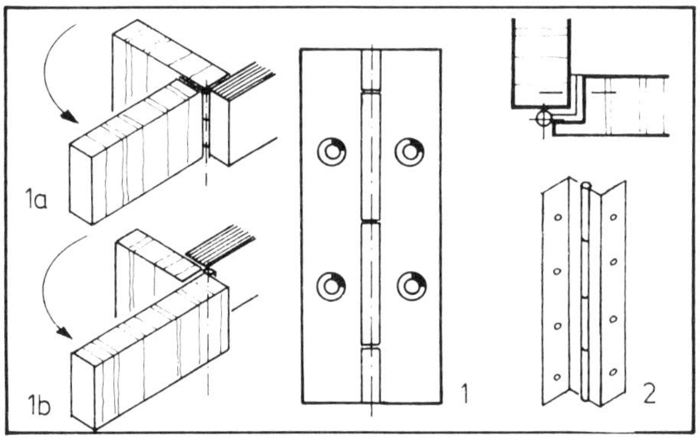

Stangenscharniere, auch Klavierbänder genannt, bis zu 3,50 m erhältlich, sind leicht zu montieren, vielseitig verwendbar und preiswert; Schrauben lösen sich jedoch bei längerer Benutzung.

1 a) und b) Scharniere, einfach
2 Scharnier, gekröpft (für überfälzte Türen)

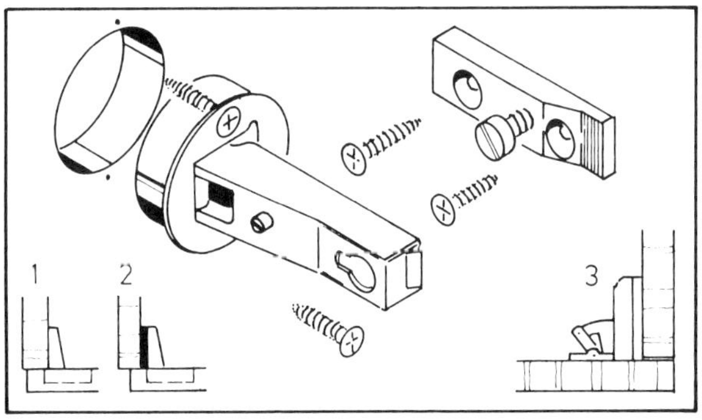

Topfbänder bestehen aus Topf, Arm und Montageplatte, geeignet nur für vorschlagende Türen; leichtes Arretieren, relativ leichter Einbau, in verschiedensten Formen und Wirkungsweisen (z. B. als automatische Zuhaltung) erhältlich.

1 und 2 Regulierung des Türüberstands durch Montageplatte
3 180°-Band

Mittelschlüsse
(nur bei zweiflügeligen Türen)

1 mit Schlagleiste, innen
2 mit Schlagleiste, außen
3 überfälzt (breite Nut)

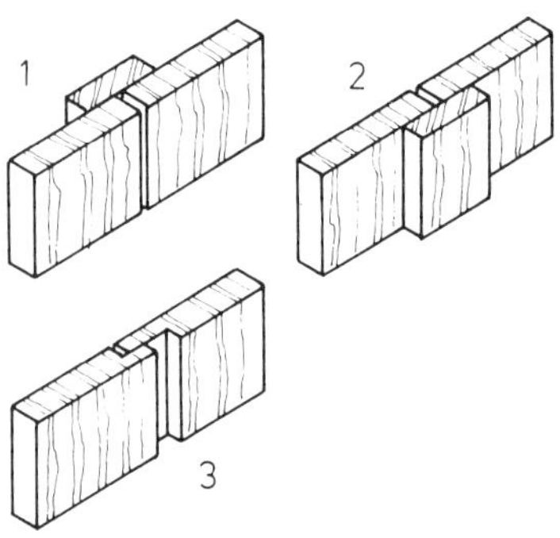

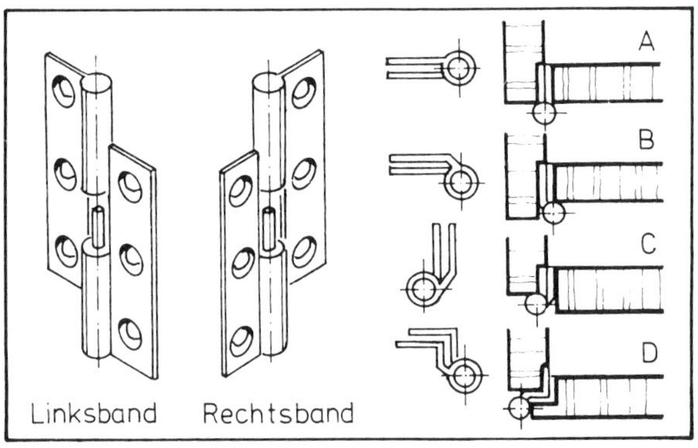

Aufsatzbänder

Im Aufbau ähneln sie den Stangenscharnieren, haben aber den Vorteil, aushängbar zu sein. Sie werden bei Qualitätsmöbeln angewendet und eignen sich je nach Kröpfung für vor- und zwischenschlagende wie überfälzte Türen.

A gerade Ausführung
B und C gekröpft
D gewinkelt

Zuhaltungen in Form von Schnäppern und Federn verwendet man statt Schlössern. Sie sind in der Regel innenliegend angebracht und halten Türen oder Klappen durch Magnetwirkung oder mechanische Rückhaltung in der Ausgangsposition. Je nach gewünschtem Öffnungswiderstand lassen sich Schnäpper unterschiedlich einstellen.

Schlösser werden je nach Türstärke aufgeschraubt, eingelassen oder eingesteckt. Das Dornmaß bestimmt die Größe der Schloßkästen. Je nach Bauart der Tür unterscheidet man linke und rechte Schlösser.

1 Kastenschloß für einfache Möbel, auf der Türinnenseite befestigt; leichte Montage durch Aufschrauben
2 Einsteckschloß für zwischenschlagende oder überfälzte Türen, in die Stirnseite der Tür eingearbeitet. Die Einlassung muß gebohrt und ausgestochen werden.

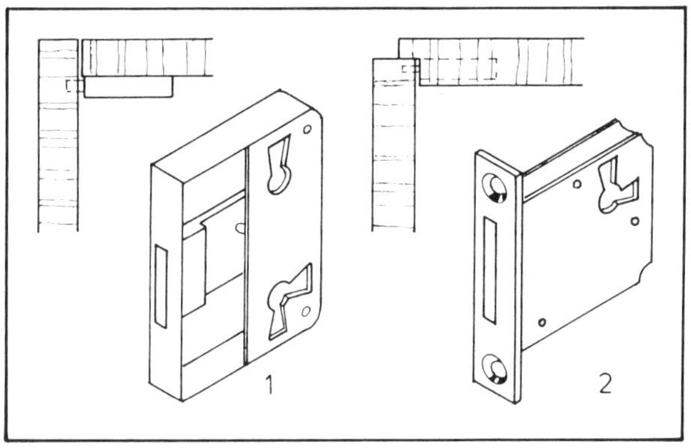

Magnetschnäpper eignen sich für alle Anschlagarten (a–c). Einbohrschnäpper sind zylindrisch und werden in ein Bohrloch gesteckt (d).

1 Magnetgehäuse an Korpusseite, Metallplatte auf Tür
2 Einbohrschnäpper in Korpusseite, Metallplatte an Tür

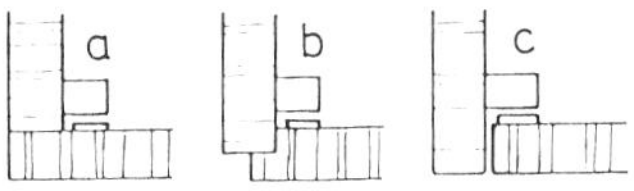

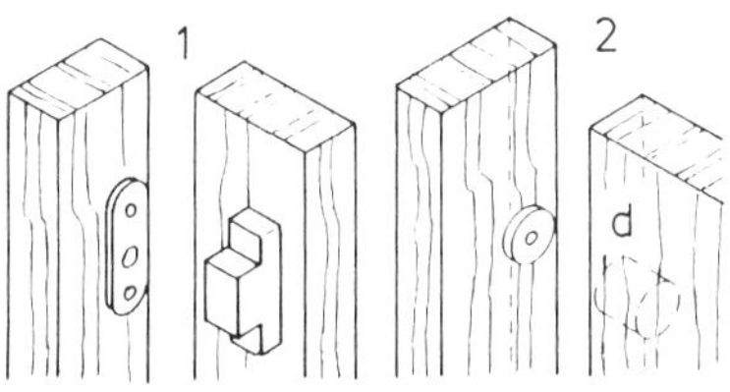

Stangenschloß für hohe Türen, auch doppelflügelig. Durch Schlüsseldrehung bewegen sich die Stangen auf- und abwärts hinter die Schließwinkel.

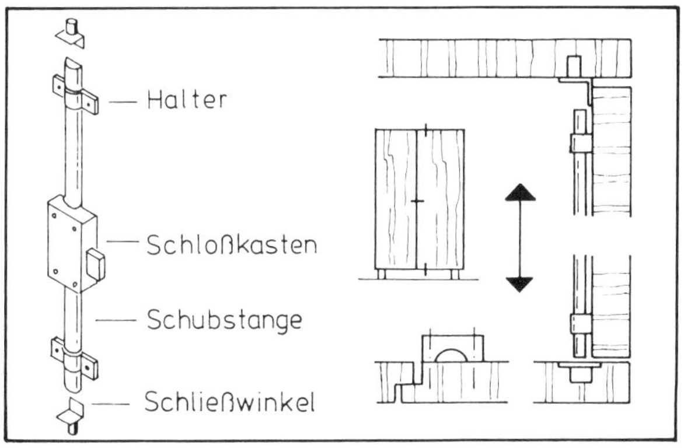

1 Holzknopf
2 Bügelgriff
3 Ring
4 Griffleiste, profiliert
5 Muschelgriff, eingelassen

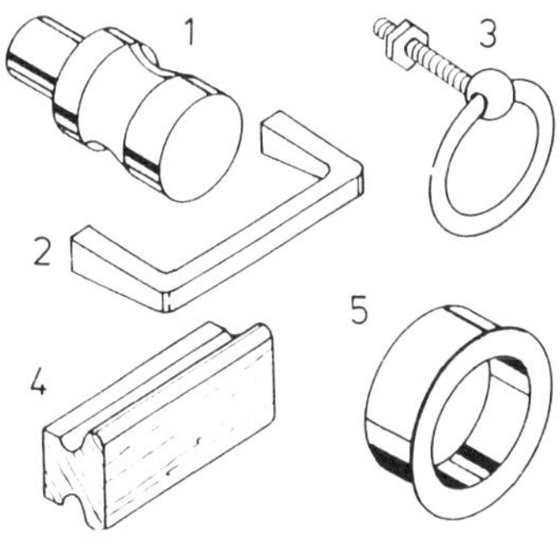

Einbohrschlösser
für alle Anschlagarten
1 mit Falle, auftragend
2 mit Falle, verdeckt
3 mit Kipphebel und Sicherheitszylinder

Einbau: Das Gehäuse wird in das vorgebohrte Loch eingesteckt und gegen Verdrehen festgeschraubt.

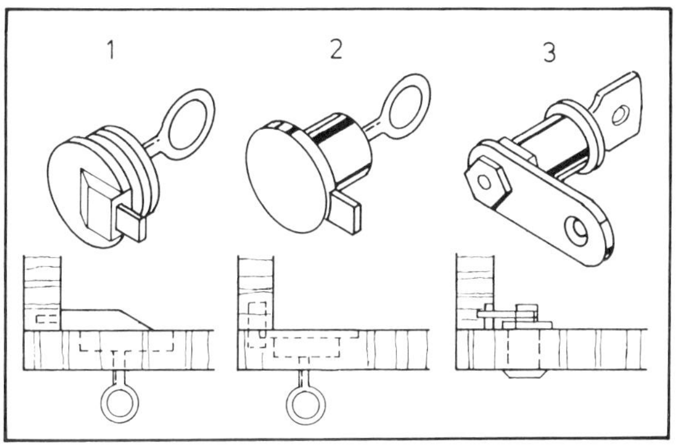

1 Schubriegel, gekröpft, für vorschlagende Türen
2 Schubriegel, gerade, mit Einlaßblech

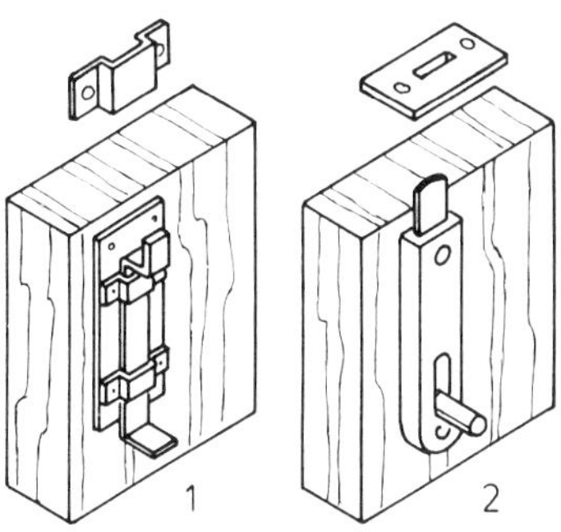

Schlüssel und Schlösser
1 bis 3 Schlüsselbuchsen, eingelassen
4/5 Schlüsselschilder, aufgesetzt

Schlüsselbärte
6 durchgehend
7 bis 9 gebohrt
10/11 für Zylindersicherheitsschlösser

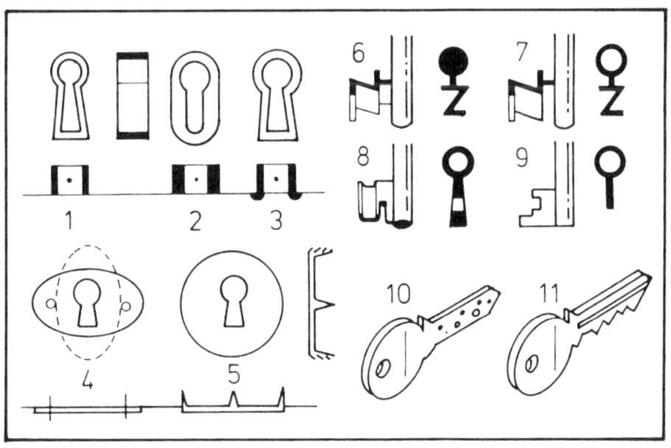

Schubkästen unterscheiden sich in ihren Führungen. Laufende Schubkästen bewegen sich auf Laufleisten, hängende auf seitlichen Laufschienen. Kastenverbindungen in Massivholz sind gegratet oder gezinkt. Ihre Anordnung erfolgt sichtbar oder verdeckt hinter Türen. Lange und schmale Schubkästen sind besser als kurze und breite, da sie sich leichter schieben lassen.

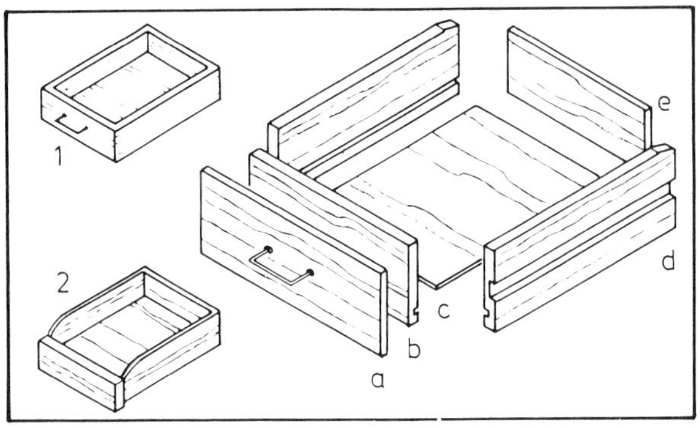

Schubkästen
1 in Möbelfront, sichtbar
2 als Möbelzug, mit halbhohem Vorderstück hinter Schranktüren verdeckt, z. B. im Kleiderschrank

Bauteile
a) Aufdoppelung
b) Vorderstück
c) Boden
d) Seitenstück, Führung
e) Hinterstück

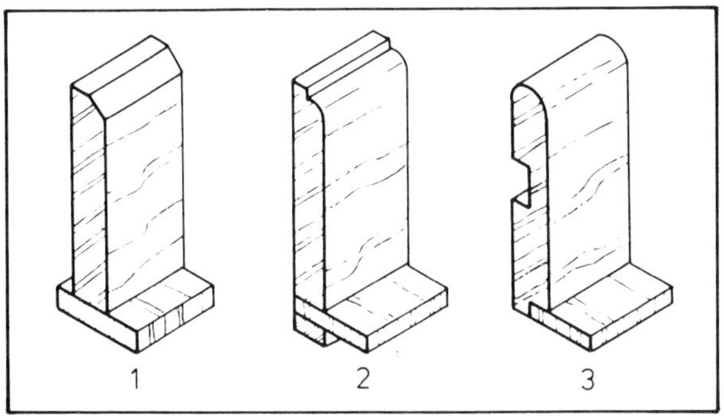

Seiten und Böden
1 Seite oben angefast, Boden aus Massivholz mit Überstand
2 Seite oben gefälzt, Boden aus Sperrholz mit Laufleiste
3 Seite oben verrundet, seitlich genutet (hängender Schubkasten), Boden eingefälzt

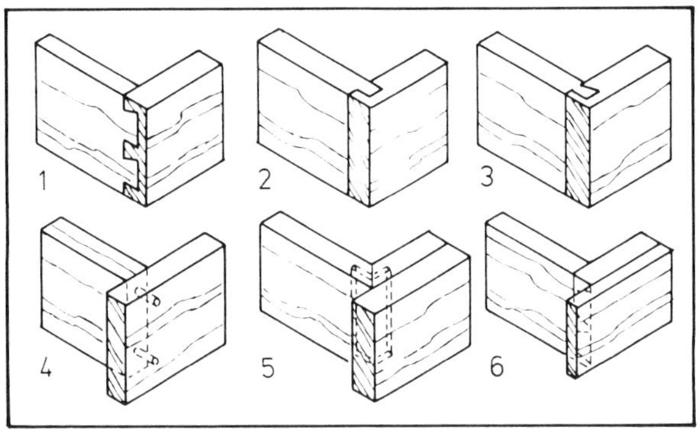

Eckverbindungen
1 gezinkt, verdeckt
2 gefedert
3 gegratet
4 gedübelt
5 mit Winkelfeder, Ecke auf Gehrung
6 gezinkt, offen; Aufdoppelung notwendig

Knöpfe und **Griffe** sind Bedienungselemente zum Öffnen und Schließen von Schubkästen, Klappen, Türen und Rolläden. Wegen ihrer Funktion sollten sie handlich ausgeformt, d. h. weder scharfkantig noch zu klein sein. Andererseits dürfen sie wegen der Verletzungsgefahr nicht zu weit vor die Möbelfront vorstehen. Neben Knöpfen und Griffen gibt es noch Griffschienen oder -leisten, die meist über die volle Kantenlänge, z. B. an Schubkästen, befestigt sind.

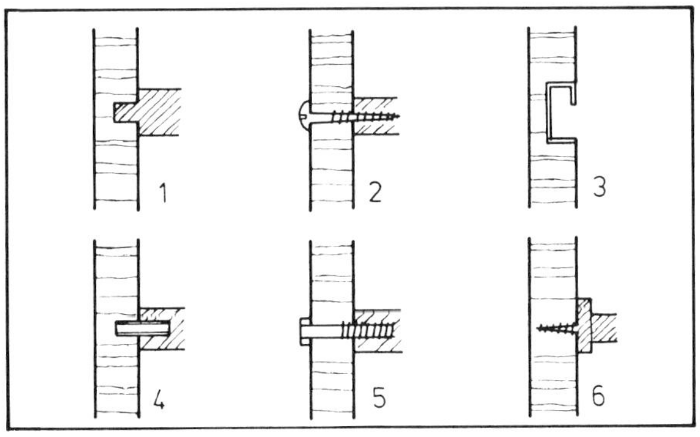

Befestigung von Griffen und Griffleisten
1 Zapfen, angedreht
2 von innen verschraubt
3 Kunststoffprofil, eingelassen
4 gedübelt
5 mit Gewindeschraube
6 Knopf, aufgeschraubt

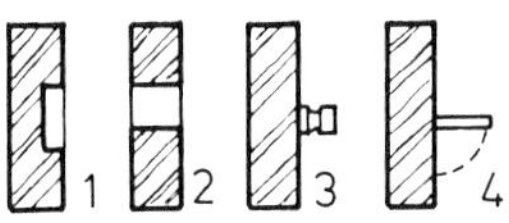

Bauarten
1 tiefliegend (Muschel)
2 durchstoßend (Loch)
3 vorstehend (Knopf)
4 klappbar (Bügel)

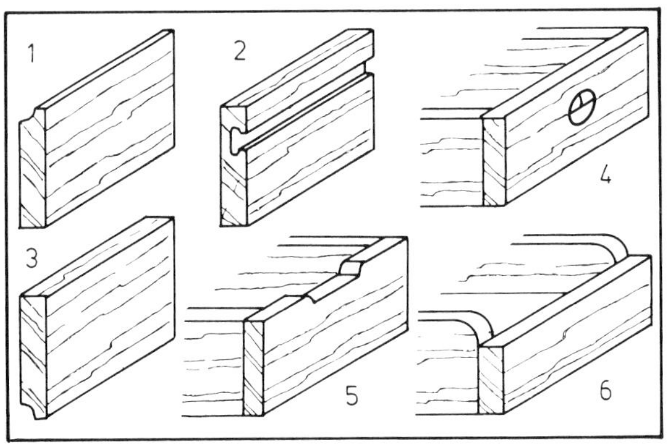

Griffleisten (durchlaufend)
1 und 2 Ober- und Unterkante unsichtbar
3 Griffnut, durchlaufend
4 Griffmuschel, eingeleimt
5 Griffschlitz
6 englischer Zug (für Kleiderschrank, meist innen)

Laufende Schubkästen eignen sich aufgrund ihrer vorteilhaften Gewichtsverteilung von den Seitenkanten auf die Laufrahmen gut für hohe Belastungen. Seitenteile und Rahmen sollten, da sie sich durch Reibung abnutzen, aus massivem Hartholz sein.

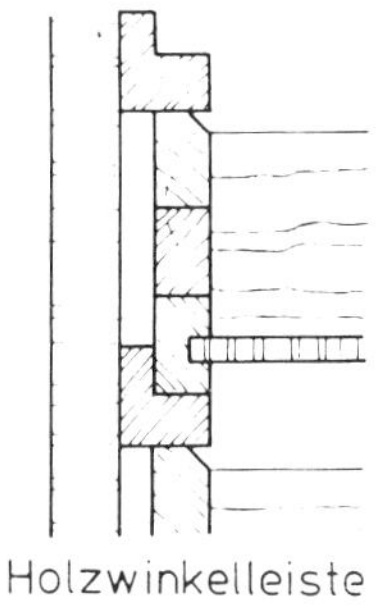

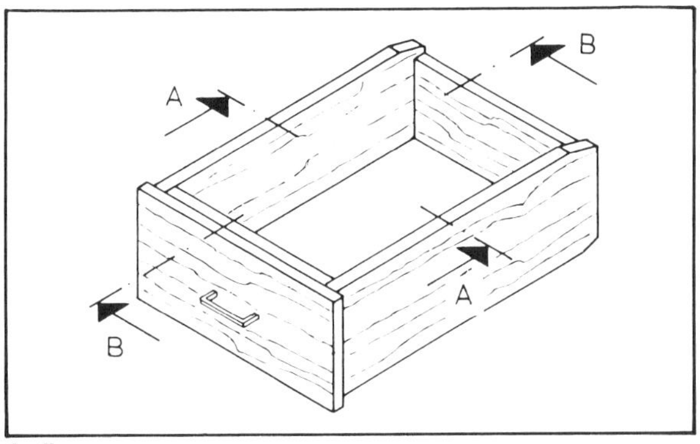

Aufbau
Schubkasten, laufend; Isometrie mit Schnittlegung für die unten erläuterten Details

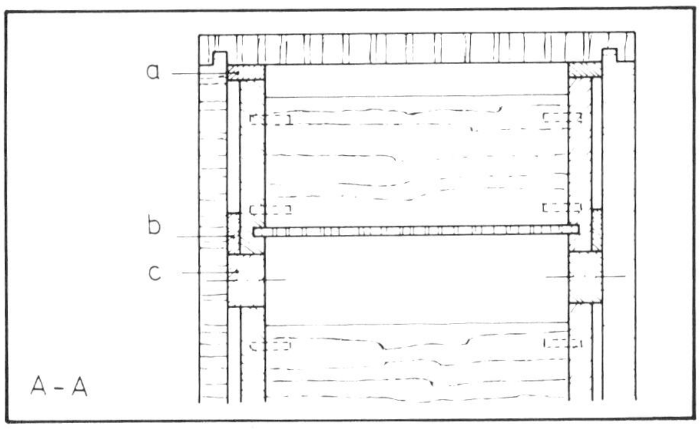

Frontalschnitt A–A

a) Kippleiste, verhindert zu frühes Kippen beim Herausziehen
b) Streichleiste, dient der Seitenführung
c) Laufleiste, gleichzeitig Kippleiste für unteren Schubkasten

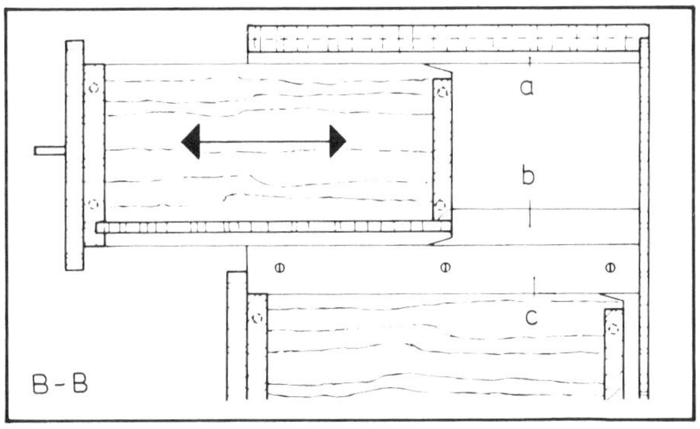

Vertikalschnitt B–B
a) bis c) siehe Frontalschnitt A–A. Abstoppung erfolgt durch aufgedoppeltes Vorderstück (Anschlag).

Hängende Schubkästen haben ihre Führung in den Seitenteilen, d. h. die Führungen sind eingenutet, die Laufschienen zugleich Streich- und Kippleisten. Die Nuttiefe in den Seitenteilen sollte maximal $^{1}/_{3}$ der Brettstärke betragen.

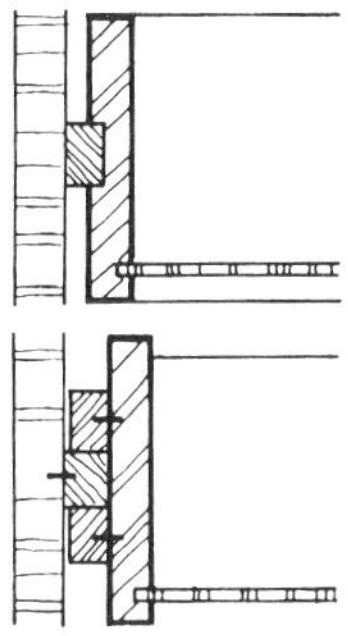

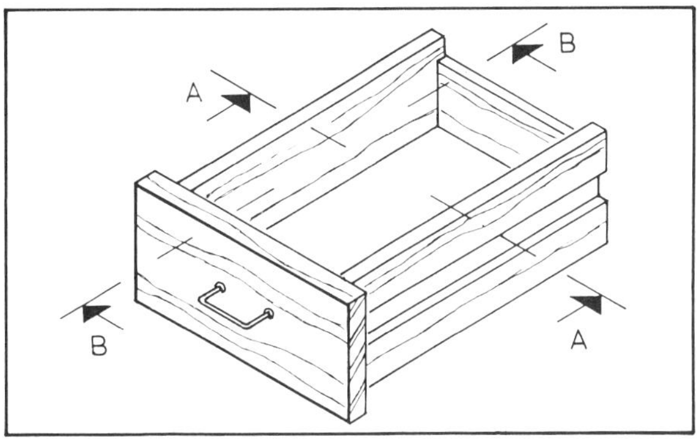

Aufbau
Schubkasten, hängend; Isometrie mit Schnittlegung für die unten erläuterten Details

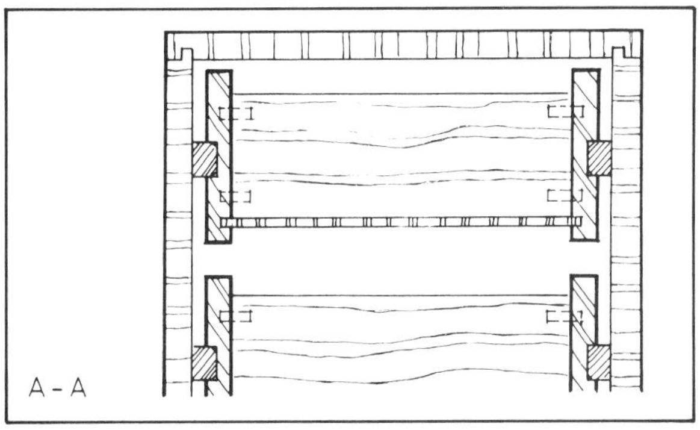

Frontalschnitt A–A
Die Schubkastenseite sollte bis maximal $^{1}/_{3}$ ihrer Stärke eingenutet sein. Die Laufleiste ist zugleich Kipp- und Streichleiste. Sie wird an den Korpus angeschraubt. Die Kanten sind gefast und bieten somit geringe Reibung.

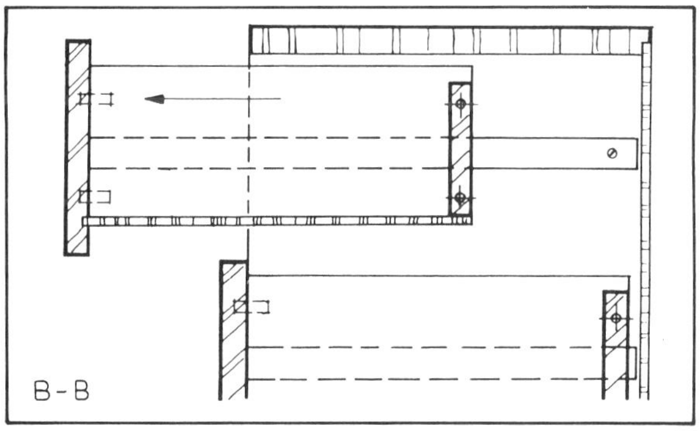

Vertikalschnitt B–B
Schubkasten, hängend, vorn vorschlagend

Tische

Tischplatten können sehr unterschiedlich geformt sein: quadratisch, rechteckig, dreieckig oder polygonal. Ebenso vielfältig lassen sich die Untergestelle (Beine, Rahmen, Stege) der Platten konstruieren.

Die Grundzüge der Konstruktion sind einfach: Verbindungen bestehen aus Dübeln und Ausklinkungen; Tischplatten werden aufgedübelt, abschnittweise fest verleimt oder quer zur Faser mit Nutklötzen verschraubt.

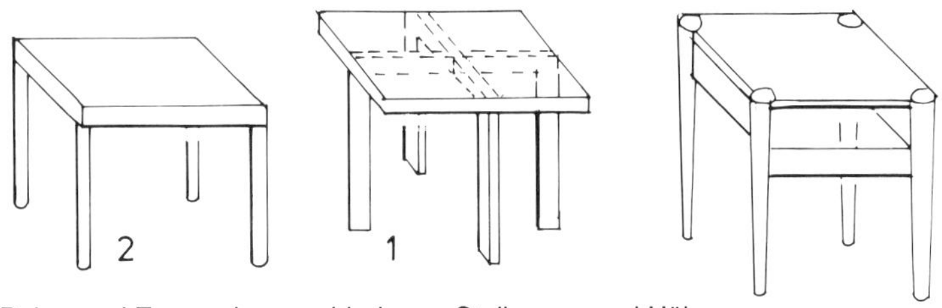

Beine und Zargen in verschiedenen Stellungen und Höhen

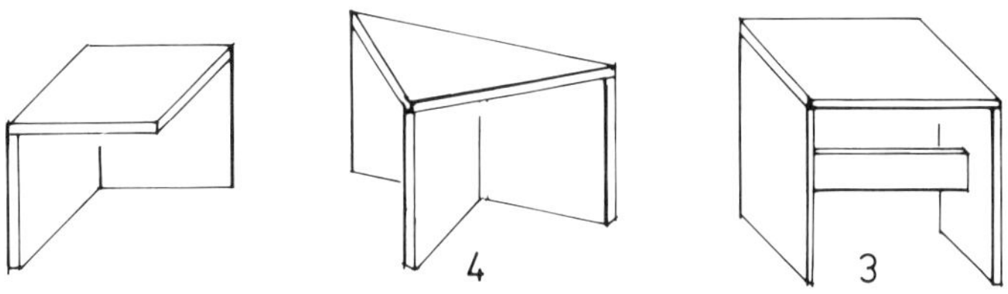

Flächen in unterschiedlichen Positionen

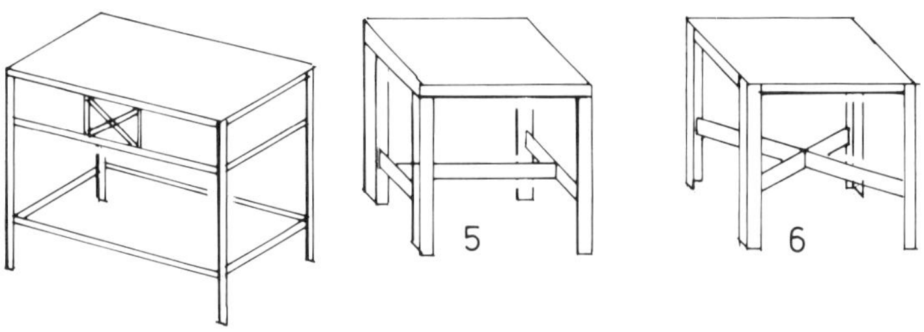

Stege zum Aussteifen der Beine

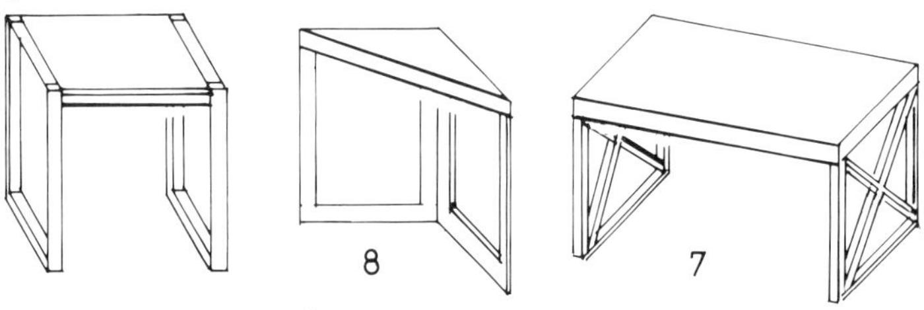

Rahmen in verschiedenen Stellungen

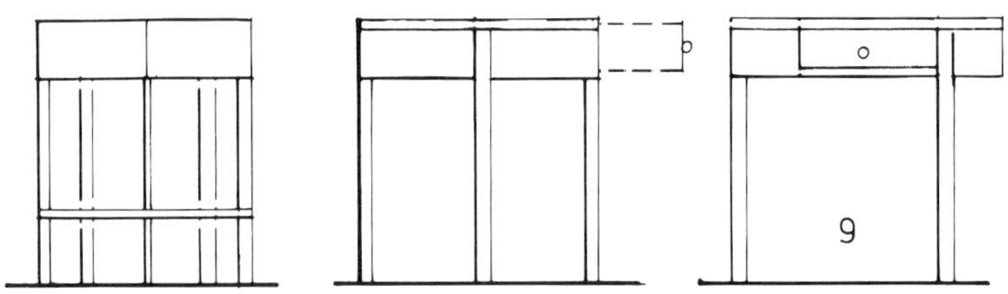

Polygonale Tische mit unterschiedlicher Anzahl der Beine

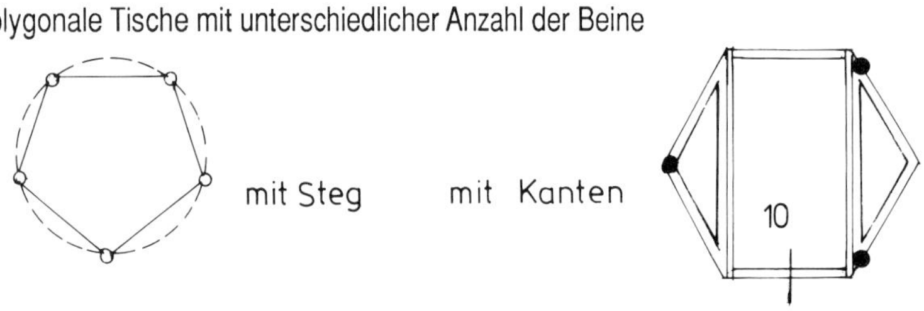

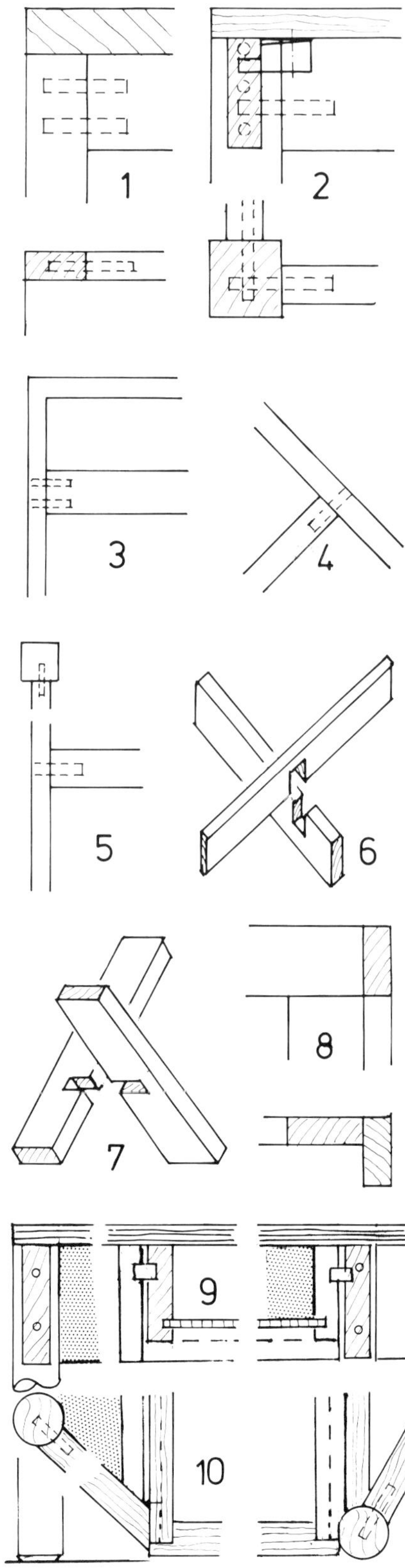

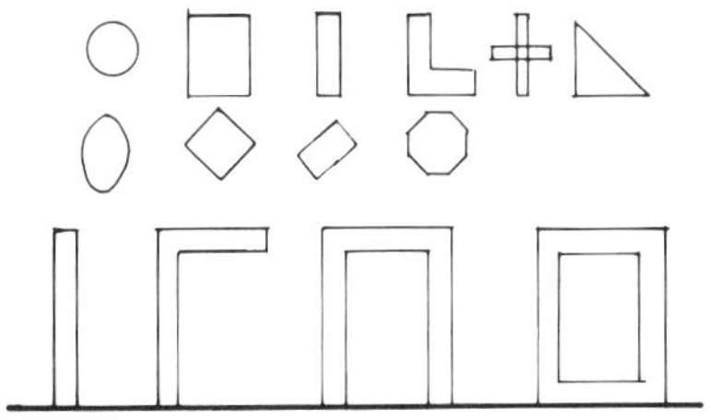

Formen und Querschnitte von Beistelltischen

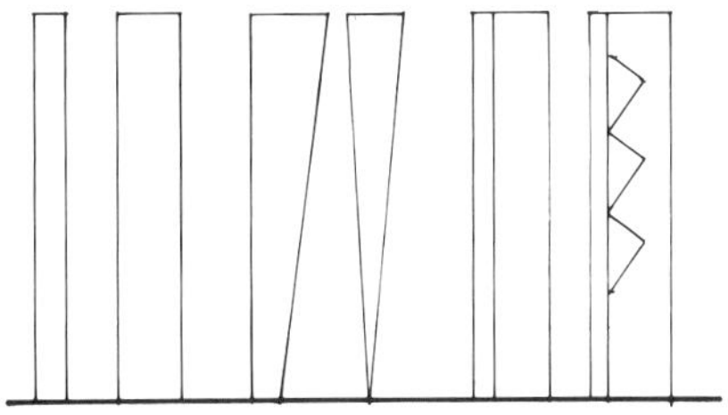

Tischbeine

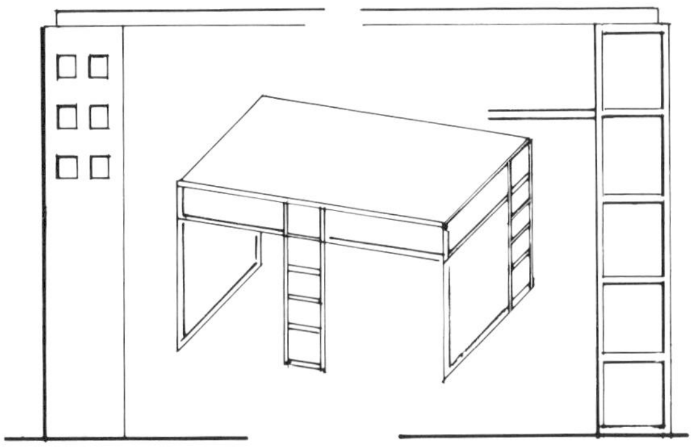

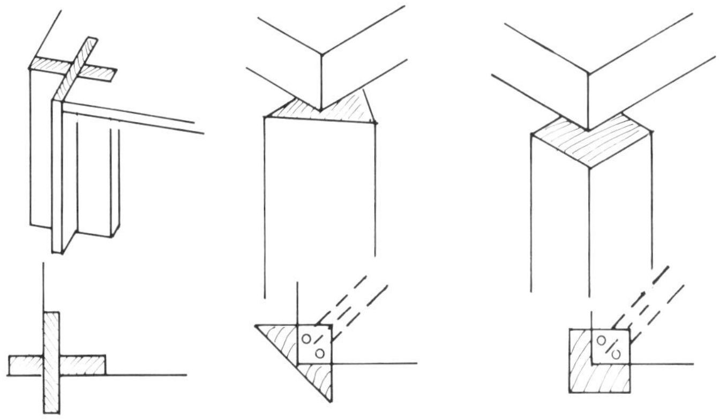

Die Leiterverbindungen mit Sprossen (links) können schon zu den Gestellen gezählt werden. Das Winkelbein ist zur Zierde perforiert.

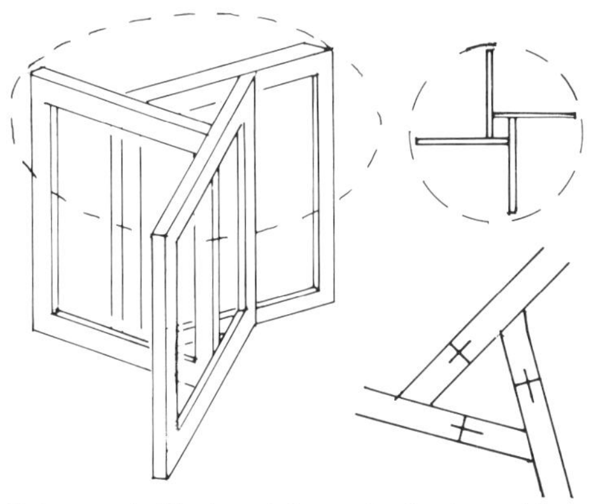

Rahmen als Tischgestelle, umlaufend geschlossen oder als Winkelkonstruktion offen ausgeführt, lassen sich im Quadrat oder Dreieck zusammenschließen. Sie eignen sich auch für runde Tische.

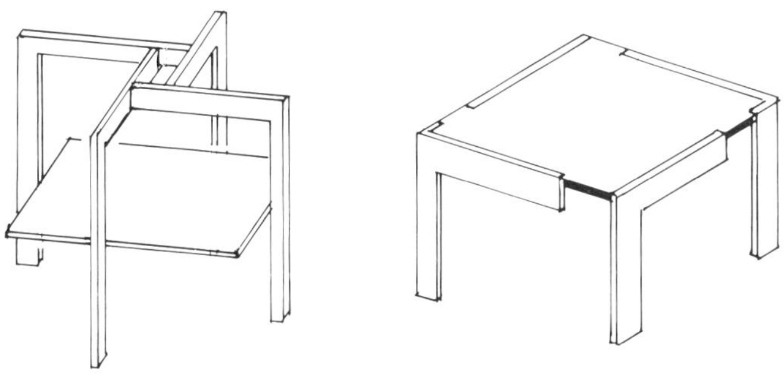

Im Winkel verleimte Bretter können als Beine nach außen oder nach innen gedreht eingesetzt werden. Zur Gestaltung werden vor dem Verleimen ein- oder zweiseitige Muster ausgeschnitten.

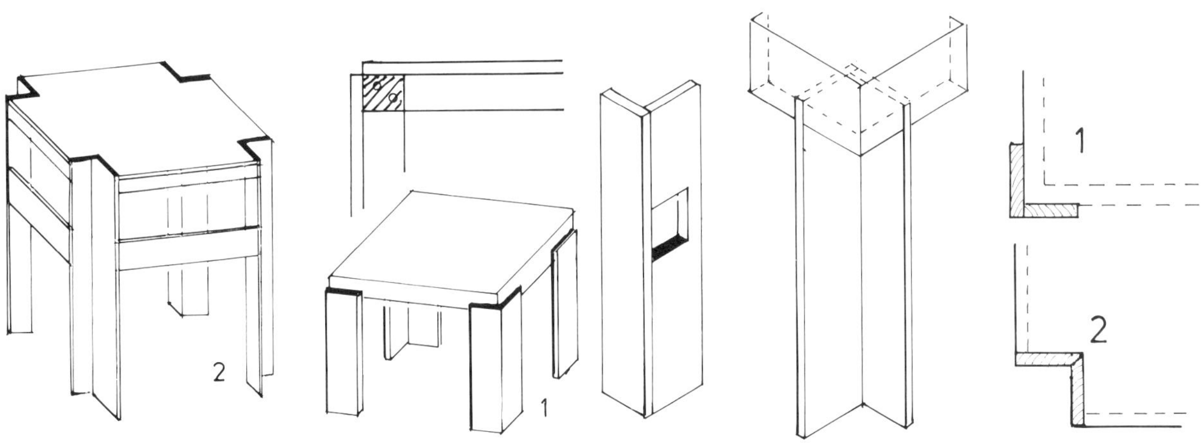

Beistelltische mit Böden bieten zusätzliche Ablagemöglichkeiten unter der Tischplatte. Die Ablagen können unterschiedlich konstruiert sein (Leisten, Gitter, ausziehbare Böden).

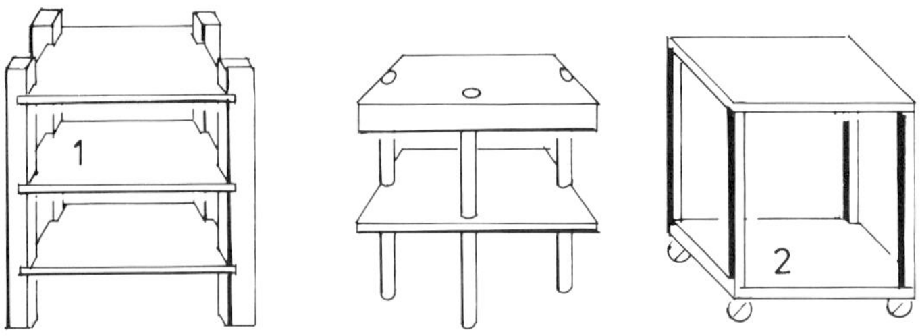

Beine an den Ecken oder Seiten

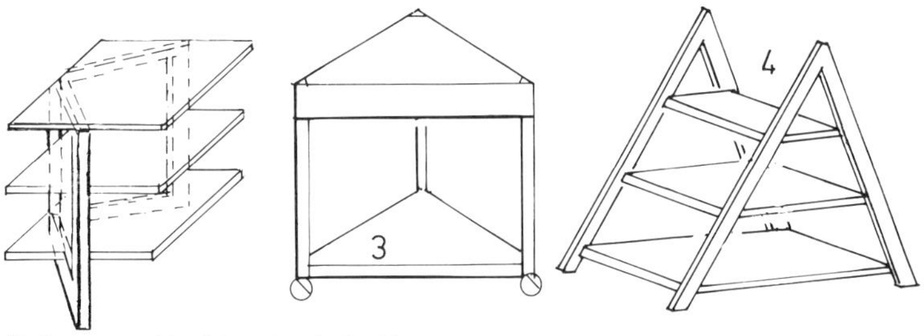

Rahmen rechteckig oder dreieckig

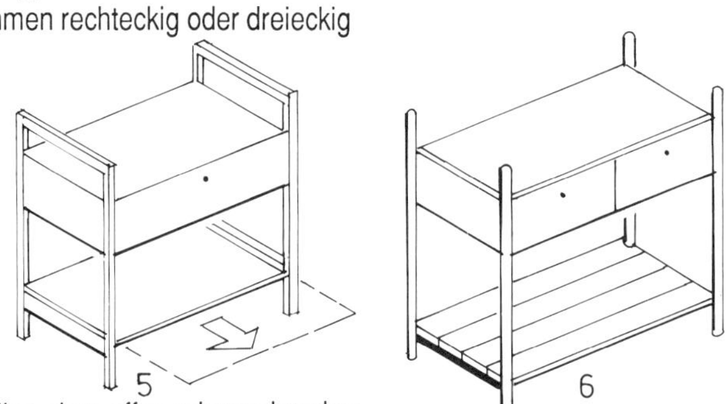

Stollen oben offen oder verbunden

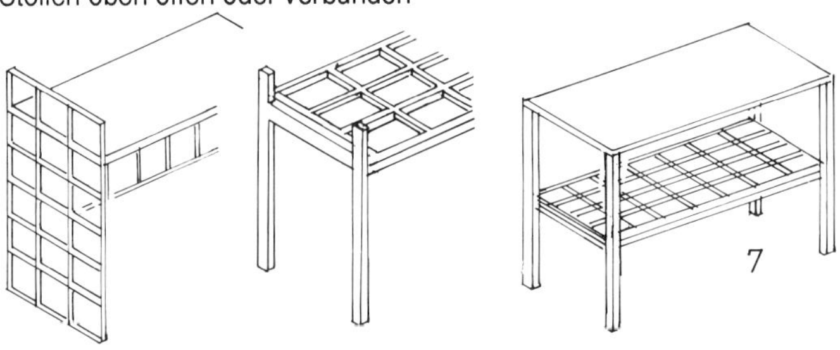

Raster als Flächen, Seiten oder Böden

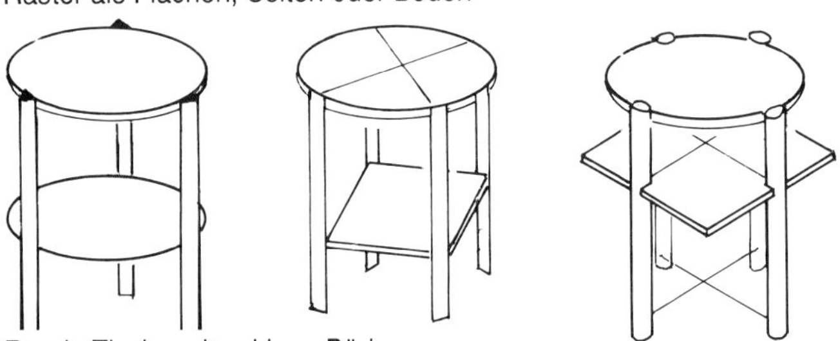

Runde Tische mit eckigen Böden

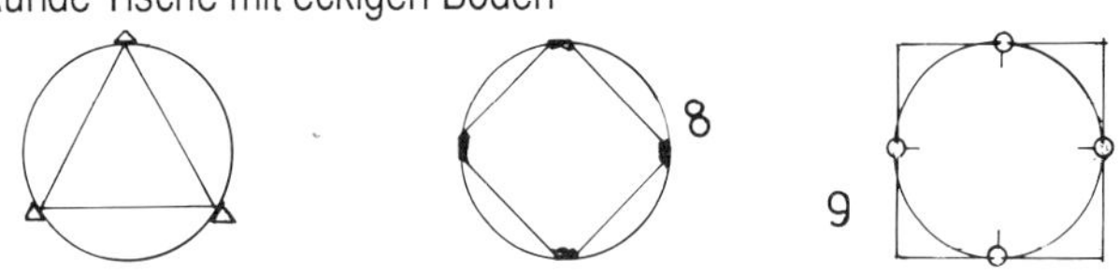

Die eckigen oder runden Beine, Stollen oder Rahmen sind mit den Platten verdübelt oder in Ausklinkungen eingesetzt. Unter die Beine lassen sich Rollen schrauben.

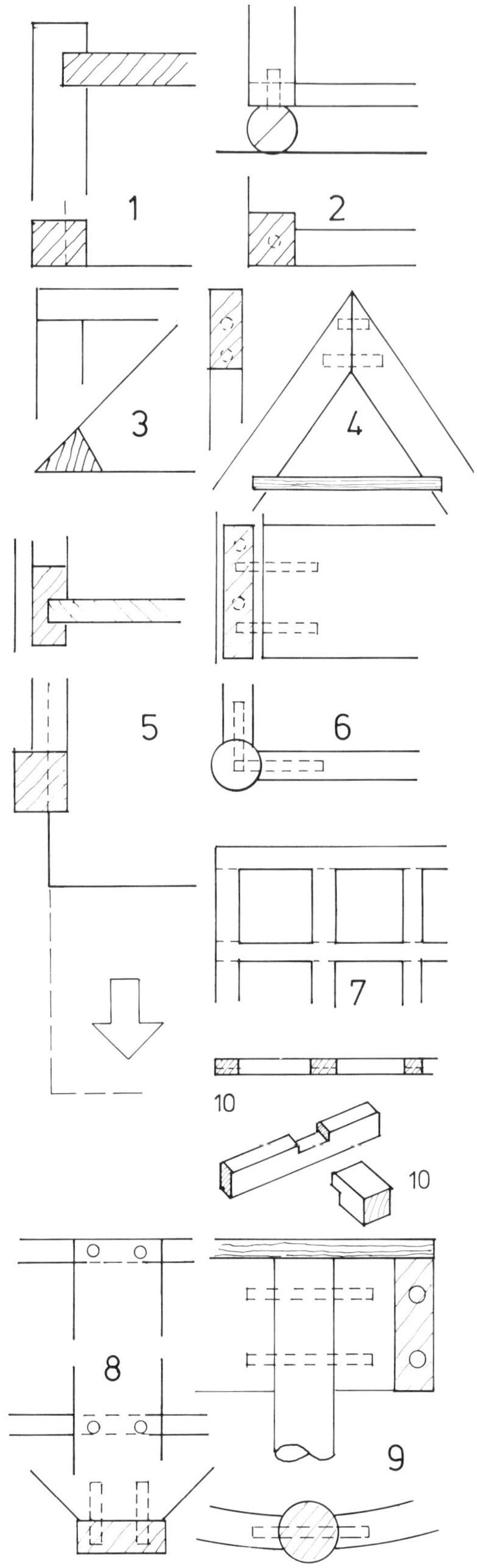

Beistelltisch, auf Stollen gearbeitet, mit hohen Zargen, zwei Schubkästen, einem Ablageboden aus Stäben; zwischen den Beinen zwei Querstege und ein Längssteg.

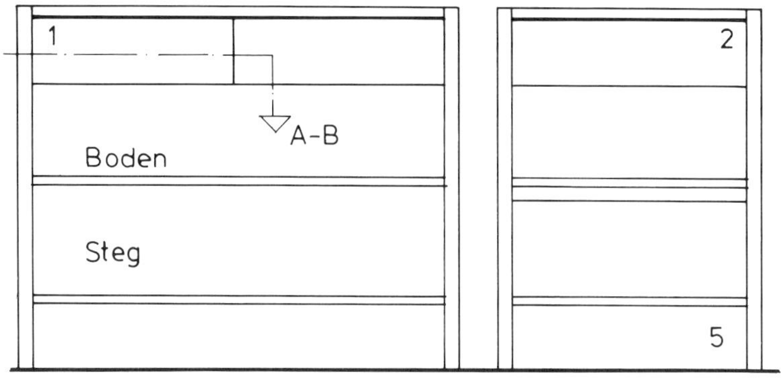

Seitenansicht

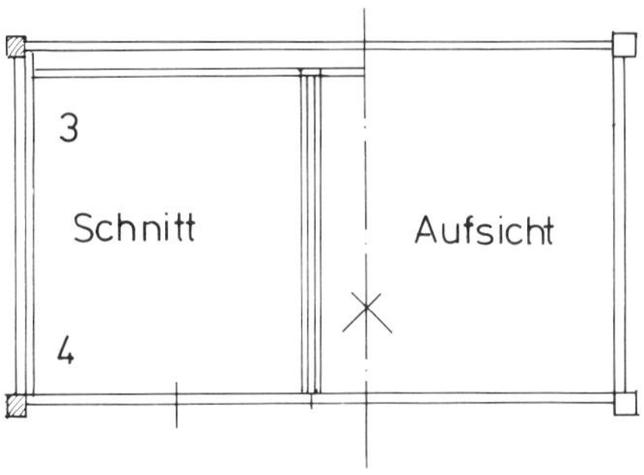

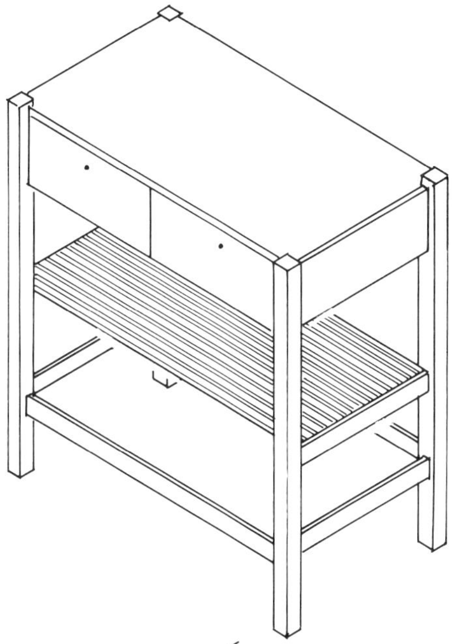

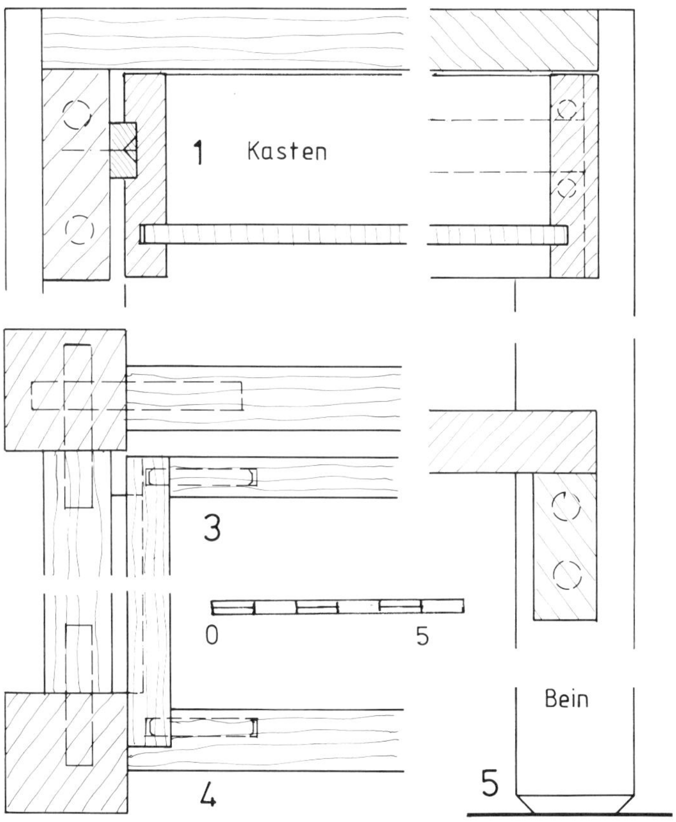

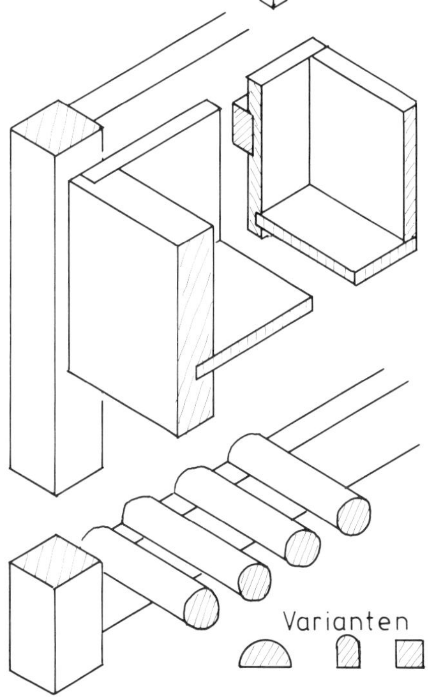

Die Schraffuren geben die Faserrichtung der einzelnen Bauteile wieder. Dübelverbindungen sind punktiert gezeichnet. Die Stäbe werden angesetzt und aufgeschraubt. Die Isometrie veranschaulicht die Konstruktion und zeigt Varianten der Stabausführung.

Wandtische mit rechteckigen, trapezförmigen und halbrunden Platten. Die Beine sind rund oder eckig. Sie werden mit oder ohne Zargen mit der Platte, den Fächern oder Kästen verbunden. Unten können sie zusätzlich durch Stege oder Böden stabilisiert werden. Brettkonstruktionen zeigt die untere Reihe. Die Tischplatten, Zwischen- und Unterböden haben unterschiedliche Formen. Das ergibt Spannung, auch der Einsatz runder Beine.

Wandtisch mit Schubkasten und halbrunder Platte. Die runden Beine sind mit den geschweiften Zargen verdübelt, unten sind sie mit Stegen verbunden. Die Laufleisten des Schubkastens werden vorn in die Beine eingedübelt und hinten in die Zargen eingelassen und untergeschraubt. Die Streichleisten sind aufgeleimt. Die Platte wird mit Nutklötzen an den Zargen befestigt. Die Stege werden in der Mitte auf Gehrung geschnitten und gedübelt. Der Kasten schlägt vor das Querrahmenstück, das die vorderen Beine verbindet.

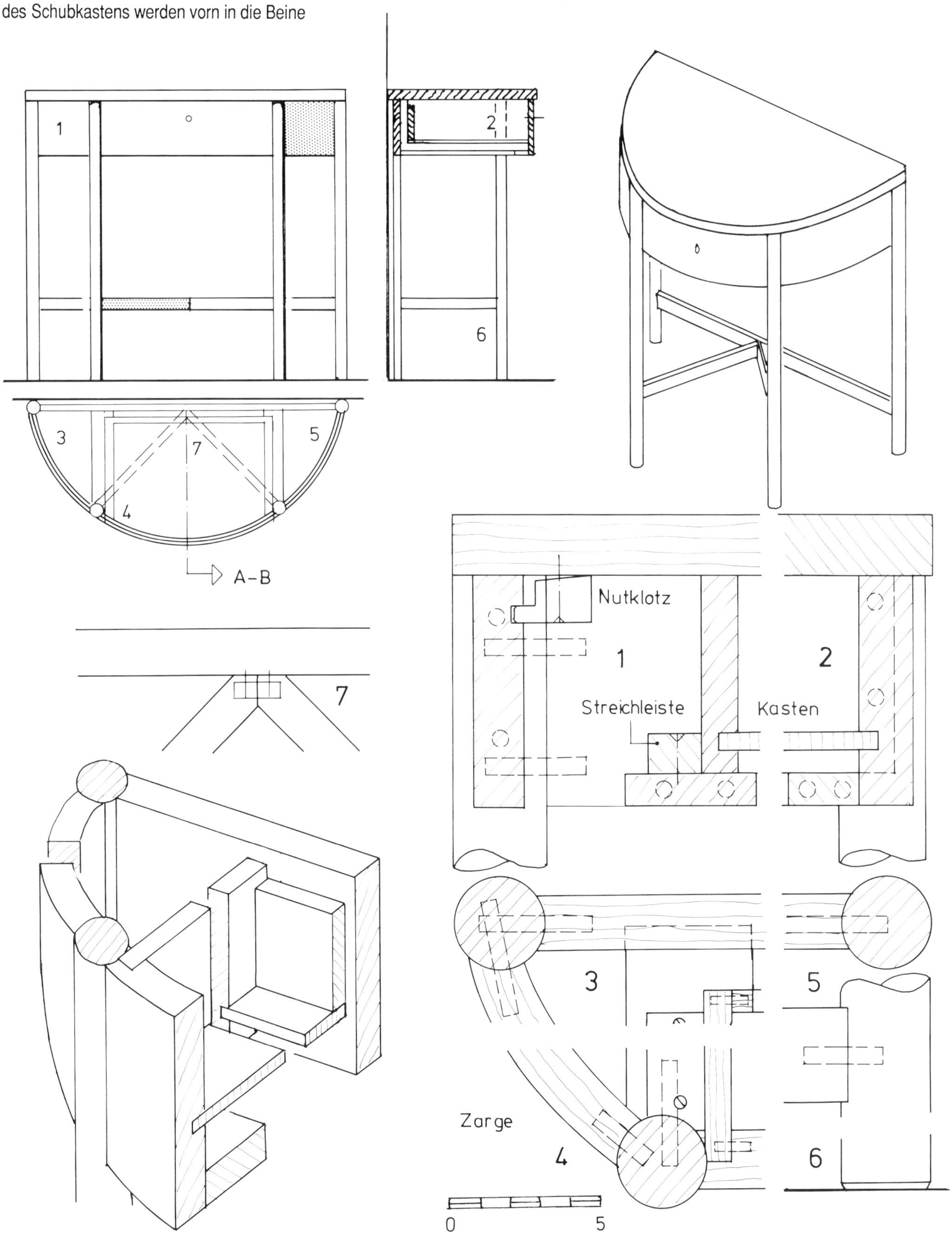

Klapptische haben an den Quer- oder Längsseiten rechteckige oder runde Platten zur Vergrößerung der Tischfläche. Unterstützt werden sie durch Knaggen in den Zargen, Konsolen an den Beinen oder Dreiecke auf den Stegen.

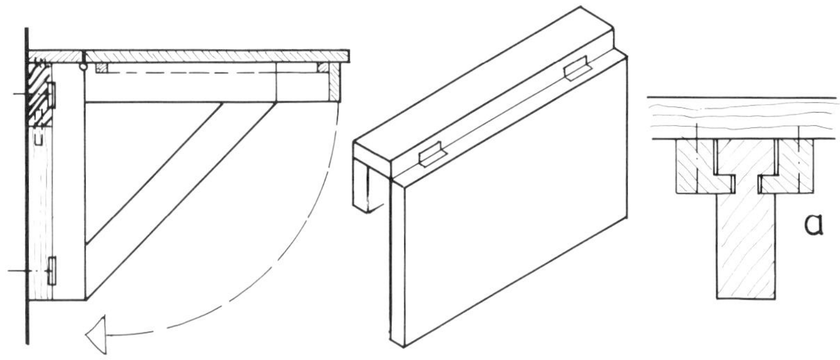

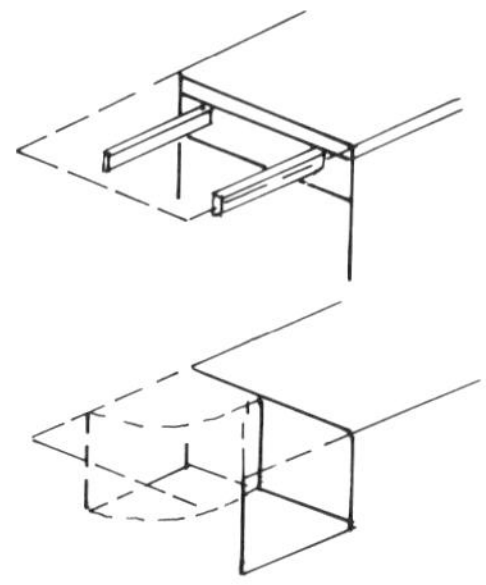

Oben links: an der Wand hängender Klapptisch mit rechteckiger Platte und dreieckiger Konsole, auf Rahmen gearbeitet. Darunter ein freistehender Klapptisch mit rechteckiger Platte, die durch eine Ausziehknagge unterstützt wird. Führung der Knagge: mit Nutklötzen unter der Platte und durch den Zargenausschnitt.

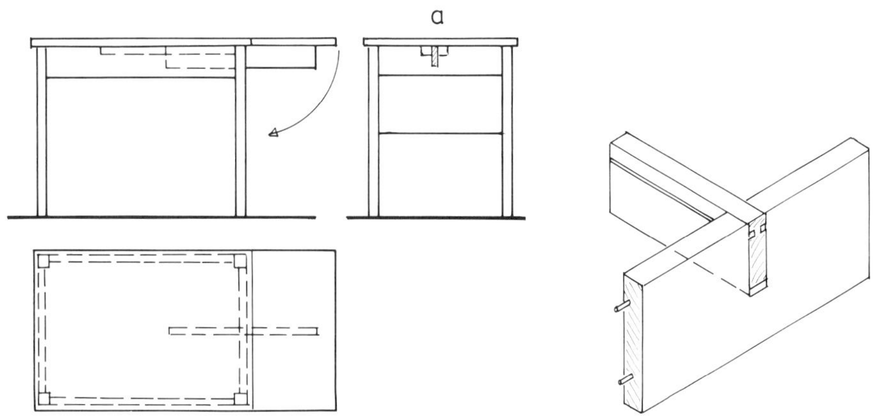

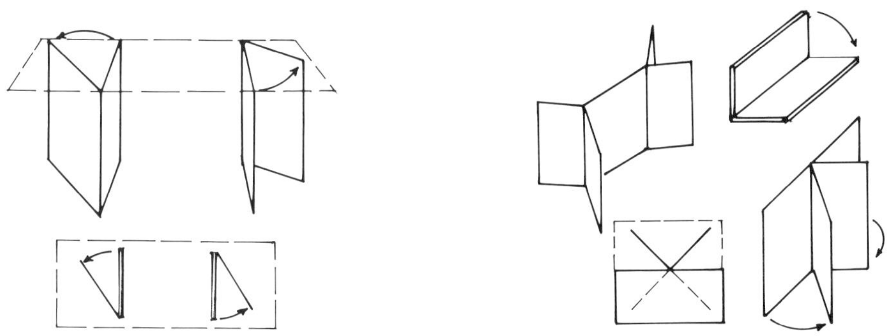

Der englische Spieltisch läßt sich vom rechteckigen Sideboard zum quadratischen Tisch verwandeln. Die Platte wird um 90° quer zum Tischgestell gedreht und aufgeklappt. Drehachse ist ein starker Holzdübel in einem Brückenbrett zwischen den Zargen. Ein in die Zargen eingenuteter Boden bildet ein Fach, das z. B. Spiele aufnehmen kann.

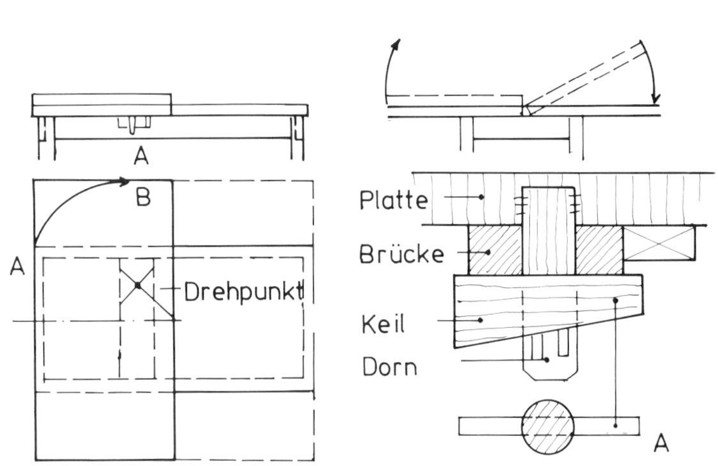

An der Wand hängender Klapptisch mit halbrunder Platte und offener Konsole. Die Tischplatte wird in ihrer Mittelachse mit einer Schraubleiste (a) gerade gehalten. Sie hängt mit zwei Scharnieren an einem horizontalen Wandbrett (b). Dieses ist wiederum auf einem breiten, an den Enden abgerundeten Brett (c) an der Wand befestigt.

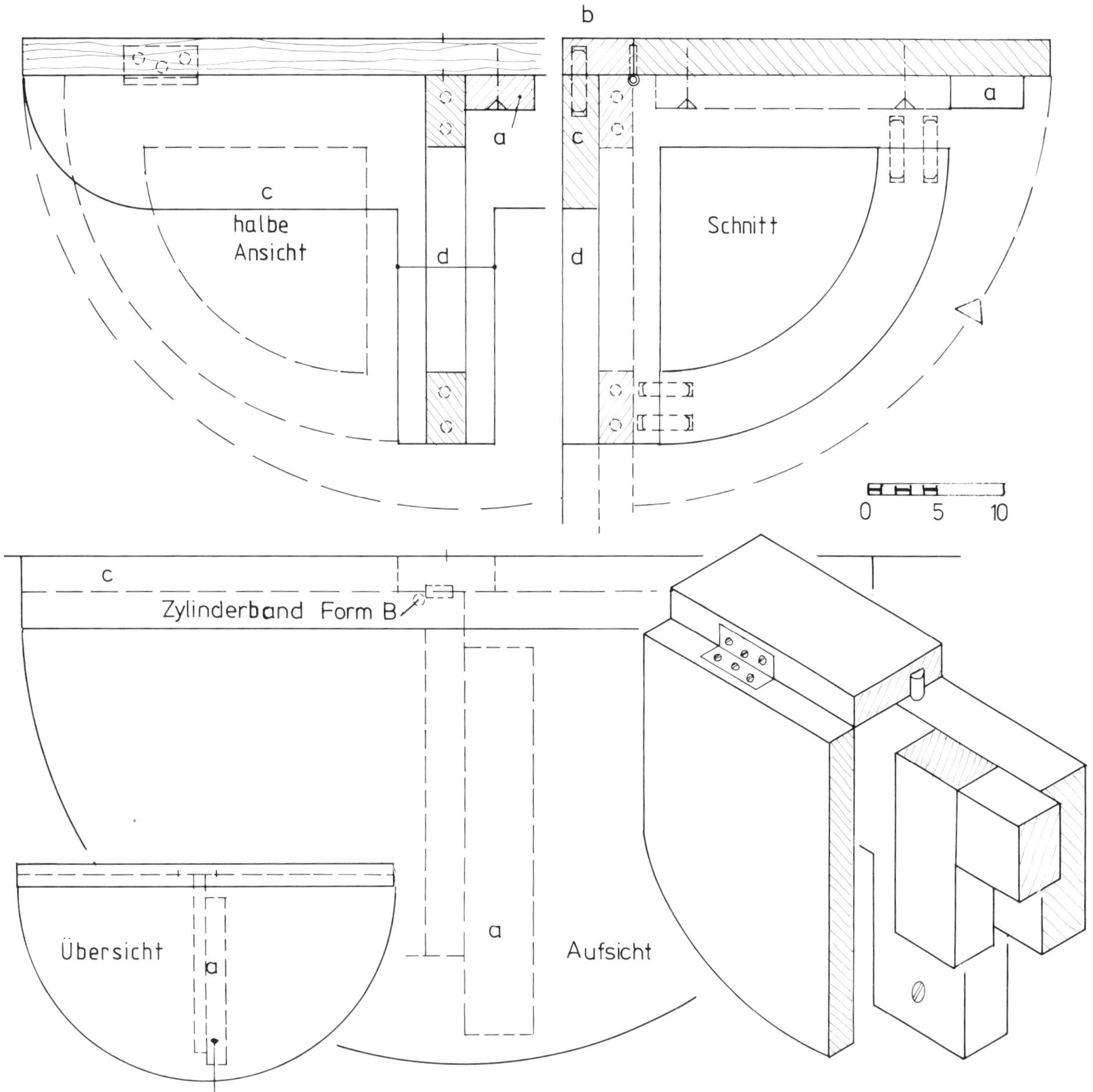

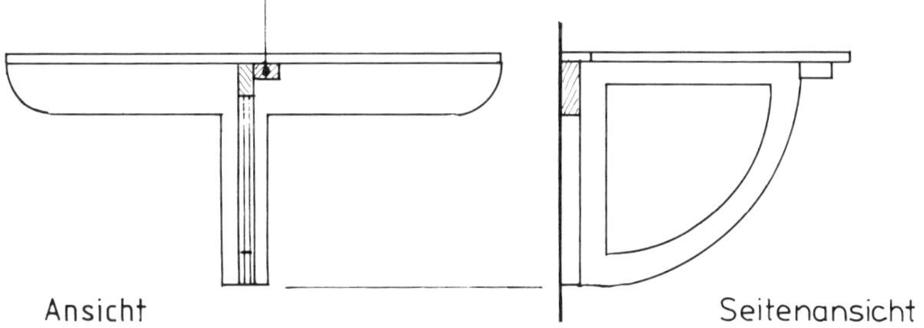

Die Konsole ist ebenfalls rund geschweift, auf Rahmen gearbeitet und an einem aufrechten Wandbrett (d) an zwei Scharnieren einseitig schwenkbar. In geöffnetem Zustand schlägt sie an die Schraubleiste (a) der Platte an. In geschlossenem Zustand liegt sie verdeckt unter dem schmalen Wandbrett (b) hinter der Platte.

Satztische können die verschiedensten Formen haben (z. B. quadratisch, rechteckig, dreieckig). Sie lassen sich addieren, stapeln, von oben zusammenstecken oder von vorn einhängen. Dabei stecken die Platten der kleineren in den Seitenzargen der größeren Tische.

Additionstische lassen sich in gleicher Höhe zu unterschiedlichen Größen und Figuren zusammenfügen.

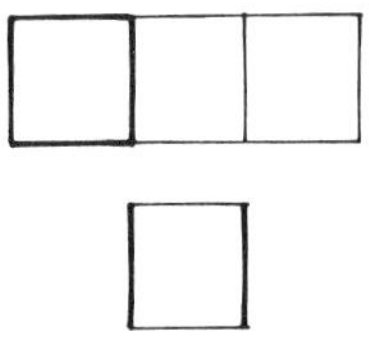

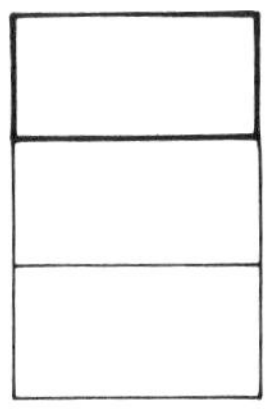

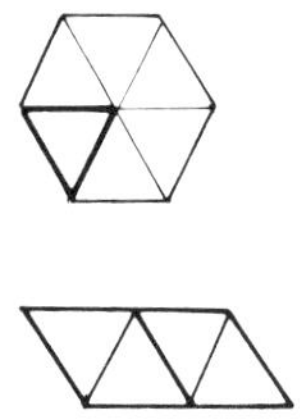

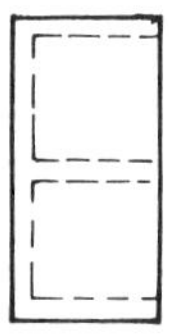

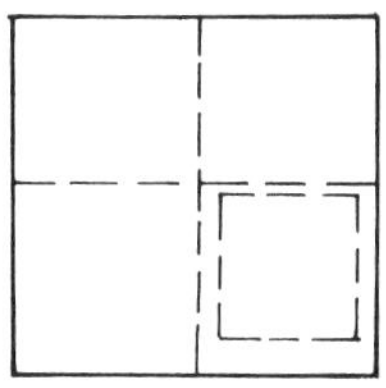

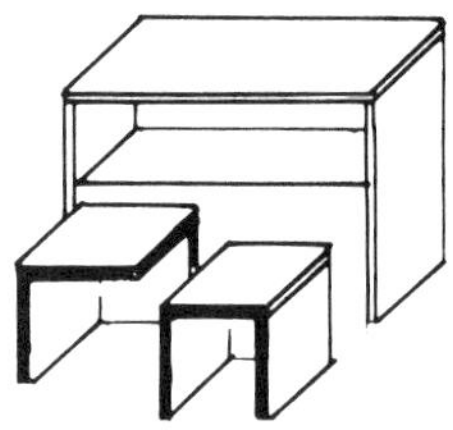

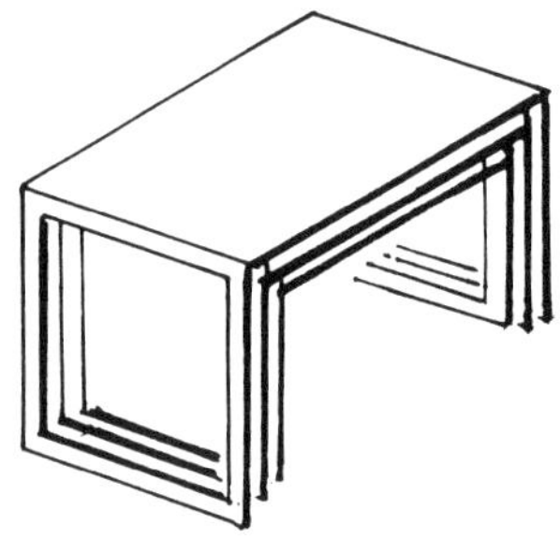

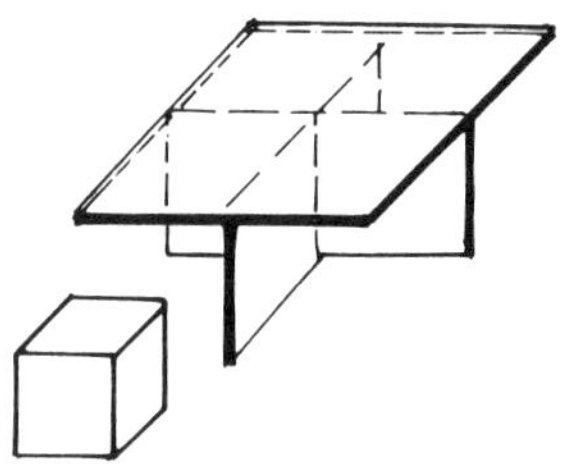

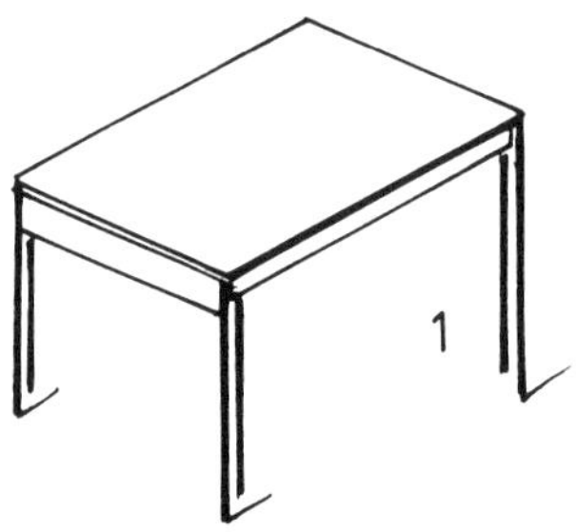

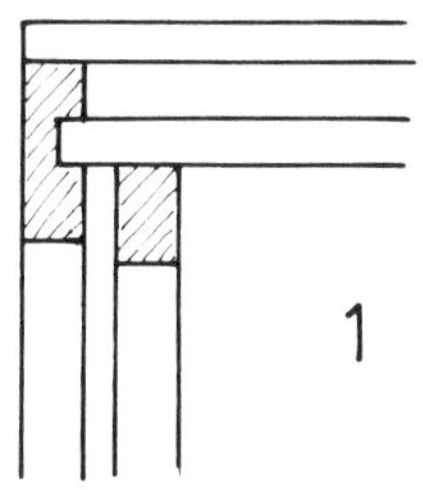

Stapeltische (unten) haben im Unterschied zu anderen Satztischen gleiche Höhe. Sie werden um 45° gedreht aufeinandergesetzt.

Ausschwenkbare Satztische (unten) mit gemeinsamem Drehpunkt in Form eines Holzdübels. Die Tischplatten sind durch Unterlegscheiben getrennt, eine Holzkugel bildet den oberen Abschluß des Dübels.

Einsteckbare Satztische (oben), bei denen der kleinere in einer Nut in der Zarge des größeren Tisches läuft. Abgestoppt wird er durch die hintere Querzarge.

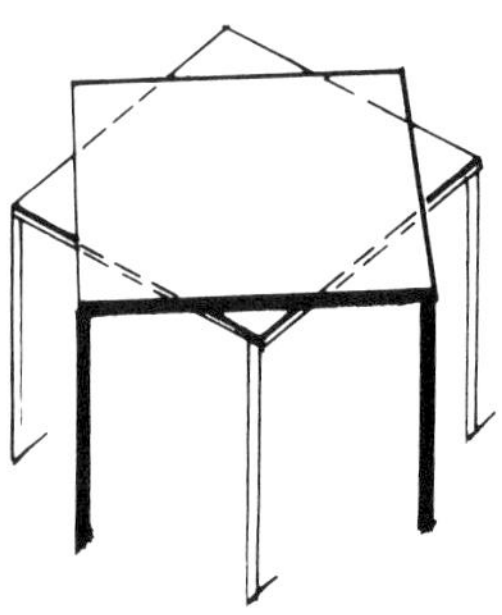

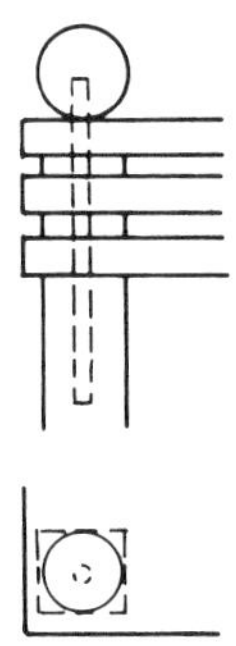

Sideboardtisch, vom Rechteck zum Quadrat wandelbar. Die Rahmenkonstruktion des Untergestells ist gedübelt. Ein Rahmenpaar ist rechtwinklig fest verbunden und steht in einem Winkel von 45° zur Plattenvorderkante. Die beiden anderen Rahmen sind mit Scharnieren angeschlagen und werden zur Unterstützung der aufgeklappten Platte ausgeschwenkt.

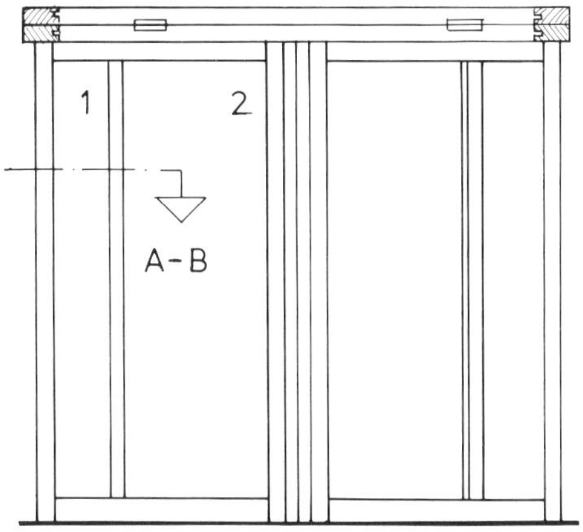

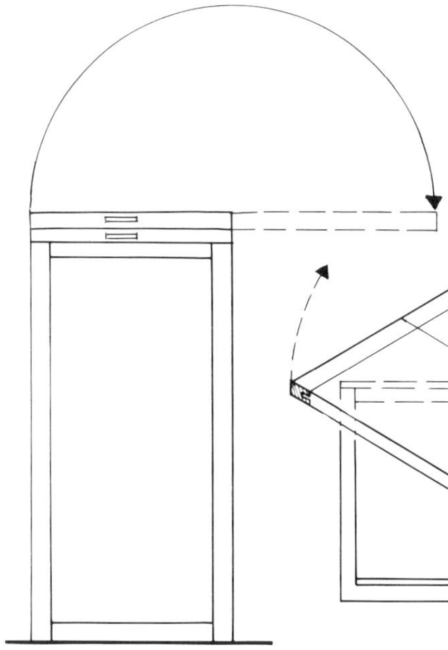

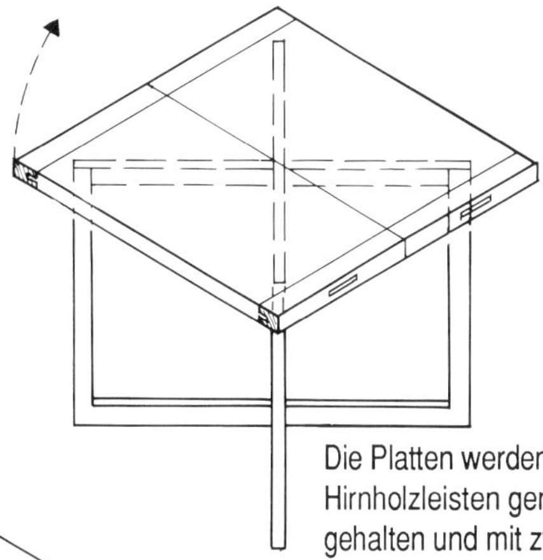

Die Platten werden mit Hirnholzleisten gerade gehalten und mit zwei Scharnieren verbunden.

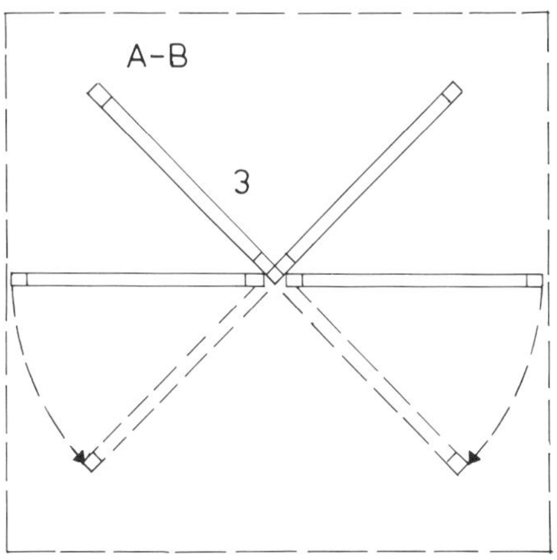

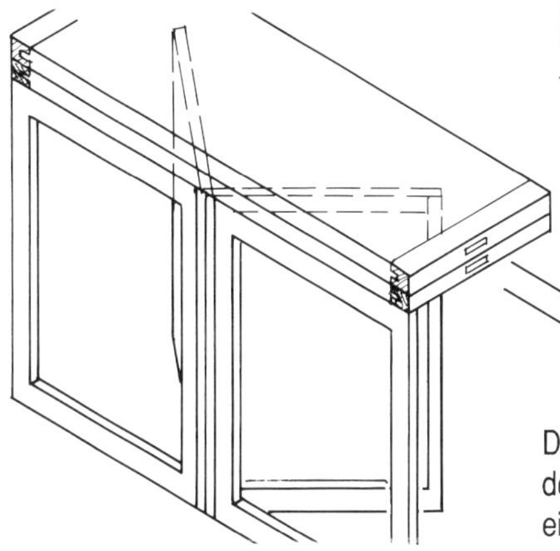

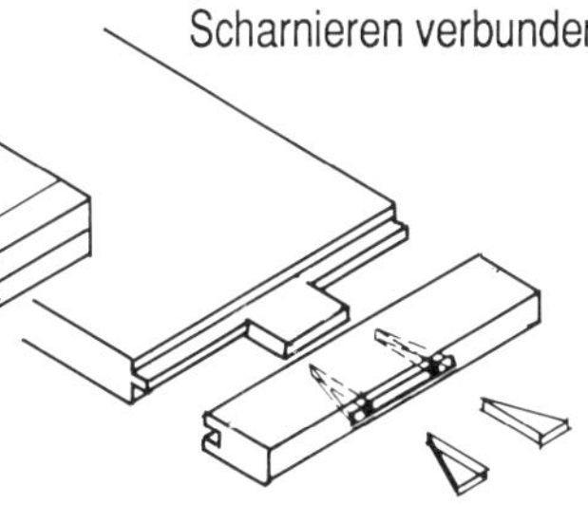

Die Hirnholzleisten werden an den Schmalseiten der Platten eingenutet und in der Mitte mit diesen verzapft und verkeilt.

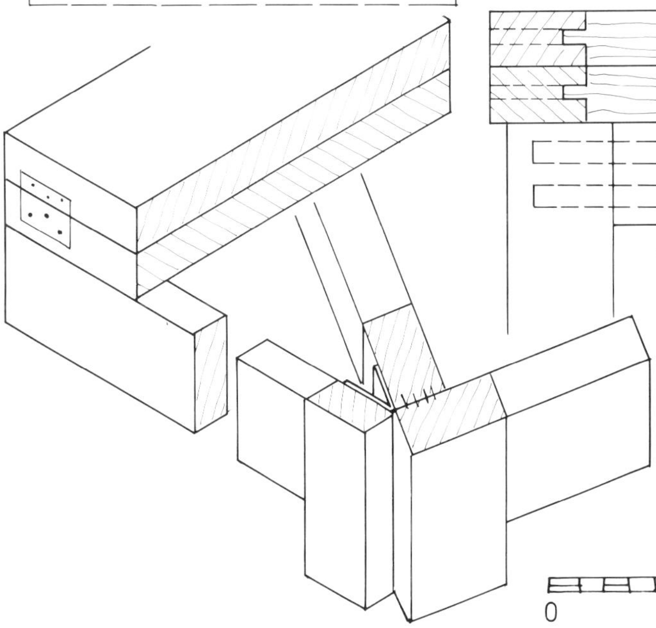

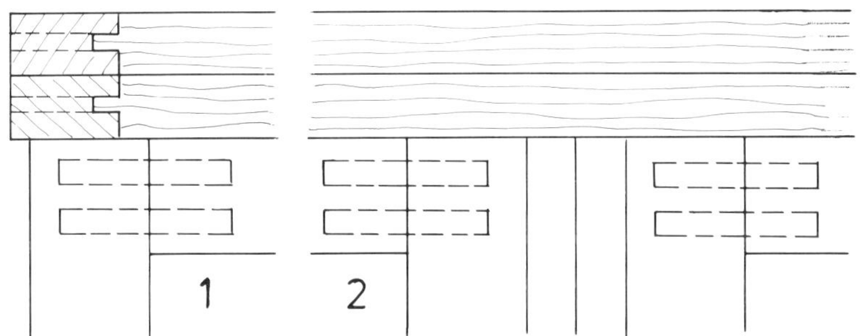

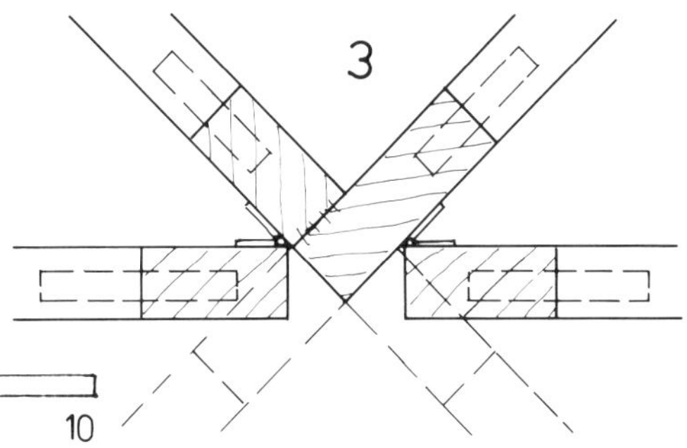

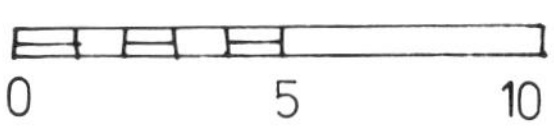

Rollwagentisch mit Flaschenfach und Unterboden. Details der Kostruktion sind mit der entsprechenden Numerierung auf der gegenüberliegenden Seite dargestellt.

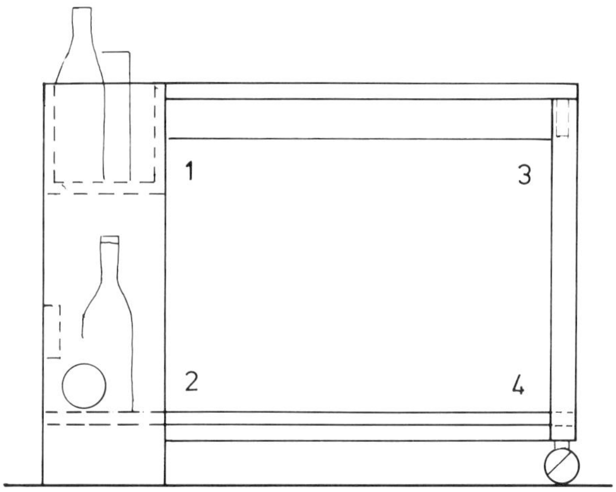

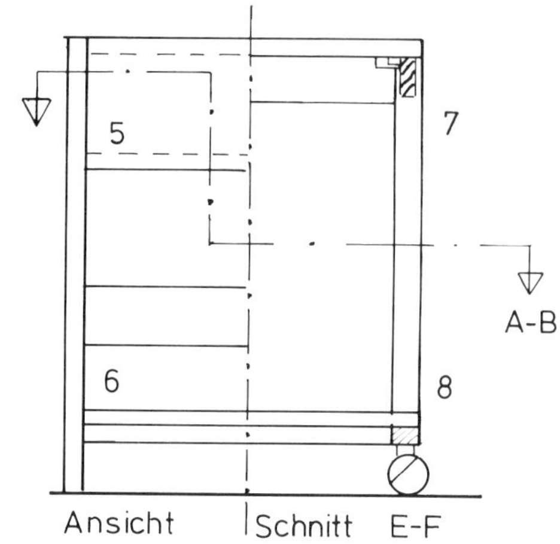

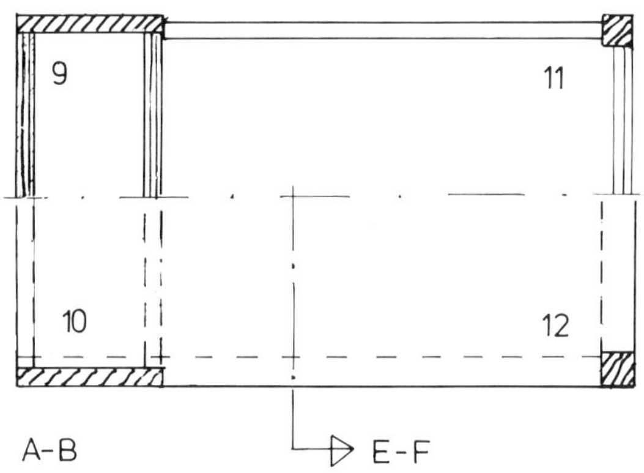

Rahmenkonstruktion mit Längszargen, aufgeschraubtem Unterboden und abnehmbarem Tablett über einem Fachboden.

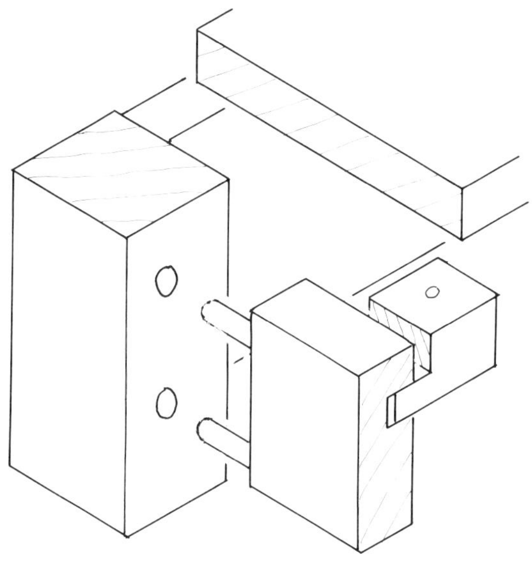

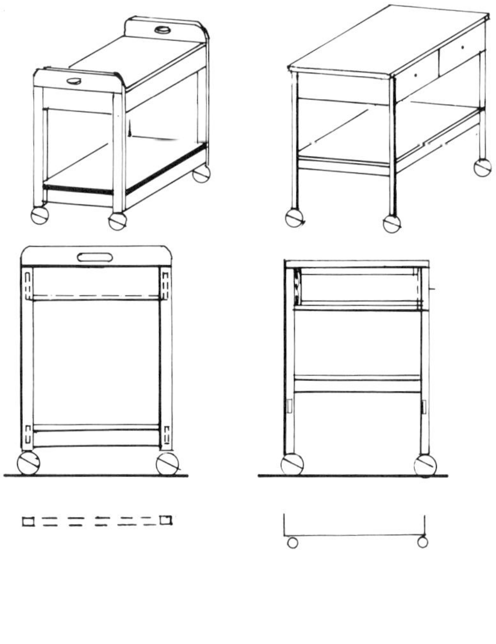

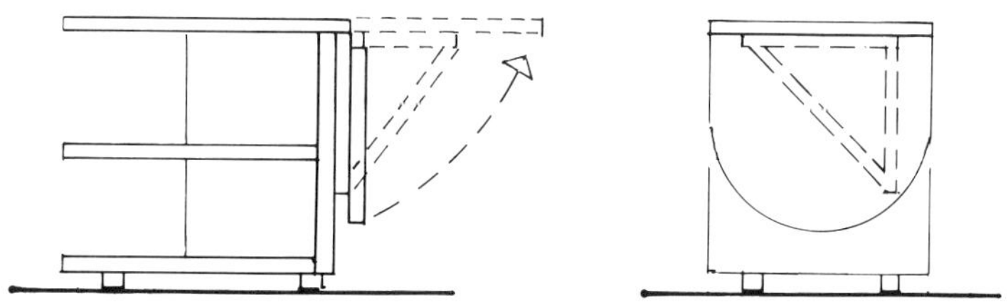

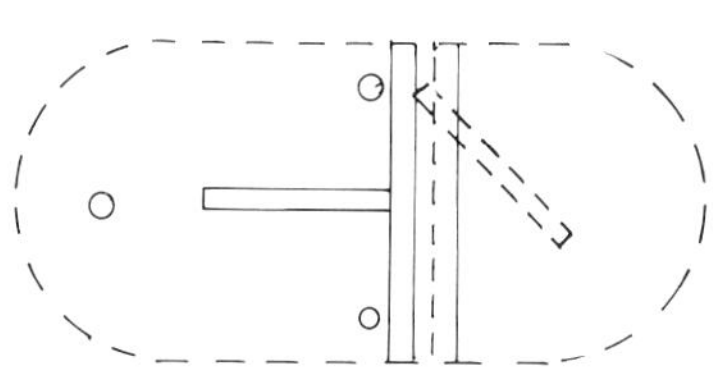

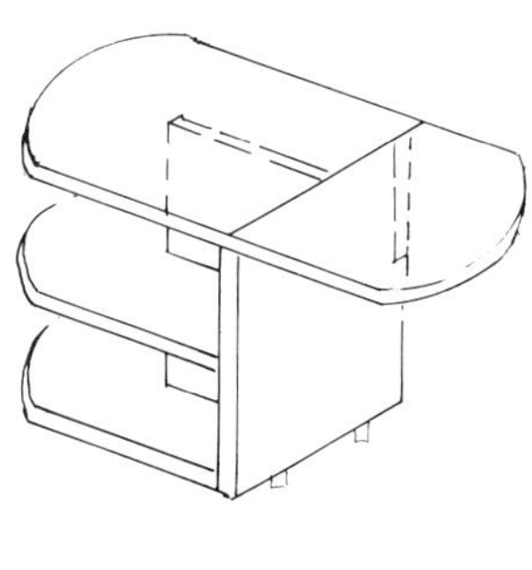

Halbrundes Rolltischchen in Brettkonstruktion mit Zwischenboden und Klappe.

Das Flaschenfach ist U-förmig zu einem Kasten verleimt und wie der Steg darunter zwischen die Wangen gedübelt. Ebenso wird die Zarge rechts zwischen den Beinen befestigt. Die Platte wird mit Nutklötzen gehalten, der Unterboden auf die Querstücke geleimt. Die Rollen sind in die Beine eingebohrt. Der Rollwagen läßt sich schieben, indem er an der Fachseite leicht angehoben wird.

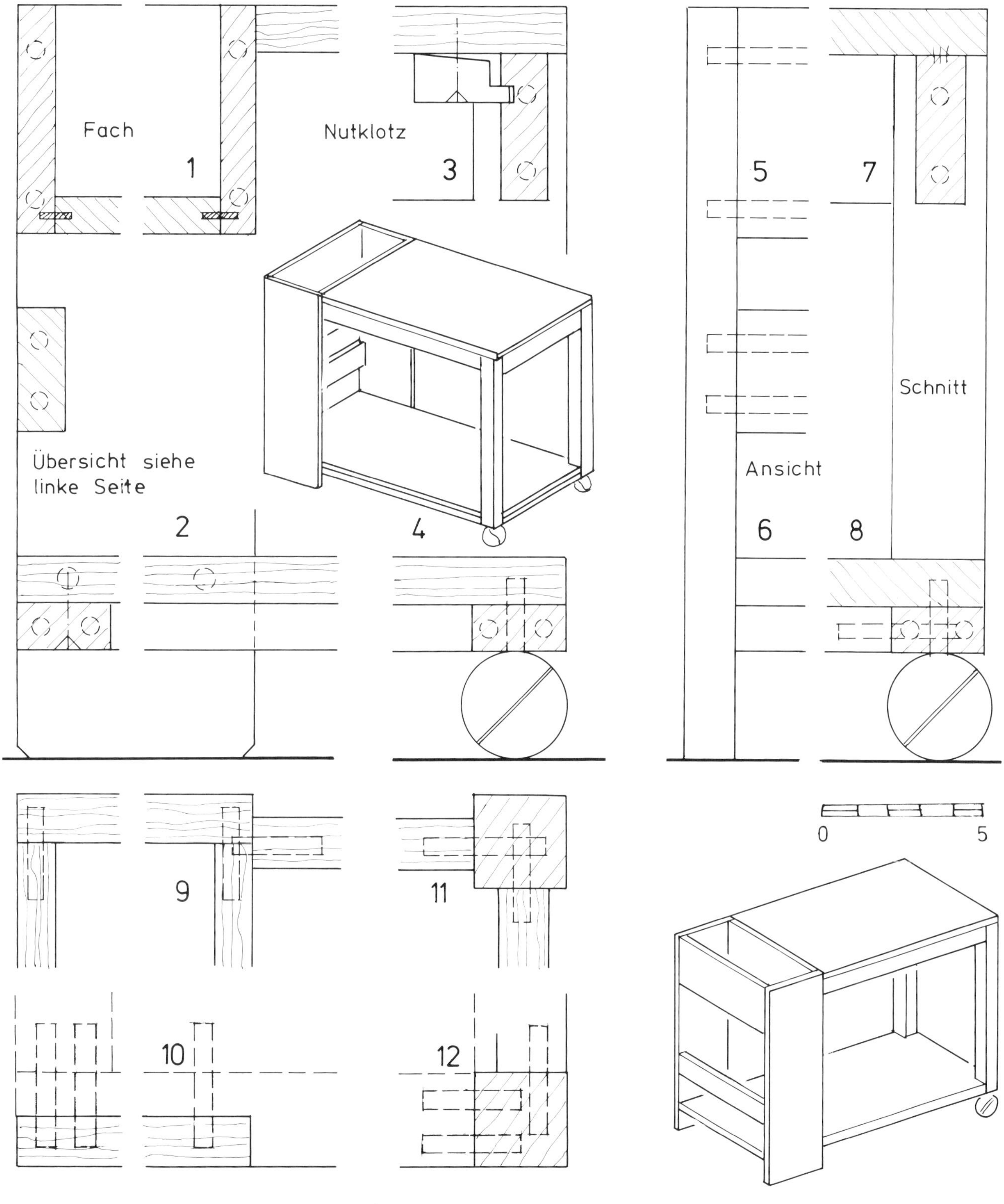

Ein Schaukastentisch besteht aus einem festen Untergestell, einem losen Zargenrahmen und einer Glasplatte. Gestell und Zarge sollten farblich voneinander abgesetzt werden, das betont ihre unterschiedliche Funktion. Beizen und transparente Anstriche kommen dafür in Frage.

Plastische Ausstellungsstücke werden auf den Tisch gelegt und mit Rahmen und Glasplatte abgedeckt. Flächige Exponate, z. B. Zeichnungen, werden direkt von der Glasplatte auf dem Tisch abgedeckt. Die Zarge bleibt dann ungenutzt.

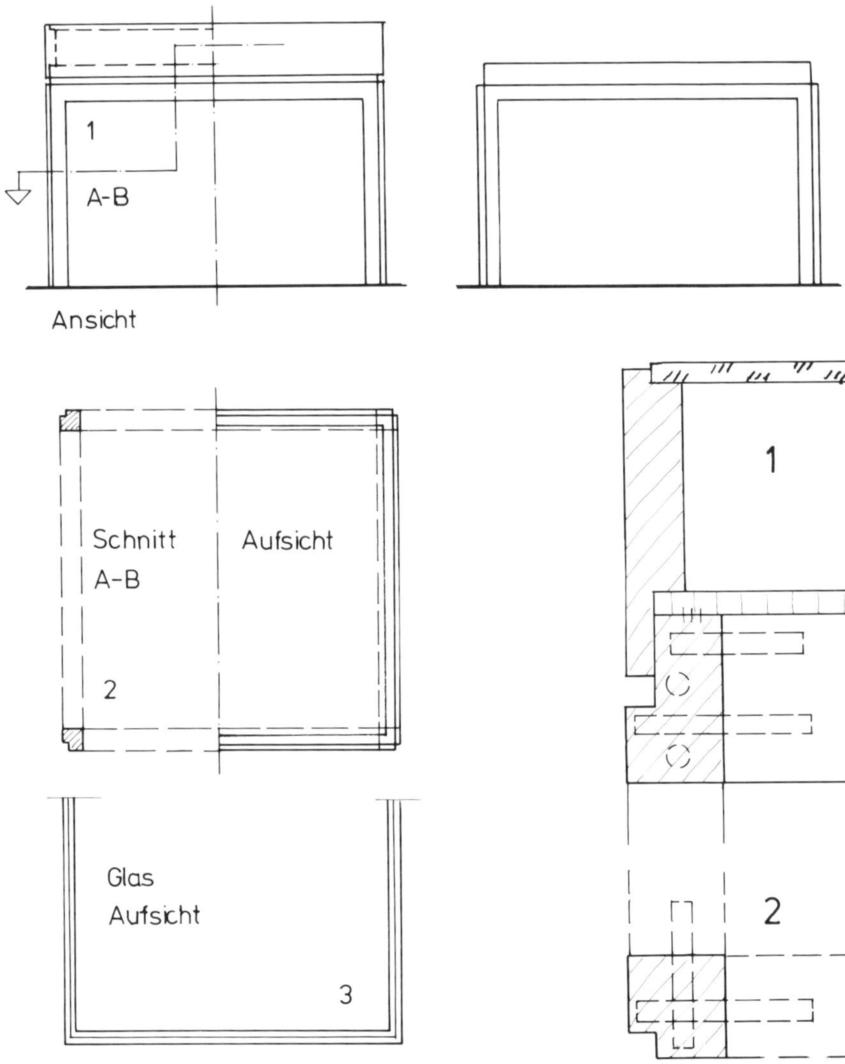

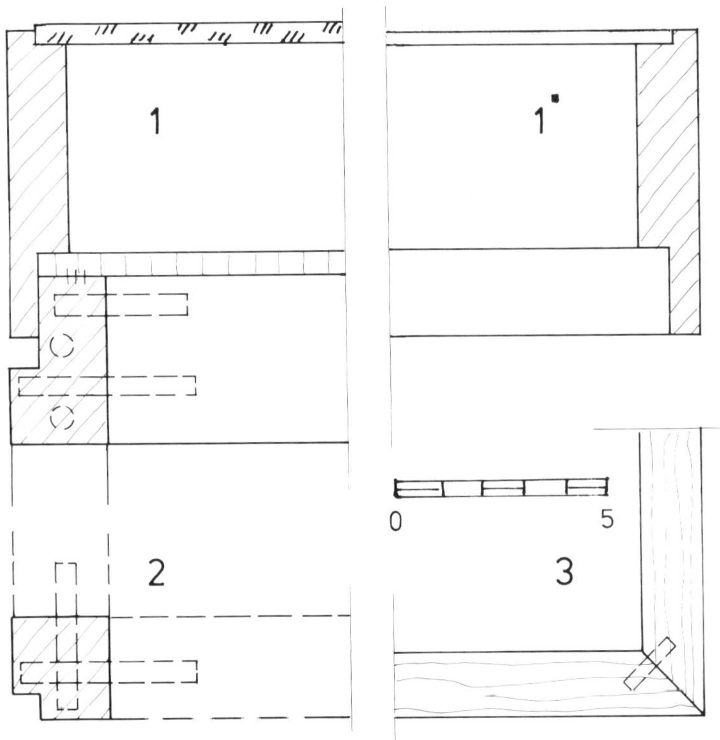

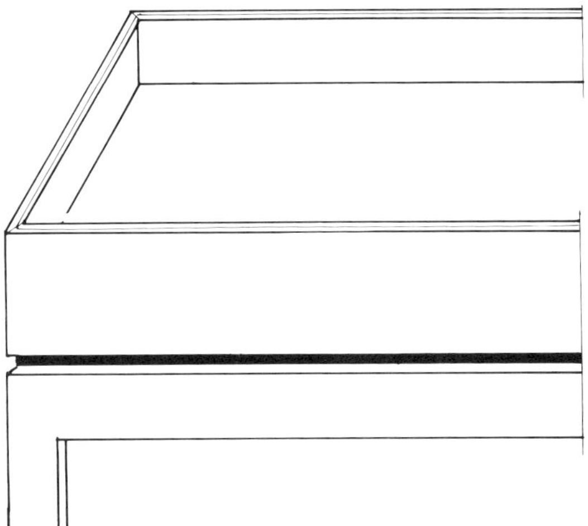

Ohne Glasplatte läßt sich der Zargenrahmen z. B. als Blumentisch verwenden, wenn die Tischplatte und das Innere der Zarge mit einer Folie gegen Feuchtigkeit geschützt werden. Auch ohne Zarge und Glas ist der Tisch als solcher zu benutzen.

Das Gestell fertigt man wegen der schlanken Profile am besten aus Hartholz, z. B. Eiche oder Buche. Die Tischzargen erhalten oben das gleiche Profil wie die Beine. Zargen und Beine werden versetzt und tief miteinander verdübelt.

Der Zargenrahmen läßt sich auf Gehrung federn, stumpf dübeln oder durchgehend zinken, je nach Gestaltungsabsicht. Das Hirnholz der Zargen tritt damit ein- oder beidseitig, stückweise oder gar nicht in Erscheinung.

Die Zargen sind unten tief ausgefalzt und greifen so über das ebenfalls gefalzte Tischgestell. Die Glasplatte, an den Kanten geschliffen, liegt oben im Falz der Zargen.

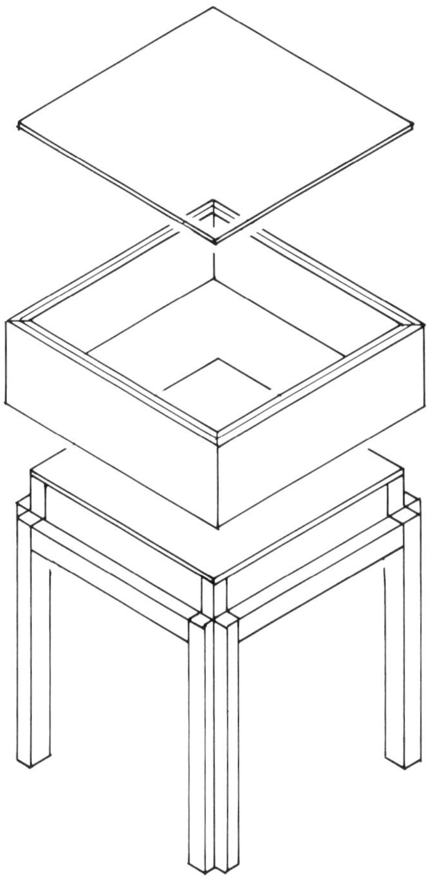

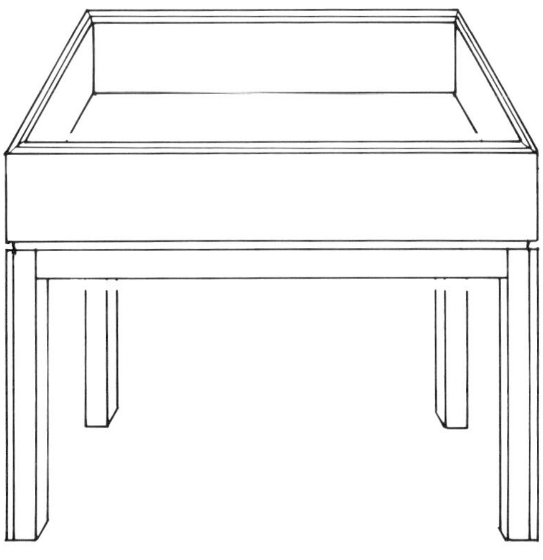

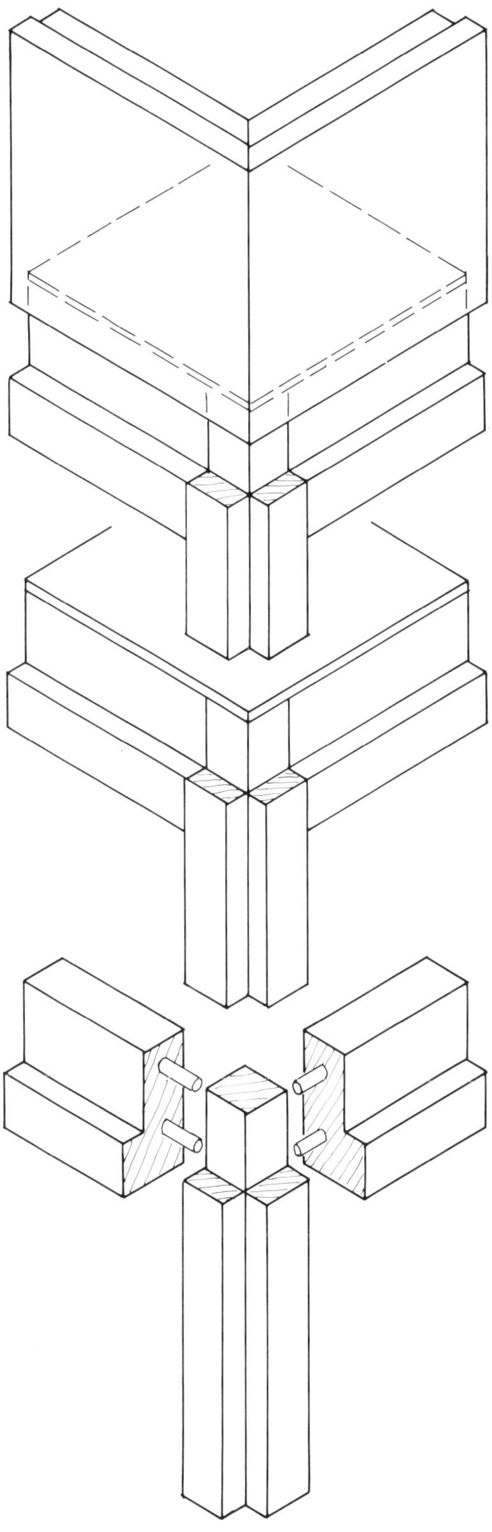

Bei den Beispielen der oberen Reihe handelt es sich um hängende Ecktische. Alle haben Schubkästen, aber unterschiedliche Grundformen (rund, polygonal, dreieckig). Außerdem unterscheiden sie sich in der Aufhängung oder Abstützung.

Die mittlere Reihe zeigt verschiedene Plattenformen und Beinstellungen. Der rechte Tisch besteht nur aus einer Platte mit konsolenartigen Wangen, die auch nach unten gedreht werden können.

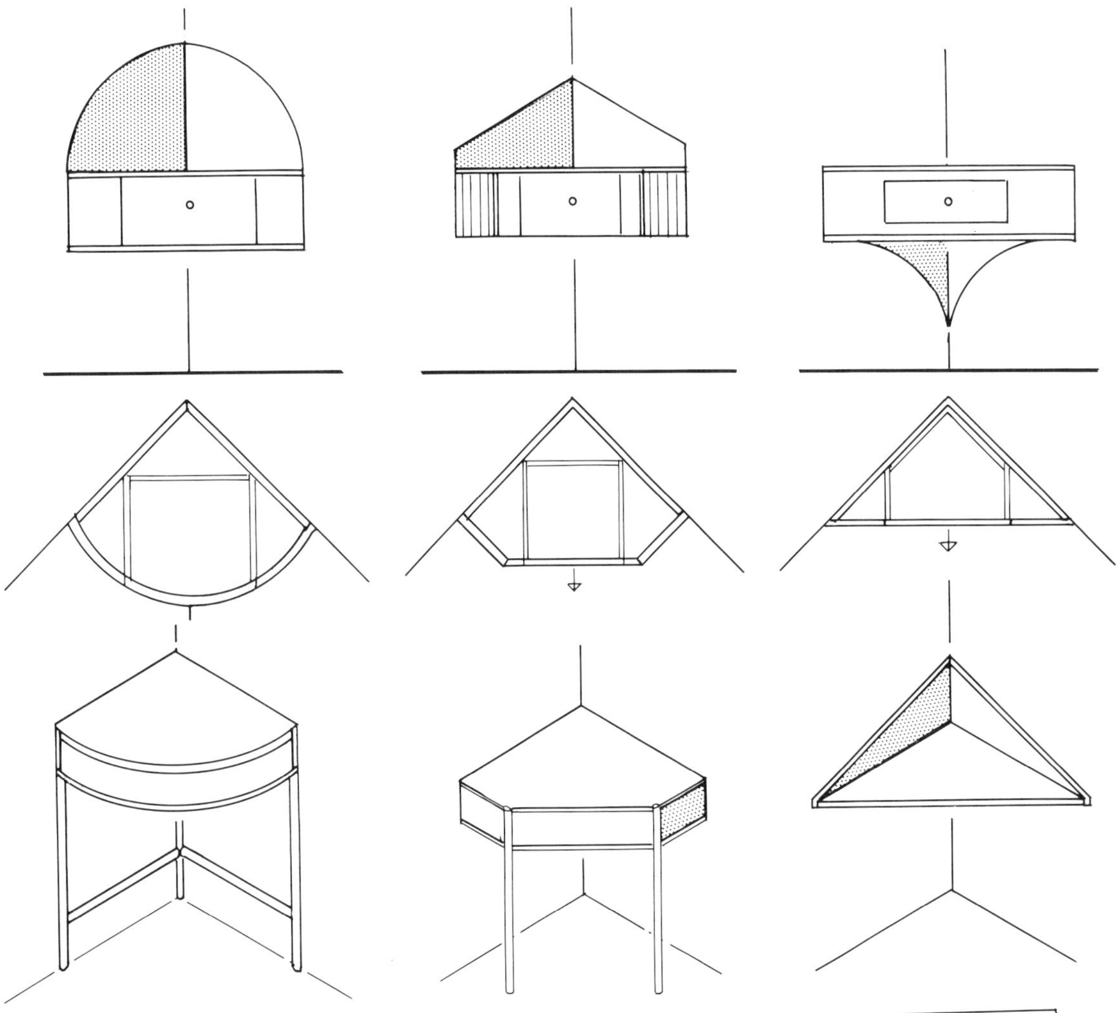

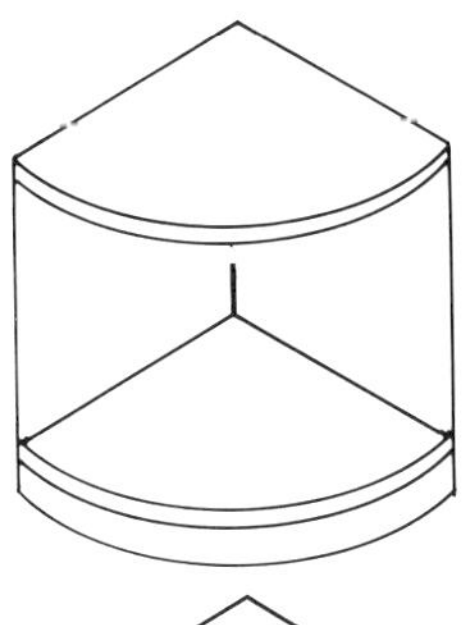

Stehende Ecktische mit Beinen oder Wangen, zum Teil mit Ablagen, die mit den Tischplatten übereinstimmen oder andere Formen haben.

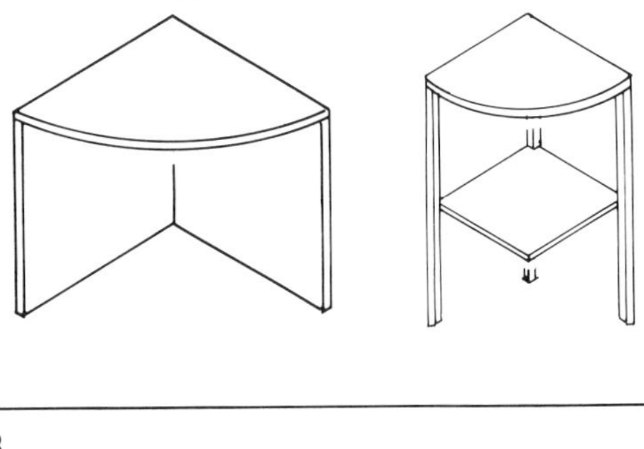

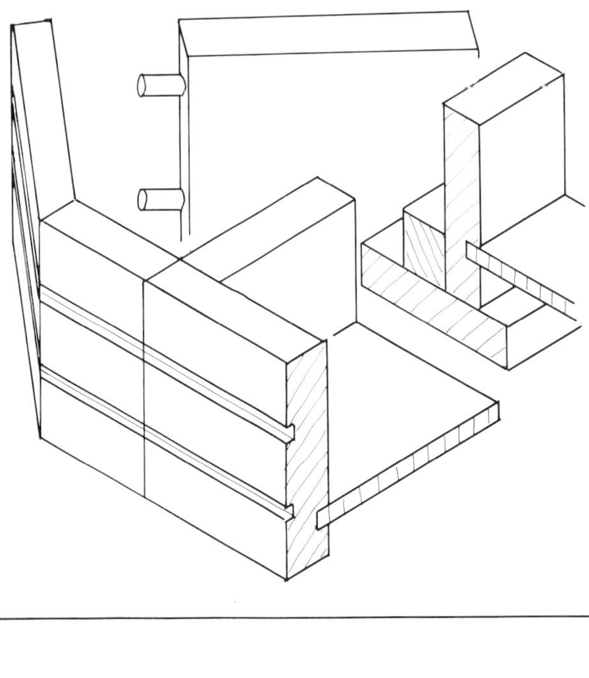

Ecktisch mit Schubkasten. Der Korpus hat keine Konsolen und ist von innen durch die Zargen an die Wände geschraubt. Die Fronten sind gestaltet durch umlaufende Nuten, deren Breite und Tiefe nach Gefallen gewählt wird. Die Form des Tisches ist dem Wandwinkel angepaßt. Material: Kiefer natur.

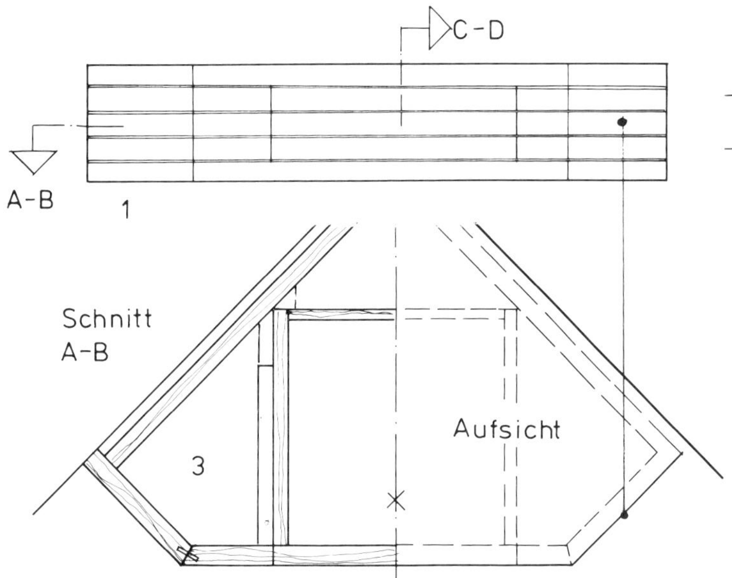

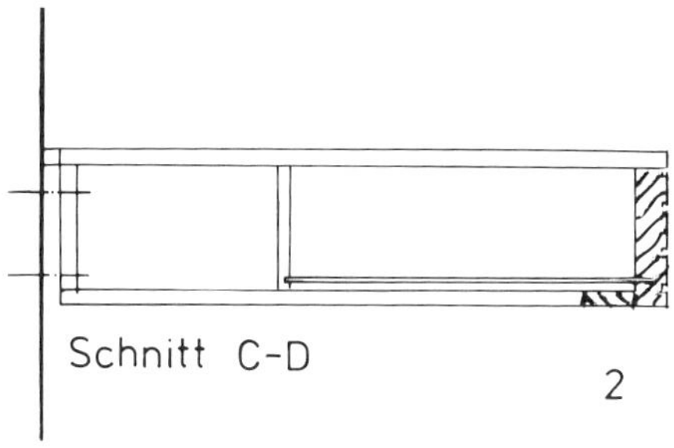

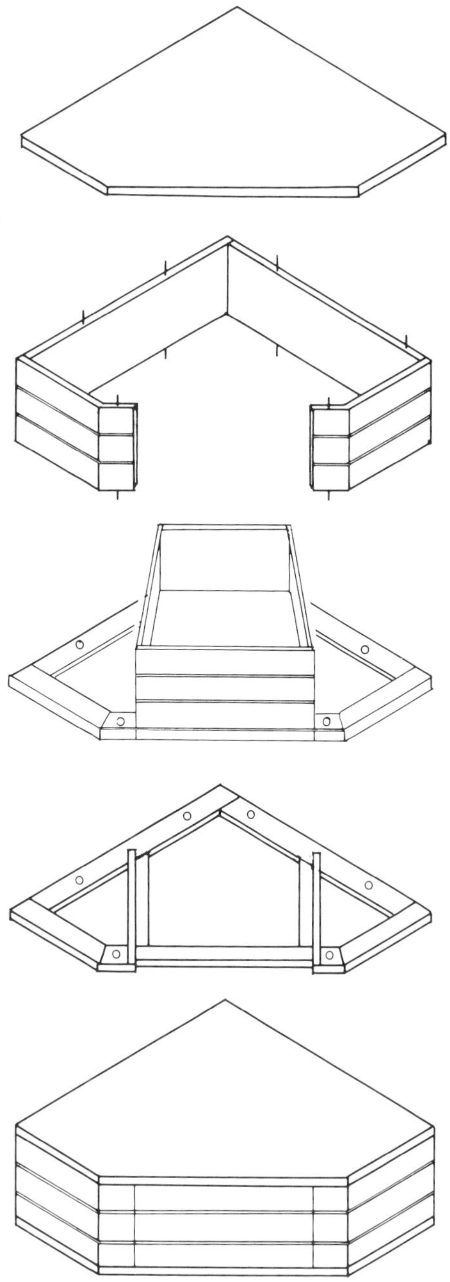

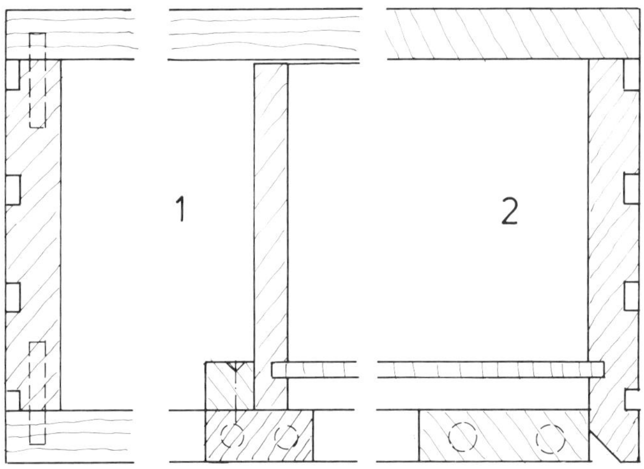

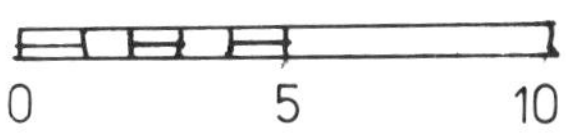

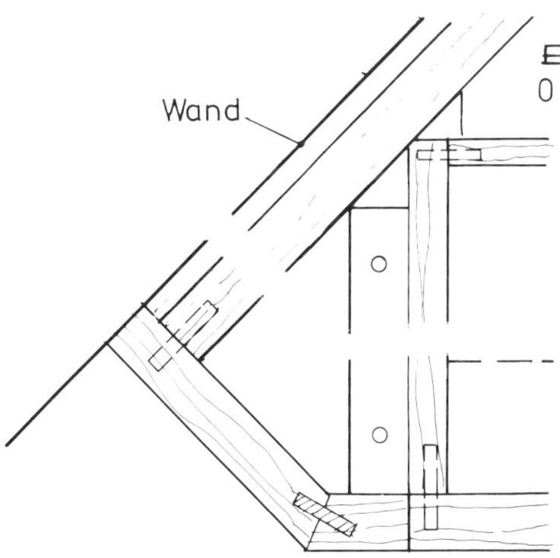

Arbeitsfolge:
- Zuschnitt der oberen und unteren Dreieckplatten.
- Zargen bis auf die Kastenöffnung auf den Unterboden dübeln.
- Streichleisten für den Schubkasten aufschrauben, Kasten fertigen, Platte aufsetzen.

Blumenständer haben verschiedene Höhen und Grundformen, z. B. quadratisch, rechteckig oder rund. Die Konstruktionen können sehr leicht sein, sie bestehen aus runden Stäben oder quadratischen Kanteln. Die Anzahl der Beine richtet sich einmal nach der Kastenform, zum anderen nach der angestrebten Standfestigkeit und Gestaltung. Dreibeinige Gestelle wackeln nicht, können aber unter Umständen leichter kippen.

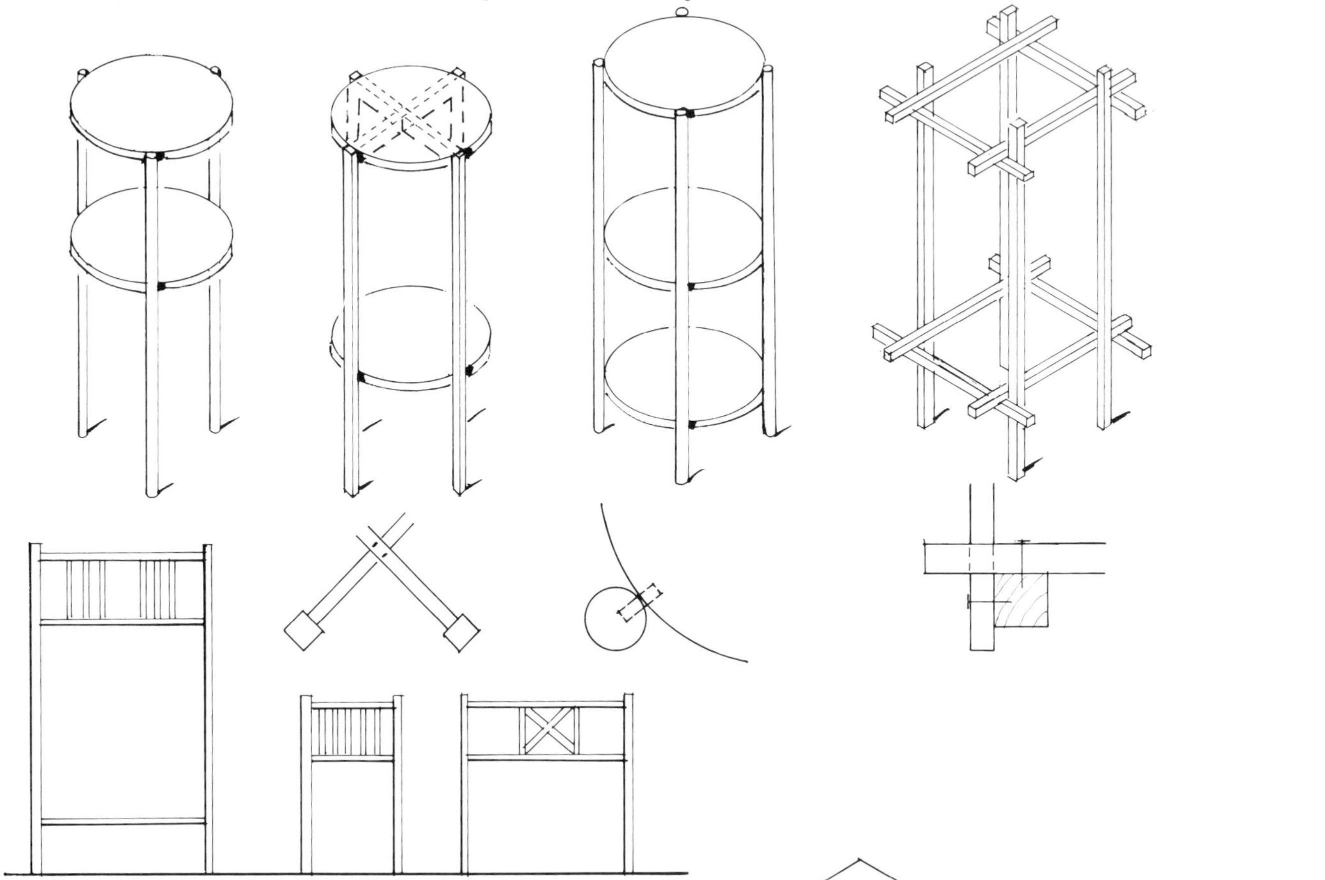

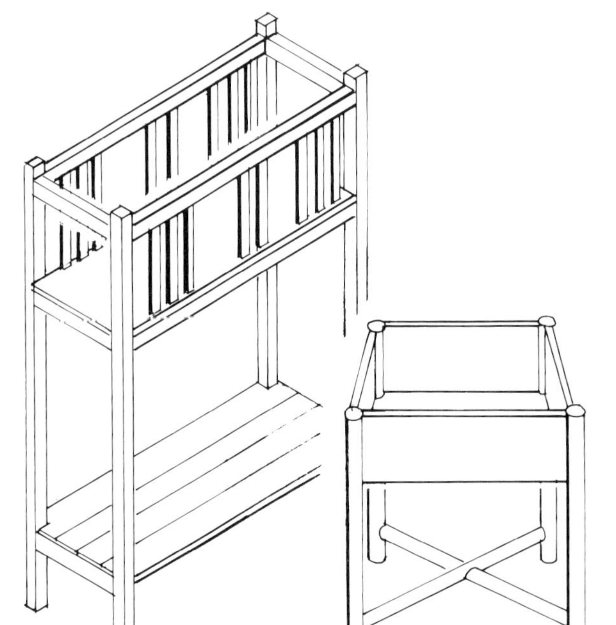

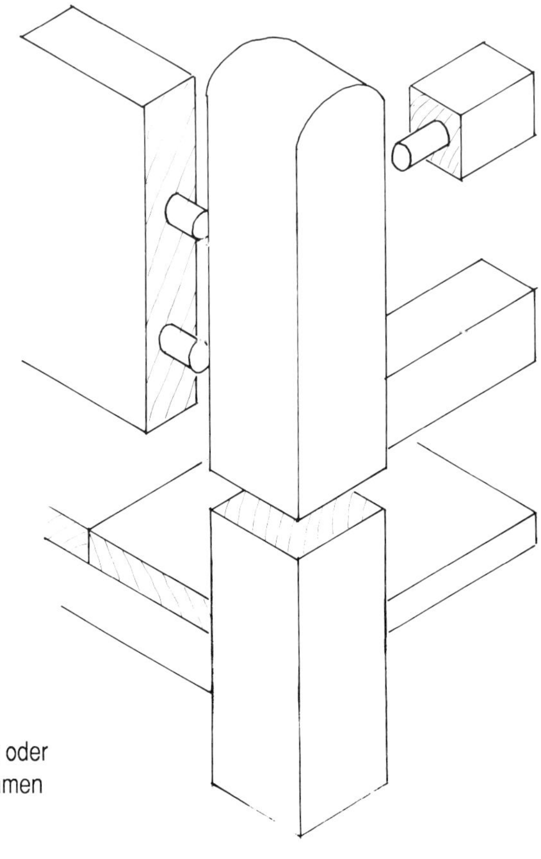

Um zu vermeiden, daß sich die Stege auf gleicher Ebene kreuzen, werden sie in der Höhe versetzt angeordnet. Das Sprossenwerk der Kästen wird in Intervallen oder über Kreuz zwischen die Längsrahmen gedübelt.

Blumenständer in Stollenkonstruktion. Durch hohe Zargen und quadratische Stäbe, die zwischen die Stollen eingedübelt und verleimt werden, erhält der Ständer seine Längs- und Queraussteifung. Blumentöpfe werden so vor dem Herunterfallen gesichert. Die Bodenbrettchen sind durch die Stege von unten angeschraubt. Die Stege sind in der Höhe versetzt, damit alle Dübel in den Stollen maximale Länge haben können. Die Oberfläche (natur lasiert oder farbig lackiert) sollte in jedem Fall wasserfest behandelt sein.

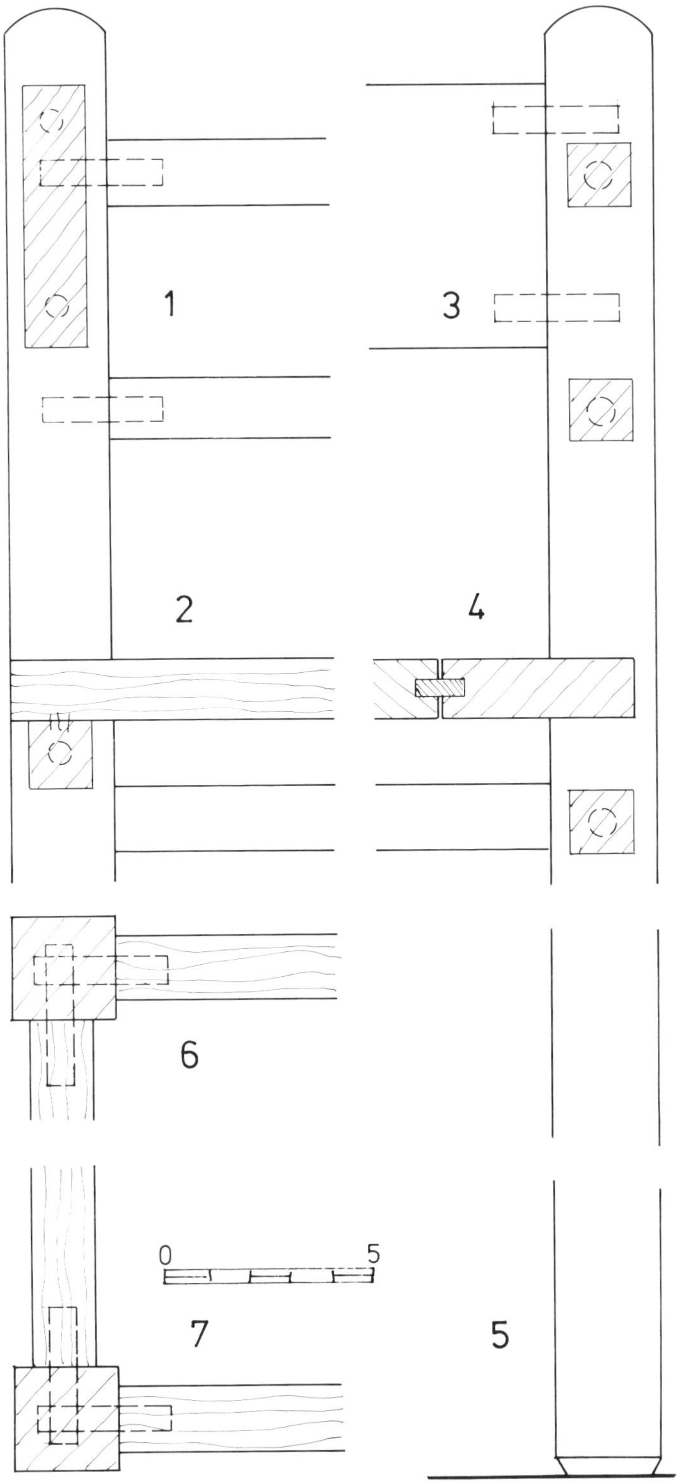

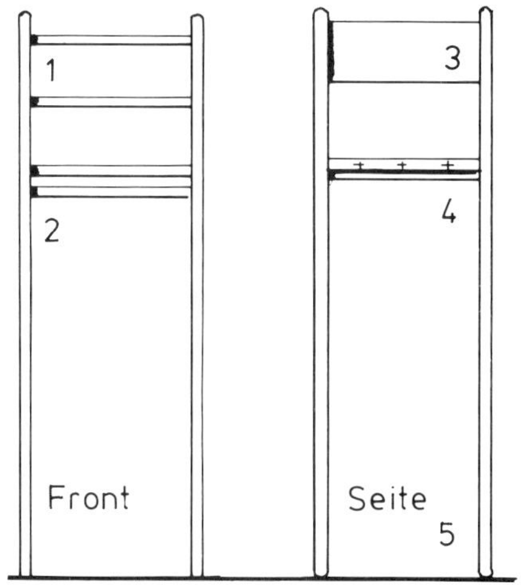

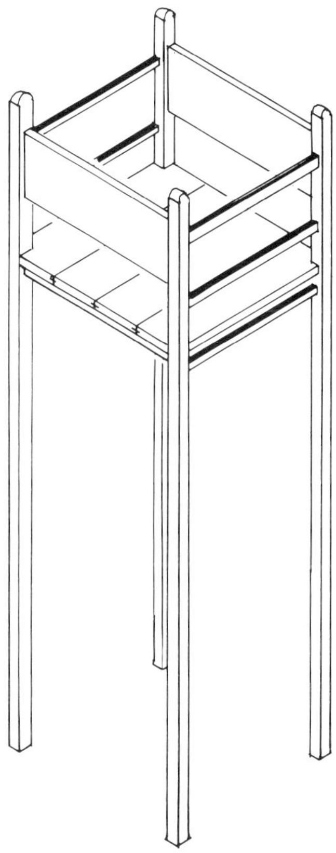

Das Bemühen, Kommoden neu zu gestalten, kennzeichnet die Beispiele dieser Seiten. Vorgeschlagen werden Kombinationen mit Schränken und Regalelementen. Bei den oberen Beispielen sind Reihen schmaler Kästen vertikal zwischen Schrankelementen, Platten und Stäben aufgehängt. Die Körper stehen auf dem Boden oder sind aufgeständert, was den Eindruck von Leichtigkeit bewirkt.

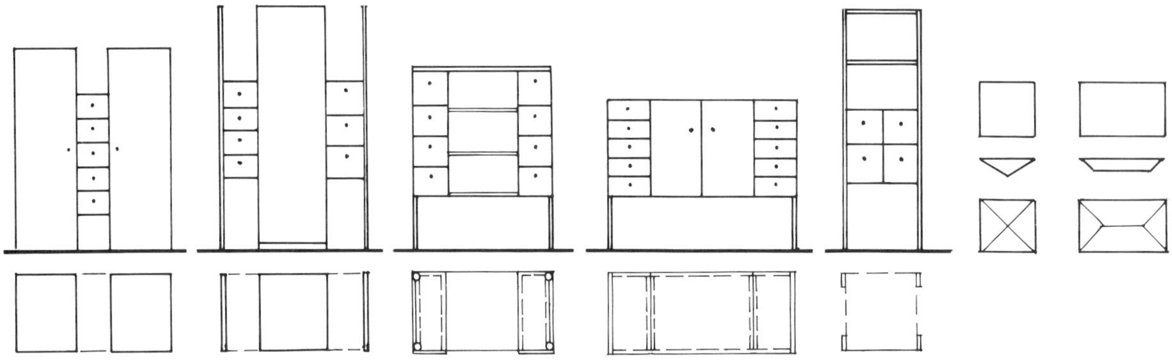

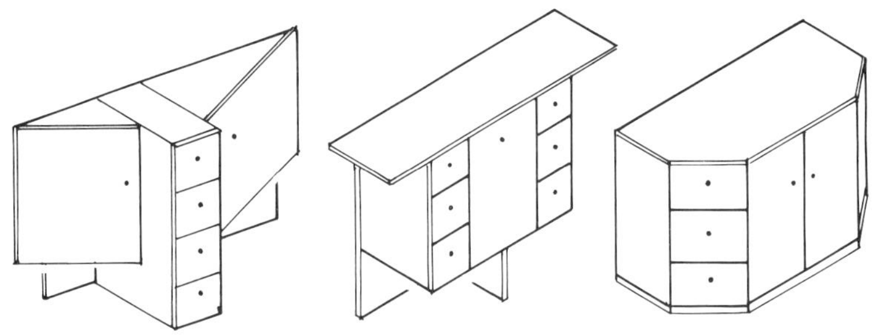

Kastenvorderstücke, ob quadratisch oder rechteckig, können durchaus zelt- oder walmdachartig abgeschrägt sein. Das ist in Massivholz gut möglich und bringt die Maserung besonders zur Geltung.

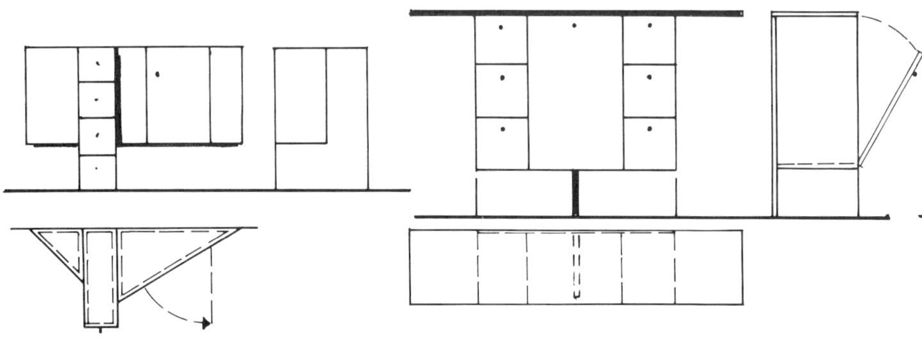

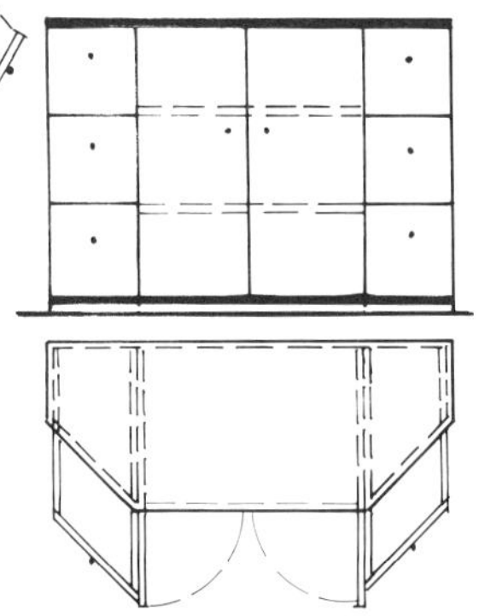

Extravaganz kennzeichnet die Entwürfe der mittleren Kommoden. Links flankieren Dreieckelemente einen Schubkastenkörper, in der Mitte scheint der Kommodenkorpus auf einem Stück Mittelwand zu balancieren, doch die Rückwand gibt dem Ganzen Stabilität.

Ganz rechts sind die Schubkästen in den abgeschrägten Eckpartien untergebracht. Die Kastenvorderstücke müssen schräg mit den Seitenteilen verdübelt werden.

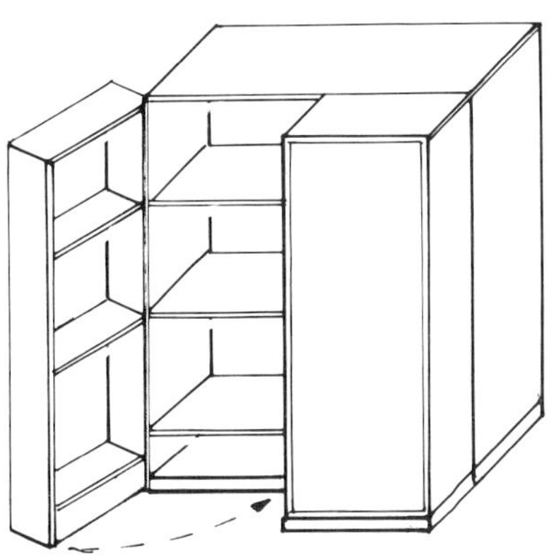

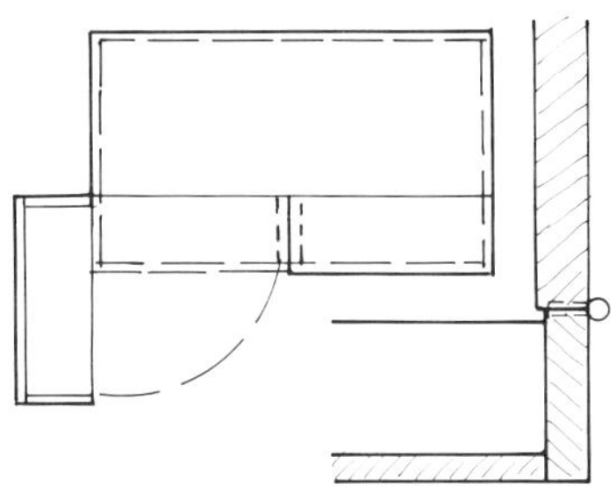

Diese Schrankkommode hat so dicke Türen, daß darin Fächer untergebracht werden können.

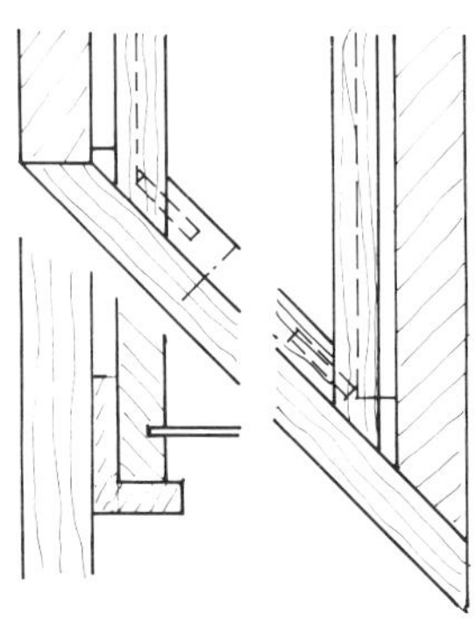

Die Kommode auf dieser Seite wird in drei Teilen vorgefertigt und dann verschraubt. Das Schubkastenteil hängt zwischen Schrank und Brettwange.

Die Kästen laufen auf Rahmen und schlagen mit ihren Vorderstücken vor die Seiten. Das Brett hat oben rechts eine Aussparung als gestalterischen Akzent.

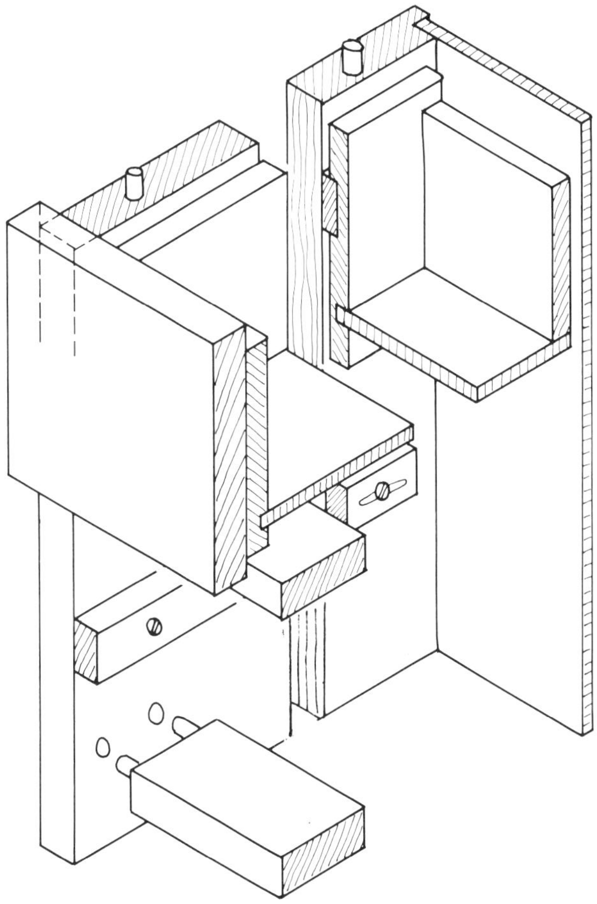

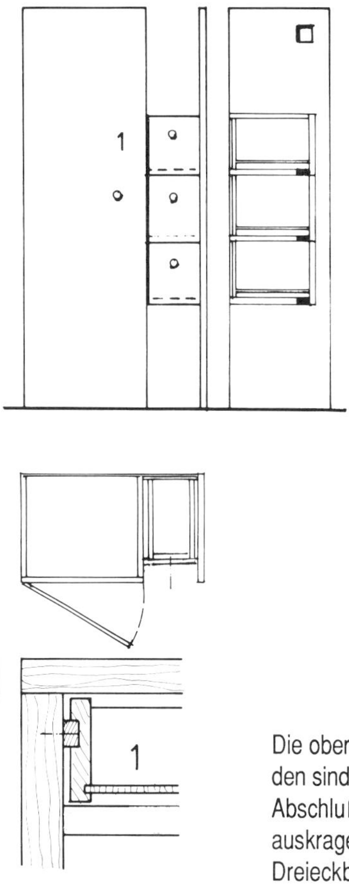

Die oberen Abschlüsse dieser Kommoden sind gestalterisch variiert: stumpfer Abschluß, hochgezogene Seiten, weit auskragende und geschweifte Platte, Dreieckblende vor dem oberen Fach, abgeschrägte Platte und aufgesetzter Körper.

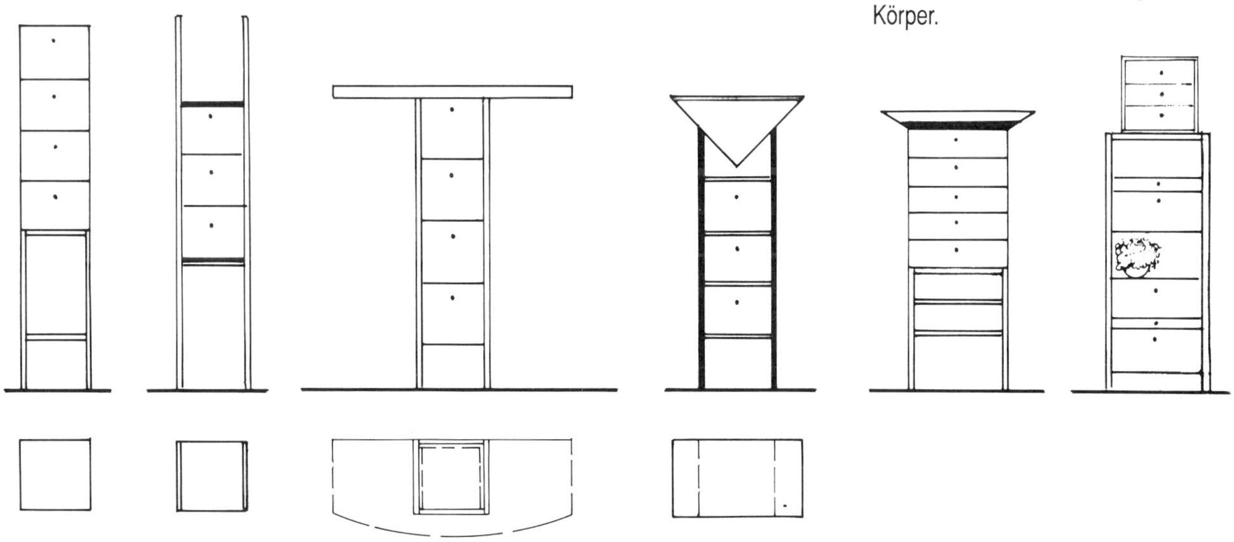

Runde Deckel, Fronten oder Wangen kennzeichnen diese Kommoden. Sie werden aus dem Holz herausgeschweift oder -gehobelt. Auf diese Weise kommen die Hirnholz- oder Längsstrukturen am besten zur Geltung.

Die Truhe (links) wird zunächst in einem Stück gefertigt. Die Bretter für die Deckelwölbung werden auf die Seitenwangen aufgedübelt. Danach wird der Deckel abgeschnitten. So ist gewährleistet, daß er paßt.

Die Kommode (rechts) hat durchgehend gerundete Kästen und einen Regalaufbau mit geschweiften Seiten.

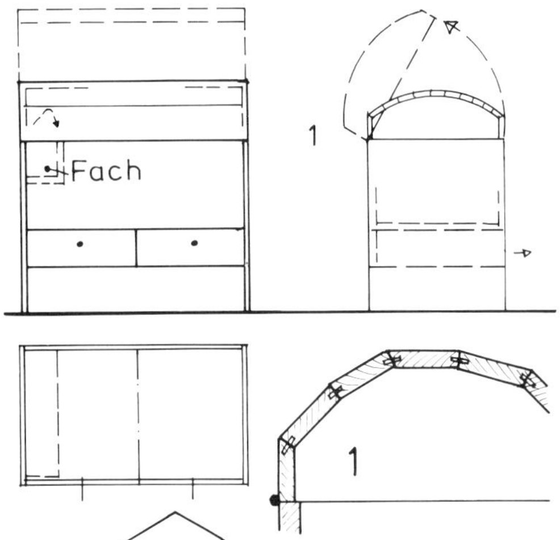

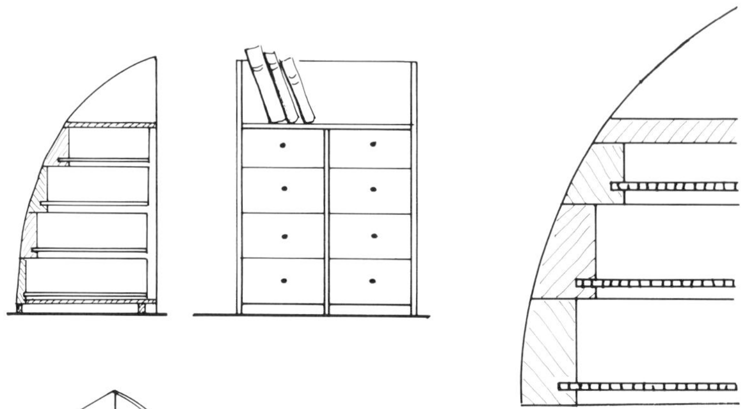

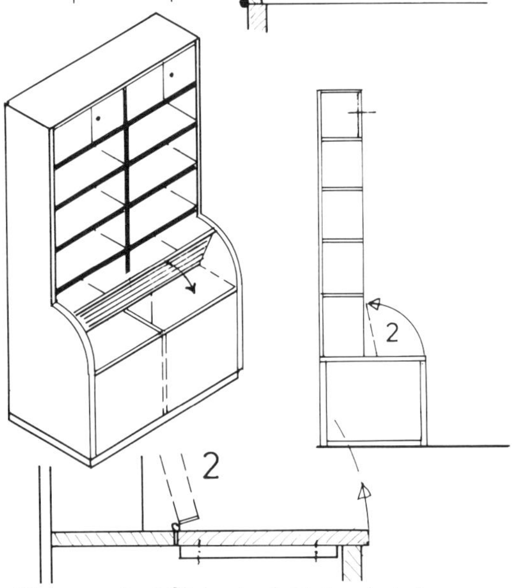

Bücherregal mit Sitzbank, als Truhendeckel ausgebildet. Die Seitenlehnen sind entsprechend dem Drehradius gerundet.

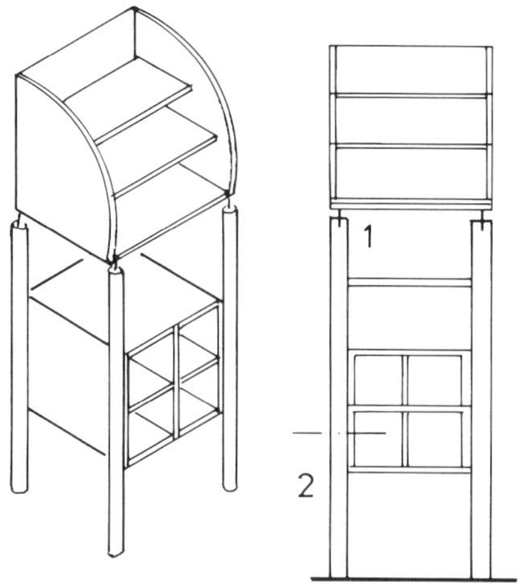

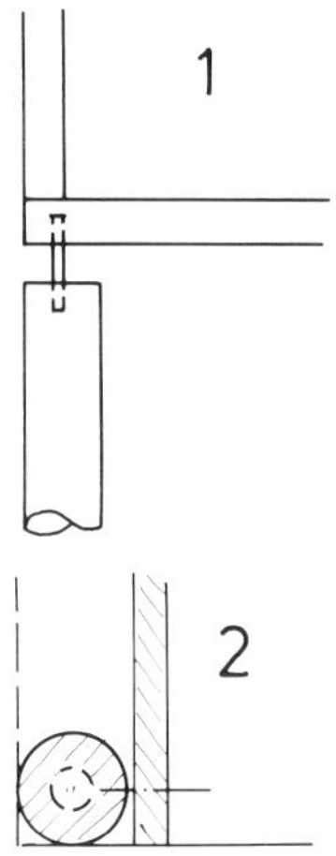

Stollenkonstruktion mit zwischengeschraubtem quadratischem Körper, der offen sein kann oder mit Kästen ausgestattet wird. Das aufgesetzte Oberteil hat geschweifte Wangen (Viertelkreise).

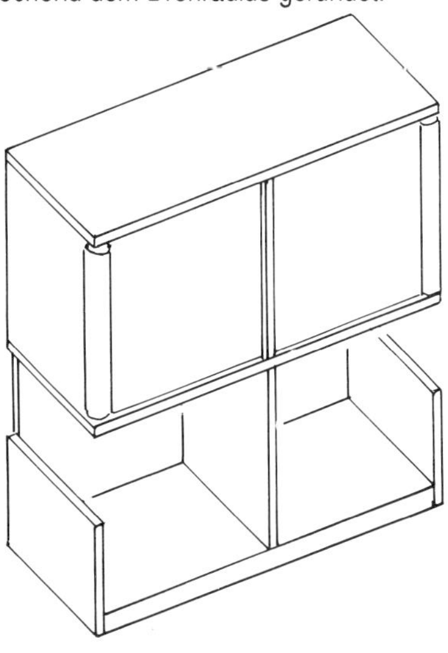

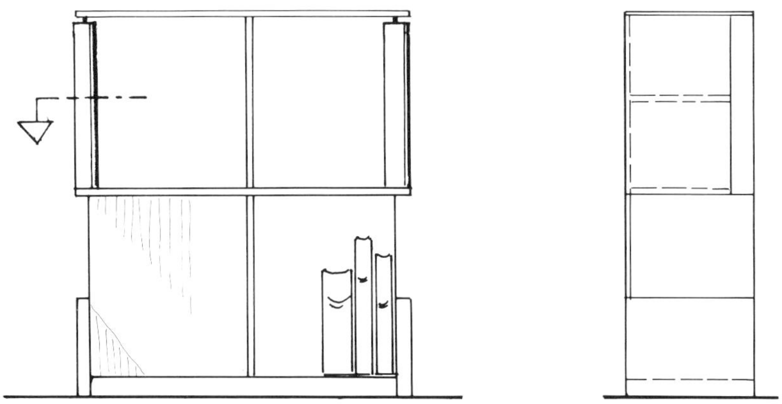

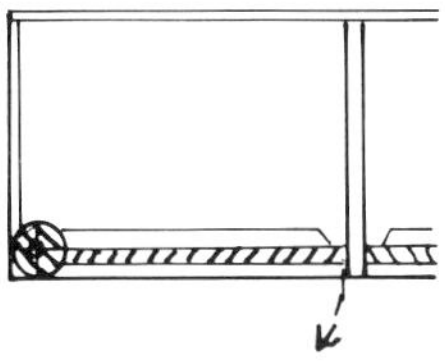

Die Drehtüren im oberen Teil dieser Kommode sind an den Seiten walzenförmig ausgebildet. In die Mitte der Walze ist als Drehpunkt oben und unten ein Zapfen eingelassen. Die Türblätter sind an die Walzen angedübelt.

Rundungen lassen sich sehr gut aus Massivholz herausholbeln. Das wird hier gestalterisch genutzt. Die Kästen der linken Kommode sind an ihrer Oberkante gerundet. Sie ergeben mit ihrer Form und Staffelung und erst recht mit ihrer Maserung ein sehr schönes Bild.

Die rechte Kommode hat horizontal geschweifte Vorderstücke zwischen den Laufbahnen, die als rechtwinklige Scheiben vorstehen und einen gewollten Kontrast bilden.

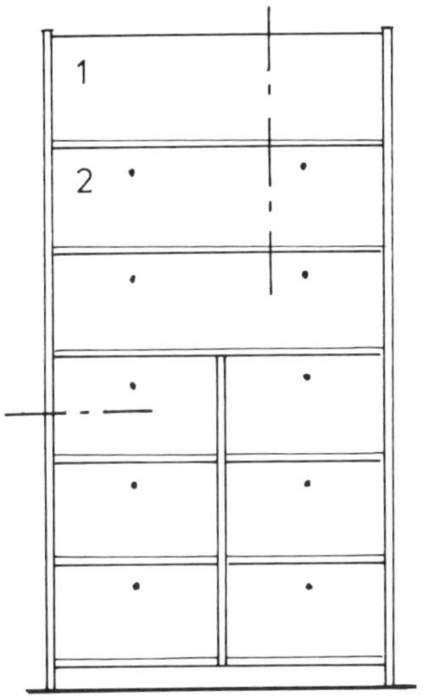

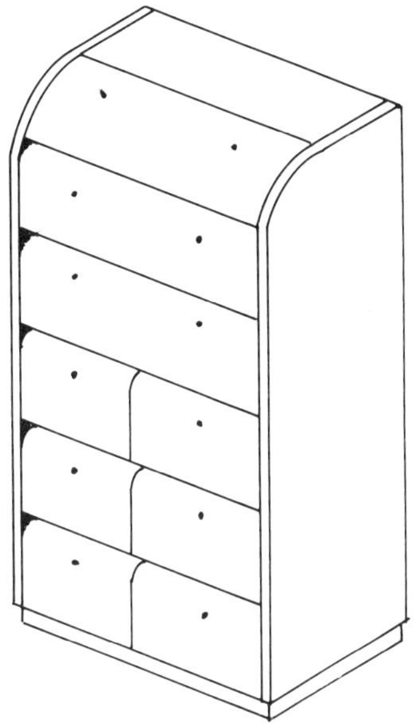

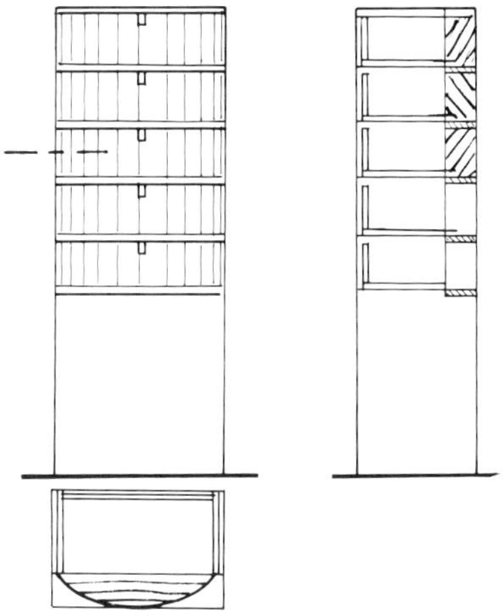

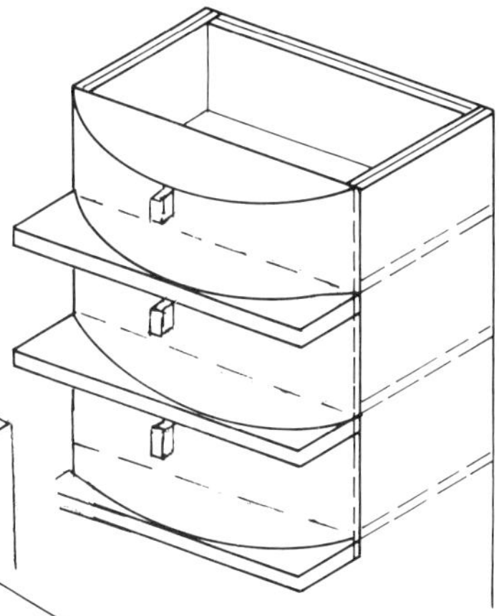

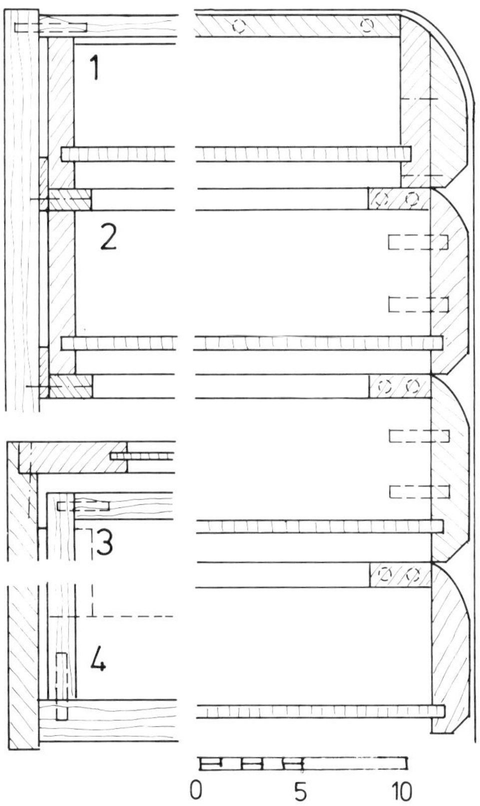

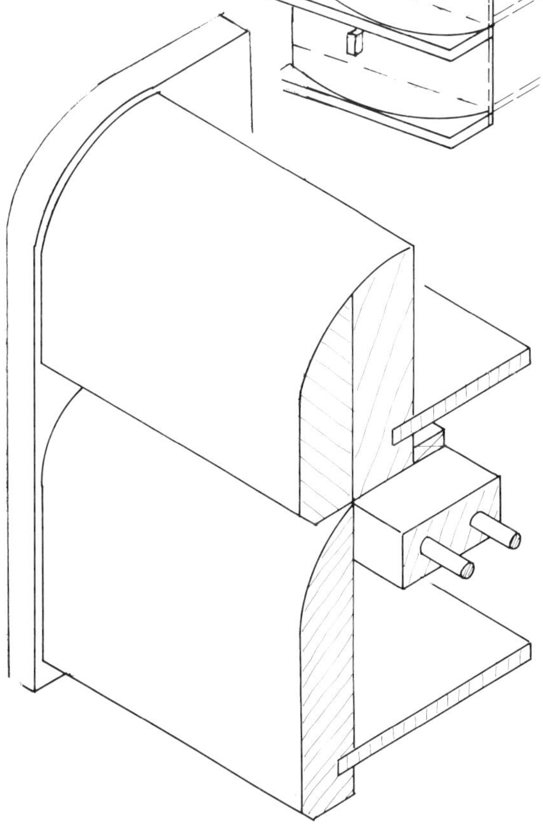

Quadrate und aus zwei Quadraten bestehende Rechtecke sind die Grundformen dieser beiden Stufenkommoden, die dieselben Maße aufweisen. Ihre Fächer können offen sein oder mit Kästen oder Klappen versehen werden. Die Kommoden passen so genau zusammen, daß sie einen geschlossenen Korpus bilden können. Sie lassen sich aber auch auf vielfältige Weise nebeneinander stellen, wobei sie durch eine rückwärtige Platte abgestützt werden.

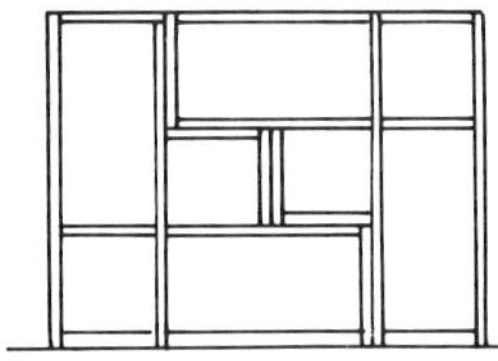

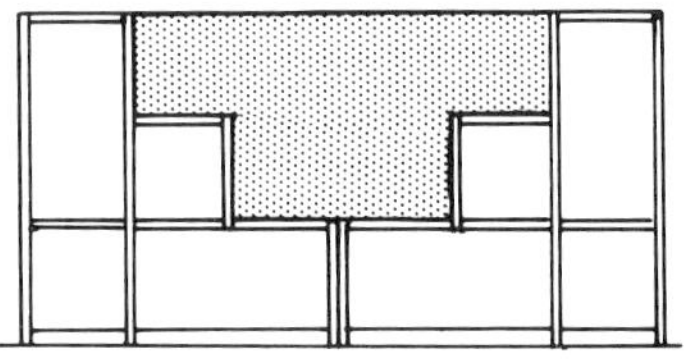

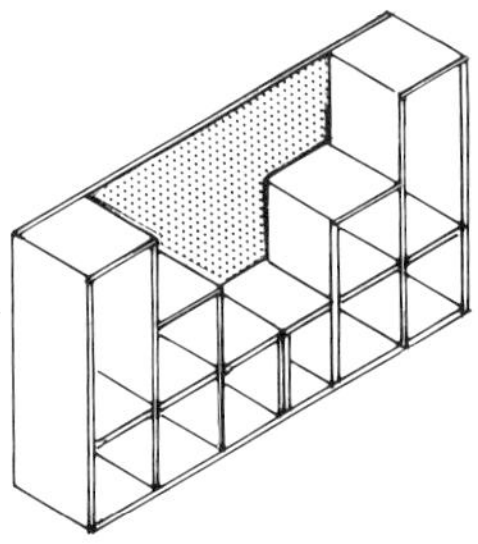

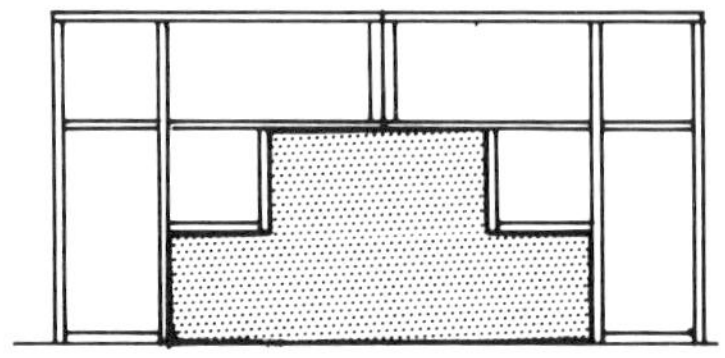

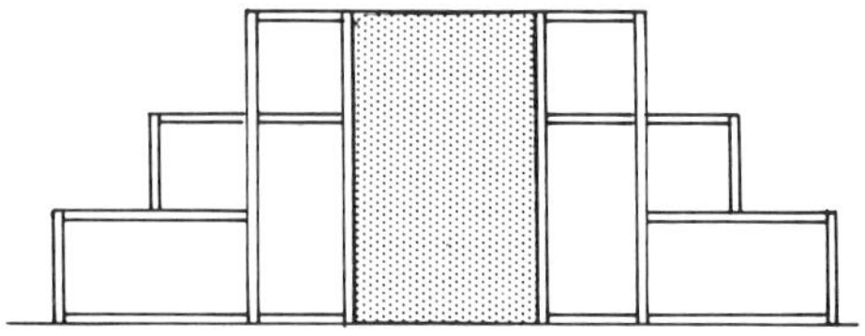

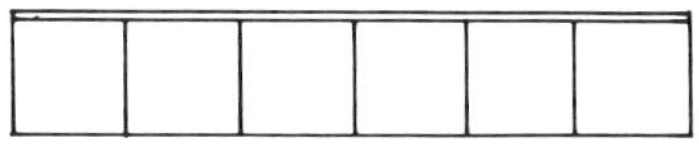

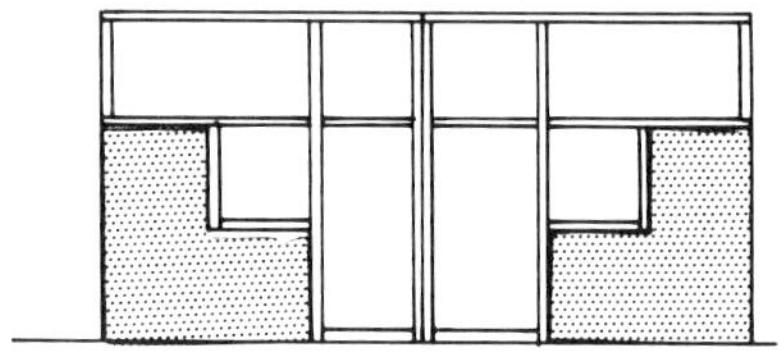

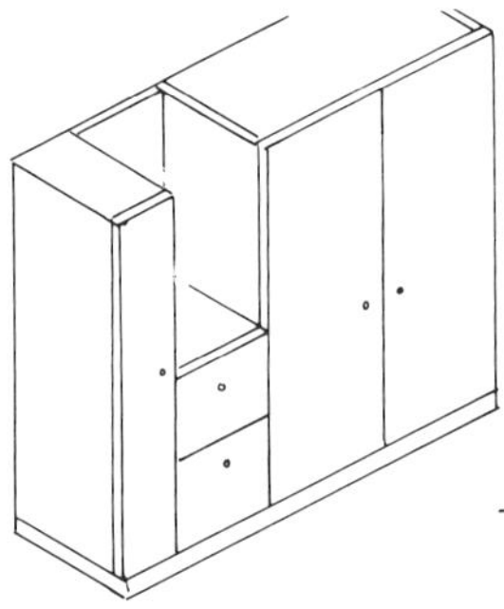

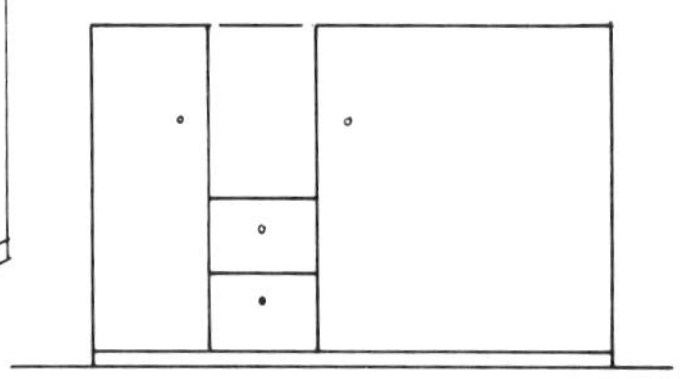

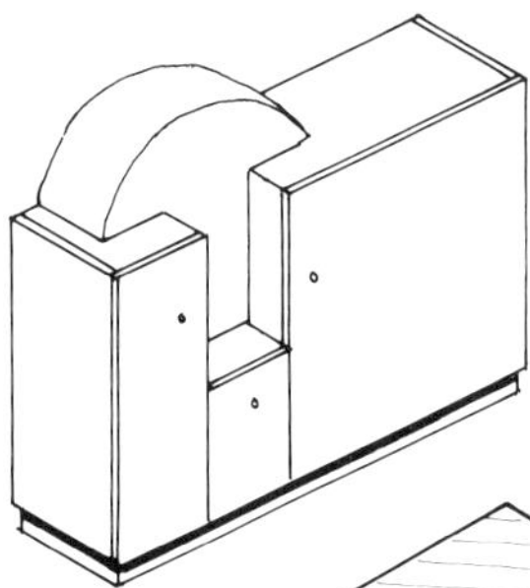

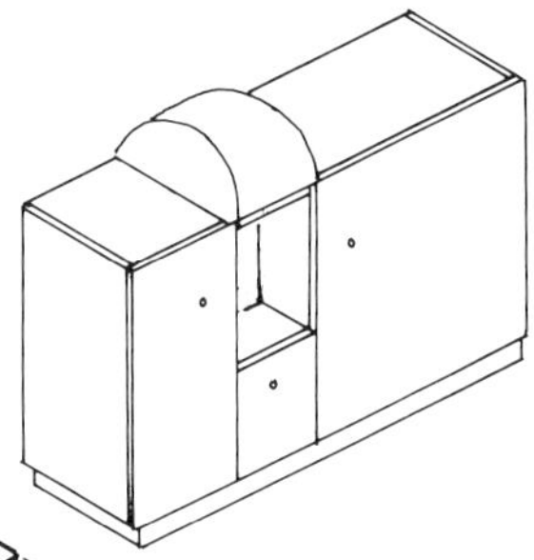

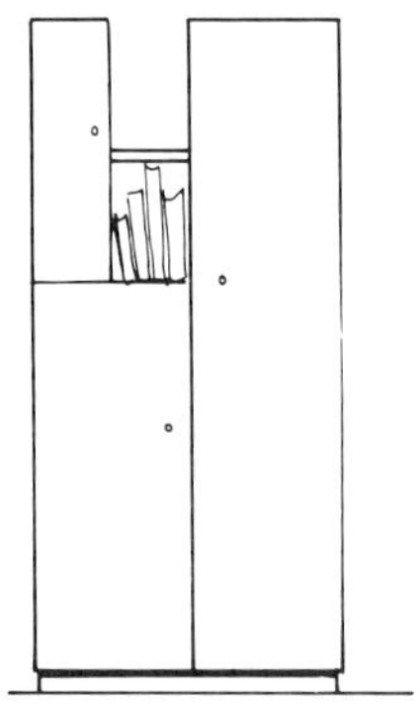

Die Lücke zwischen den Einzelelementen dieser Kommode ist an sich schon gestalterischer Akzent. Sie fordert dazu auf, z. B. Bücher hineinzustellen. Bei der Variante rechts ist ein pilzförmiges Element vorgeschlagen, das sich in verschiedenen Positionen anbringen läßt. Je nach Nutzung und persönlichem Geschmack sind weitere Ergänzungen denkbar.

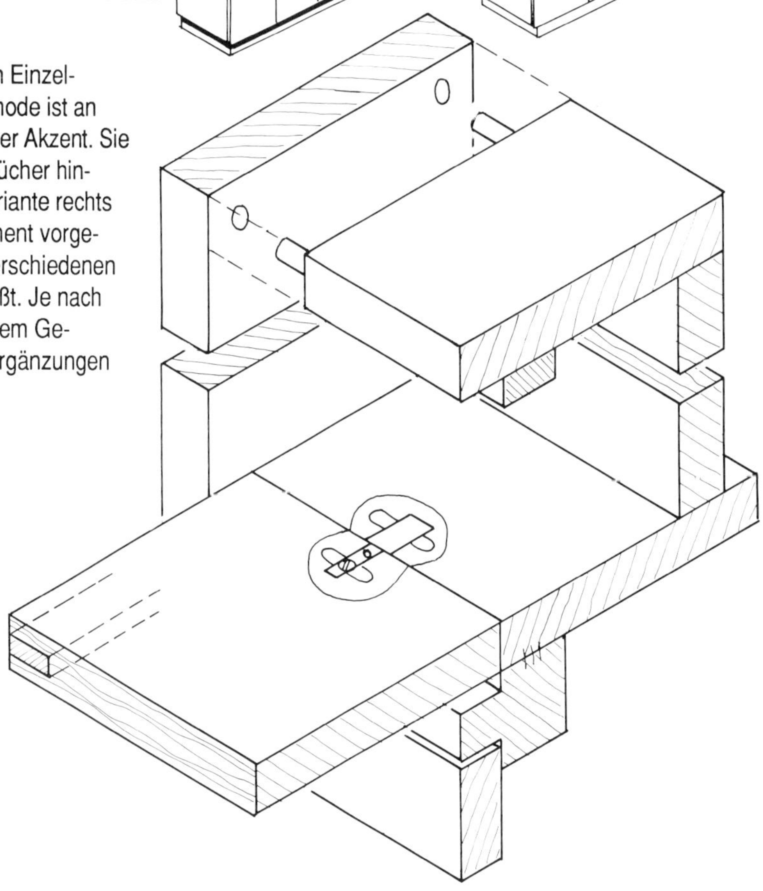

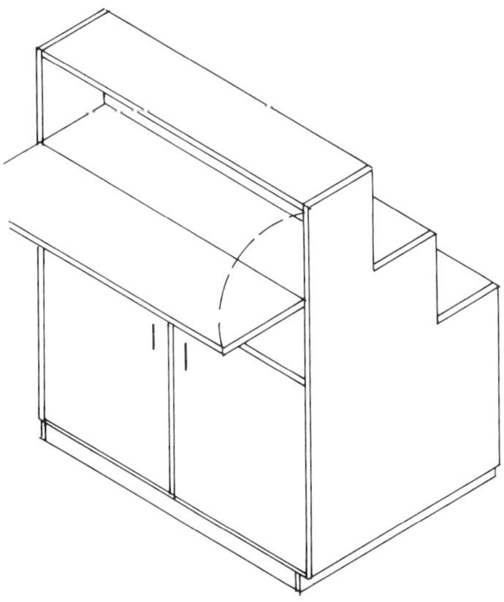

Diese Stufenkommode ist ein Zweiseitenmöbel. Die gestaffelte Vorderseite hat unten drei, darüber zwei Schubladen. Die lotrechte Rückfront hat zwei Klappen und zwei Türen. Die Klappen liegen bündig mit den Böden und werden seitlich durch Einbohrklappenbänder gehalten. Die Türen schlagen zwischen die Seiten, haben wegen ihrer Breite auf der Innenseite Schraubleisten und werden von Schnäppern zugehalten. Die Isometrie unten links verdeutlicht die Konzeption. Die Details rechts erklären vor allem die Verbindungen.

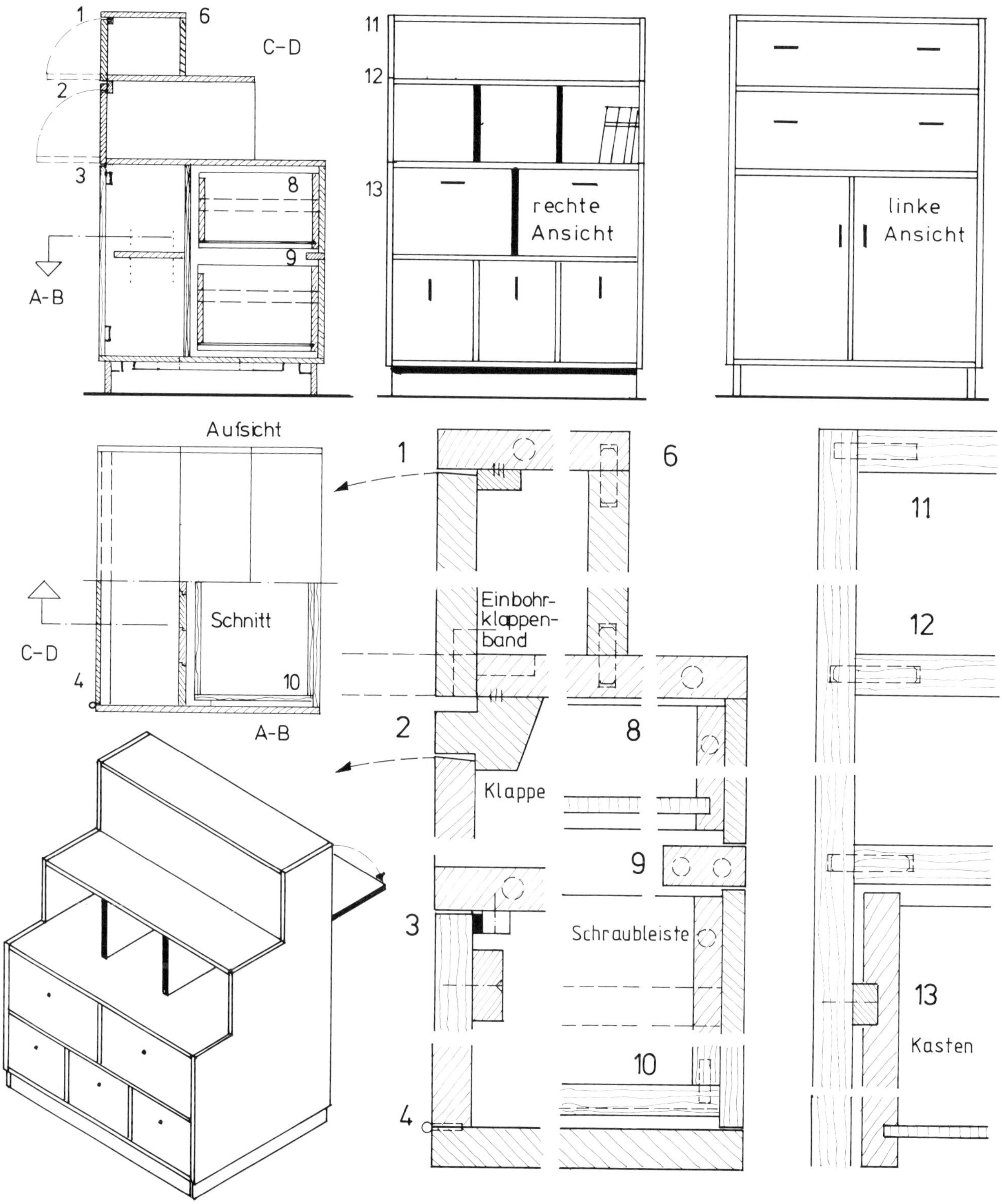

Schreibkommode mit herausziehbarer Schublade, deren Vorderstück aufgeklappt werden kann. Die beiden Scharniere sind bündig in die Oberfläche eingelassen. Die Klappe wird in geschlossenem Zustand durch Magnete gehalten. Ist sie heruntergeklappt, wird sie durch ihren Anschlag am Unterboden abgestoppt und gestützt.

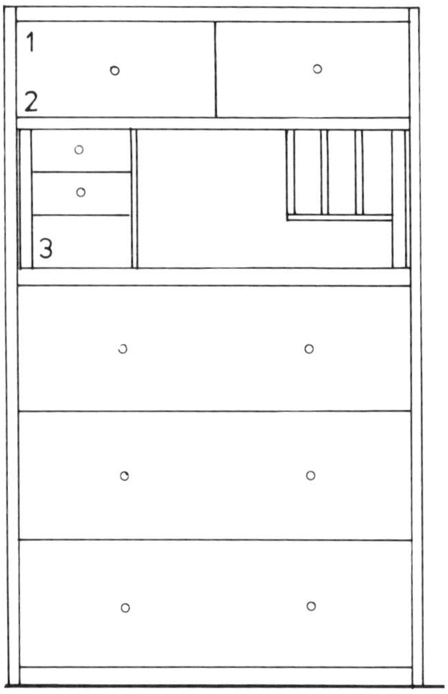

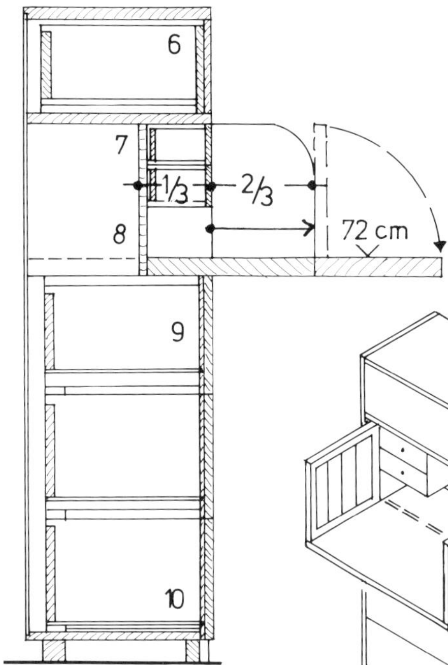

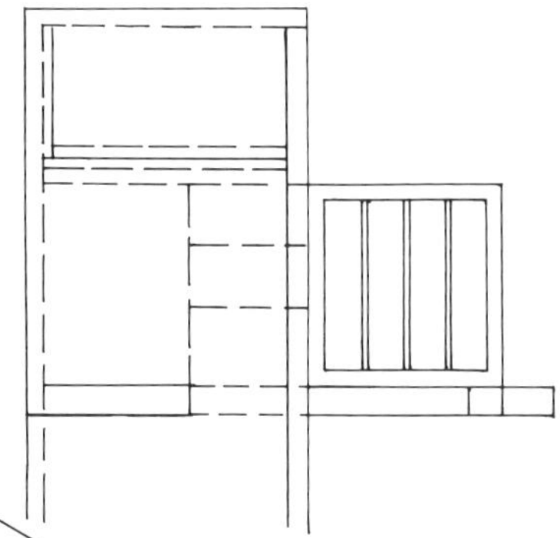

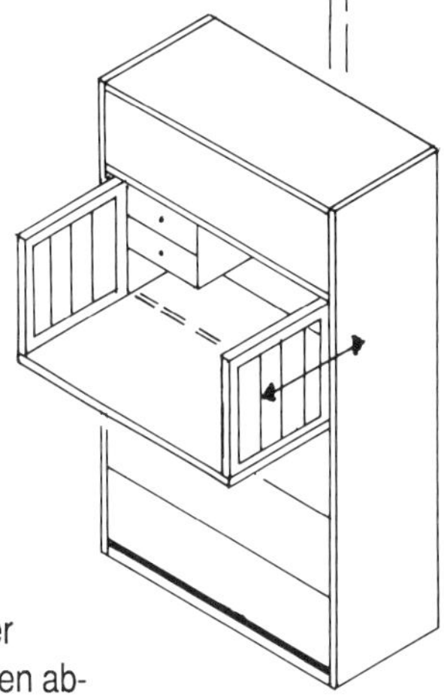

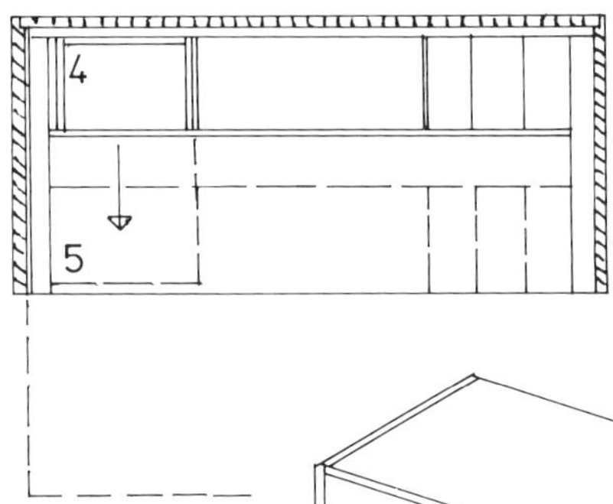

Die Seitenteile sind entweder voll ausgebildet, an den Ecken abgerundet oder auf Rahmen mit Stäbchenfüllung gearbeitet. In die Schublade sind links zwei kleine Schubkästen und rechts Postkartenfächer eingehängt. So läßt sich die untere Fläche voll als Schreibfläche nutzen.

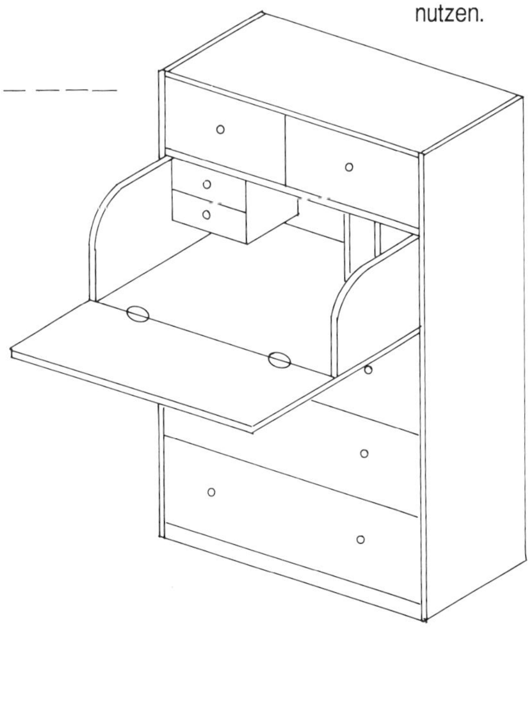

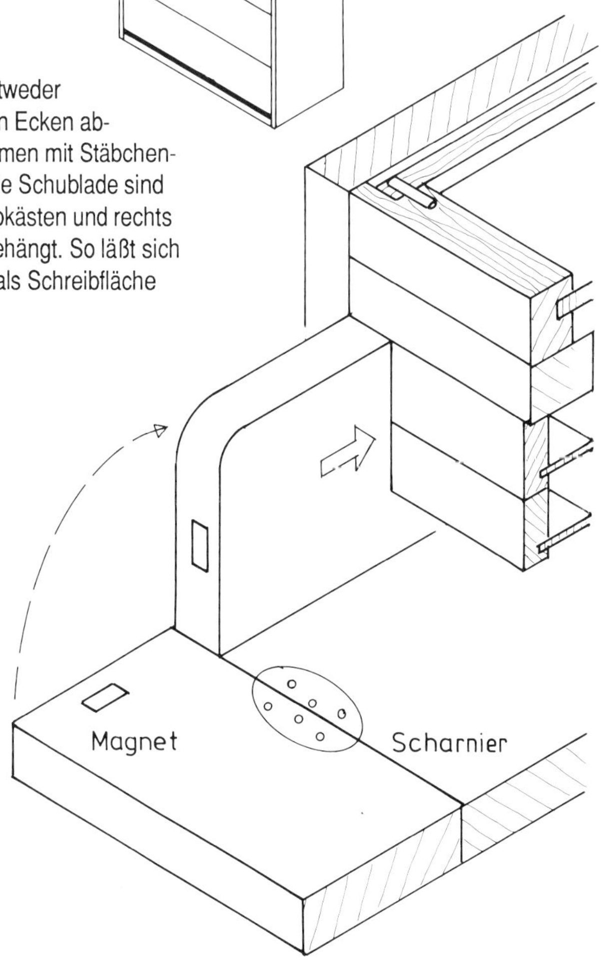

Die Details zeigen Korpusverbindungen, Kastenkonstruktion, Klappenscharniere und Riegelpositionen sowie die Ausbildung der Seitenteile. Das Holz mit stehenden Jahresringen muß besonders sorgfältig ausgewählt werden. Nur so ist die Funktionsfähigkeit des nicht einfach zu bauenden Möbels auch in Massivbauweise gewährleistet. Rechts unten ist eine Variante zur Schreibkommode dargestellt. Der halbe Oberboden wird wie bei einem Klavier nach oben umgelegt, die Klappe wird nach unten geklappt, aber nicht herausgezogen. Der Mechanismus ist damit einfacher, die Seitenteile aber müssen rechtwinklig bleiben. Der größte Nachteil ist jedoch, daß die Kniefreiheit viel geringer ist.

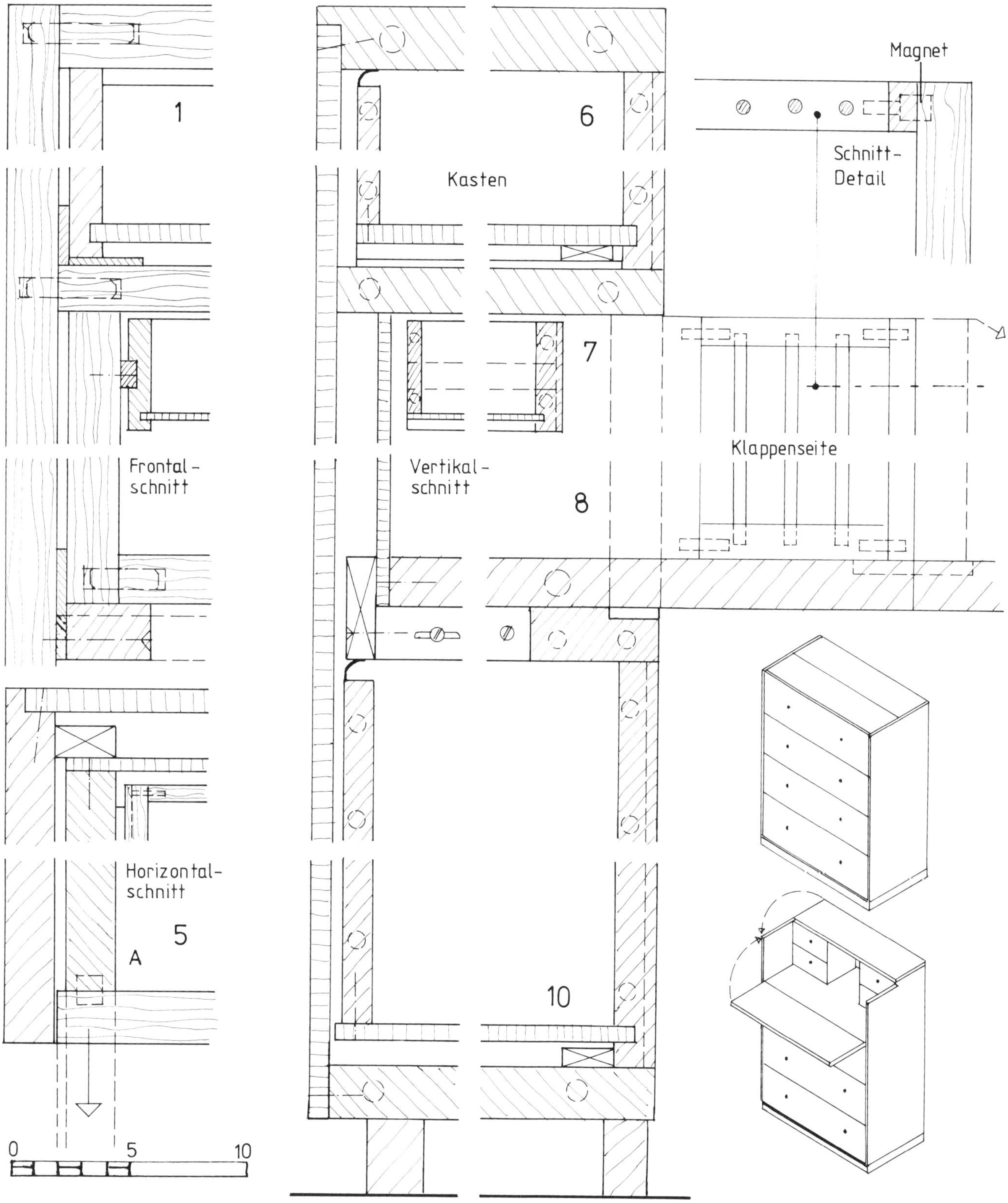

Regale sind meist reine Brettkonstruktionen mit Seitenwangen und festen oder verstellbaren Fachböden sowie aussteifenden Rückwänden. Sie sind in der Regel von vorn zu bedienen, selten auch von beiden Seiten oder sogar allseitig. Den Büchern dienen die Seiten oder angearbeitete Wangenstücke als Anschlag.

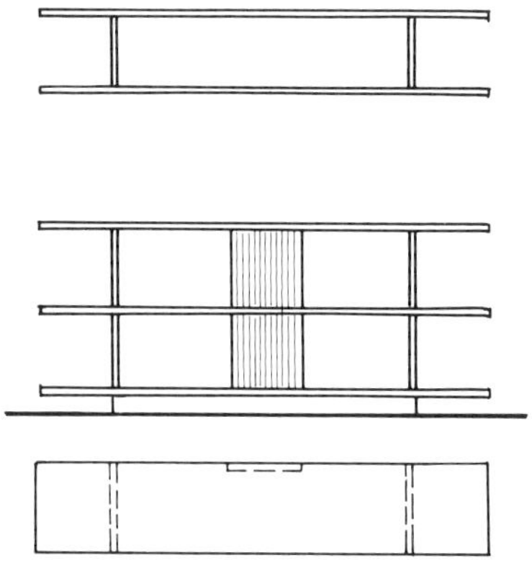

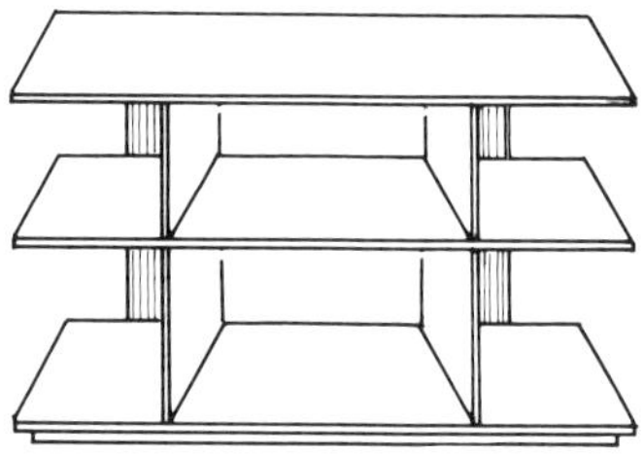

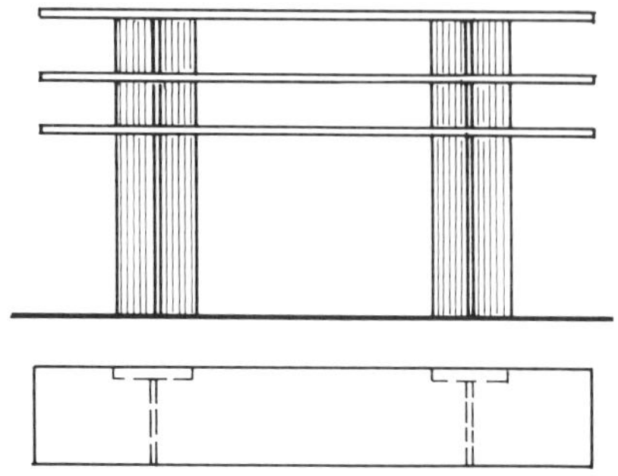

Frei auskragende Regalböden bestimmen die obere Beispielreihe.

Die Rückwände sind mittig oder seitlich angeordnet. Selbst wenn sie nur stückweise angebracht werden, steifen sie aus.

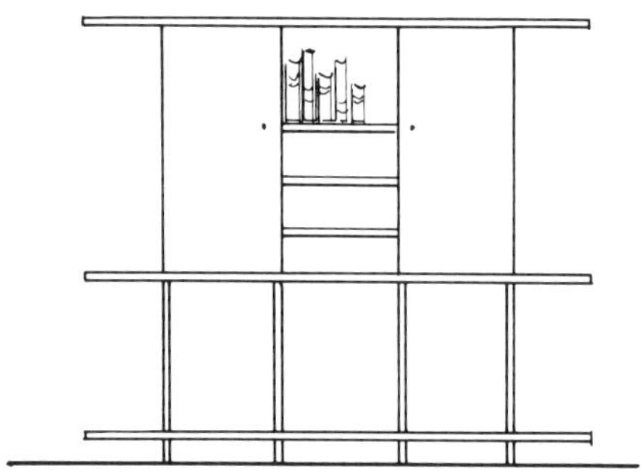

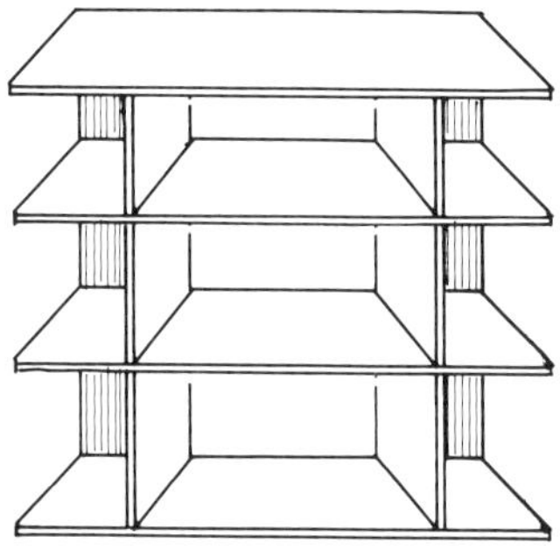

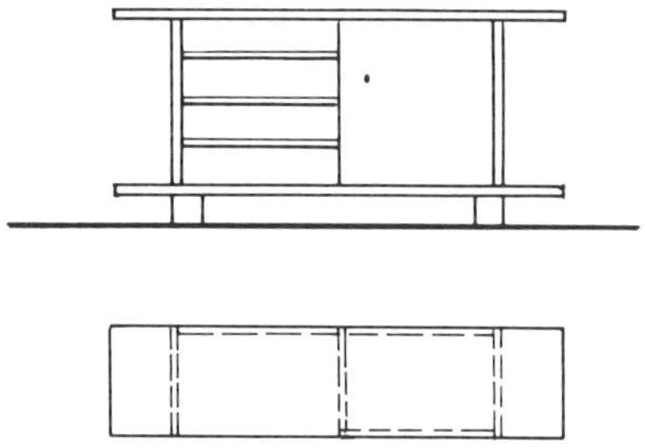

Die Kombination von Regalbrettern mit dazu rechtwinklig gestellten Seitenteilen ist eine neue Version, hat aber den Nachteil, daß die Seiten nicht von vorn zugänglich sind.

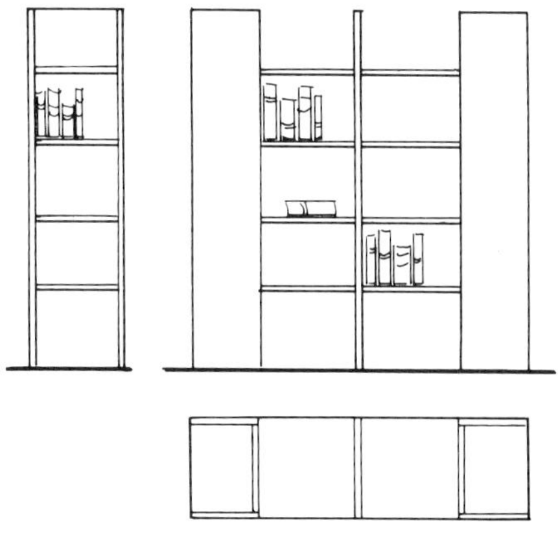

Kombination von Seitenteilen und Rückwänden.

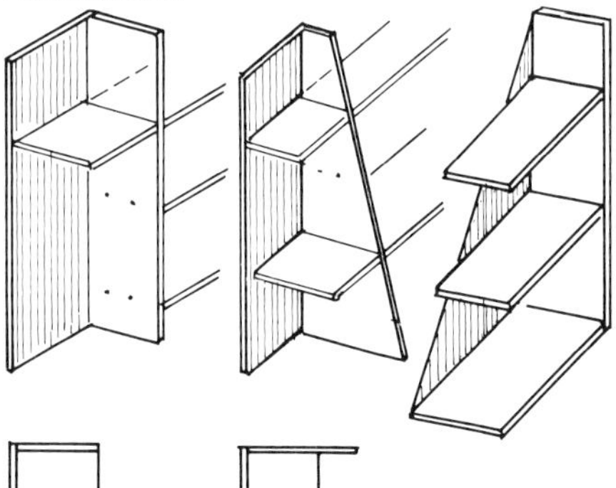

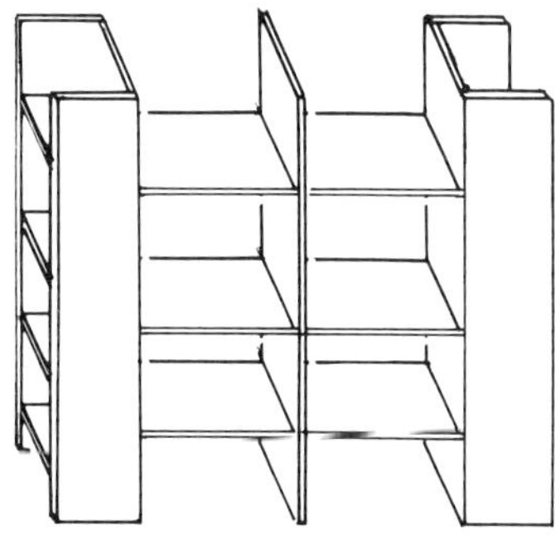

Einfache Winkelstücke können gerade, schräg oder mit der Spitze nach oben zwischen die Fachböden gestellt werden.

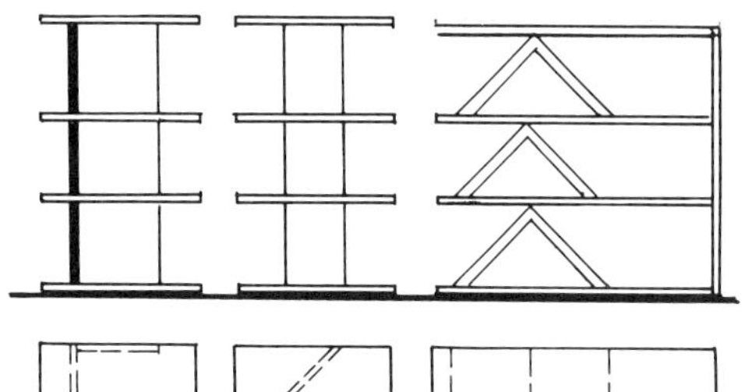

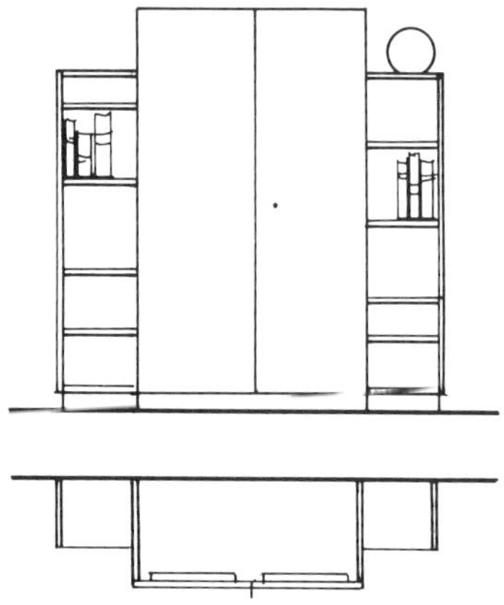

Auch mit Schränken lassen sich Regale oder Regalteile verbinden.

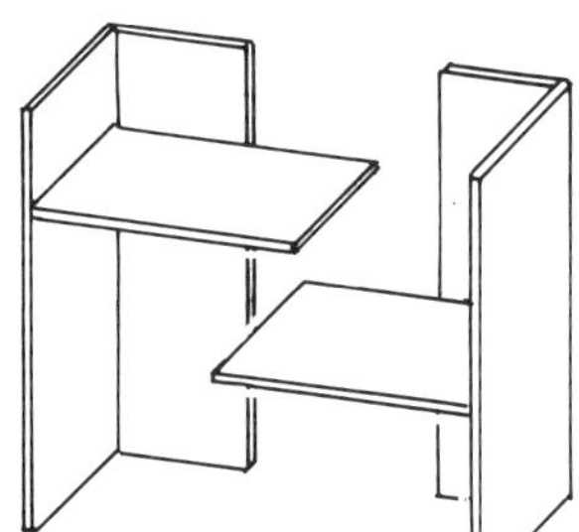

Die Formen sind rechteckig, in Ausnahmen quadratisch. Die Wände können auch geneigt, die Böden sogar in Zickzackform angeordnet sein wie bei dem kleinen Regal in der Mitte. Dann müssen Überstände ein Abrutschen der Bücher verhindern.

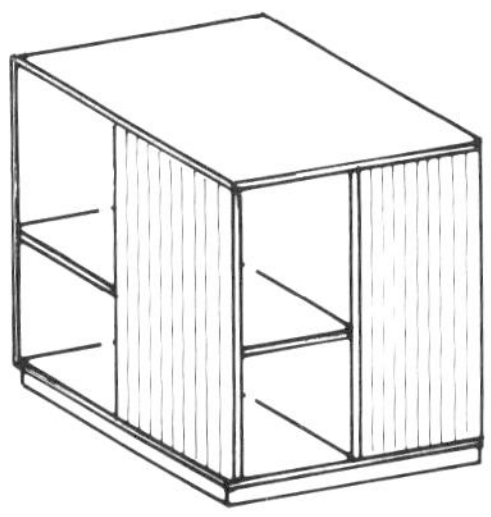
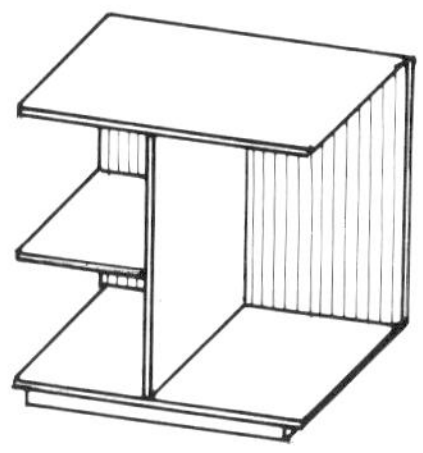

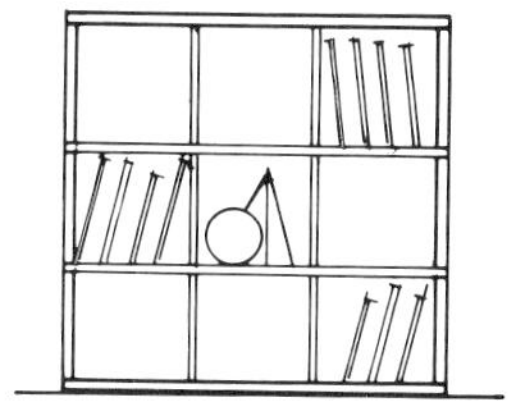
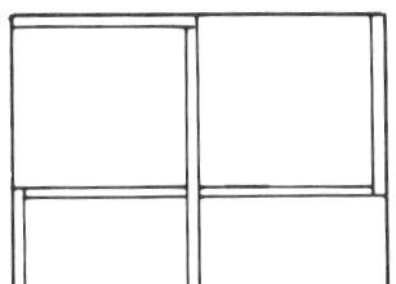
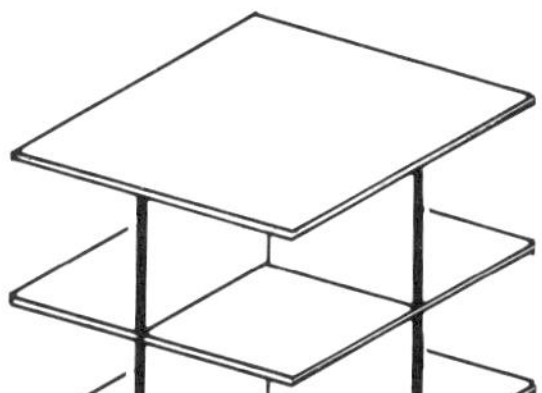

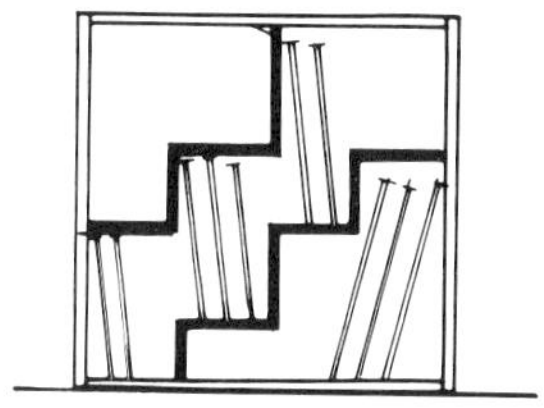

Die Verbindungen sind gedübelt, die Oberflächen natur behandelt oder farbig gestrichen.

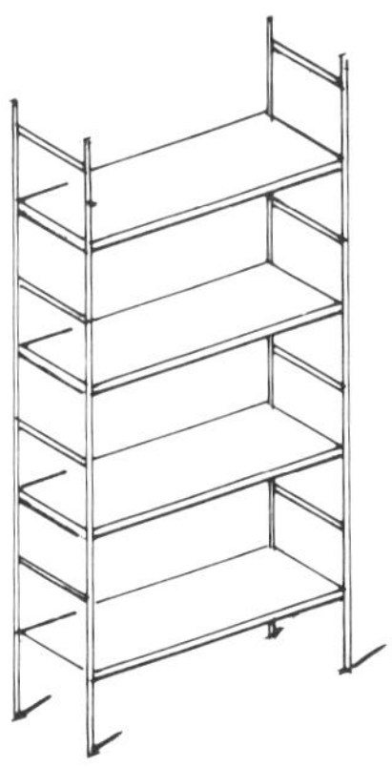
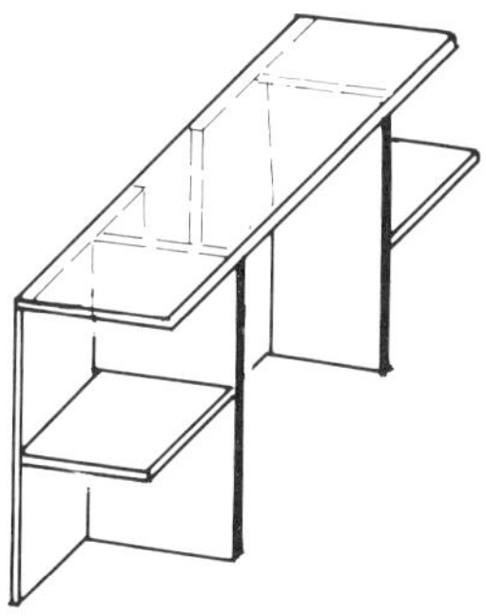
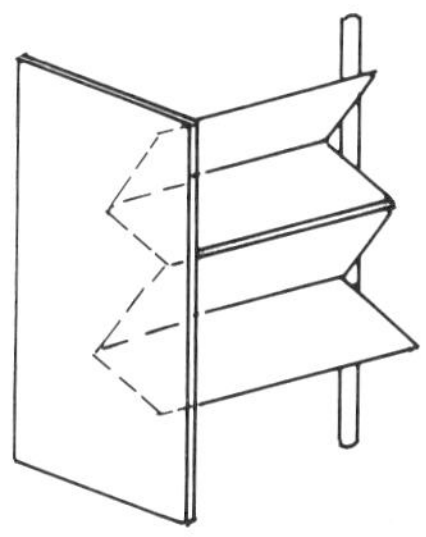
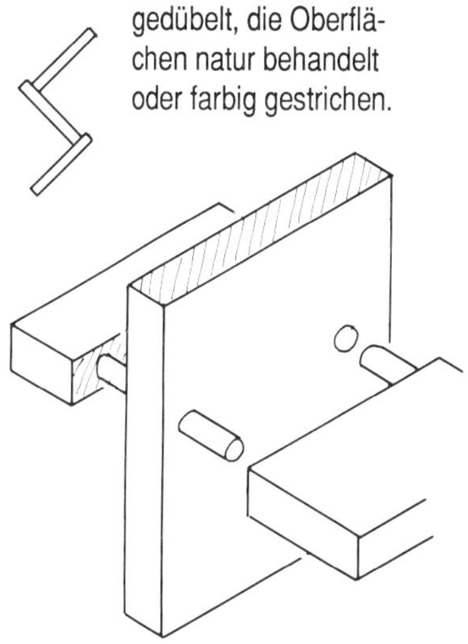

Das Regal unten links erinnert an eine Bibliothekstreppe. An einer Seite ist es an einem Stab festgemacht und um diesen schwenkbar. In der Mitte ein Stapelregal. Die Körper zwischen den Fachböden bestimmen die Höhe und steifen aus. Die Rückwände der Regale rechts unten bestimmen durch ihre Schrägen die Gestaltung. Die Böden kragen frei aus und werden von der Rückwand gehalten.

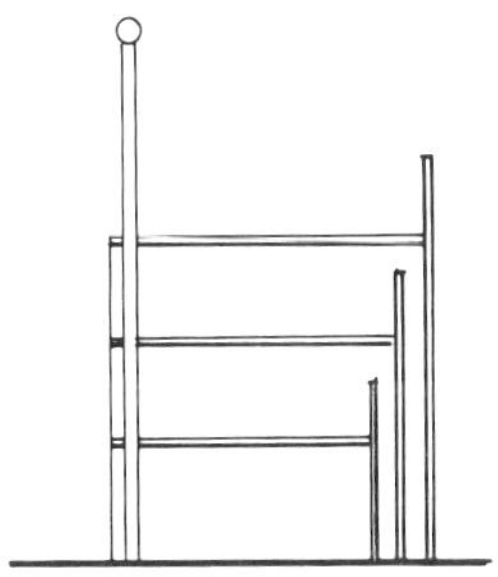
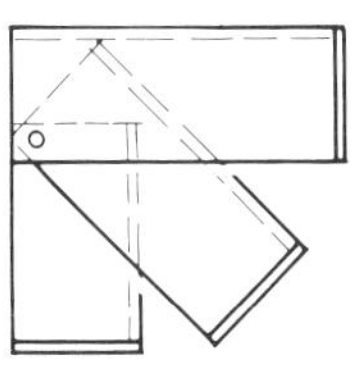
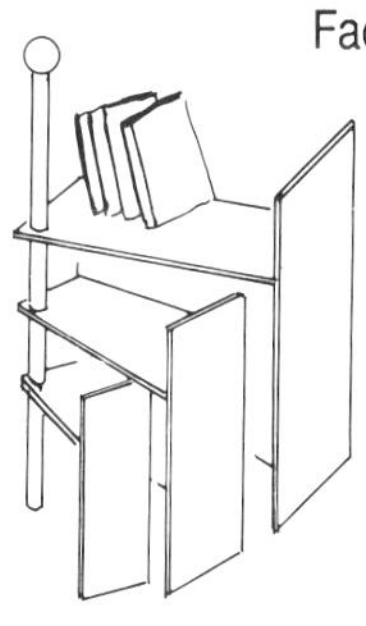
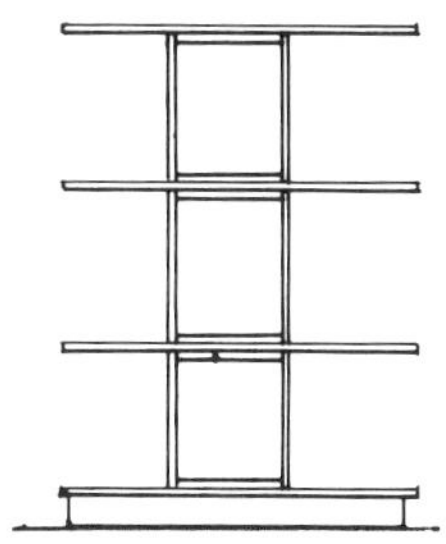
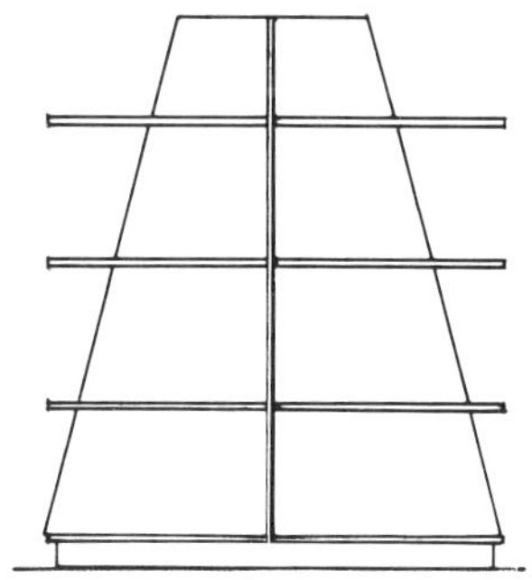
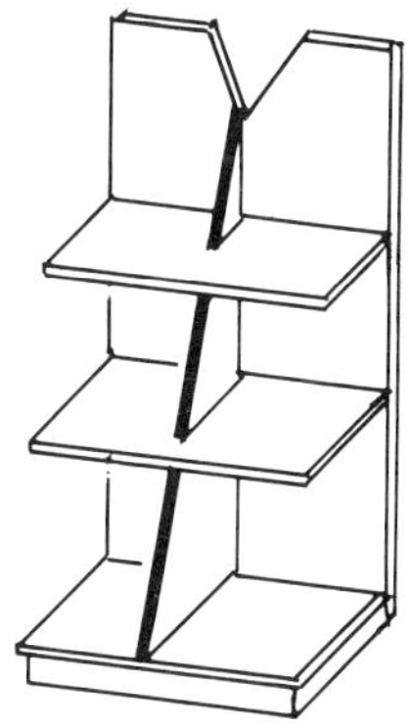

Schrägen sind bewährte Mittel der Gestaltung, sowohl von Räumen als auch von Möbeln. Horizontal wirken Schrägen eher verbindlich, vertikal dagegen oft aggressiv.

Die Kombinationsmöglichkeiten sind nahezu unerschöpflich. Die Einzelteile lassen sich durchweg mit Dübeln verbinden, die Rückwände können auch geschraubt werden.

Schmale, hohe Regale können sowohl als Einzelstücke wie auch als Kombination aufgestellt werde. Dazwischen lassen sich Böden oder kleine Körper montieren.

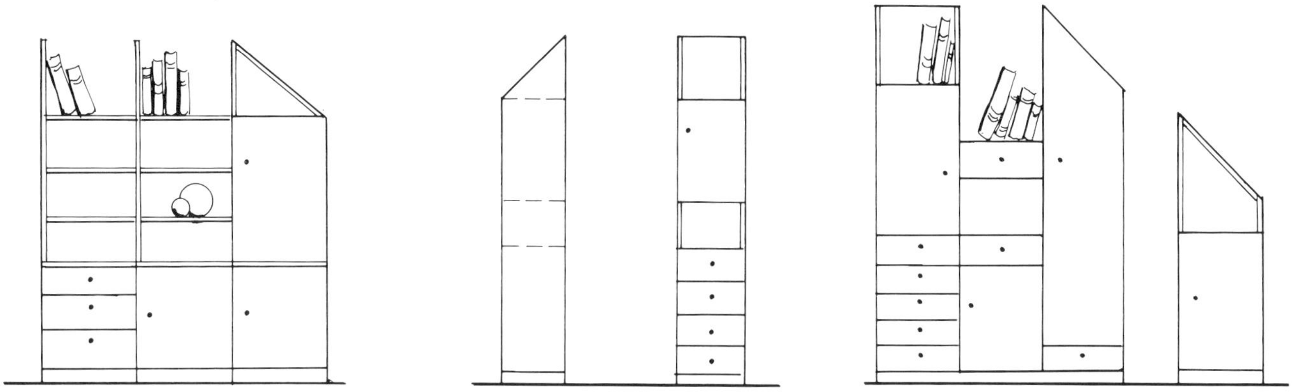

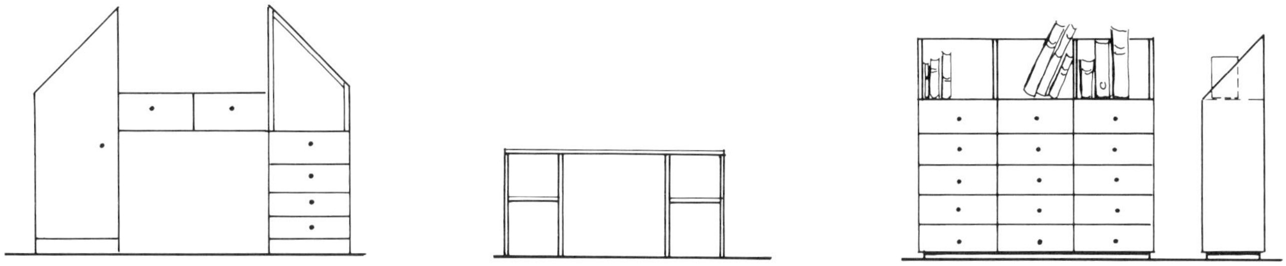

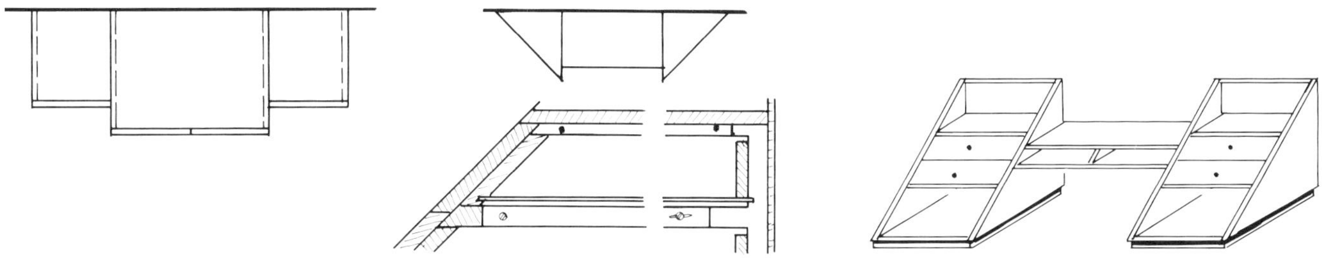

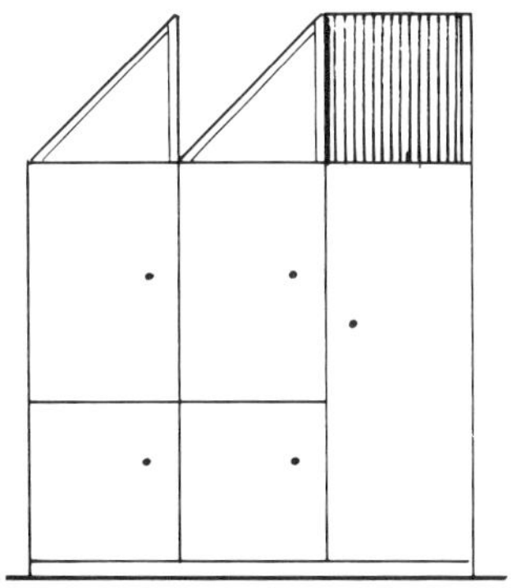

Die Schrägen können wie Regale offen sein, oder sie werden durch Schubkästen mit schrägen Vorderstücken oder geneigte Klappen geschlossen. Ein Wechsel von schrägen und geraden Elementen muß gut bedacht werden. Schnell wird Lebendigkeit zur Unruhe.

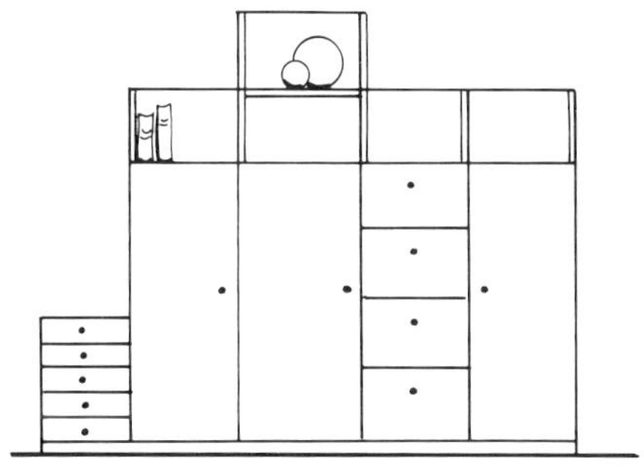

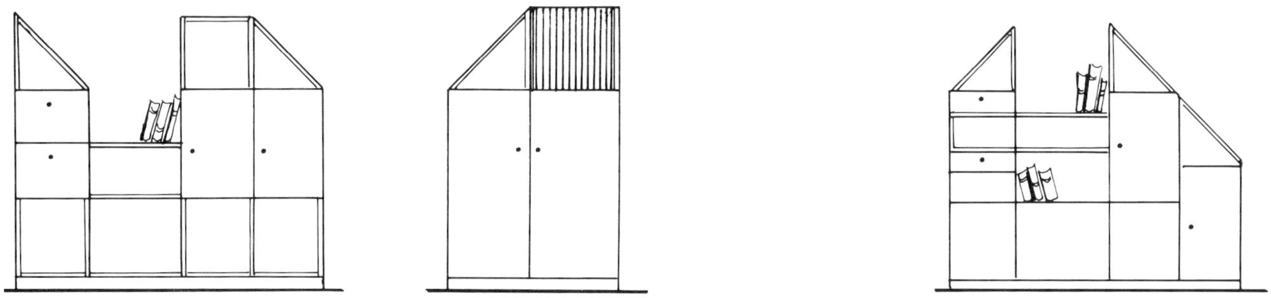

Runde Regale haben etwas Harmonisches, vor allem als Eckregale und in Kombinationen. Schon eine runde Wandscheibe hält eine Möbelgruppe optisch zusammen. Die Tiefe und besondere Gestaltung runder Regale erweitert die Nutzungsmöglichkeiten. Die Verbindungen sind gedübelt. Sockel sind konstruktiv nicht notwendig, gestalterisch aber recht bedeutsam.

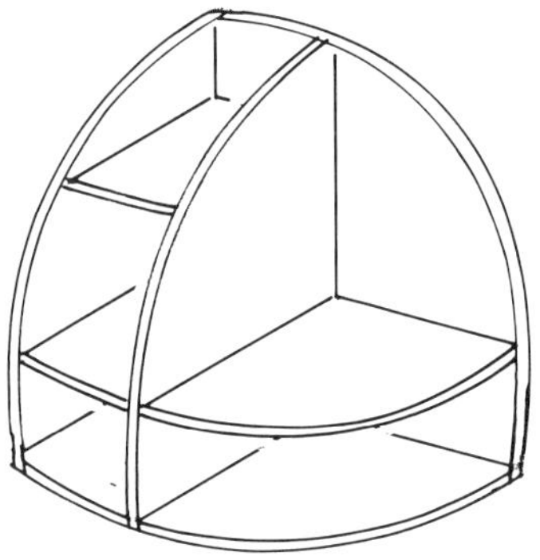

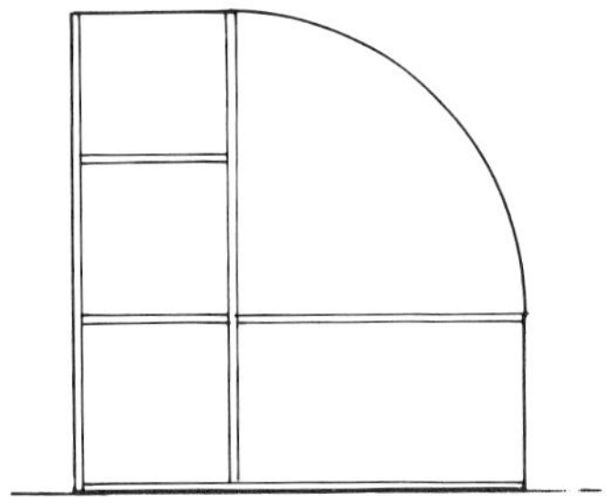

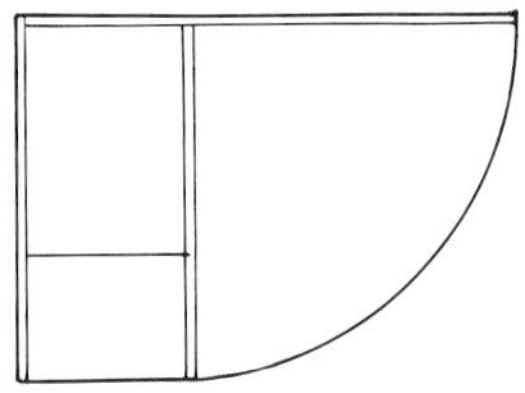

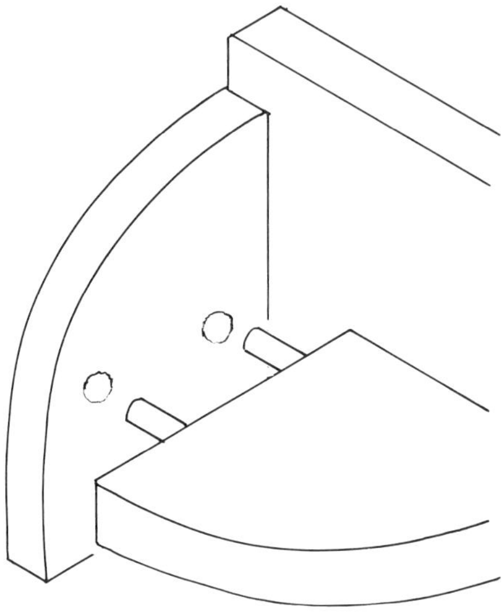

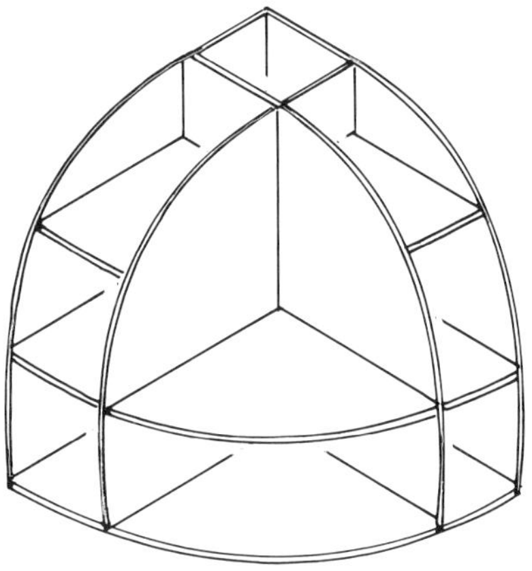

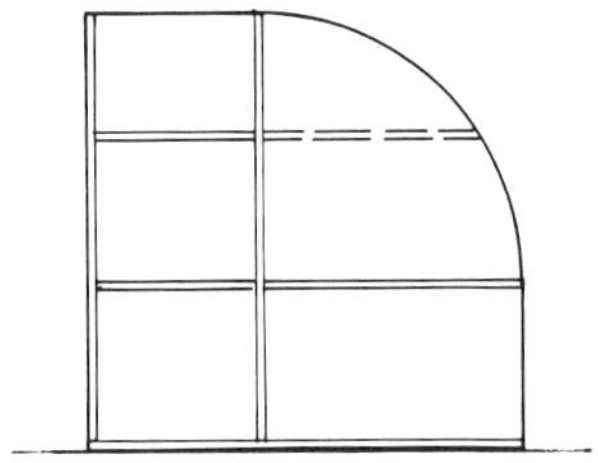

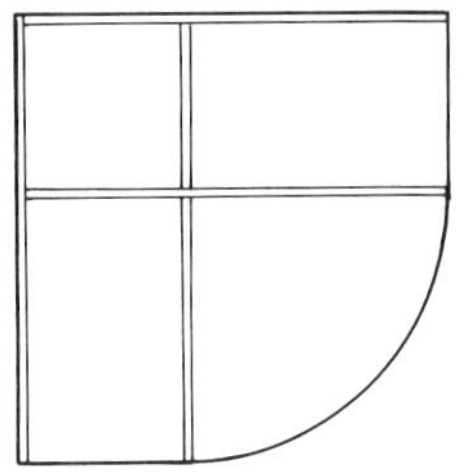

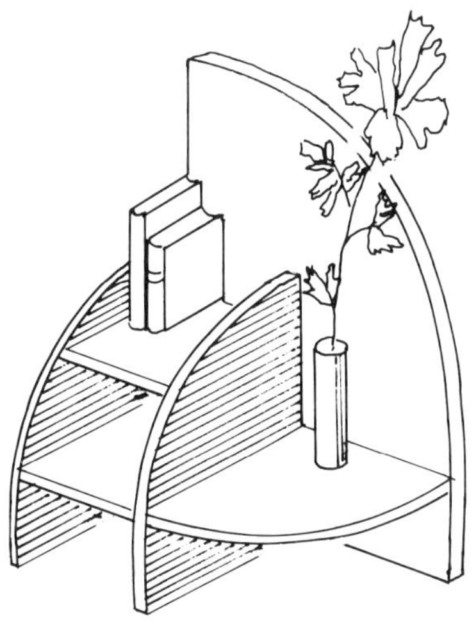

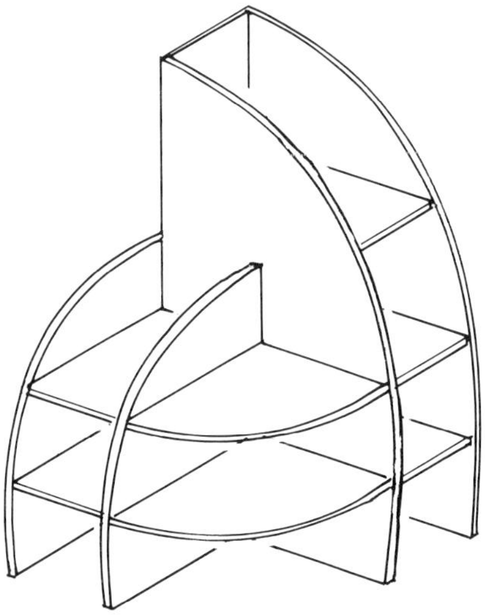

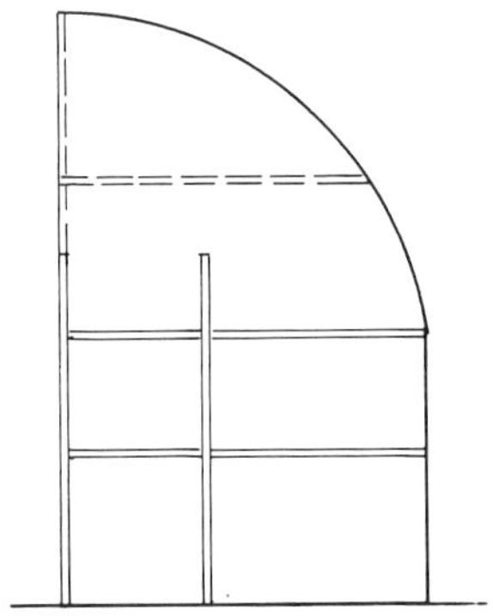

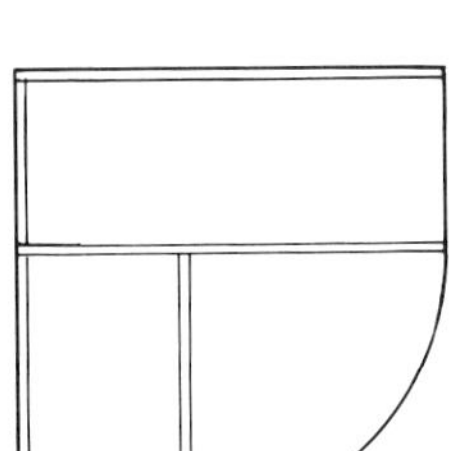

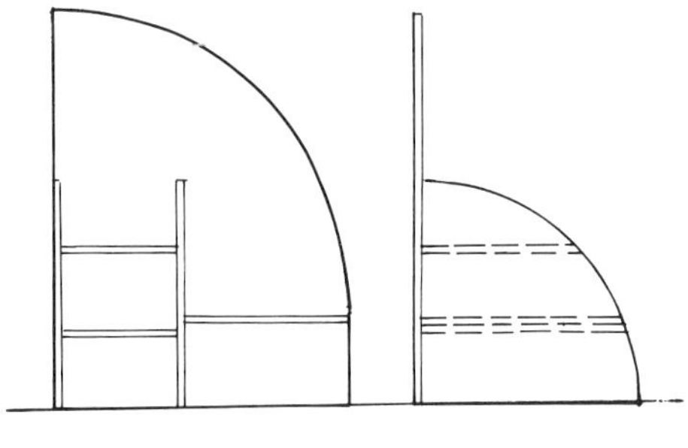

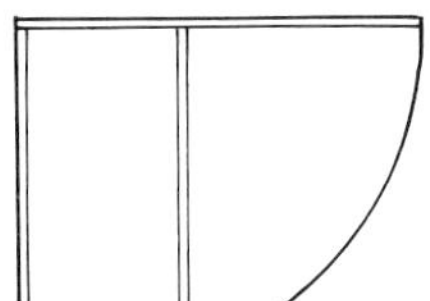

Der Zeitgeschmack diktiert manche Formen oder modifiziert deren Nutzung. So müssen Regale nicht immer von vorn zugänglich sein. Auch seitliche Erschließung von außen ist denkbar. Schwieriger, aber reizvoll, ist die seitliche Erschließung von innen. Als Seitenteile lassen sich auch Schränke oder Schubladenkommoden verwenden. Die halbkreisförmige Rückwand verbindet die Körper auf dekorative Weise. Regalfronten und Seitenteile sind horizontal gegliedert durch Nuten oder Anstriche.

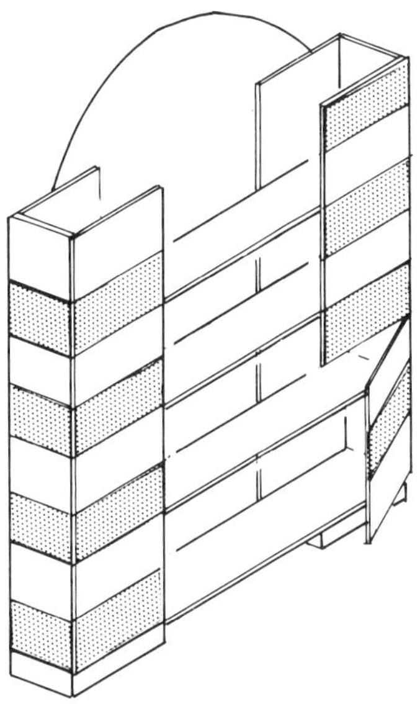

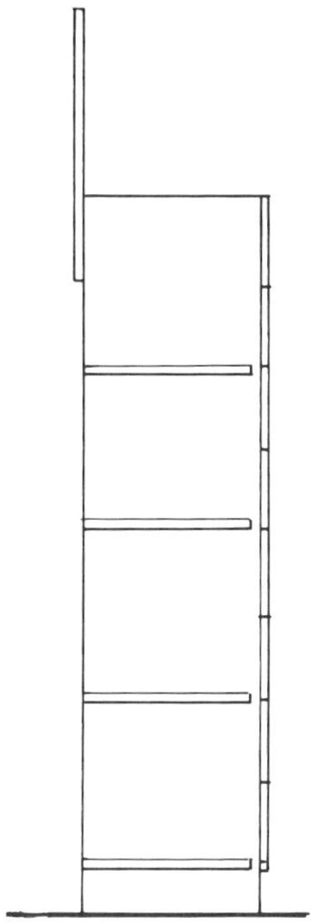

Die Vorderseiten dieser im Grundriß U-förmigen Seitenteile können als Türen ausgebildet werden. Damit wäre die ganze Regalbreite zugänglich.

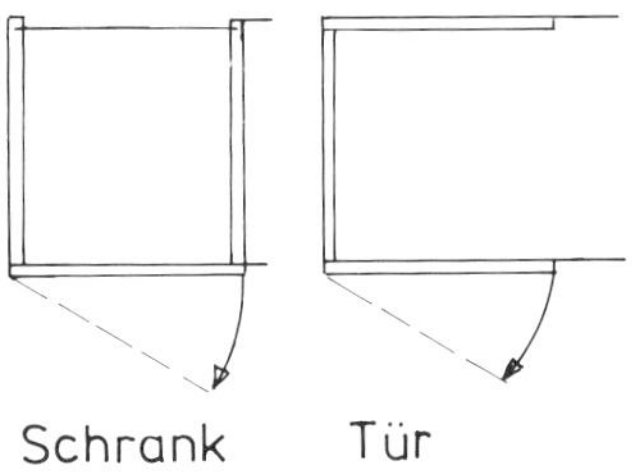

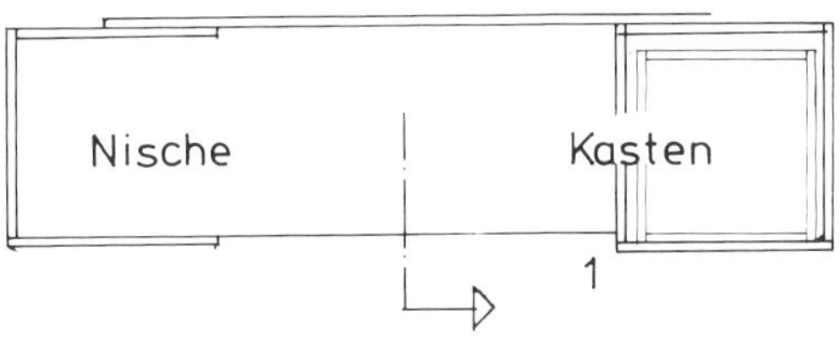

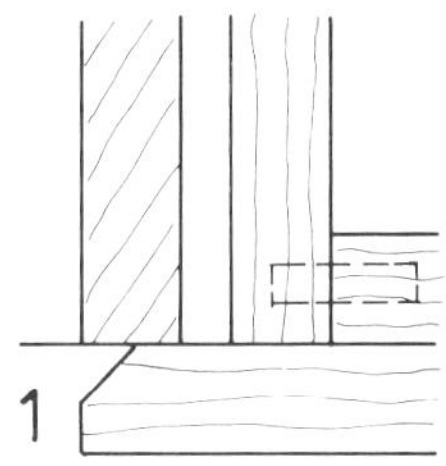

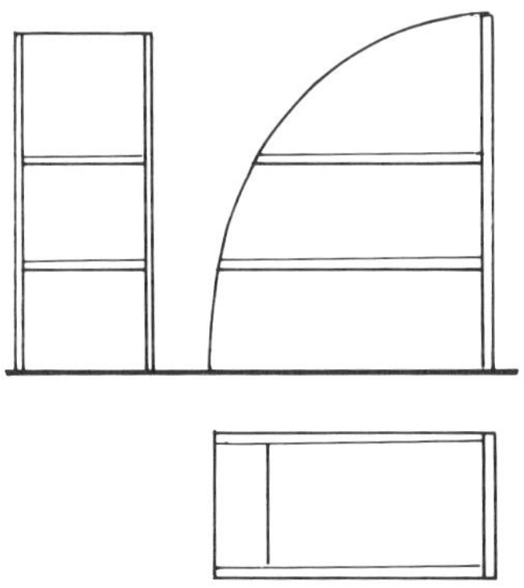

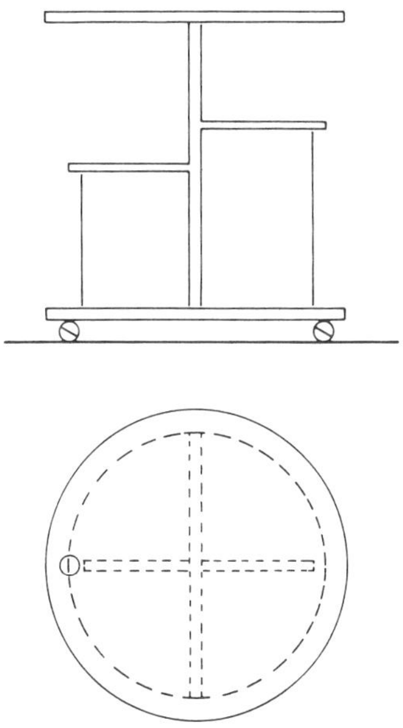

Das runde Tischchen in Scheibenkonstruktion ist fahrbar; das Loch in der Platte dient zur Führung. Die Konsolen unter den Zwischenböden steifen aus.

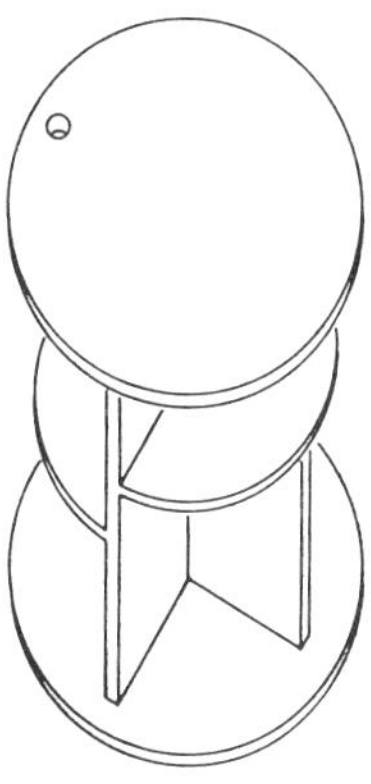

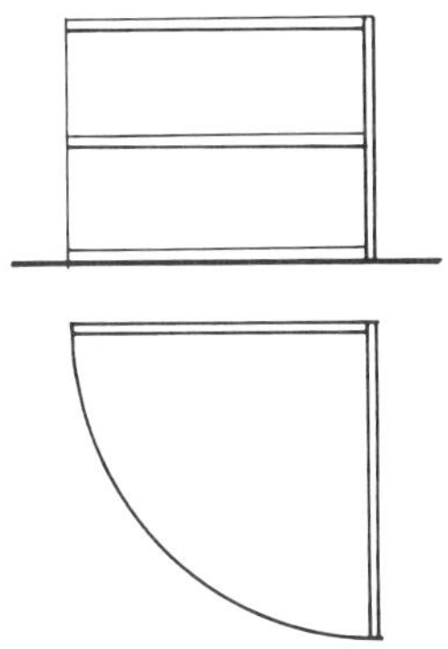

Schrankregal mit Blende. Im oberen Teil hat es seitlich offene Fachböden, der untere Teil enthält Schubladen. Die Mittelwand betont die zentrale Achse, die Kranzblende die Horizontale.

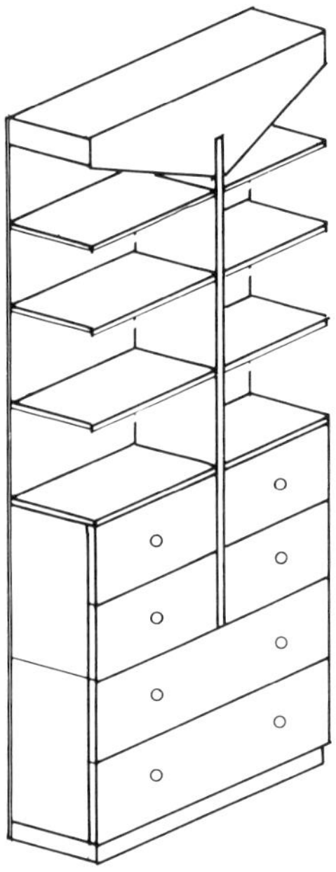

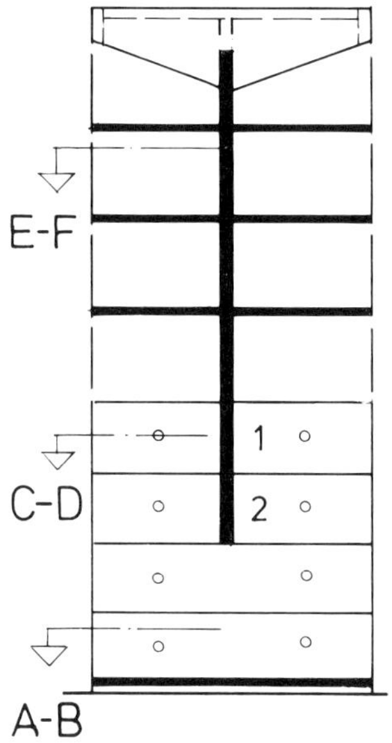

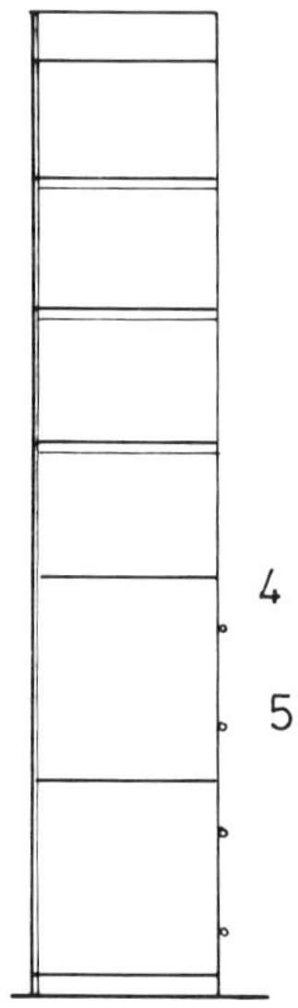

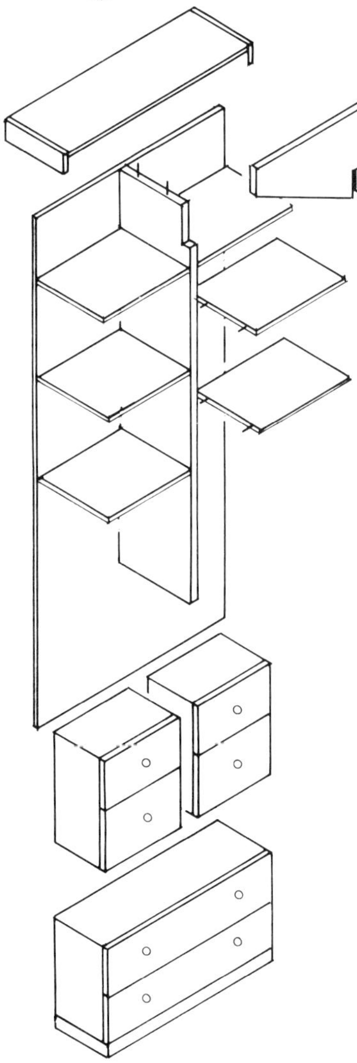

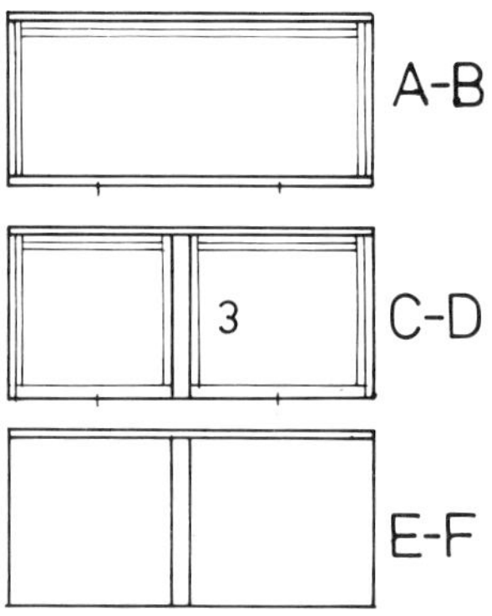

Die einzelnen Bauteile werden vorgefertigt und durch Schrauben und Dübel miteinander verbunden. Die Mittelwand ist unten zwischen die Korpusteile eingespannt. Die Rückwand verbindet die Bauteile und steift aus.

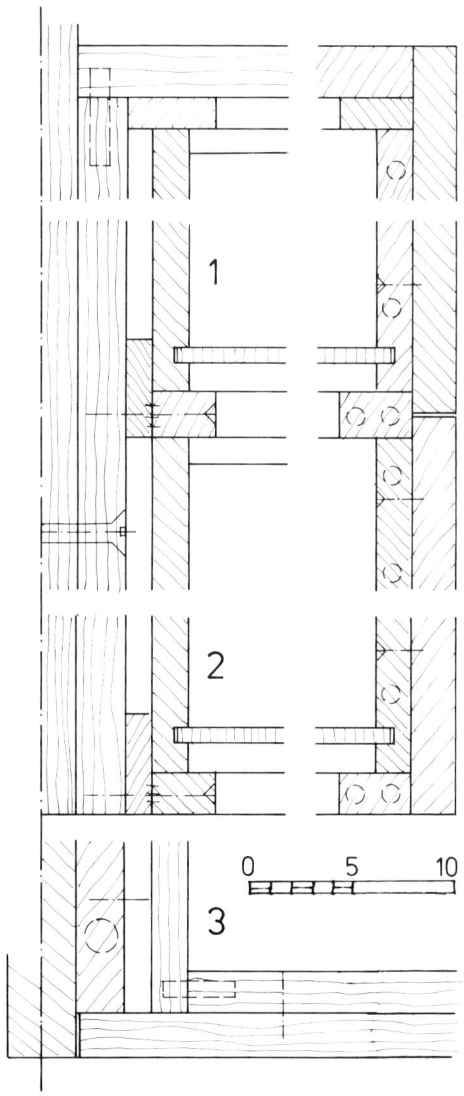

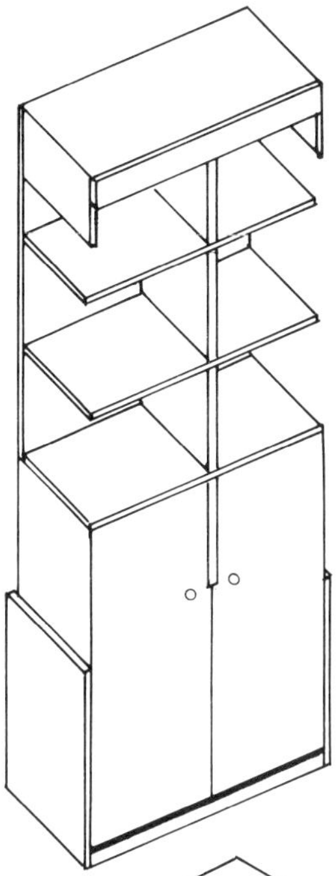

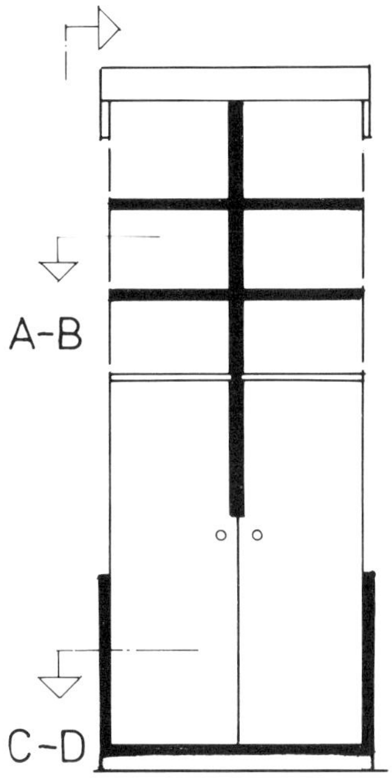

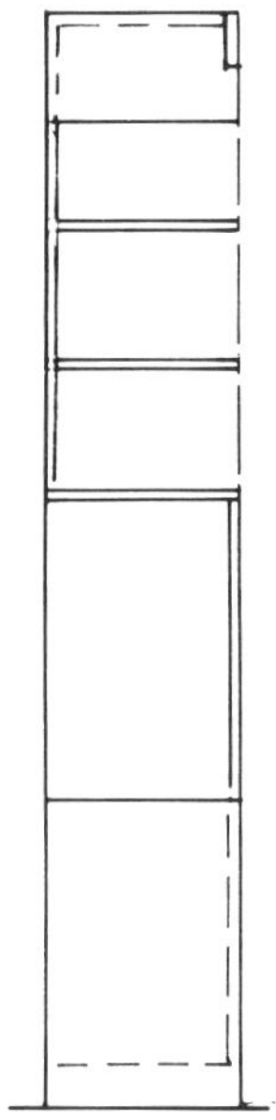

Dieser Regalschrank ist eine gestalterische Variante zu dem auf der linken Seite. Der Kranz hat seitlich herabgeführte Wangen, die mit den Aufdicktungen an den Seiten des Unterteils korrespondieren. Regalbretter, Mittelwand, Aufdicktungen und Sockel sind farblich abgesetzt.

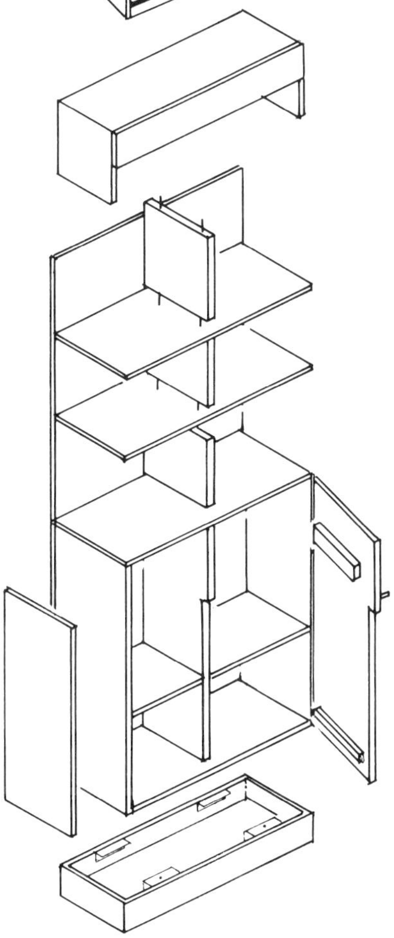

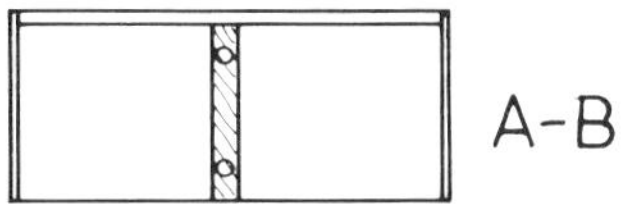

Blenden bieten viele Möglichkeiten, Regale interessant zu gestalten. Reizvoll wirkt es, wenn sie vor Regalseiten und -böden versetzt anordnet werden. Diese Variante lebt von der Überschneidung der Bauteile.

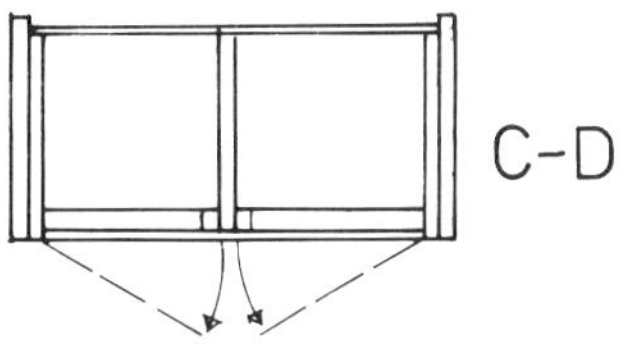

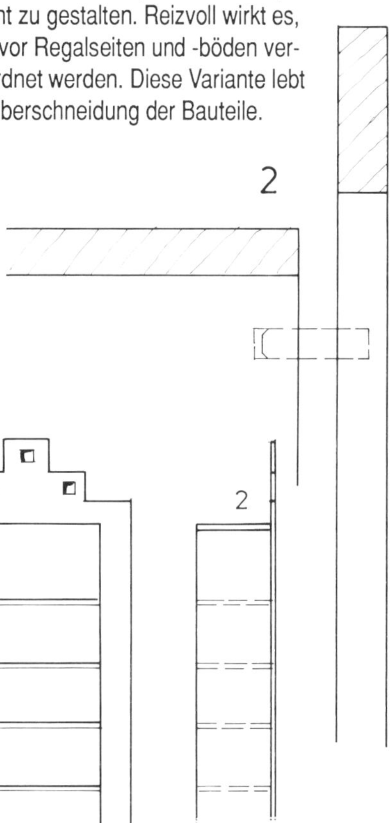

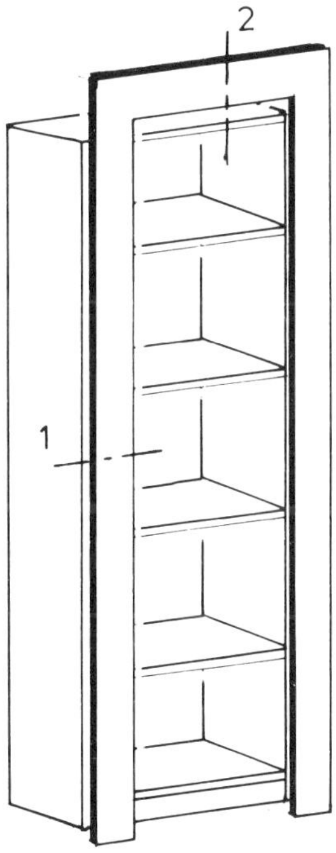

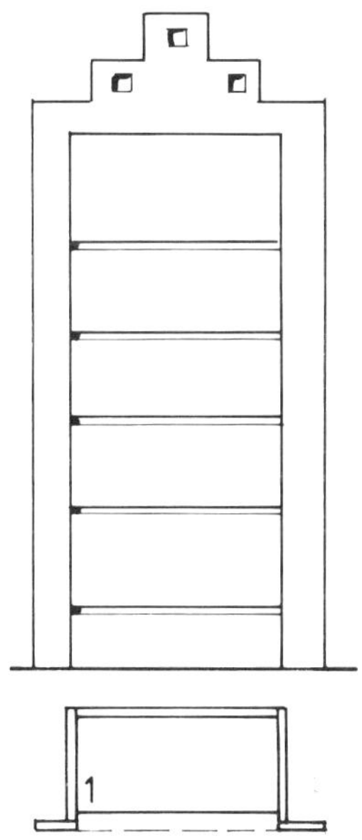

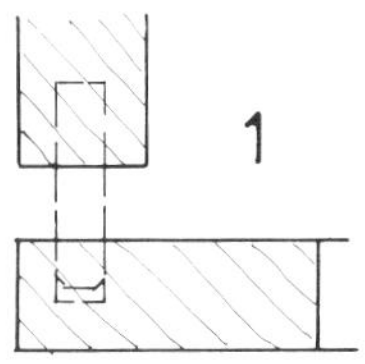

Starke Stäbe oder Stangen zieren und beleben Regalseiten oder Fronten. Die Stangen werden vorgesetzt oder eingelassen und verdeckt gedübelt. Regale mit Leitern tragen die Fachböden auf ihren Sprossen. Die Böden sind dort fest verbunden oder auswechselbar. Die Aussteifung erfolgt ganzflächig über die Rückwand oder durch Stabilisierungskreuze in Form von Stäben oder Drähten, die mit den festen Böden verschraubt werden.

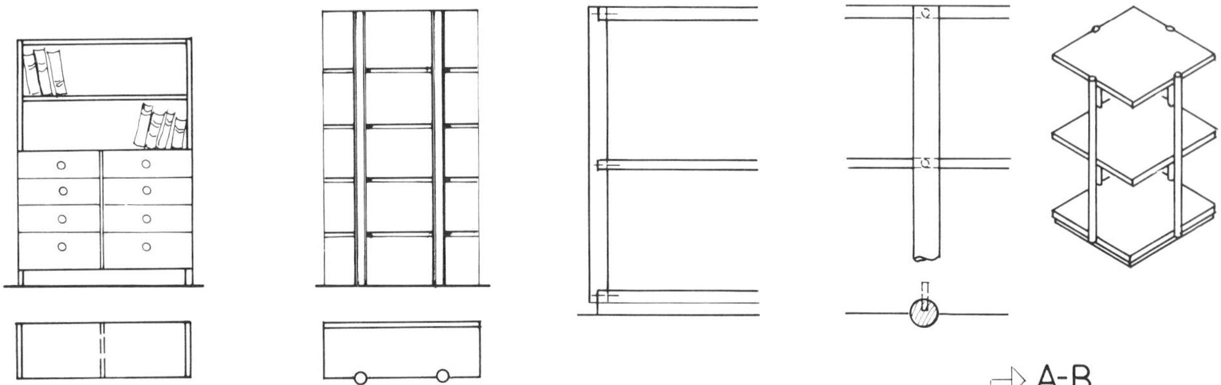

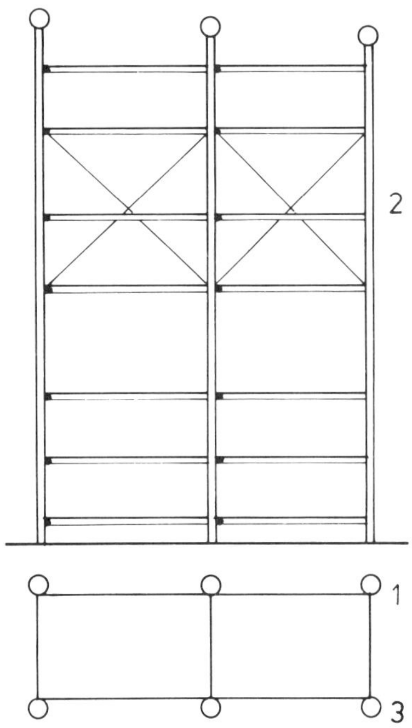

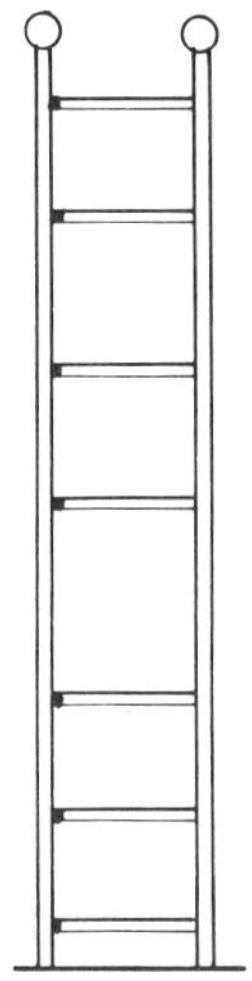

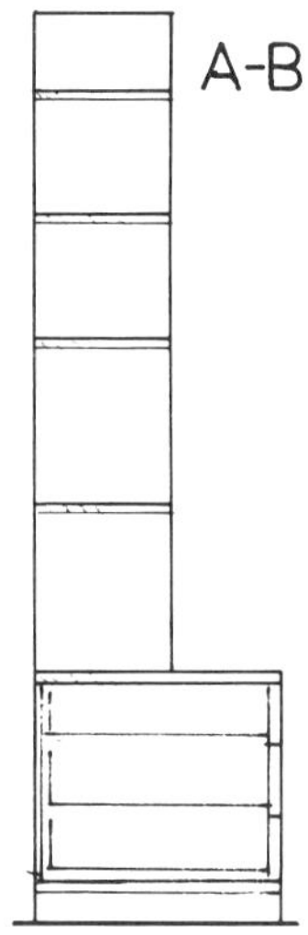

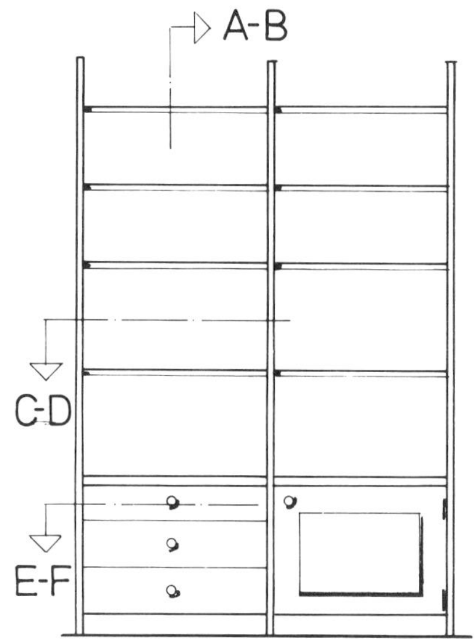

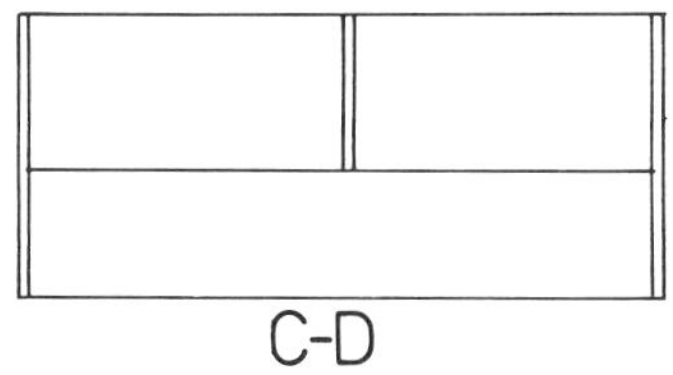

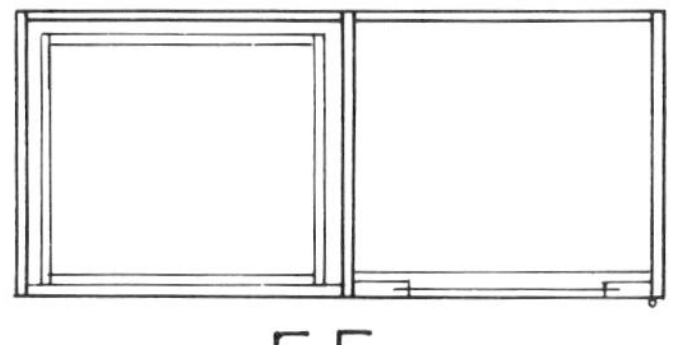

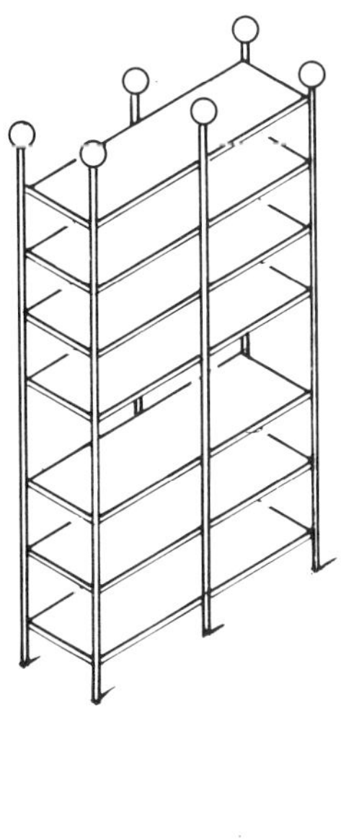

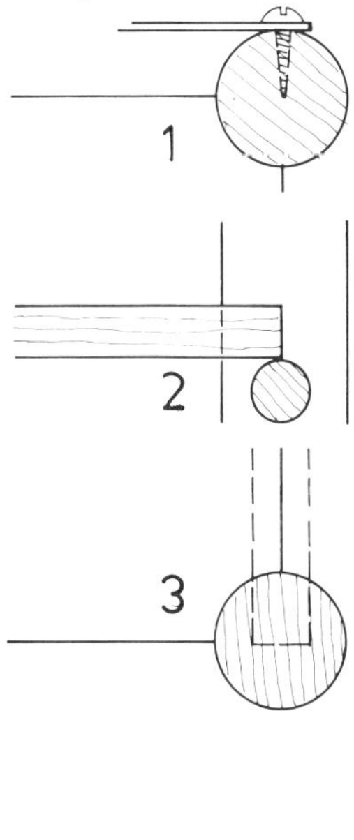

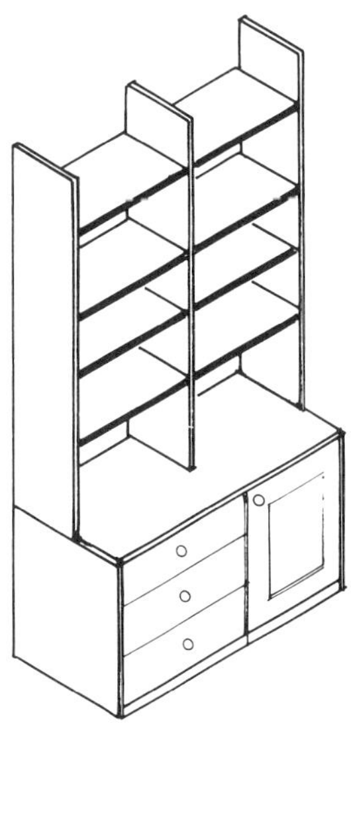

Regale in Kombination mit Unterschränken sind eine praktische Lösung, auch wegen ihrer Standfestigkeit. Zudem bietet der Unterschrank eine große Ablagefläche und kann sogar als Sitzgelegenheit dienen. Die Regalseiten werden entweder auf den Unterschrank aufgesetzt, oder sie werden als durchgehende Korpusseiten verleimt.

Die Seiten von Regalen werden transparent gestaltet, indem man sie durch Stäbe ersetzt. Die Stäbe werden in den Ober- und Unterboden eingebohrt und durch die Zwischenböden durchgesteckt oder außen vorbeigeführt. Die rechteckigen oder quadratischen Regale lassen sich je nach Bedarf und Geschmack auch von den Seiten oder sogar allseitig beschicken.

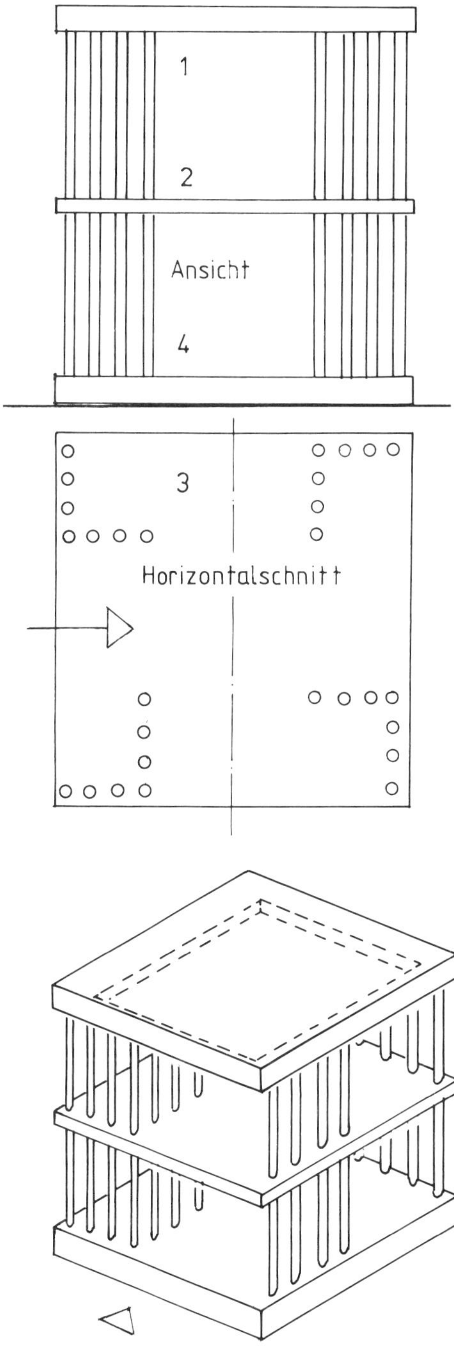

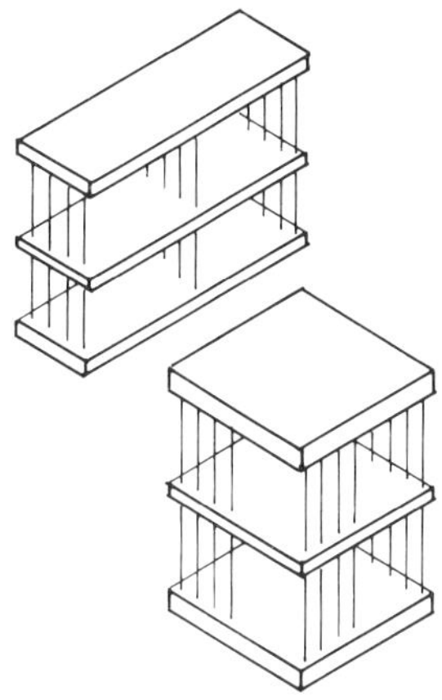

Anstelle runder Stäbe lassen sich auch Leisten einsetzen. Sie können jedoch nicht so einfach eingepaßt werden wie Rundstäbe. Die Platten werden mit aufgedoppelten Leistenrahmen gerade gehalten oder in umlaufende Leisten eingenutet.

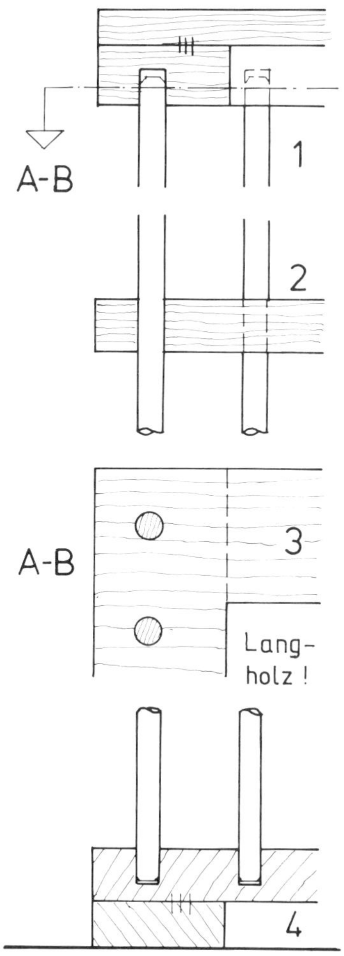

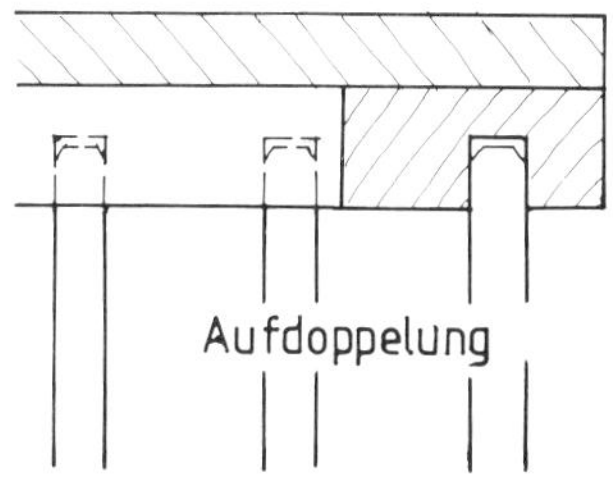

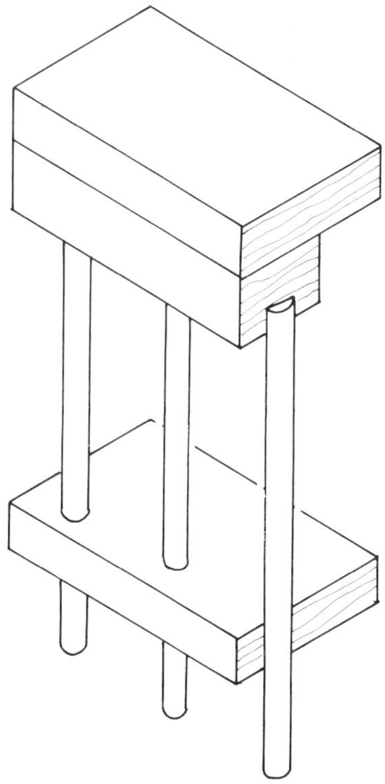

Mit Profilleisten lassen sich bei fast allen Möbeln gestalterische Akzente setzen. Dieses Mittel muß jedoch sparsam verwendet werden. Profilleisten werden meist als Abschluß von Flächen und Körpern an Ecken und Kanten angebracht. Ausnahmen haben jedoch ihren Reiz, wie das schmale Regal in der Mitte der oberen Reihe zeigt. Profilleisten werden meist mit der Schauseite nach außen angebracht. Interessant kann es sein, sie einmal nach innen zu wenden (Beispiel in der Seitenmitte). Wenn die Leisten unterhalb der Augenhöhe angebracht werden, z. B. an Tischen und niedrigen Kommoden, kommen die unterschiedlichen Holzstrukturen von Leisten und Platten besonders zur Geltung.

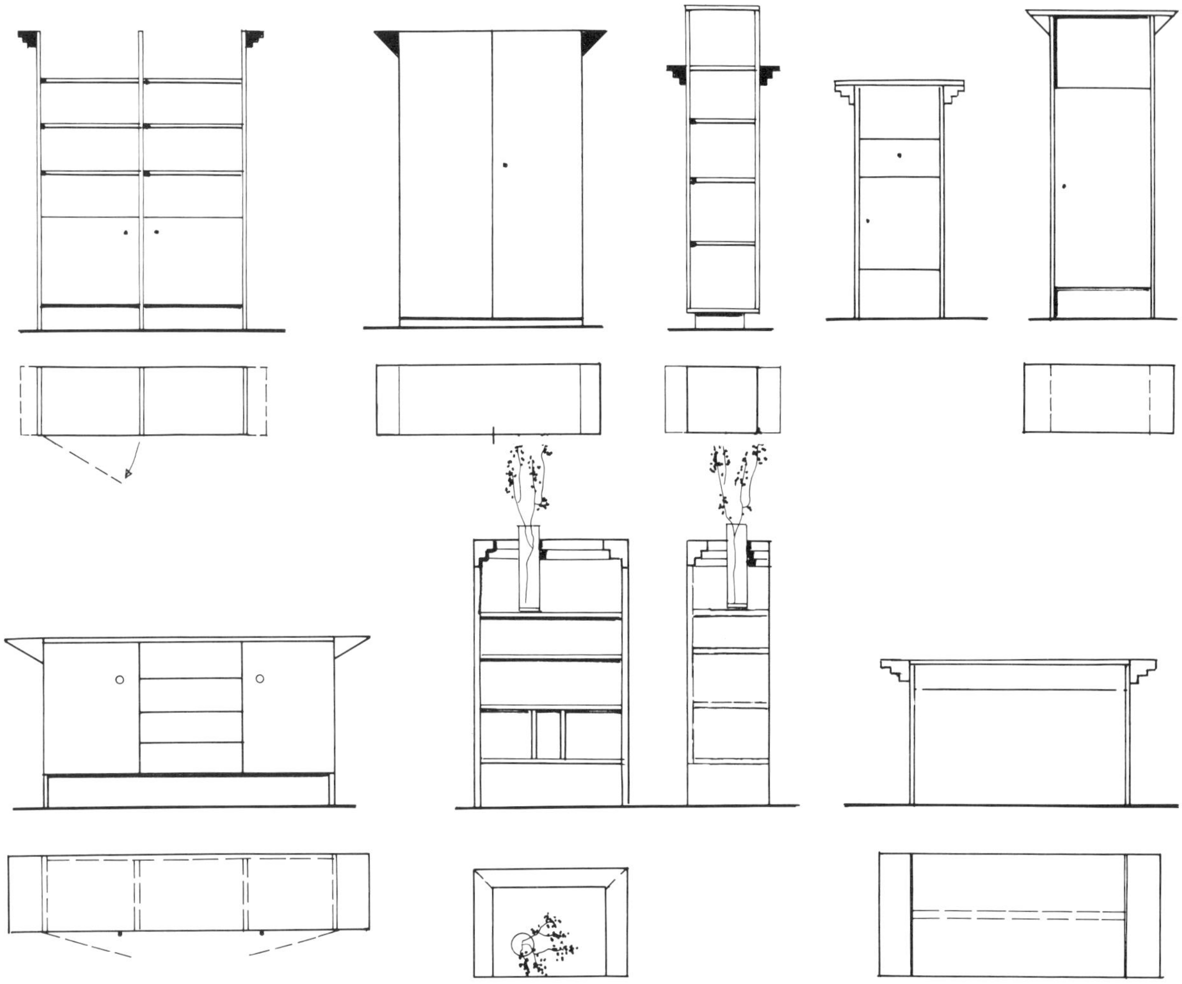

Mittelzarge – Queraussteifung

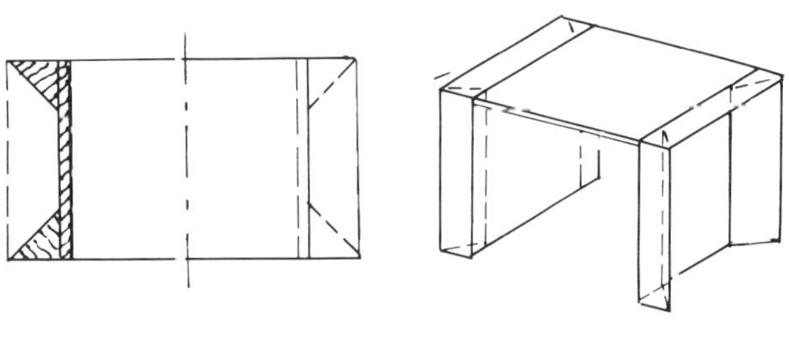

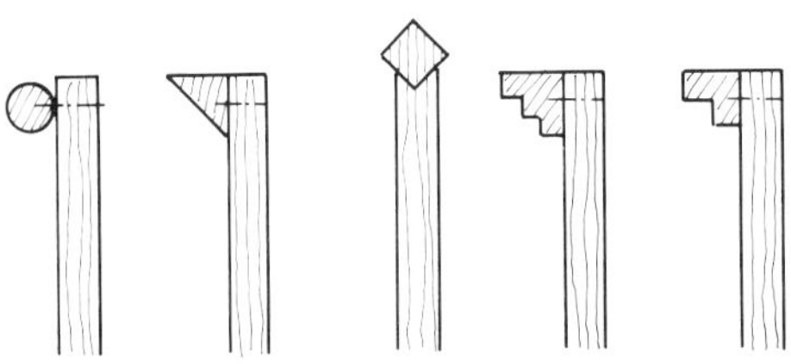

Profilvarianten

Profile sind in vielen Ausführungen im Handel erhältlich. Hier sind einige wiedergegeben, die man auch leicht selbst herstellen kann.

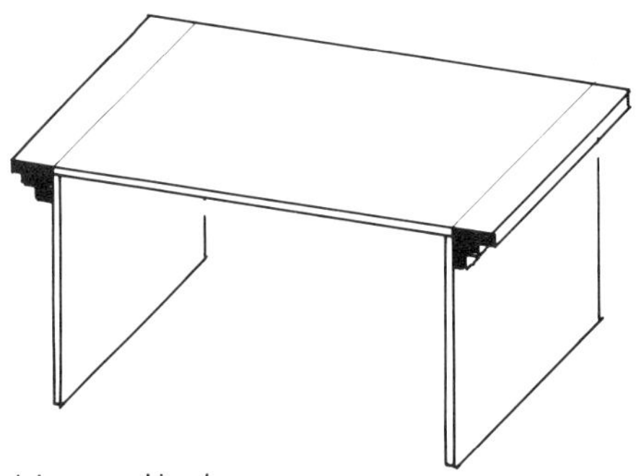

Wangentisch

Der Zusammenschluß von Profilleisten, die im Winkel von 90° aufeinandertreffen – die Gehrung –, ist für jeden Tischler Beweis seines handwerklichen Könnens. Heute ist es jedoch häufig ein Anliegen der Gestaltung, den Profilquerschnitt zu zeigen und nicht durch perfekte Gehrungen zu verdecken. Dem Freizeit-Tischler bleibt somit viel Mühe erspart.

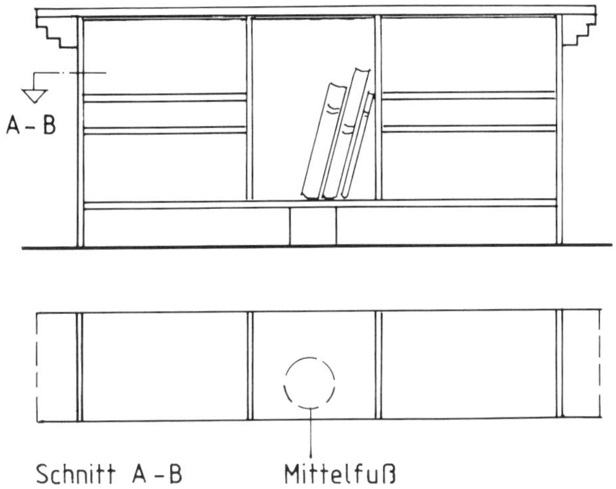

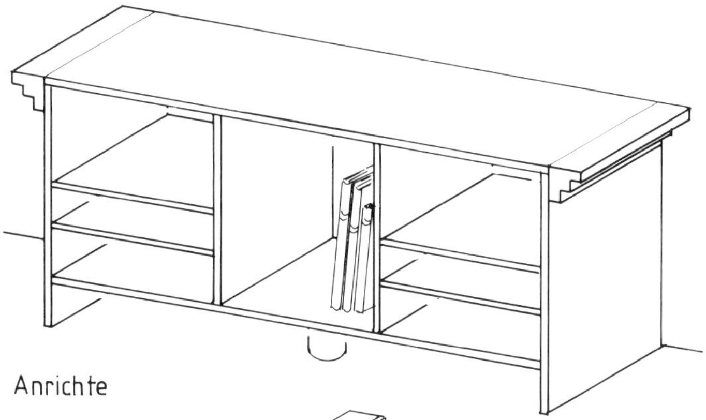

Anrichte

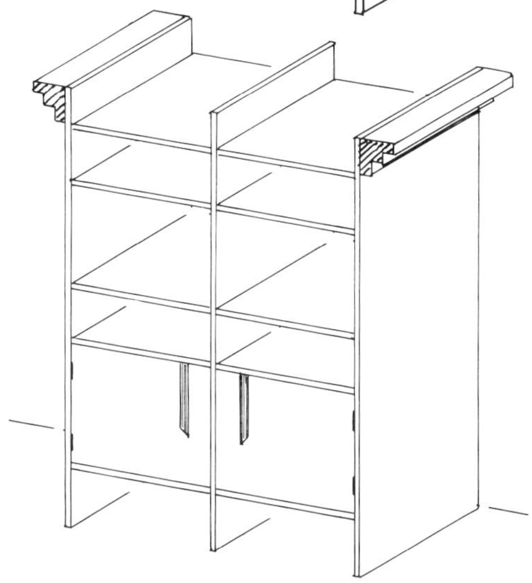

Regal mit Türen

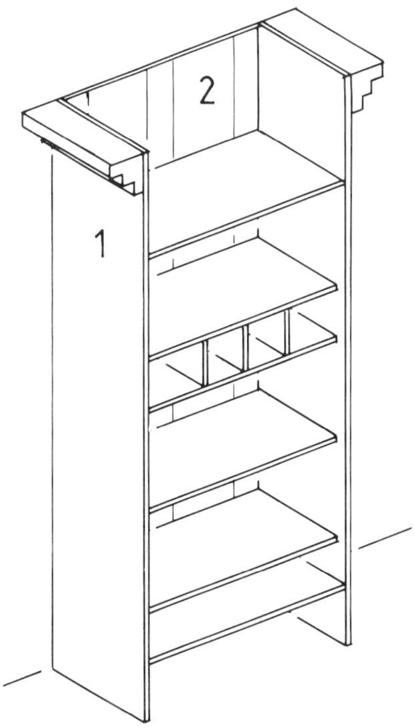

Stumpf endende Profilabschnitte treten vertikal wie horizontal gestalterisch wirksam in Erscheinung. Problematisch ist es, Profilleisten rechtwinklig zur Faser anzubringen, da das Holz nicht am Arbeiten (Quellen und Schwinden) gehindert werden darf. Die einzige konstruktive Lösung besteht darin, die Profile nur an einem Ende zu fixieren und das andere, wie bei Schraubleisten, mit einem Langlochschlitz zu versehen.

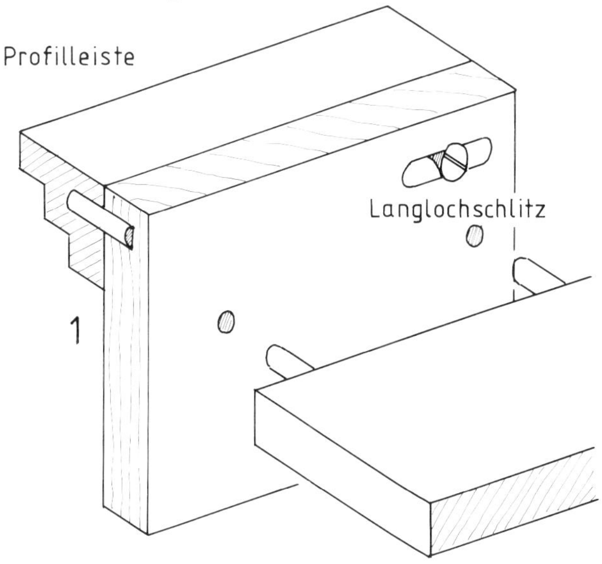

Kranzprofil

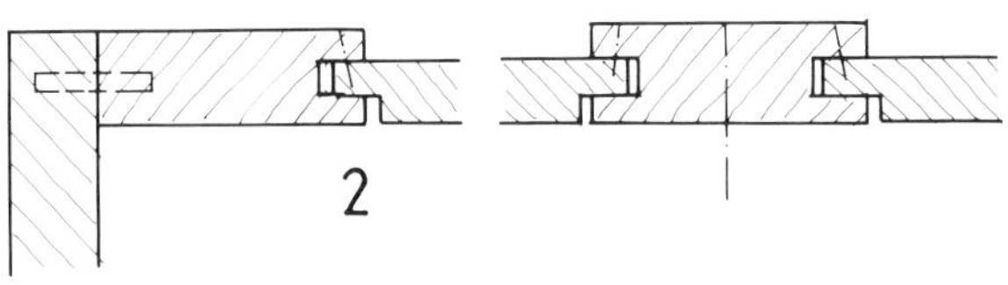

Rückwand-Detail

Stereoanlagen werden heute meist nach dem Baukastenprinzip übereinander aufgestellt. Der Plattenspieler muß von oben zugänglich sein, für den Deckel ist hinten Abstand zu halten. Schallplatten werden aufrecht stehend aufbewahrt. Das Plattenfach unten ist durch Rundstäbe unterteilt. Die Rückwand dient der Aussteifung des Regals, ebenso die Zarge vor dem Boden für den Plattenspieler.

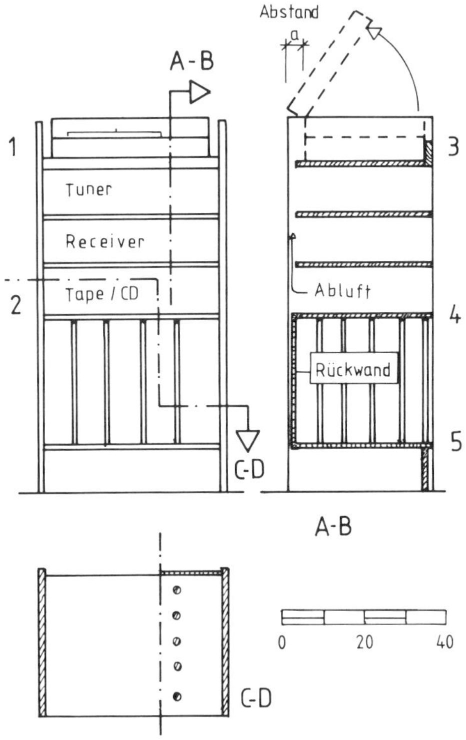

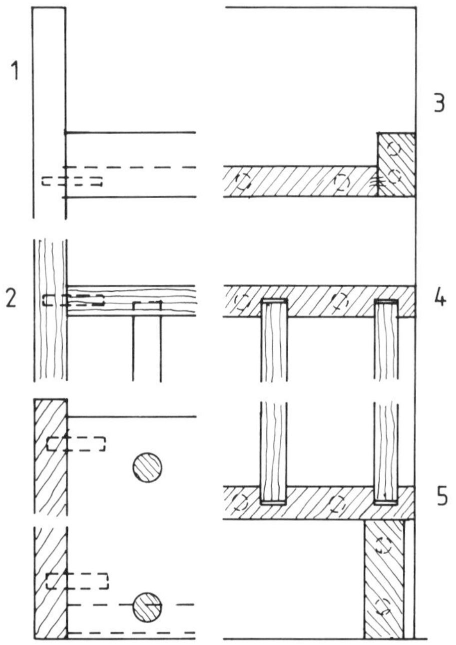

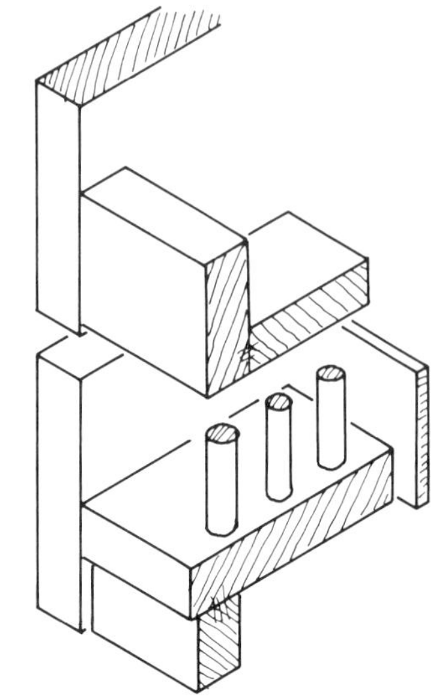

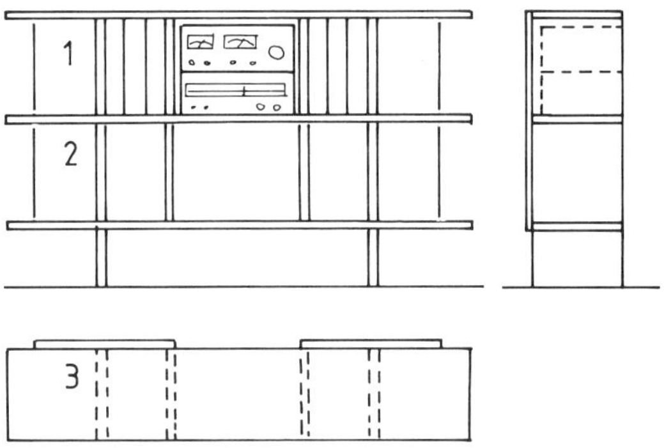

Symmetrie in der Gliederung bewirkt Ruhe. Dies kann bedeutsam sein, wenn etwa sehr unterschiedlich gestaltete Geräte untergebracht werden sollen. Asymmetrisch gestaltete Regalfronten wirken dagegen lebendiger, doch sollte man mit solchen Mitteln sparsam umgehen. Meist genügen schon kleine Varianten in der Komposition, um eine interessante Wirkung zu erzielen.

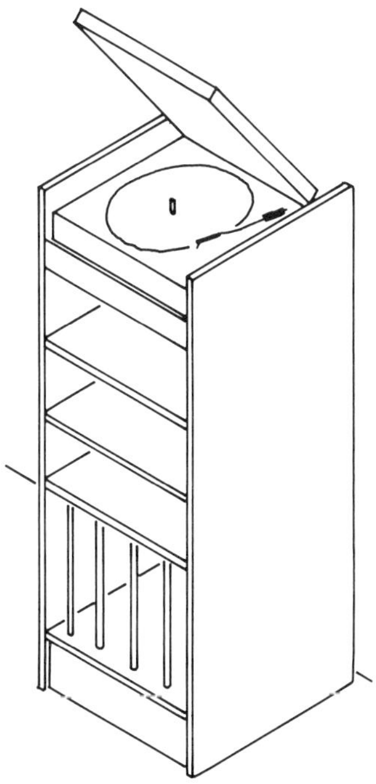

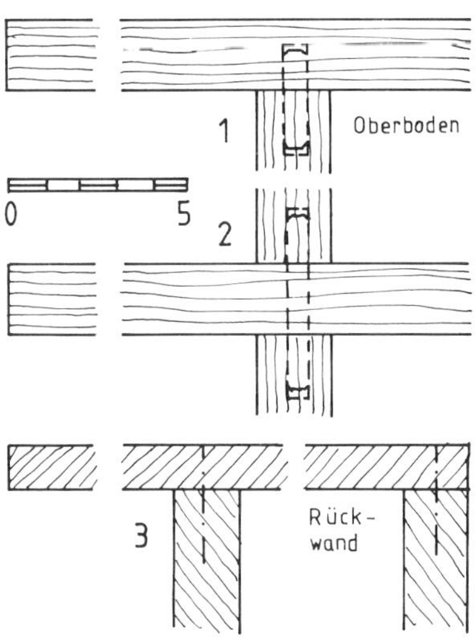

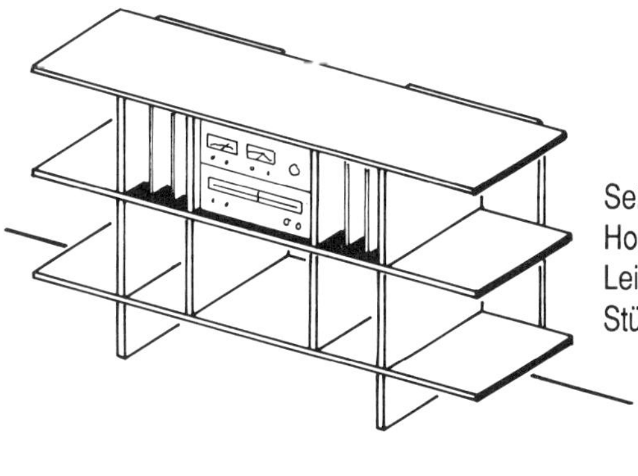

Seitlich offene Regalfronten betonen die Horizontale und vermitteln den Eindruck von Leichtigkeit. Sie bieten allerdings keine Stütze für Bücher oder Schallplatten.

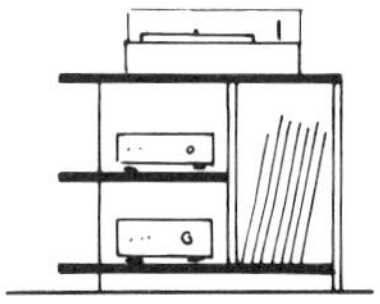

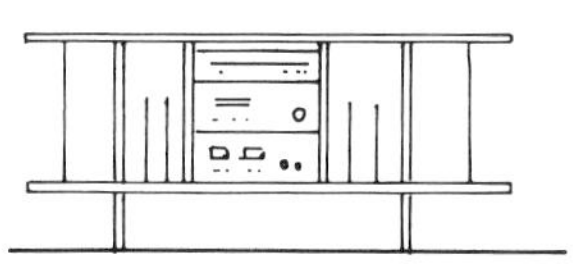

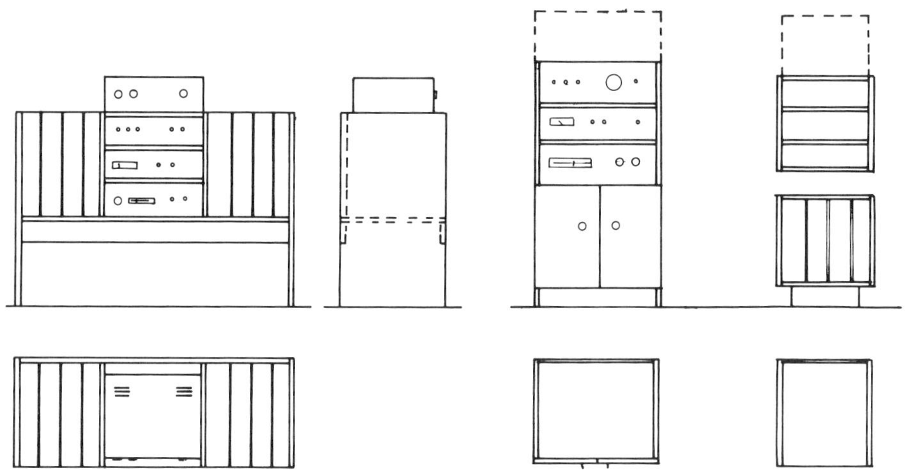

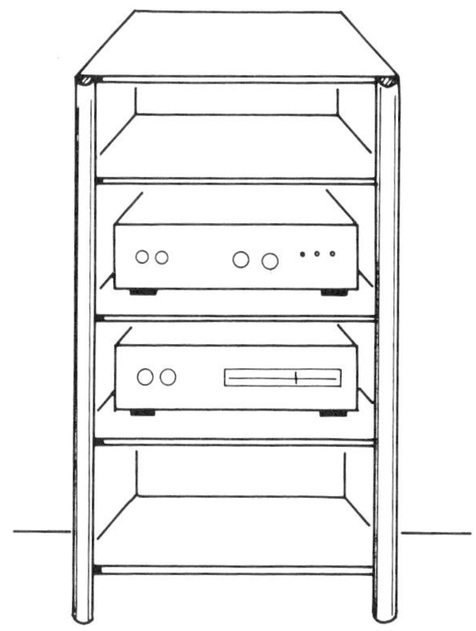

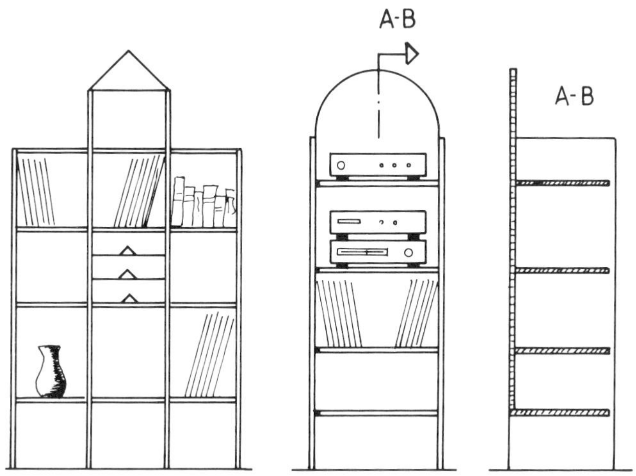

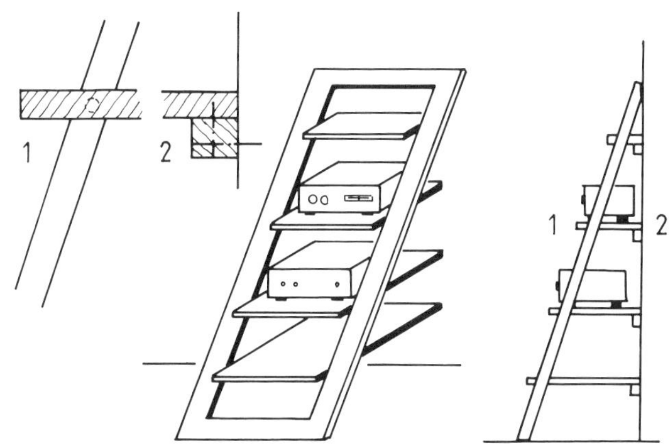

Frei auskragende Böden müssen besonders gut befestigt werden. Geneigte Rahmen oder Flächen sind gut zu unterstützen. Dieser schräg stehende Regalrahmen ist mit den Regalböden verdübelt und wird an der Wand festgehakt. Die Böden sind an Wandleisten festgeschraubt. Die Staffelung von Regalböden ist eine interessante Möglichkeit, einmal von der gewohnten Gestaltung abzuweichen.

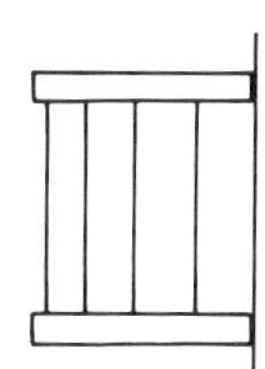

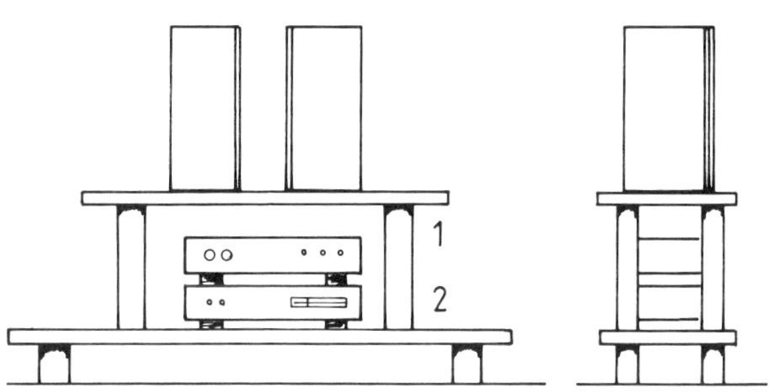

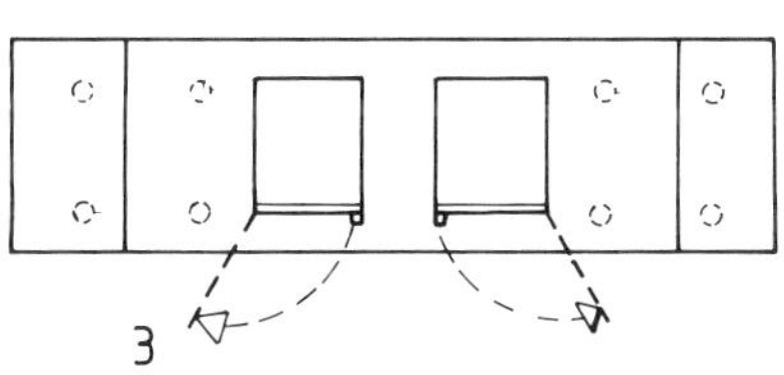

Ausarbeitung vom Vierkant- zum Rundholz

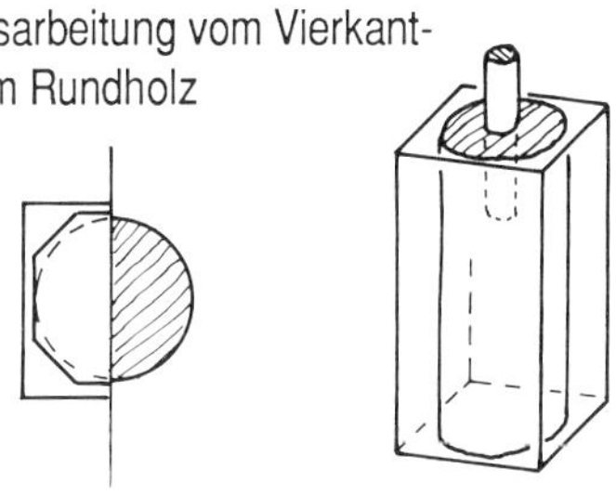

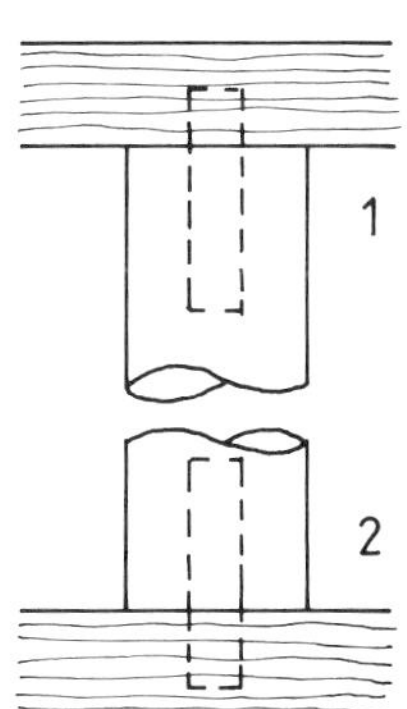

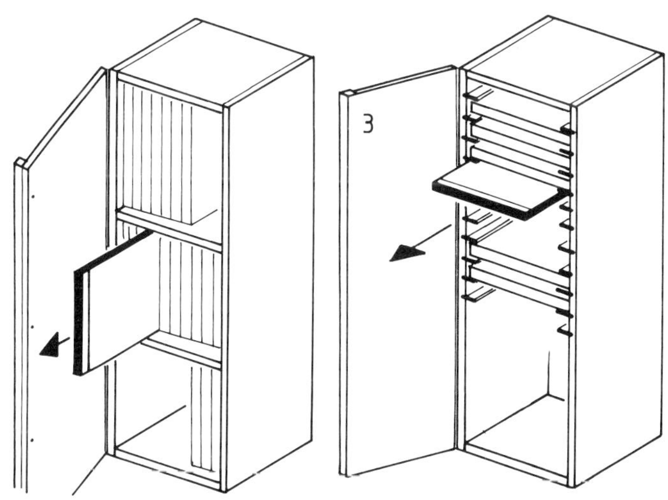

Brettkonstruktionen sind wirtschaftlich, als Regalseiten erscheinen sie aber oft langweilig. Um sie zu beleben, sind die Seitenteile dieses Regals mit treppenförmigen Aufdicktungen versehen. Dieses Motiv eignet sich auch für andere Möbel, die sich mit dem Regal kombinieren lassen.

Eine Lisene verstärkt die Regalseite stückweise, eine zweite verdeckt die seitliche Aufdicktung. Am Boden ist die Lisene abgesetzt und seitlich ausgeschnitten.

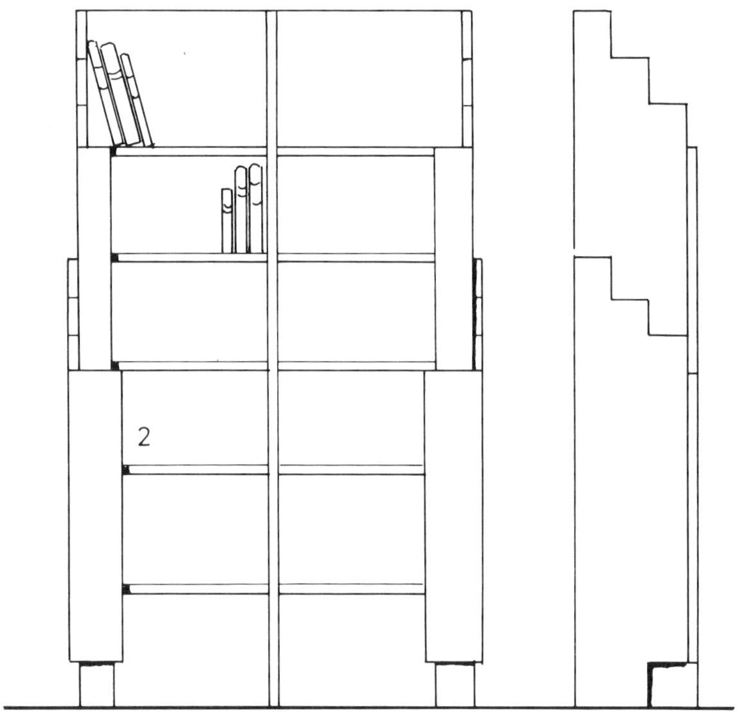

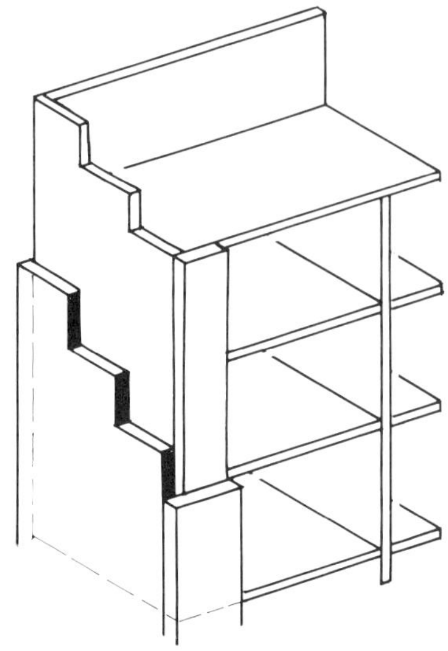

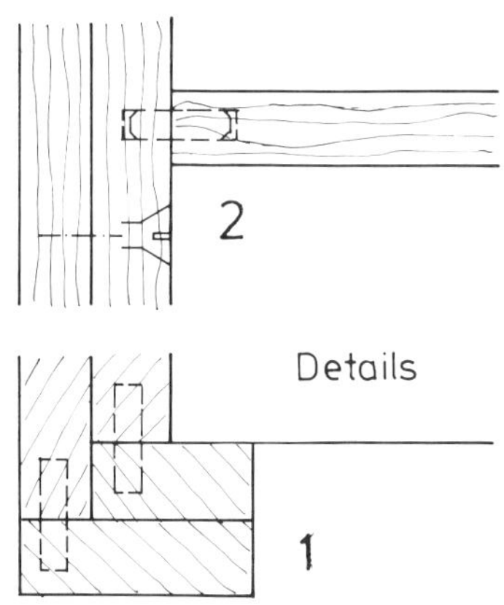

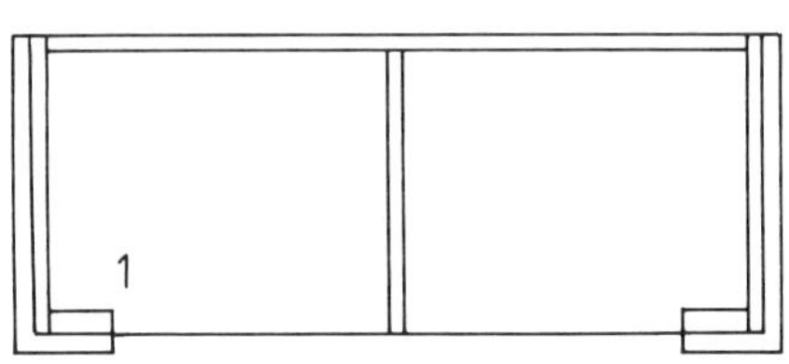

Das Treppenmotiv der Regalseiten kehrt unten bei Würfel und Tisch wieder. Beim Tisch wird es erreicht durch versetzte Brettstücke an den Seiten. Die Aussteifung erfolgt verdeckt in der Mittelachse des Tisches durch eine zwischengedübelte Zarge.

Der Würfel hat aufgedicktete oder abgesetzte Seiten. Geöffnet wird er entweder von oben mit Deckel wie eine Truhe oder von vorn mit einer Tür. Die Tür- oder Deckelfläche wird von innen durch Schraubleisten gerade gehalten.

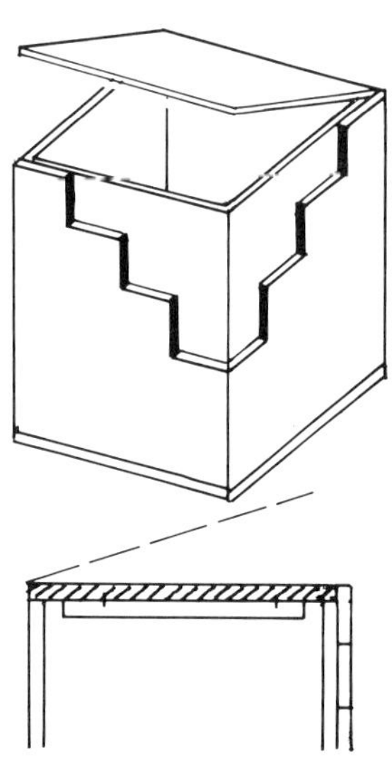

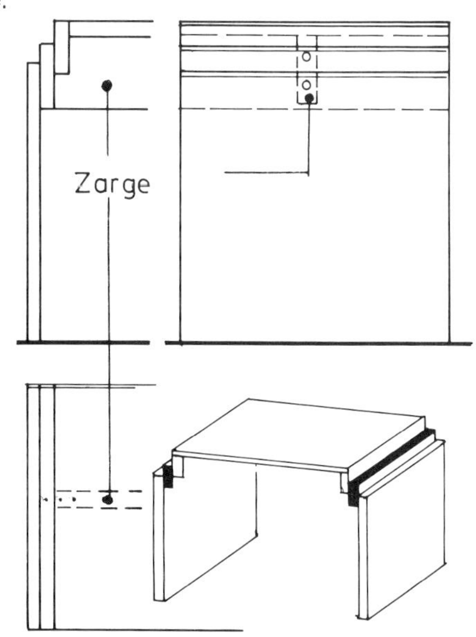

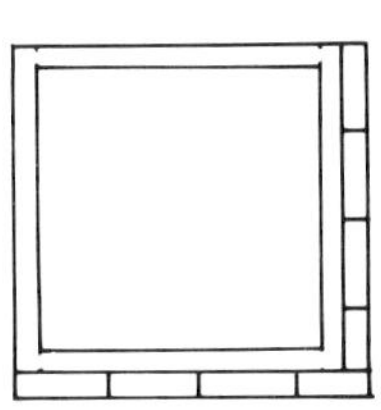

Schrankregal im Verbund mit Körpern. Die einzelnen Elemente werden vorgefertigt. Bei der Montage werden sie mit der gemeinsamen Rückwand verbunden und untereinander von innen verdeckt verschraubt. Alle Verbindungen sind gedübelt. Die Türen werden mit Schraubleisten gerade gehalten und schlagen vor. Die Seiten der Kastenelemente werden dadurch verdeckt. Zum Öffnen dienen entweder Knöpfe, oder die Türen erhalten oben oder seitlich ausgenutete Griffpartien.

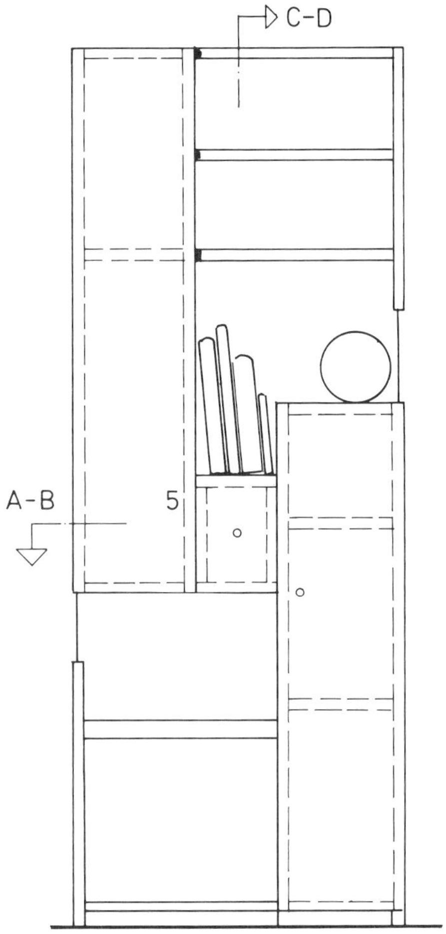

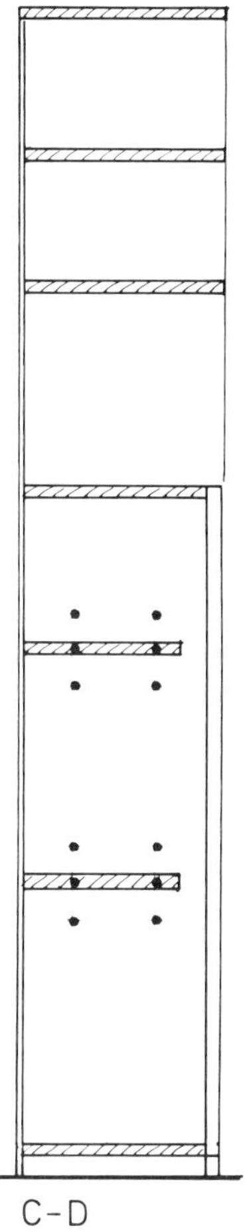

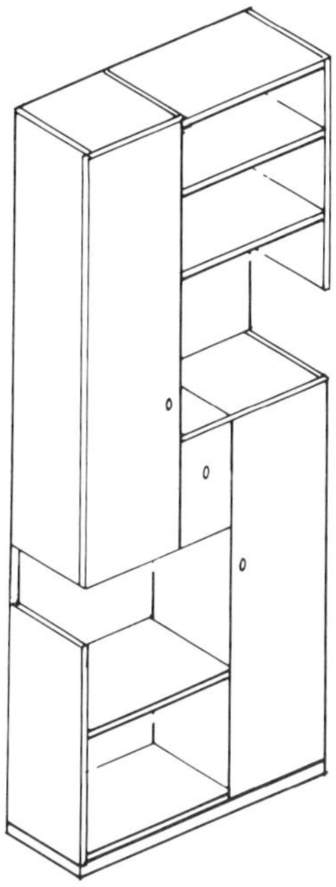

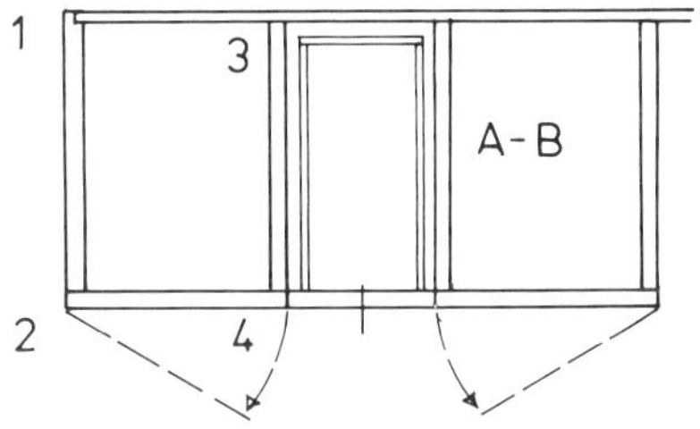

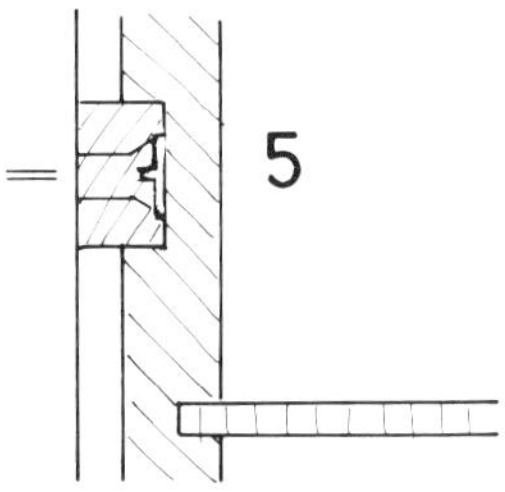

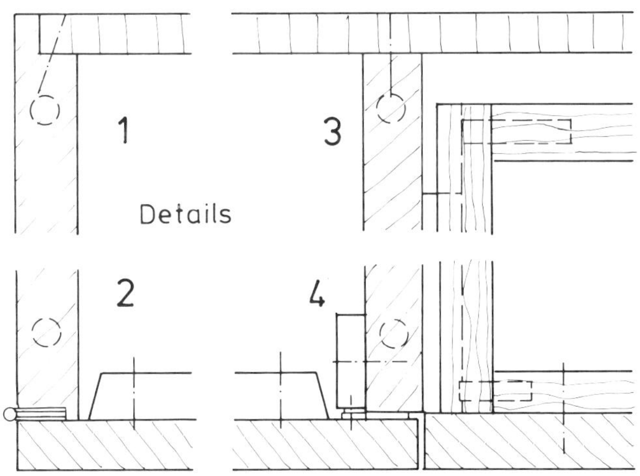

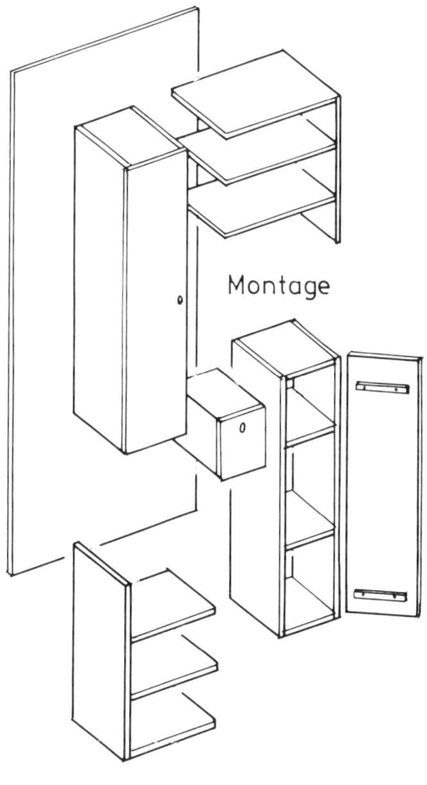

Hängeschränkchen gehören zu den Möbeln, für die sich auch in komplett ausgestatteten Wohnungen immer noch ein Platz findet. Fast jeder Freizeit-Tischler wird sich wohl daran versuchen. Quadratische Formen sind neutral und wirken ruhig. Um so stärker kann man sich auf die Gestaltung der Fronten konzentrieren, wofür hier verschiedene Beispiele wiedergegeben sind. Die Schränkchen müssen nicht in einem Stück gearbeitet sein. Wenn sie aus unterschiedlichen Elementen bestehen, lassen sich diese auch separat anfertigen und dann zusammenbauen. Führt man die Seiten- oder Mittelwände eines Schränkchens über das obere Abschlußbrett hinaus, kann man sie als Bücherstützen nutzen.

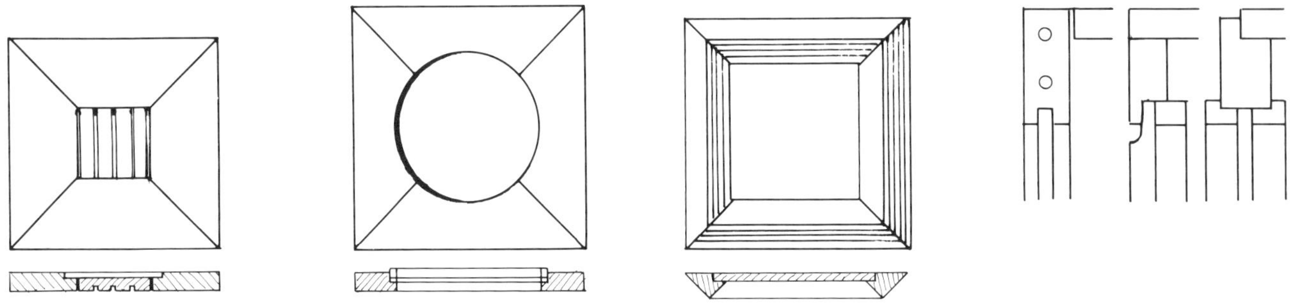

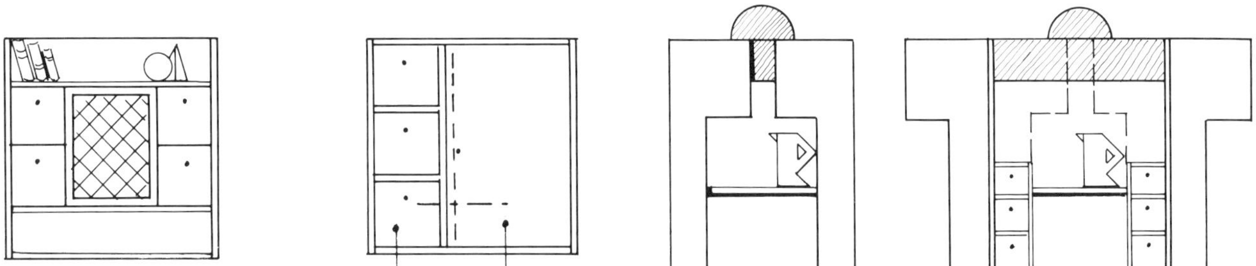

Die Kombination von Schubladen mit einer Tür dient im nebenstehenden Beispiel dazu, das Schränkchen insgesamt zu verschließen.

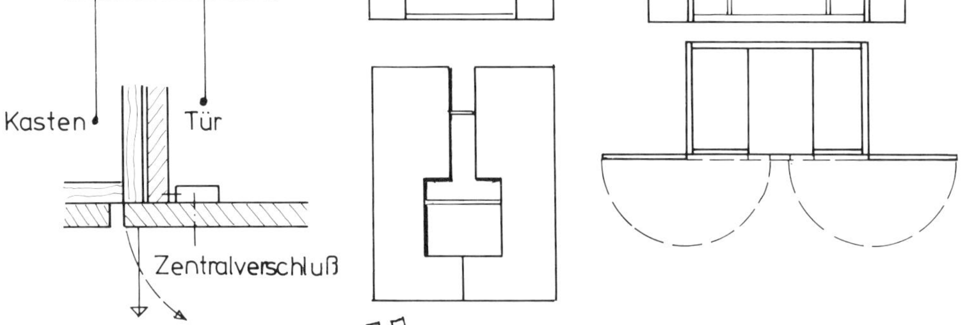

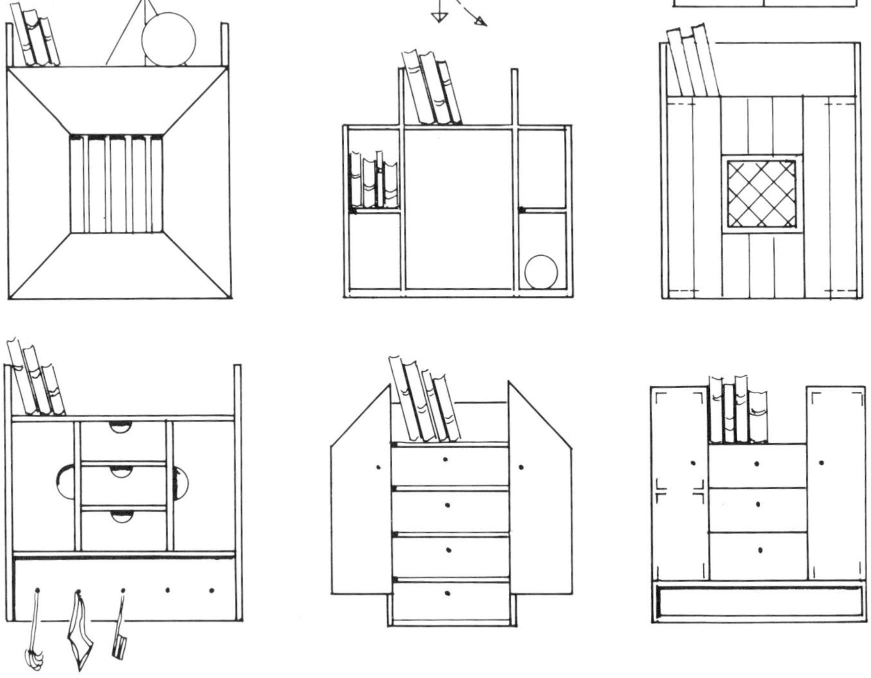

Kleine Schränke haben meist einflügelige Türen. Aber auch Doppeltüren sind möglich. Sie schlagen vor oder zwischen die Seitenwände, so daß im allgemeinen die gesamte Front abgeschlossen ist. Sehr interessant kann es wirken, wenn die Türen Teile der Vorderfront aussparen.

Die Türrahmen werden gedübelt, geschlitzt oder auf Gehrung gearbeitet. Sie sind schmal oder breit, flach oder profiliert. Die Füllungen, z. B. Holz, Glas oder Kunststoff, sind meist glatt, können aber auch betonte Fugen aufweisen. Sie stecken in Nuten, liegen im Falz des Rahmens oder werden von Profilstäben gehalten. Die Ränder der Füllungen verlaufen meist parallel zu den Körperkanten.

Die Fronten der Schränkchen lassen sich durch Türen ebenso wie durch offene Fächer und Kästen gliedern. Symmetrische wie asymmetrische Lösungen sind dabei möglich. Gleicher Wert wie auf die Gestaltung der Fronten sollte auf die Innenausstattung mit Fachböden und Kästchen gelegt werden, damit das Schränkchen auch bei geöffneter Tür ein attraktives Erscheinungsbild abgibt.

Die Rahmen und Kästchen sind gedübelt, die Rückwand wird eingesteckt. Die Tür ist mit zwei Bändern angeschlagen und wird von einem eingebohrten Magnetschnäpper an der Oberkante zugehalten.

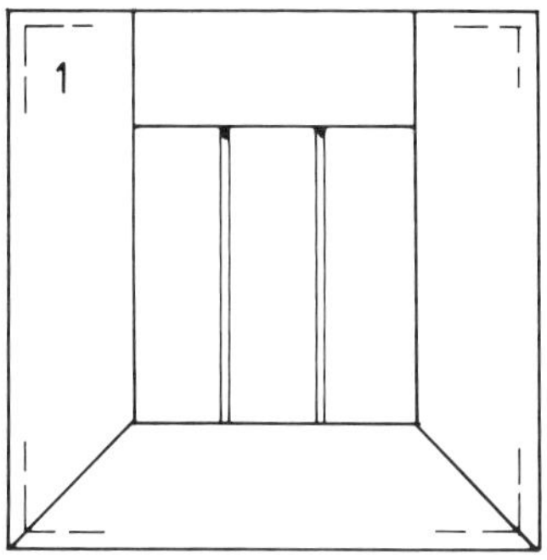

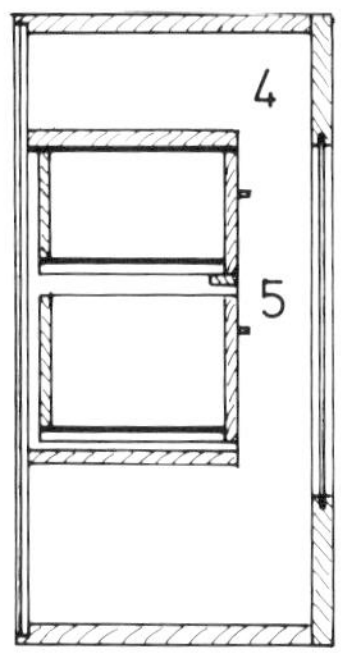

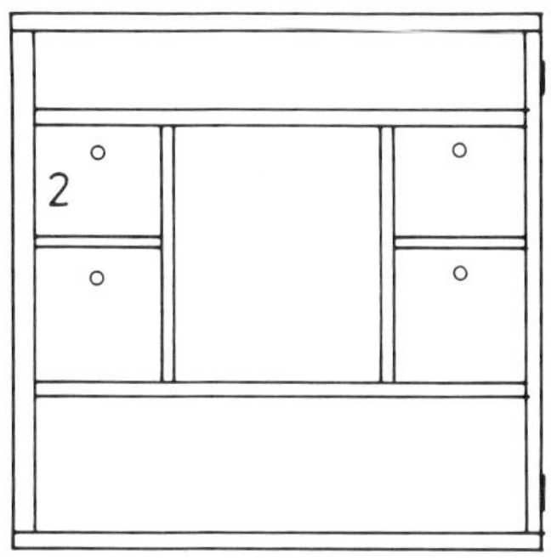

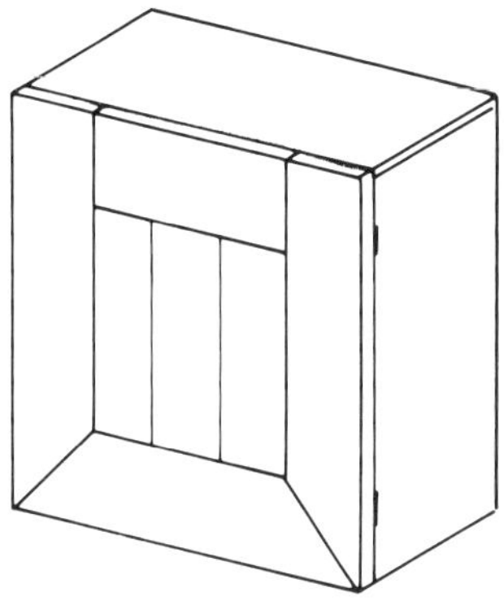

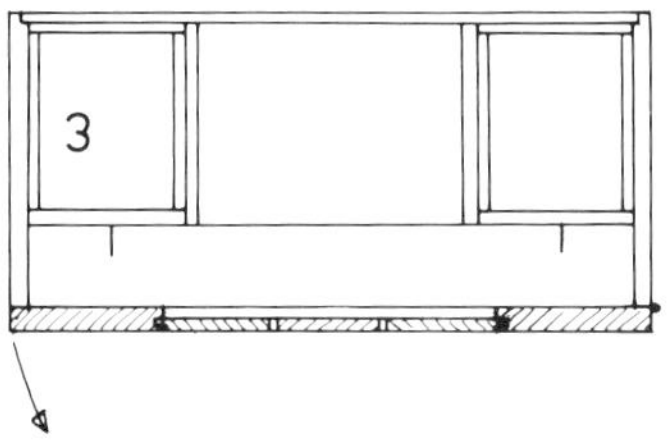

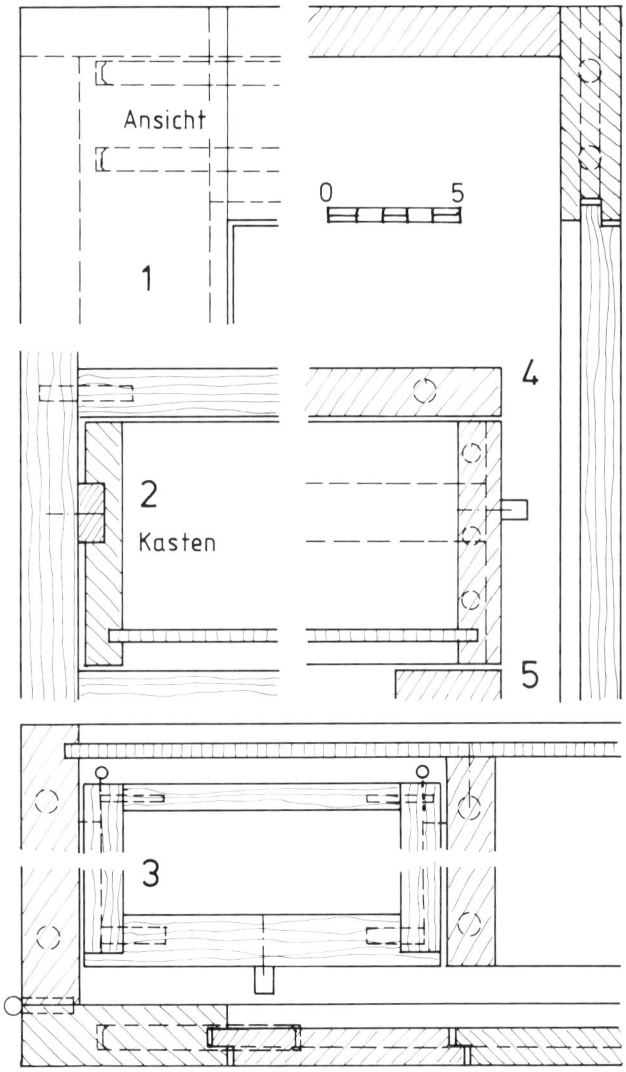

Die Rahmentüren müssen nicht immer klassisch ausgebildet sein. Bei diesem Schränkchen ist der Wechsel zwischen stumpfen Fugen und Gehrungen gestalterisch genutzt worden. Die Füllung ist nicht glatt, sondern hat betonte Brettfugen.

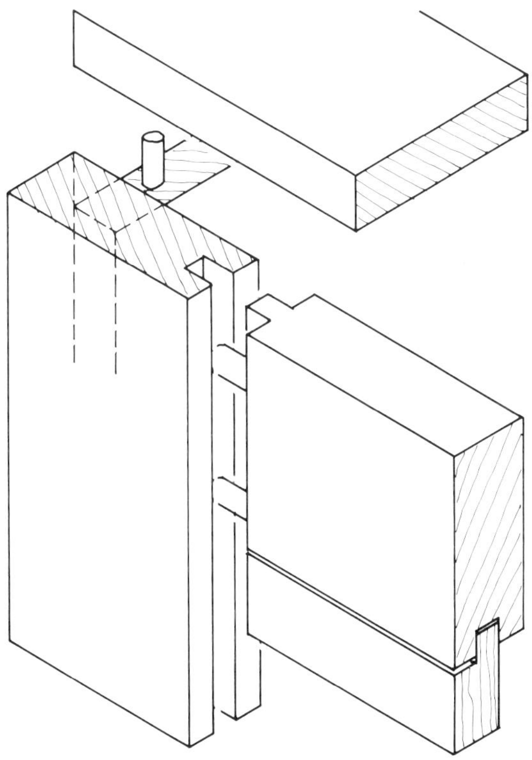

Rechteckige Hängeschränke, ob vertikal oder horizontal, haben schon aufgrund ihrer Proportionen erhebliche Spannung. Die überschlanken Schränkchen links sind vor allem im Kopfbereich ungewöhnlich gestaltet. Die breiteren daneben wirken behäbiger, sind aber nutzungsfreundlicher. Auch sie bieten viele Möglichkeiten der Gestaltung. Schrankkörper und Böden sind verdübelt, die Rückwände werden im Falz verschraubt.

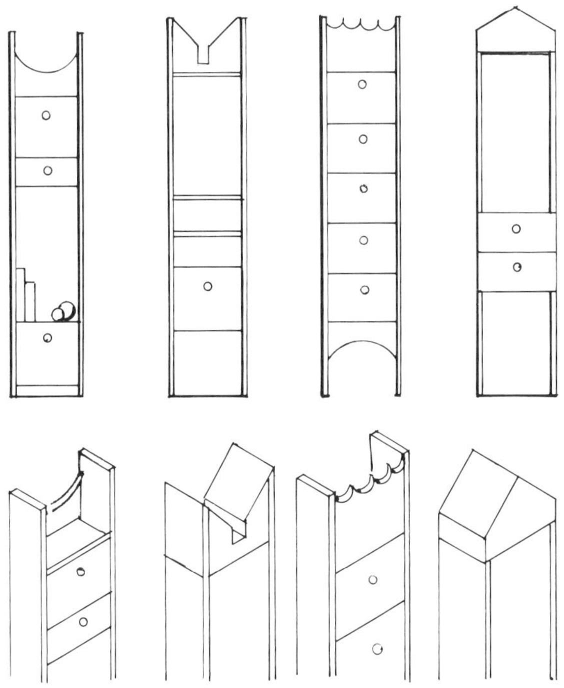

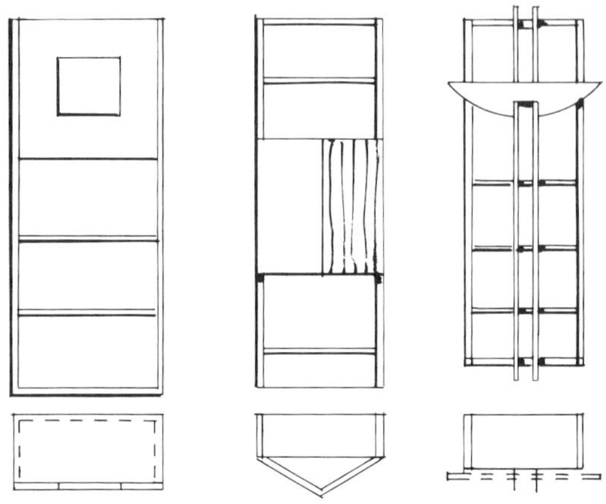

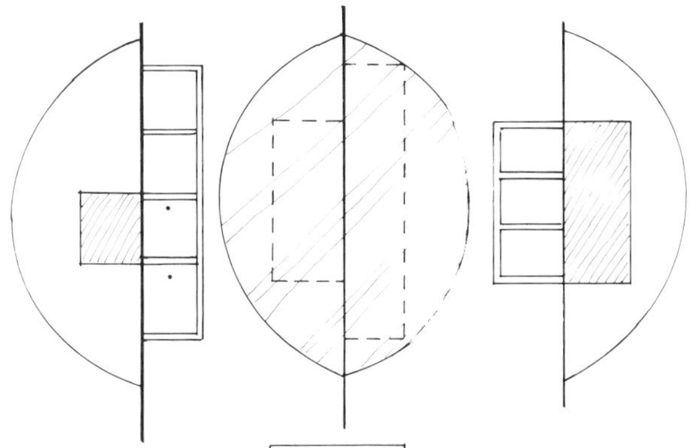

Horizontale Hängeschränke, bei denen die Mitte oder die Seitenteile betont sind. Die Fronten sind gegliedert durch Türen, offene Fächer und Schubkästen. Einige Schränkchen haben ausgeprägt gestaltete Rückwände.

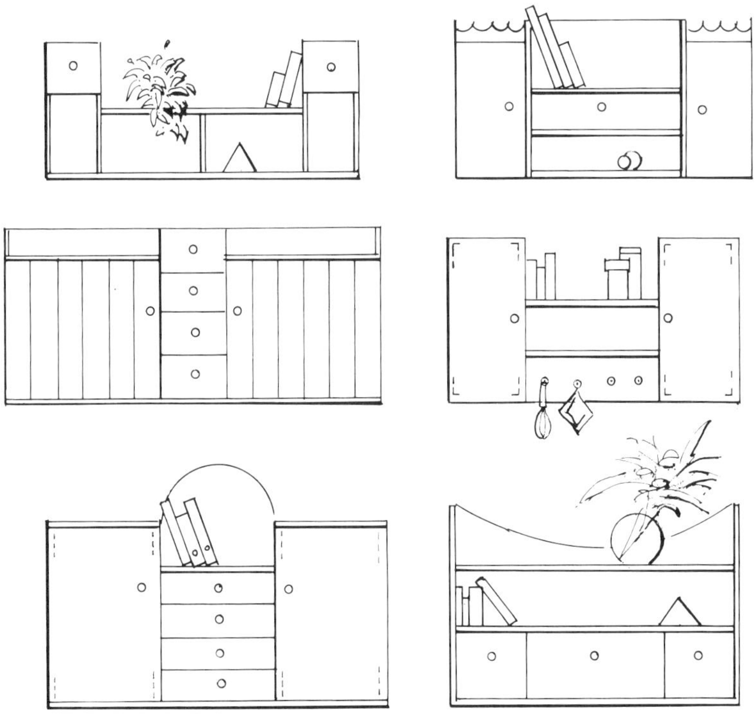

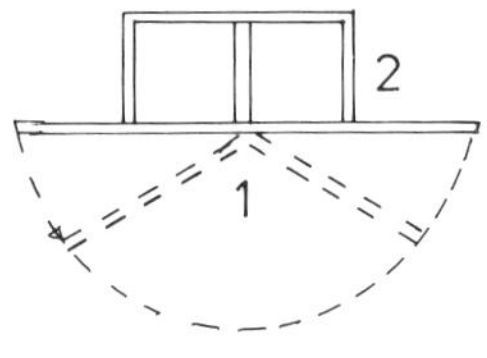

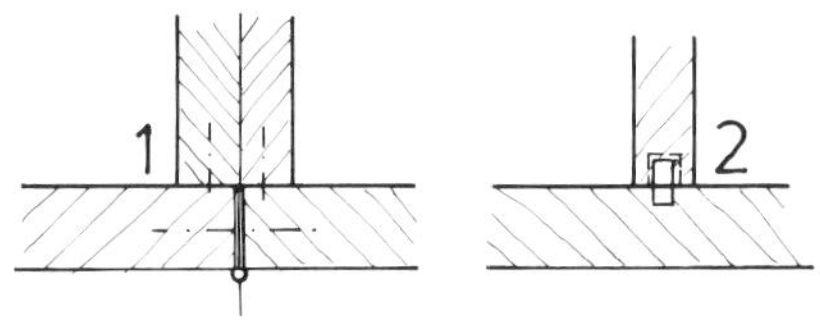

Dreilappenband Magnetschnäpper

Eine aus dem Rahmen fallende Lösung ist dieses Hängeschränkchen mit einem ovalen Türenpaar. Die Türen sind mit Dreilappenbändern in der Mittelachse zweier unterschiedlich großer Schrankteile so angeschlagen, daß sie wechselweise nach links oder rechts vor die jeweils andere Tür geklappt werden können. Als Gestaltung des Ovals werden für die Außenseiten Diagonalen vorgeschlagen, für die Innenseiten kontrastreiche Ergänzungen zu dem jeweils sichtbaren Schrankteil.

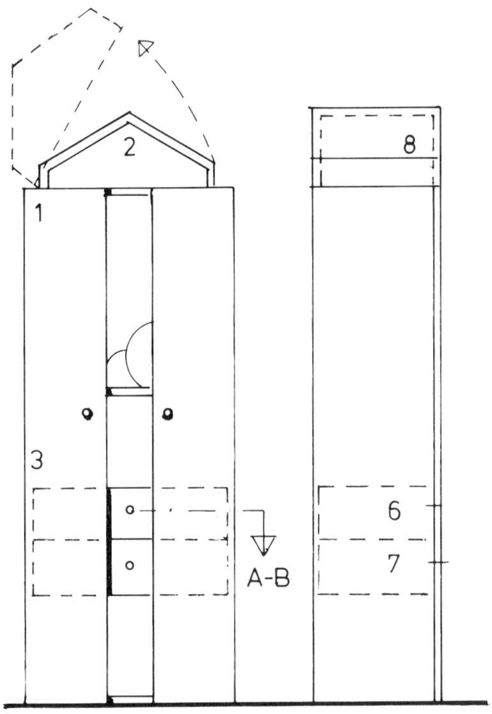

Dieser Hängeschrank mit dachartigem Aufbau und nicht völlig abschließenden Türen ist ein weiteres Beispiel für die vielfältigen Gestaltungsmöglichkeiten gerade bei Kleinmöbeln.

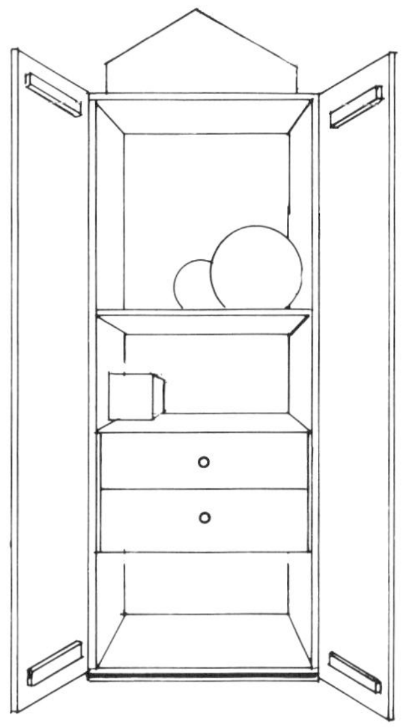

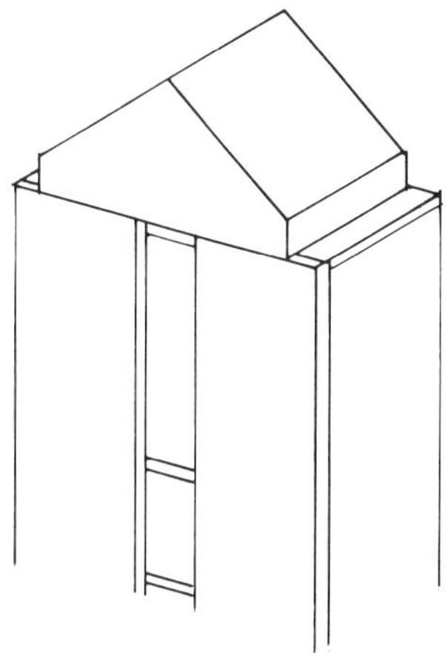

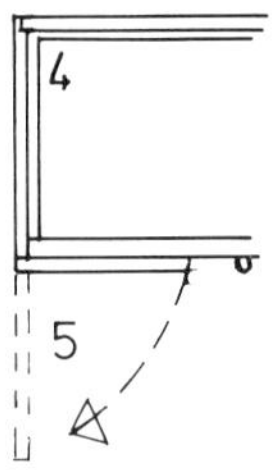

Schnitt A-B

Die offenen Türen machen neugierig auf das Innere des Schränkchens, der Aufbau kann als Geheimfach aufgeklappt werden.

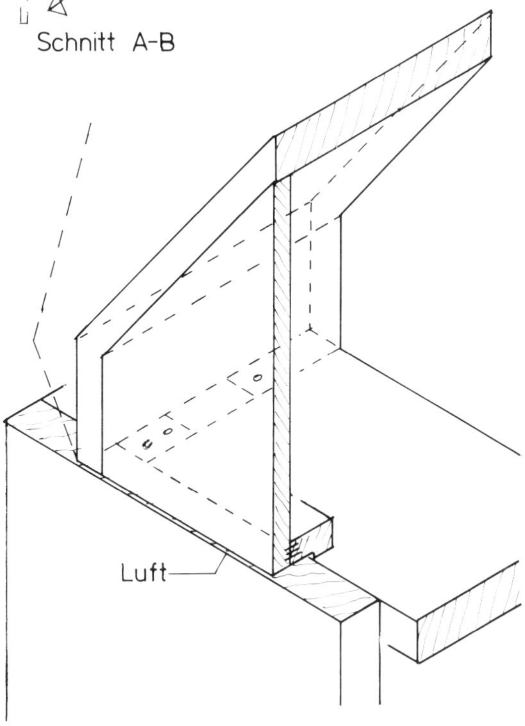

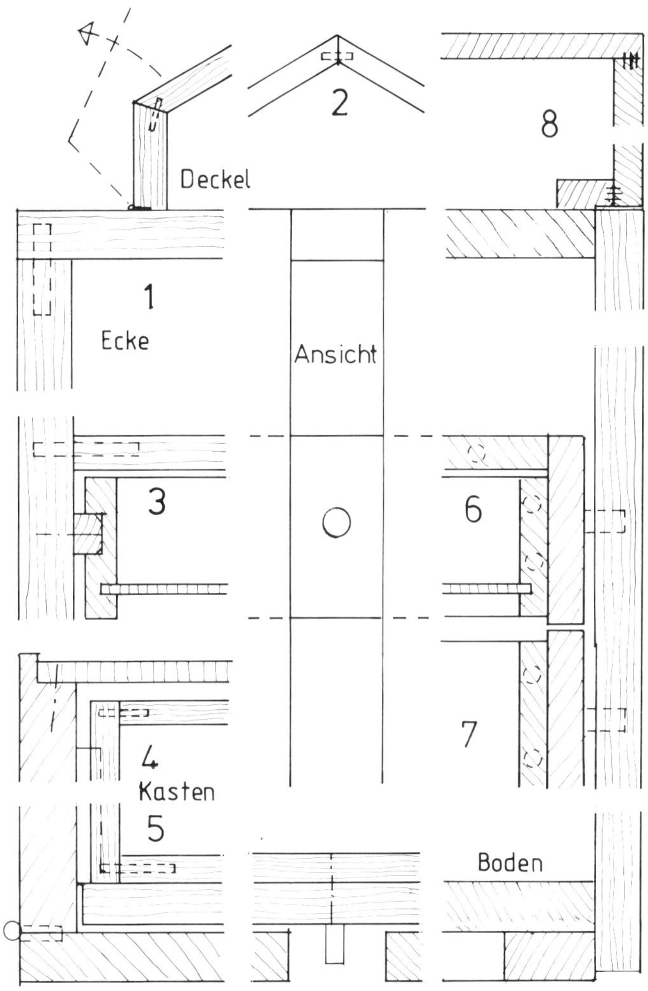

Aufsatzschränkchen mit großem Korpus auf leichtem Untergestell, ein gewollter Kontrast. In der abgewandelten Form rechts sind die seitlichen Rechtecke gegen Quadrate ausgetauscht.

Rechts unten eine weitere Variante mit Betonung der Horizontalen durch offene Fächer und breite Schubkästen.

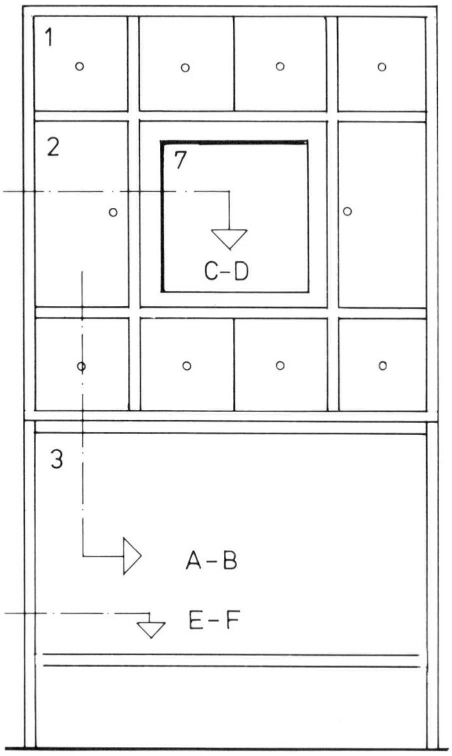

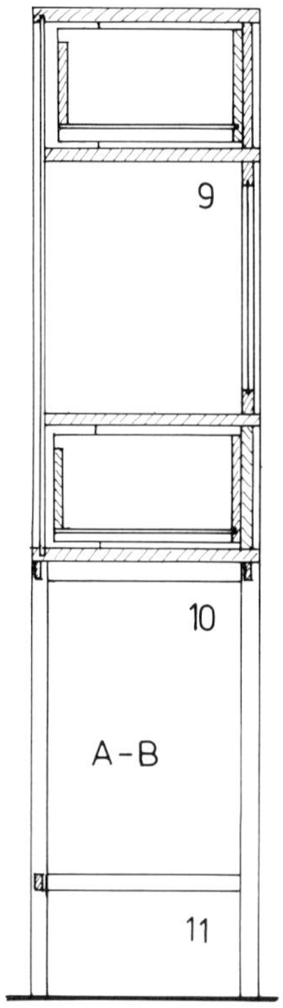

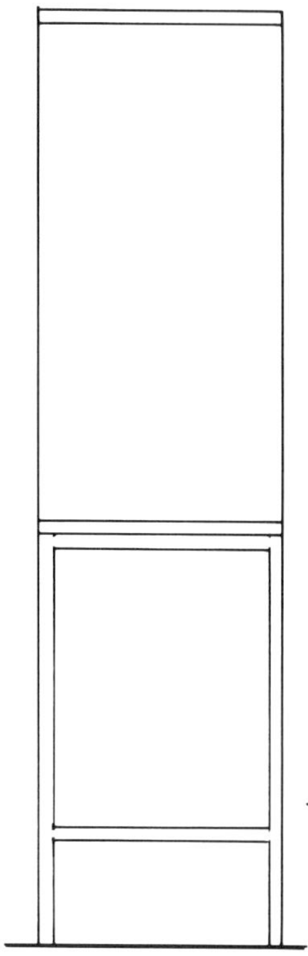

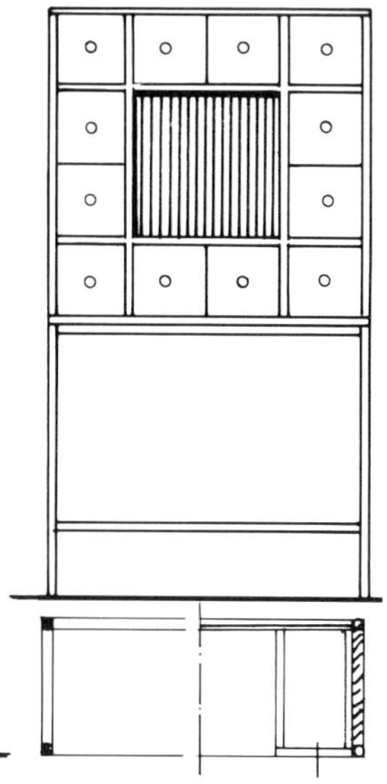

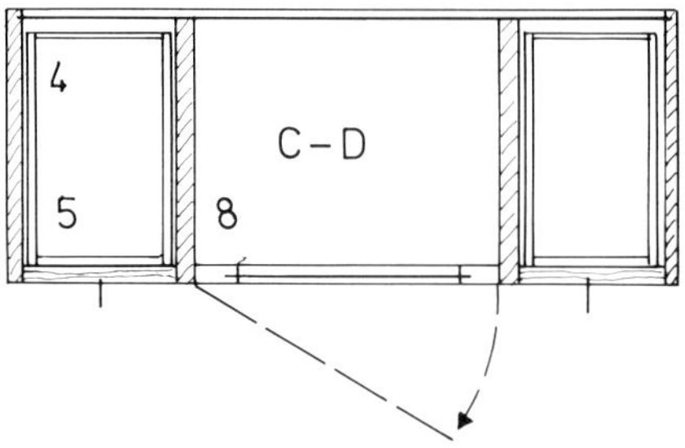

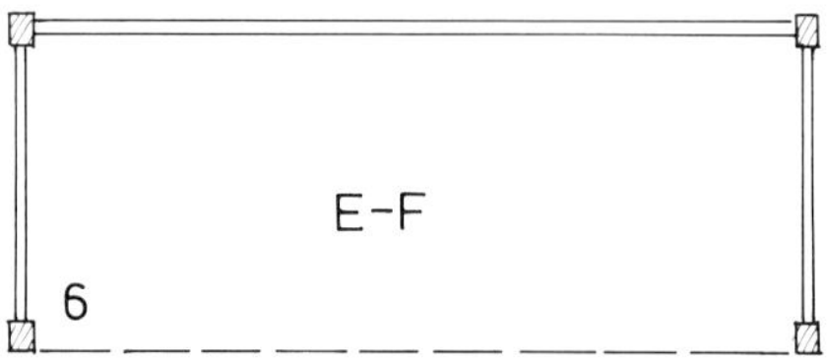

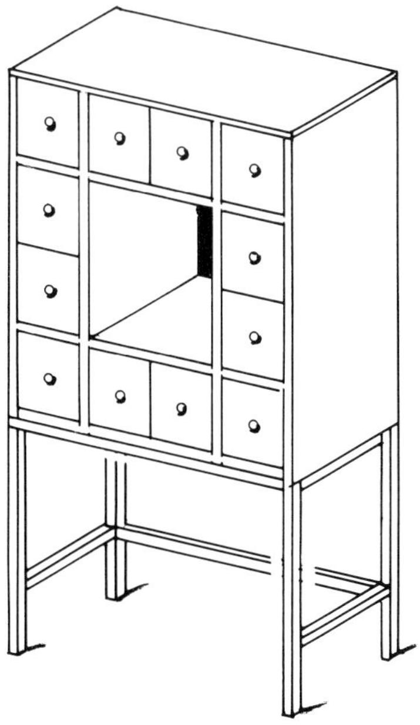

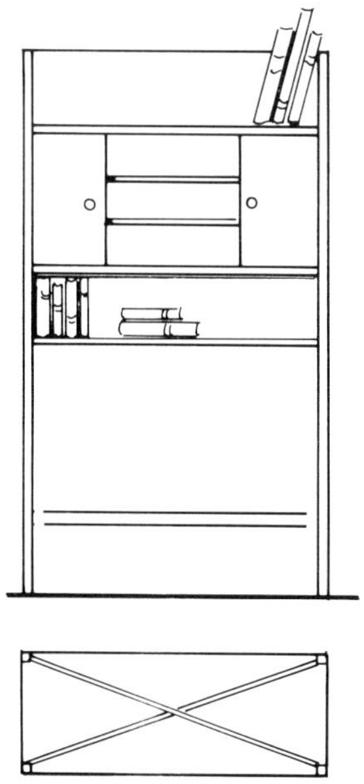

Böden und Seitenteile sind durchgehend, die Kästen streichen an Leisten. Alle Verbindungen sind gedübelt. Bei den Zargen und Stegen des Untergestells sind die Dübel in der Höhe versetzt, so daß sie die maximale Länge und damit besondere Festigkeit erreichen.

Zwei Aufsatzschränkchen auf besonders schlanken Untergestellen, links als Stehpult mit geneigter Klappe über Schubkästen und hochgezogenem Zwischenboden, rechts als Kastenkorpus mit breiten Lisenen, dazwischen eine Front mit horizontalen Fugen. Der Raum zwischen den Lisenen kann sowohl von Schubkästen als auch von einer Tür oder Klappe mit eingenuteten Fugen eingenommen werden. Hinter den Lisenen läßt sich bei Schubkästen ein Geheimfach verstecken.

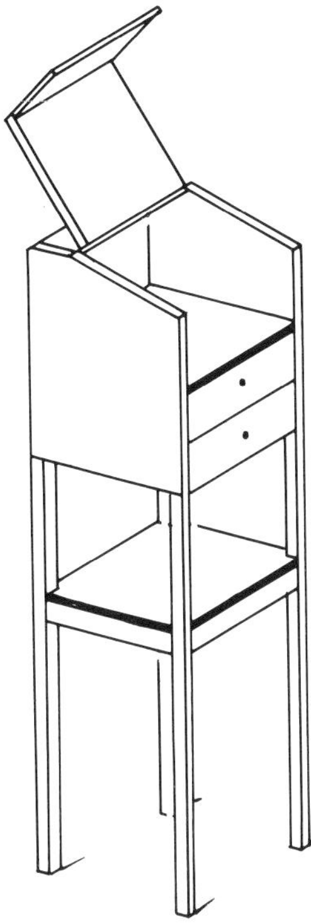

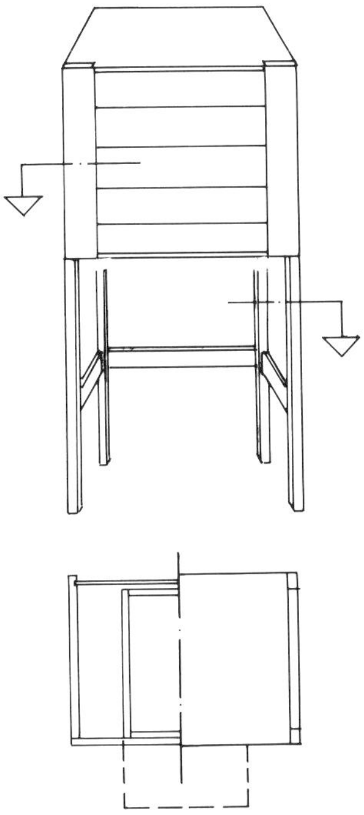

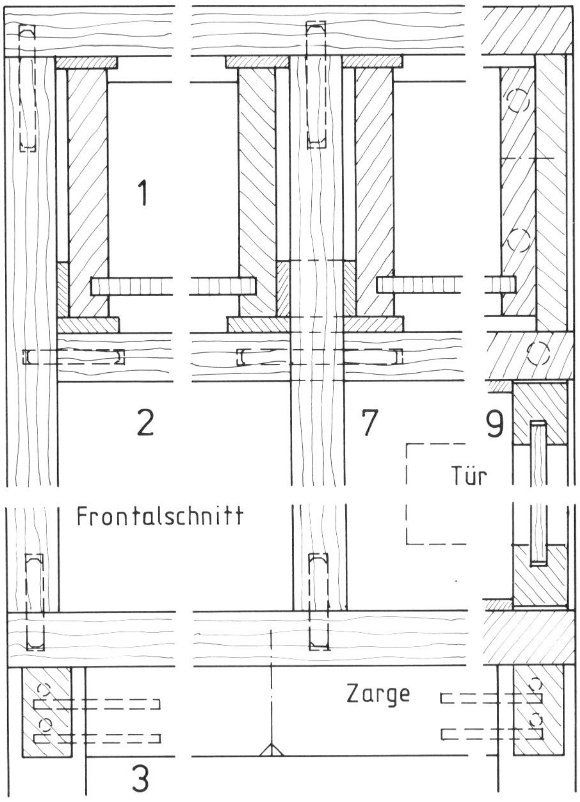

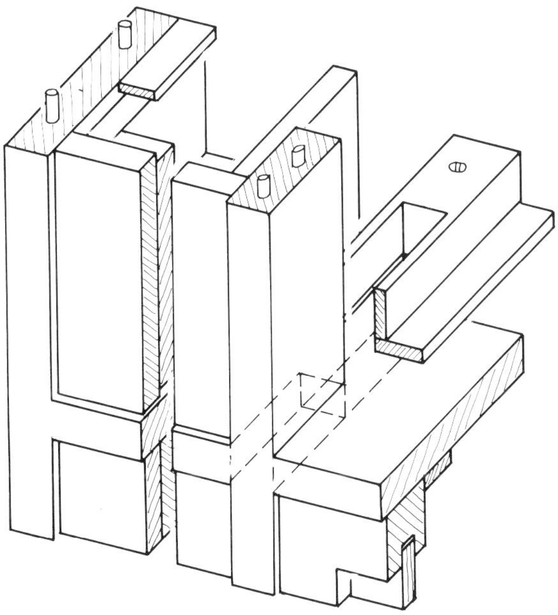

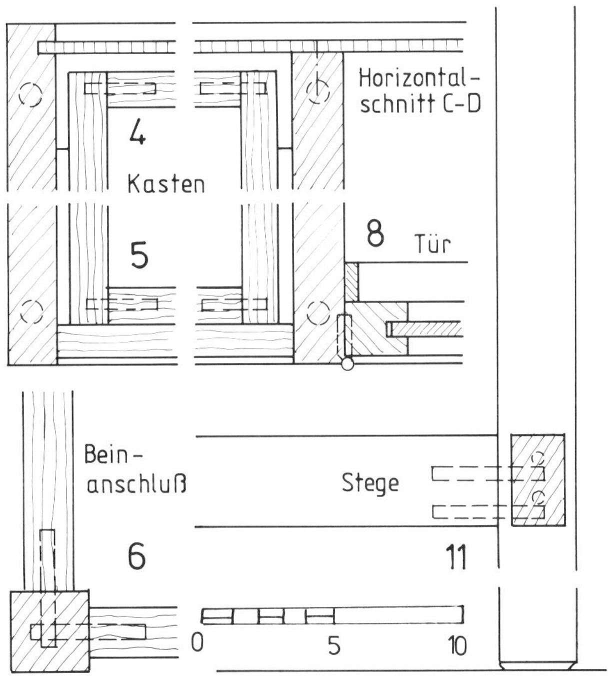

Verschiedene Dachformen und Möglichkeiten der Anbringung sind hier vergleichend wiedergegeben. Die Ausführung ist meist nicht schwierig, aber der Aufwand muß sich lohnen und im Verhältnis zum Nutzen stehen. Die Dachneigung ist bei allen hier gezeigten Modellen gleich. Von ihr hängt sehr viel ab: spitze Winkel wirken aggressiv, rechte Winkel sind neutral und häufig langweilig.

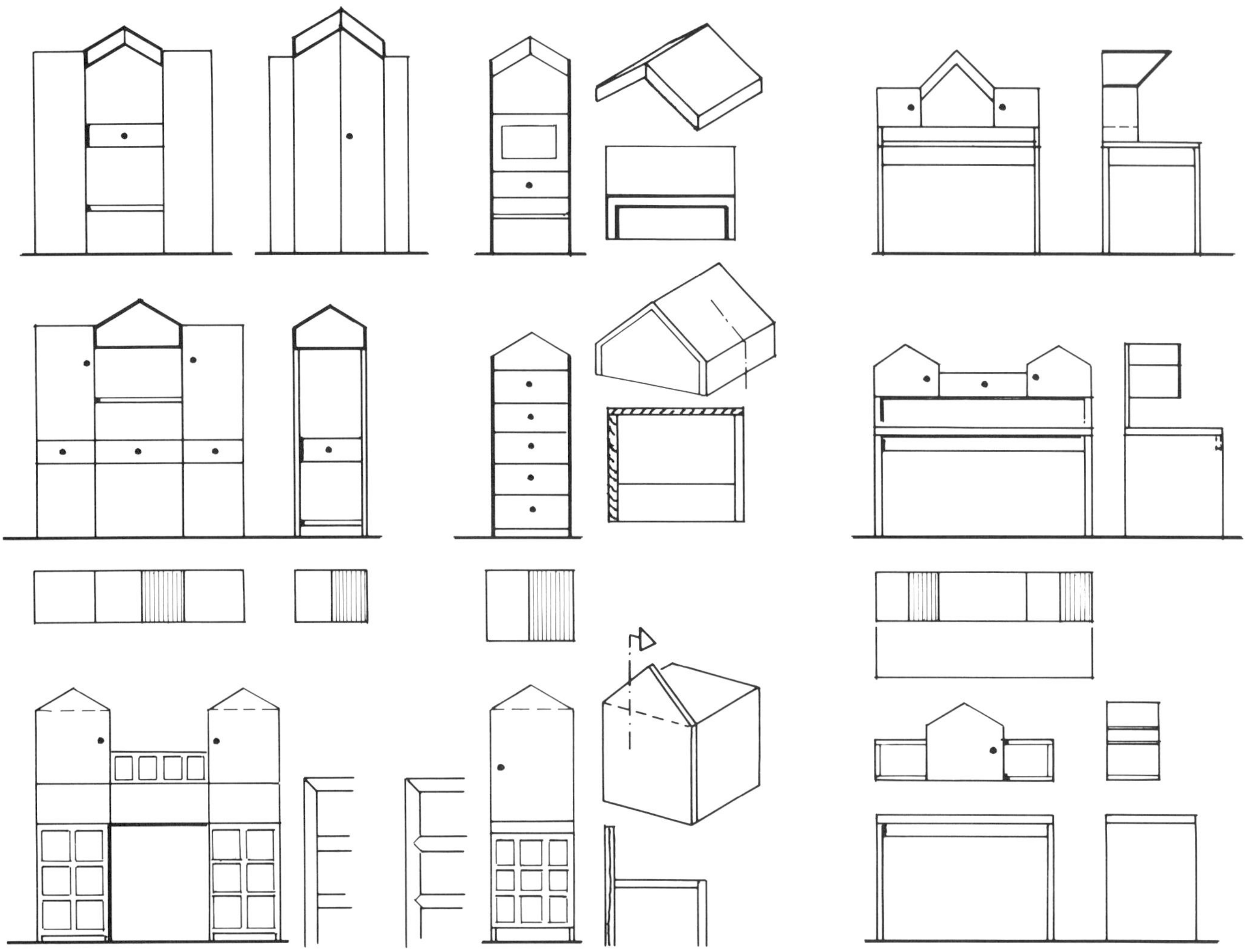

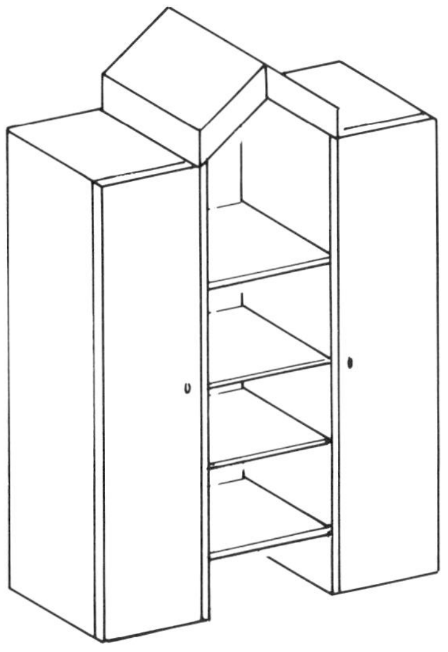

Die obere Reihe hat parallele Zargen vor den Dachflächen, die mittlere Reihe zeigt Giebelbretter unter den Dachflächen, die untere hat giebelförmige Blenden. Links oben sind die Dächer zwischen Schrankelemente gehängt, daneben fluchten sie mit den Lisenen oder stecken zwischen den Außenseiten.

Die Körper und Unterschränke können frei gestaltet werden. Während die obere Reihe mehr die Vertikale betont, hat die mittlere Reihe Querbetonungen; die untere Reihe ist durch Sprossenwerk gestaltet.

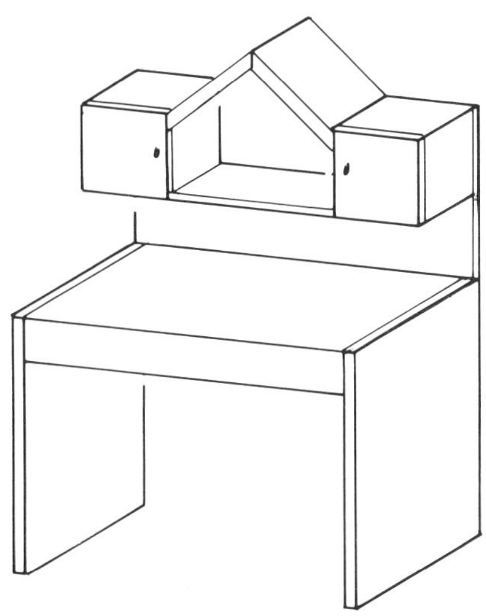

Damit ein großer Schrank nicht zu kompakt wirkt, muß der Schrankkörper gegliedert werden. So ist dieser Schrank z. B. in der Mitte ein Stück weit aufgetrennt, wird aber durch die Rückwand und die Dachform zusammengezogen. Die horizontal gegliederten Fronten können verschieden ausgeführt werden: als Türen mit aufgemalten oder aufgedickteten Bändern oder als Schubkästen, die in eine oder – etwa bei einem freistehenden Möbel – in mehrere Richtungen aufgehen.

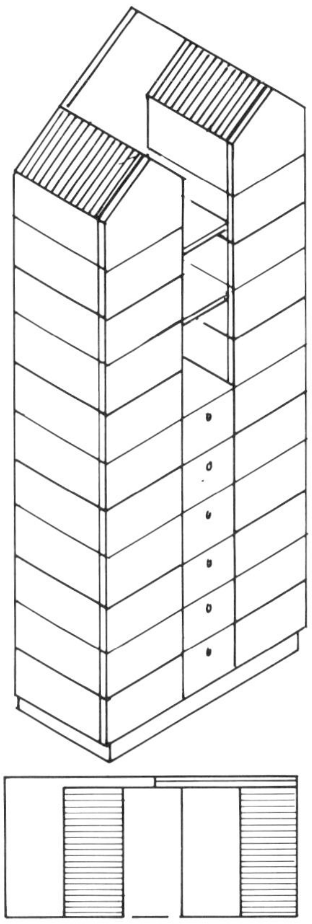

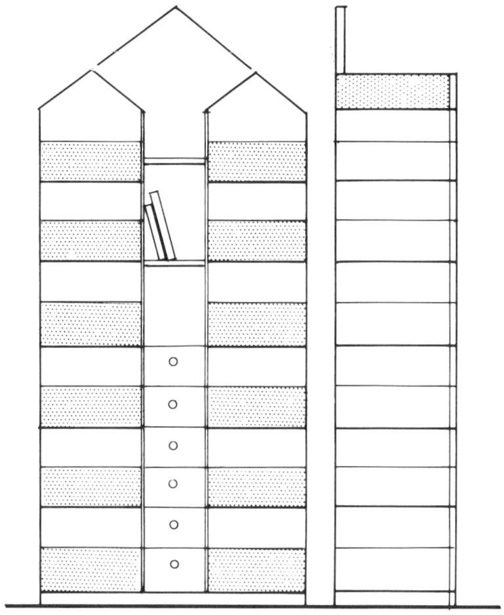

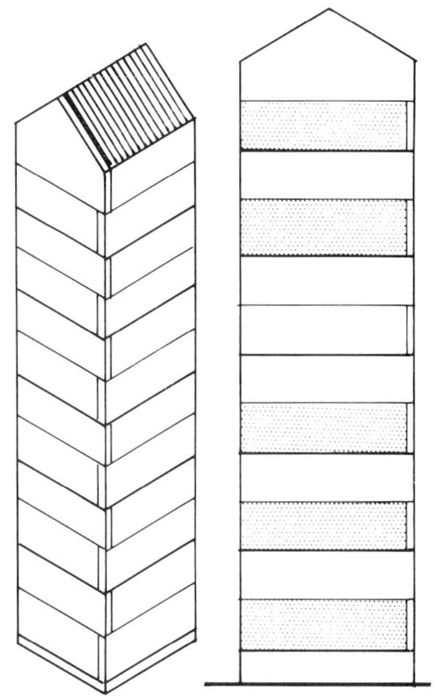

Die Körperkanten lassen sich sehr verschieden ausbilden, wie die Skizzen zeigen. Die Lösung hängt von der Nutzung und der Öffnungsart der Teile ab.

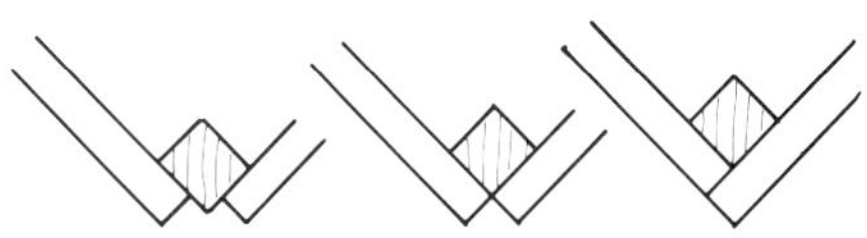

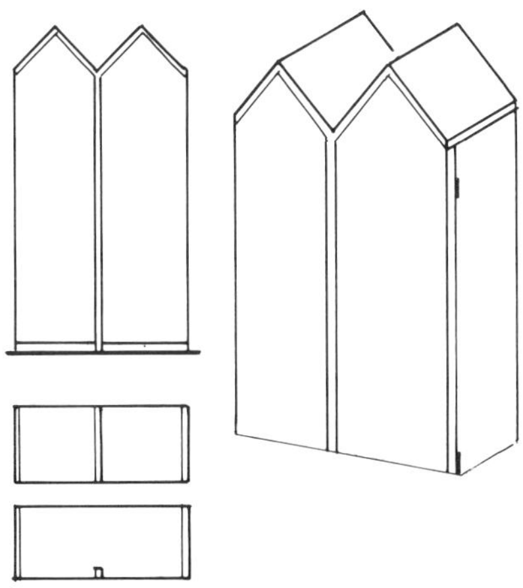

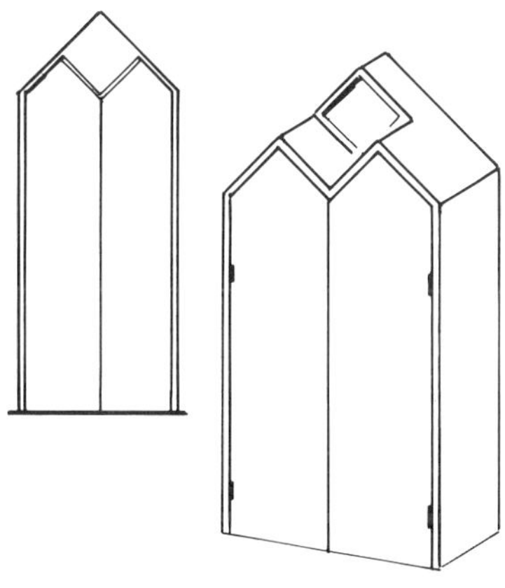

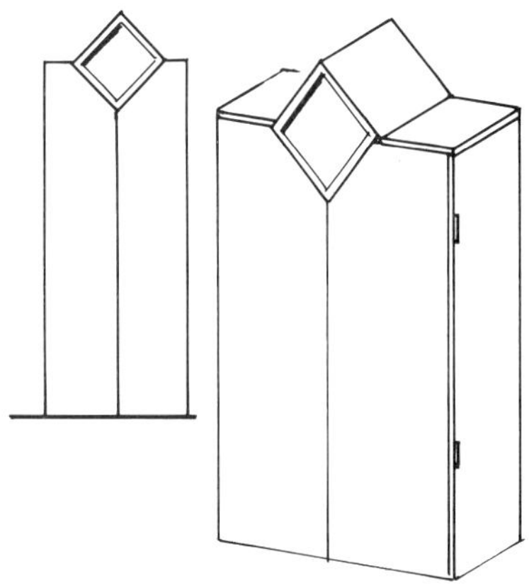

Die Addition von Satteldächern kann zu weiteren interessanten räumlichen Lösungen führen. Der linke Schrank könnte mit einer Mittelwand oder nur mit einem feststehenden Pfosten ausgeführt werden. Der mittlere Schrank nimmt in seinem oberen hinteren Dachteil vielleicht ein Geheimfach auf, das von innen seitlich zugänglich ist. Ganz rechts ein Schrank mit rautenförmigem Fenster, das mit dem Satteldach fest verbunden ist.

Schrank mit sieben Schubkästen, zwei schlanken seitlichen Türen und einem Glaswürfel als Vitrine. Als oberer Abschluß sind Pultdächer trichterförmig nach innen gedreht. Körper und Kästen sind gedübelt, die Dächer gefedert, die Rückwand geschraubt. Die Gläser der Vitrine sind fest eingenutet. Zugänglich ist die Vitrine von innen, seitlich hinter den Türen. Ein Geheimfach befindet sich hinter dem Vitrinenwürfel, es ist wie dieser mit einem Deckel durch Magnete verschließbar.

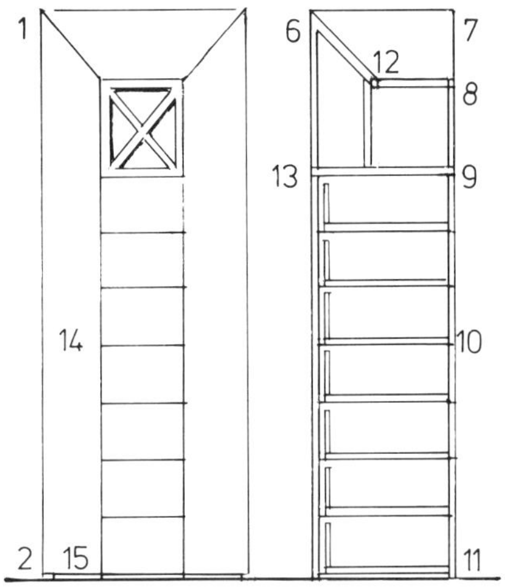

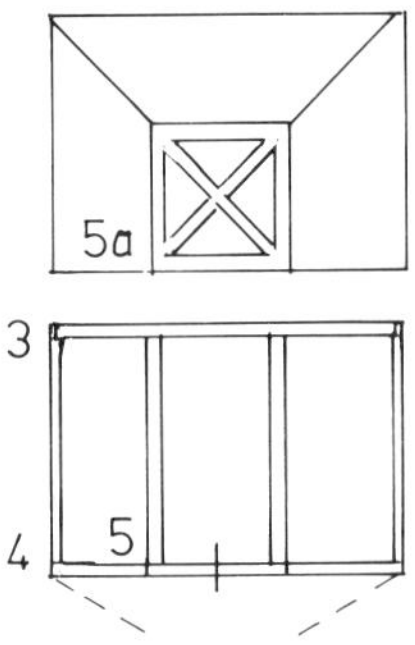

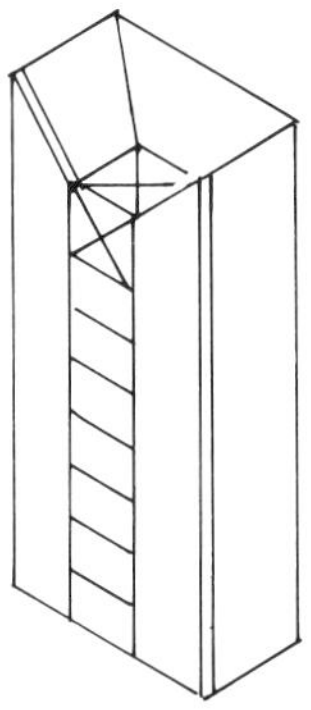

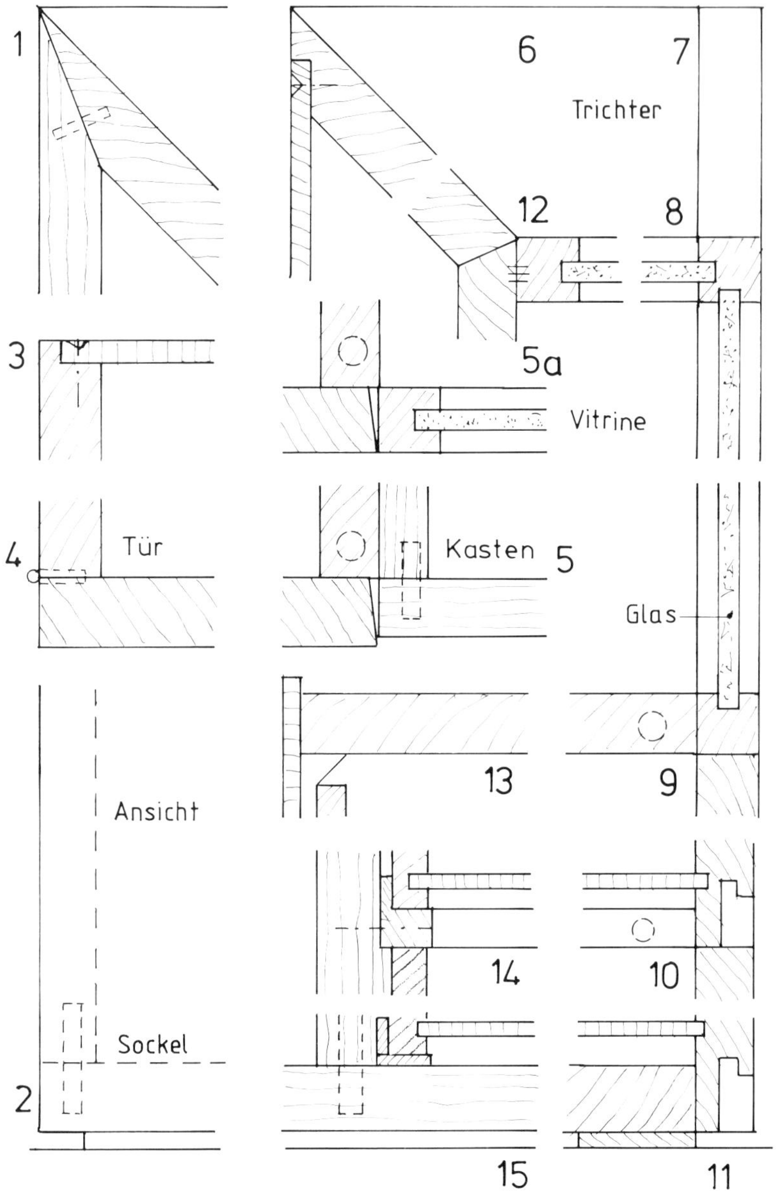

Material: Kiefer, natur lasiert. Rückwand und Kastenböden sind aus Sperrholz. Der Würfelrahmen ist farblich abgesetzt. Pultdächer: weiße, kunststoffbeschichtete Spanplatte. Beschläge und Bänder sind verchromt.

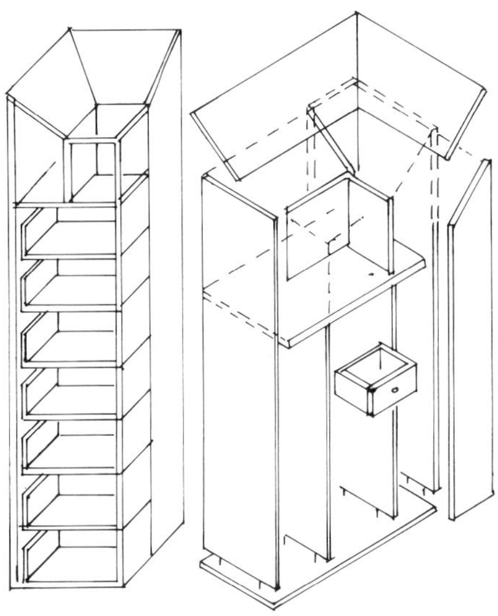

Seiten und Böden sind verdübelt. Die Kästen laufen auf Leisten. Türen mit Hirnholzfedern, Glaswürfel einseitig offen.

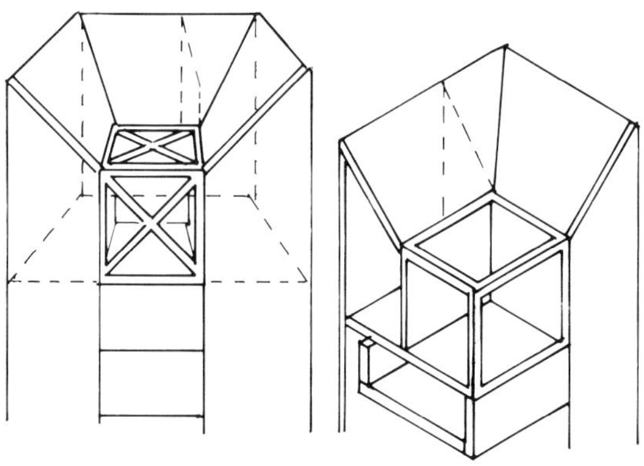

Pultdachschränkchen mit geschlossenem, eingezogenem Erker zwischen seitlichen Türen, unter dem Erker drei Schubladen. Alle aufrechten Teile gehen durch. Das Dach ist gedübelt. Seine Vorderkante kann auch gerade durchlaufen, ohne an die Form des Erkers angepaßt zu sein.

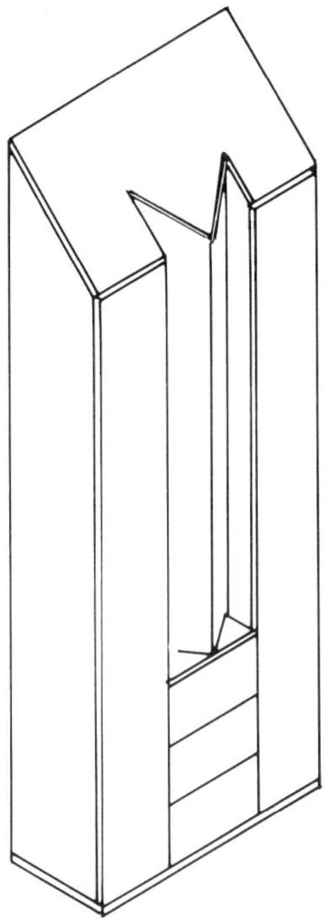

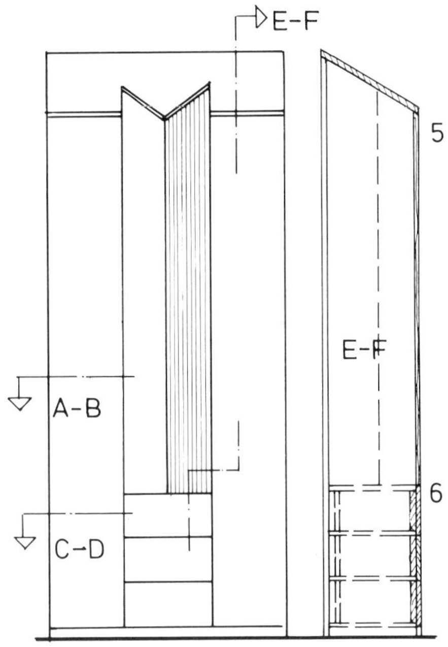

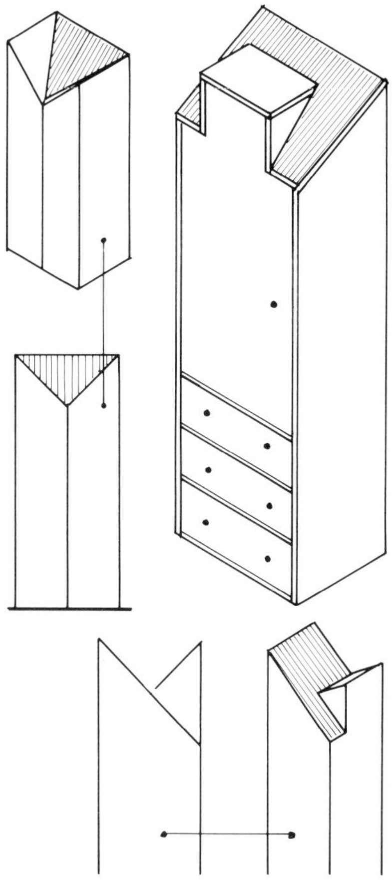

Der Erker könnte auch ganz aus Glas sein mit stumpfem Stoß, also ohne Rahmen. Die Scheiben werden in Nuten gesetzt.

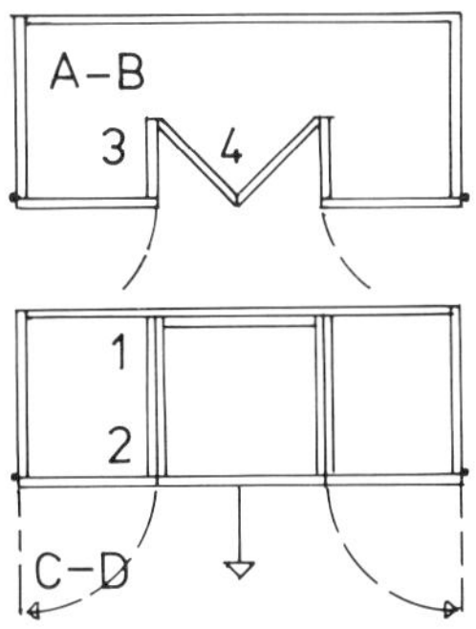

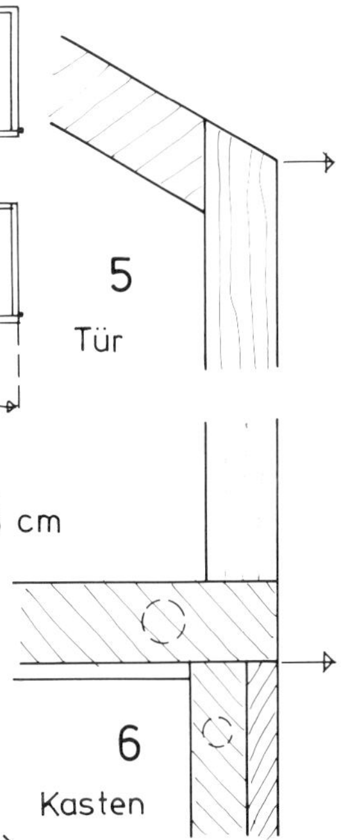

Rechts sind Pultdachvariationen wiedergegeben: oben einmal mit eingezogener Gaube, zum anderen mit einem Trichter in der Achse der Tür; in der Mitte ein Schrank mit versetzten Pultdächern; unten gekappte Pultdächer, zueinander gedreht, und spitze Pultdächer, die um 90° gegeneinander verdreht sind. Eine dezente farbliche Gestaltung erhöht die Plastizität.

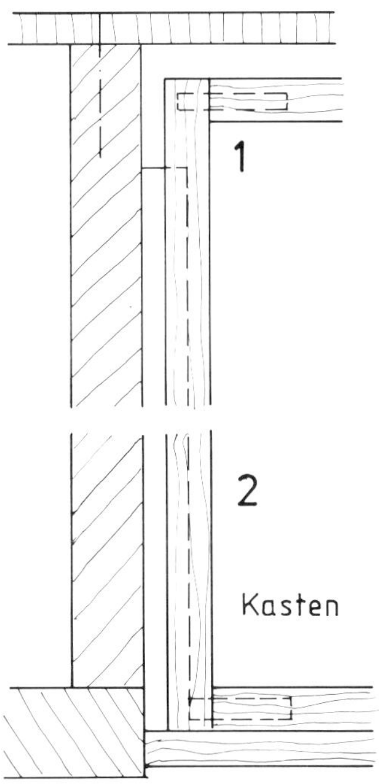

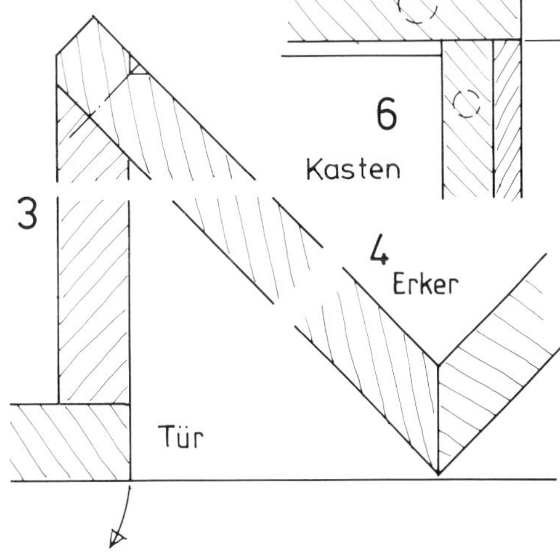

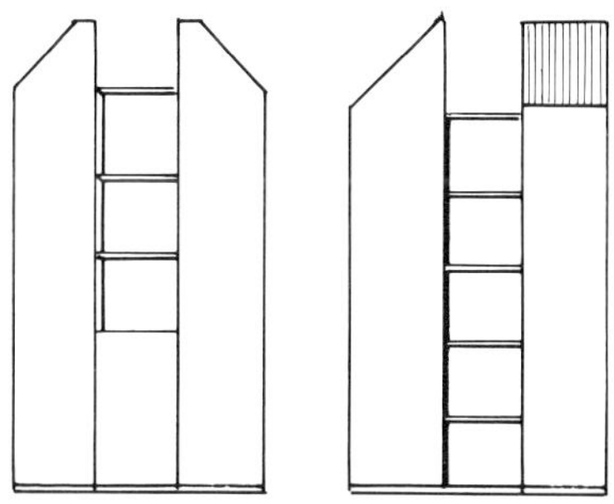

Die Teile dieser Schrank-Regal-Kombination werden einzeln gefertigt und anschließend zusammengebaut. Die schräge Abdeckung kann um das Regal herum angepaßt werden, sie kann in das untere Regalfach hineingreifen oder ganz entfallen. So ergeben sich einige Möglichkeiten experimenteller Gestaltung. Das Regalteil läßt sich variieren, etwa durch den Wegfall der vorderen Eckleiste. Es ist auch als Vitrine mit Glastür denkbar.

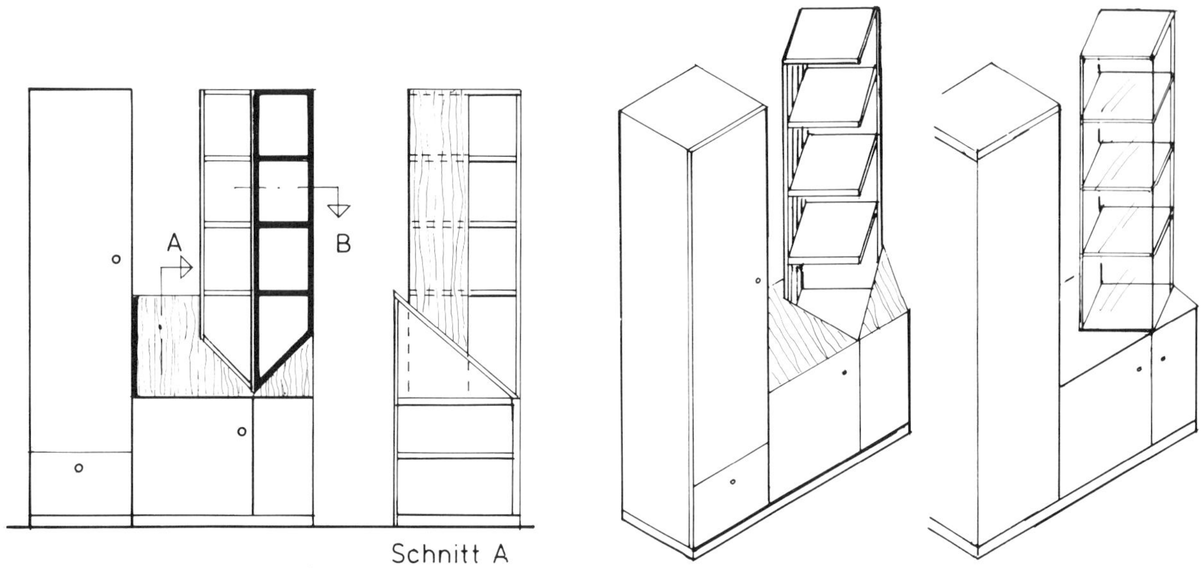

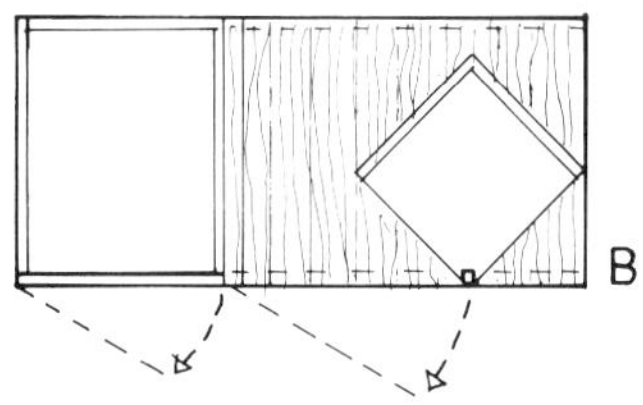

Die Kombination unten besteht aus zwei verschieden großen Schränken und Regalböden, die links in die seitliche Blende eingeschlitzt und rechts mit dem Schrank sowie hinten mit der durchgehenden Rückwand verdeckt verschraubt sind.

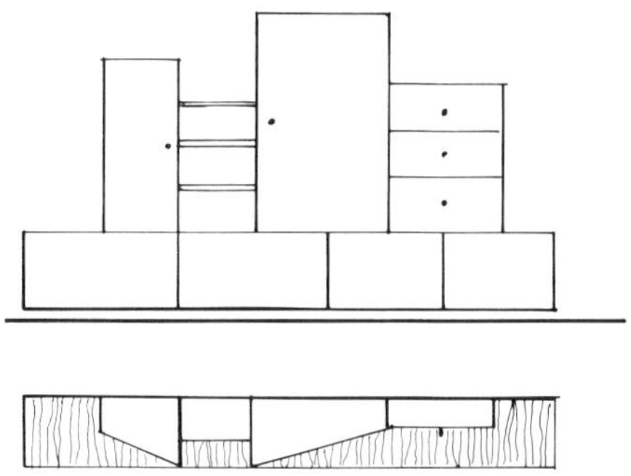

Links eine Zusammenstellung unterschiedlich großer und verschieden geformter Schrankelemente auf einem Unterschrank. Die Kombination unten besteht aus gegeneinander versetzten Würfelkörpern, die von Winkelzargen gehalten werden.

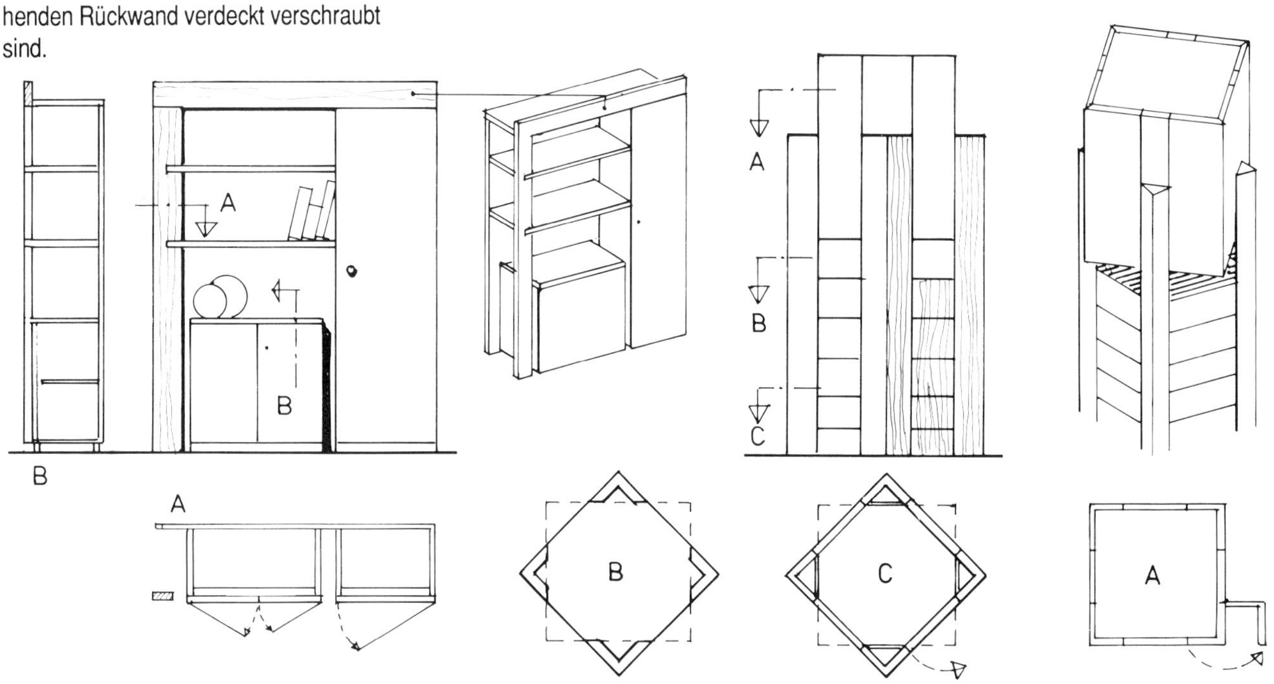

Die Herstellung dieses Stapels gleichgroßer Kästen ist aufwendig, da doppelte Böden nötig sind. Die Kästen lassen sich regelmäßig oder unregelmäßig versetzen oder verdrehen und dazu noch unterschiedlich farblich absetzen, so daß sich viele Möglichkeiten der Gestaltung ergeben.

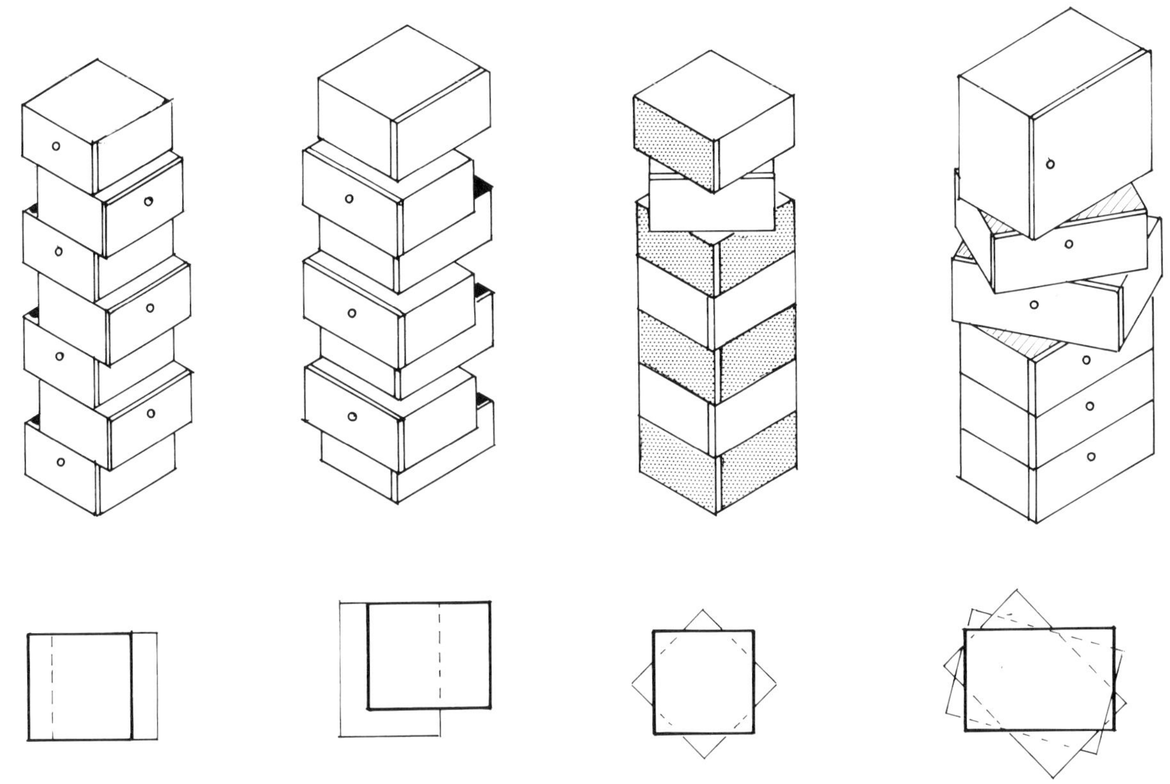

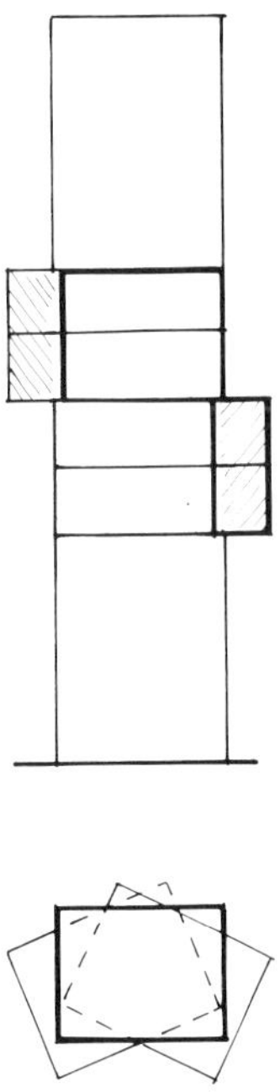

Bei der Kombination links sind die Kästen fächerförmig um einen Punkt gedreht (siehe Grundriß unten links). Die Konstruktion rechts hat weit auskragende Körper mit einer Säule als Unterstützung. Sie muß gut befestigt werden, z. B. mit einem langen Dübel, damit sie auch Stöße auffangen kann.

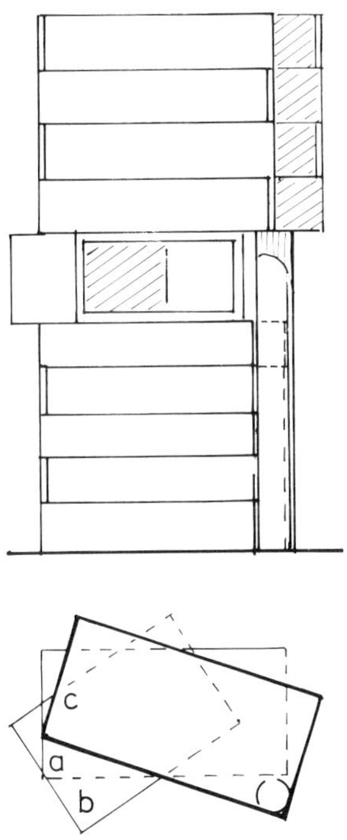

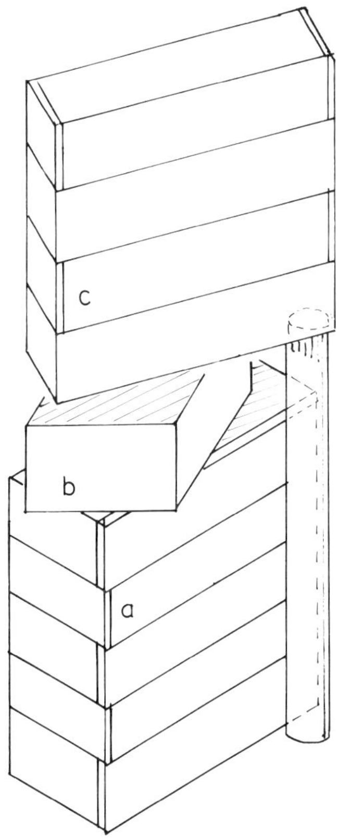

Die drei schmalen Schränkchen links oben haben am Kopf einen vorgesetzten Zierrahmen, der auch als Tür ausgeführt werden kann: ganz links mit Sprossenwerk, in der Mitte mit breitem Rahmen und kleiner Füllung, rechts mit dreieckigen Aufdicktungen.

Ein Schränkchen mit geschweifter zweiteiliger Tür, deren Flügel voreinander schlagen, aber nacheinander einmal nach rechts, einmal nach links geöffnet werden.

Schrank aus drei Elementen, auf einen rahmenverstärkten Sockel geschraubt und mit einer durchgehenden Rückwand versehen. Die Brettchen für die offenen Fächer werden nur zwischengehängt.

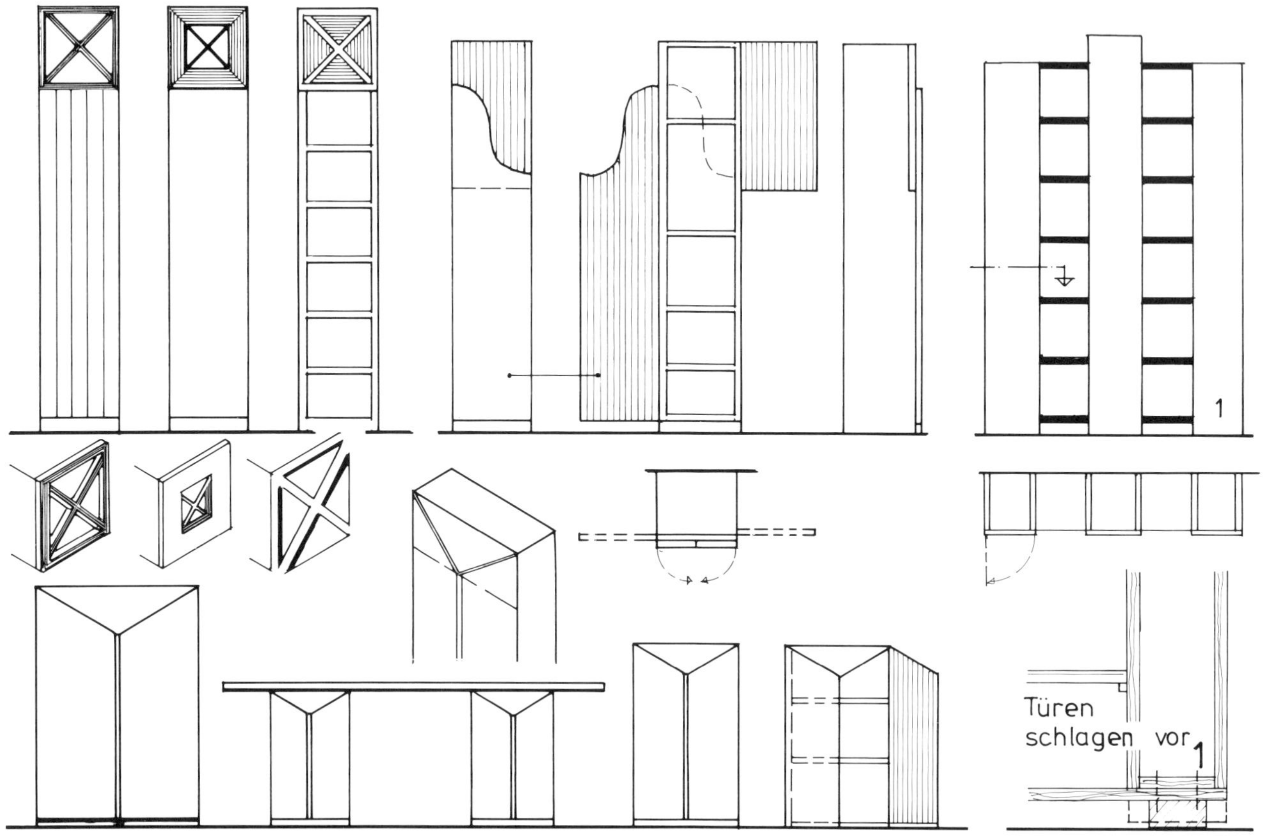

Die Ausführung dieser Schränkchen ist ganz einfach, wenn das Dreieckfeld als Blende am Körper feststeht und die Türen schräg geschnitten werden. Noch einfacher ist es, die Blende hinter den Türen gerade durchlaufen zu lassen.

Unten ein Schrank mit anscheinend gefalteter Front. Die Türen schlagen aber schräg vor die Mittelwand und den schräg geschnittenen Ober- und Unterboden.

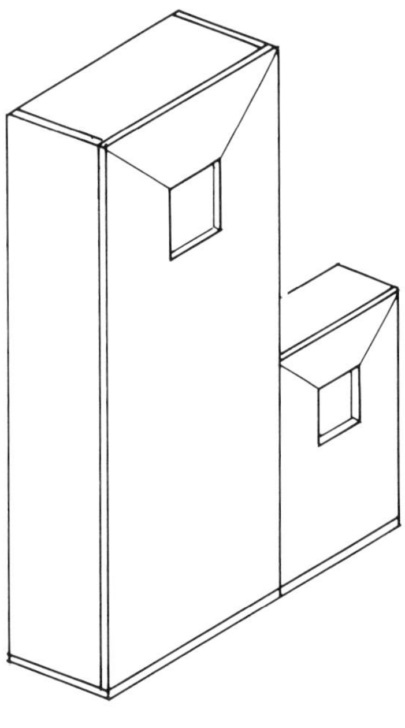

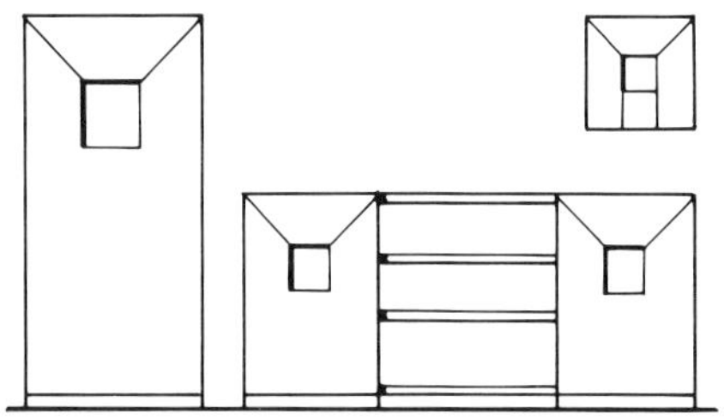

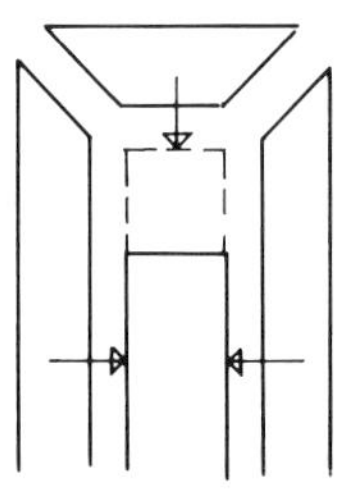

Die kleine Türfüllung bei diesen Schranktüren (links) entsteht durch eine Kombination von Brett- und Rahmenbauweise.

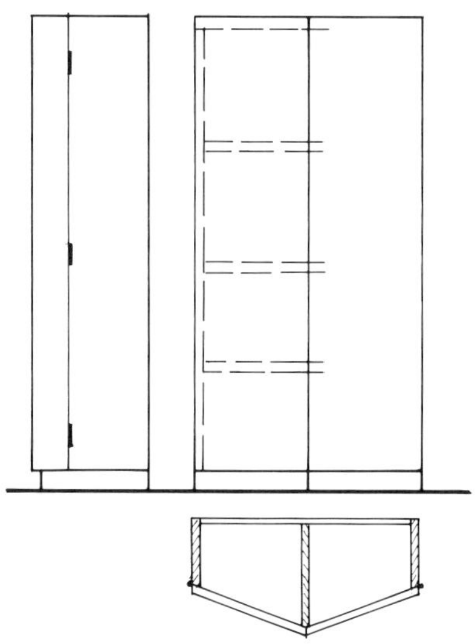

Schrank mit aufgesetzten Leisten auf den massiven Türen. Innen ist der Schrank mit verstellbaren Böden zwischen einer halbhohen Mittelwand ausgestattet. Die Rückwand ist auf Rahmen gearbeitet mit eingenuteten Füllungen. Die Konstruktion ist einfach, bis auf eine wichtige Besonderheit: Das Leistenwerk auf den Massivholztüren muß bei den horizontalen Stücken in Querholz ausgeführt werden!

Die Türen erhalten rechts und links Vorleimer und damit die senkrechten seitlichen Profile. Die anderen werden als Leisten aufgedickt. Schraubleisten auf den Innenseiten halten die Türen plan. Die Anschlagleiste im Mittelschluß verdeckt den sich verändernden Spalt zwischen den Türen.

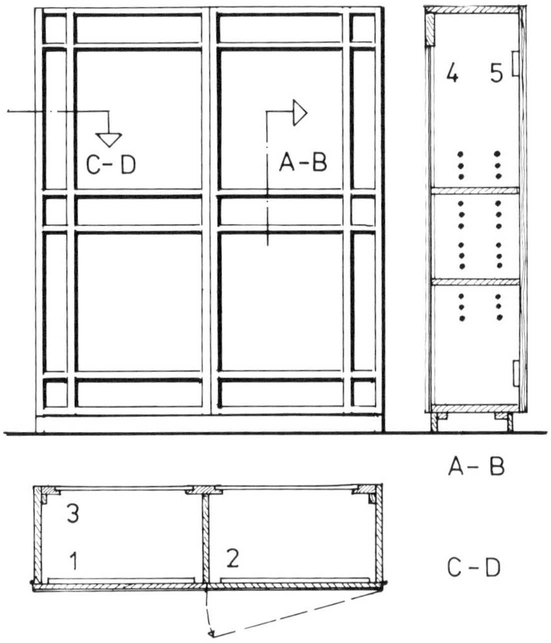

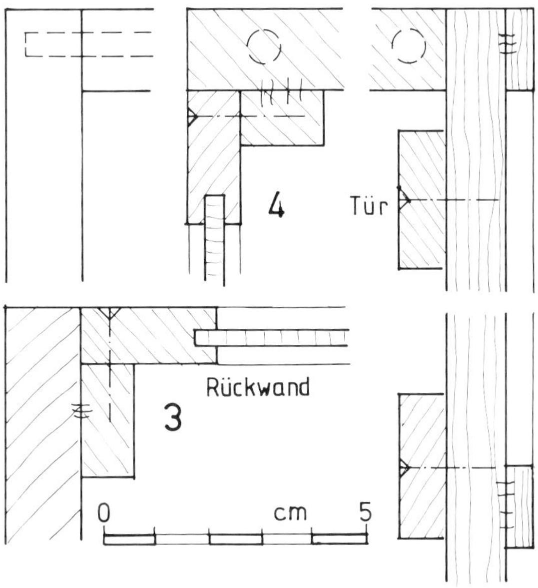

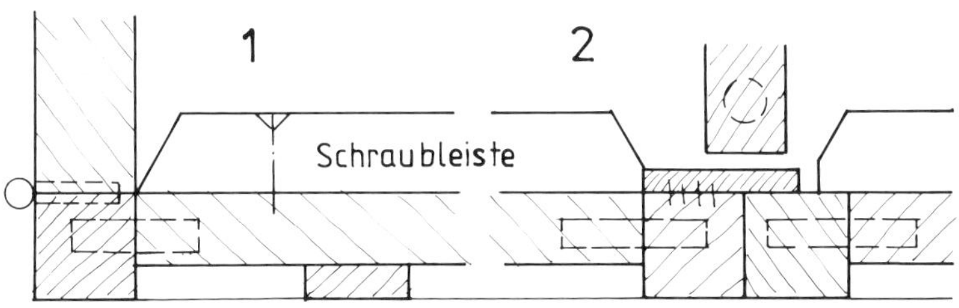

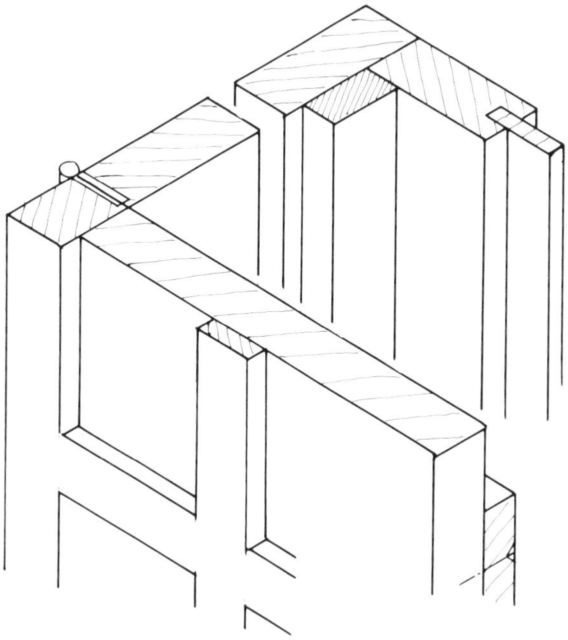

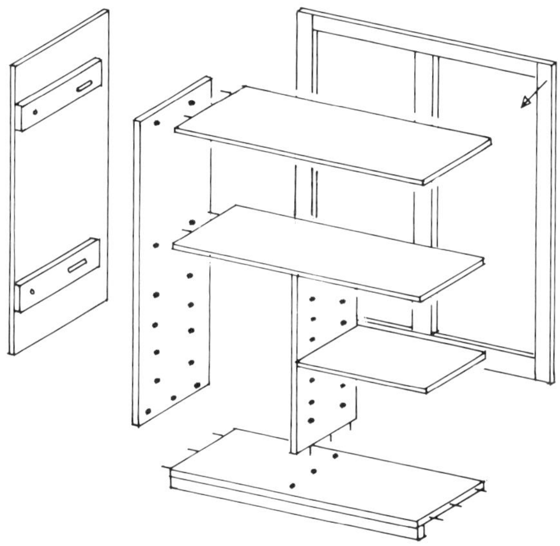

Vitrinen erfreuen sich heute wieder großer Beliebtheit, auch wenn sie gegenüber Schränken etwas teurer und aufwendiger herzustellen sind. Im Vergleich mit Regalen haben sie den Vorteil, daß ihr Inhalt weitgehend vor Staub geschützt ist. Vitrinenaufsätze beginnen meist in halber Höhe, da unter Tischhöhe der Blick durch Einlegeböden teilweise verdeckt wird, man also nicht gut hineinschauen kann. Daher hängt man Vitrinen auch gern in Augenhöhe auf.

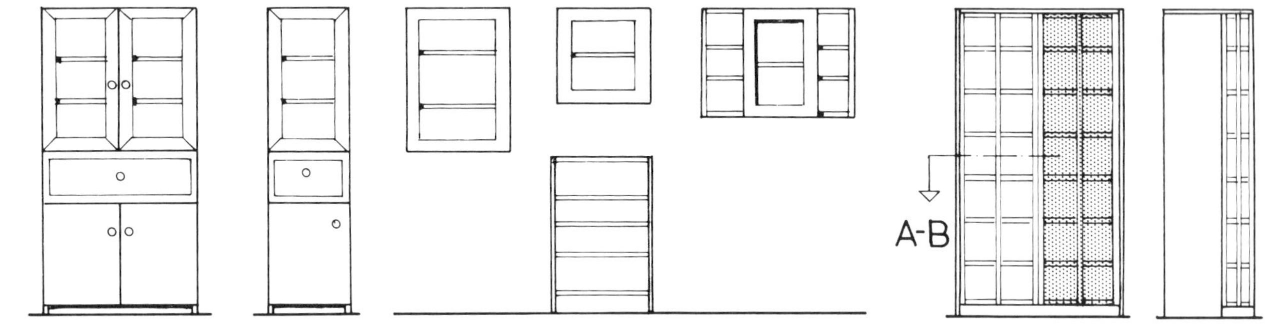

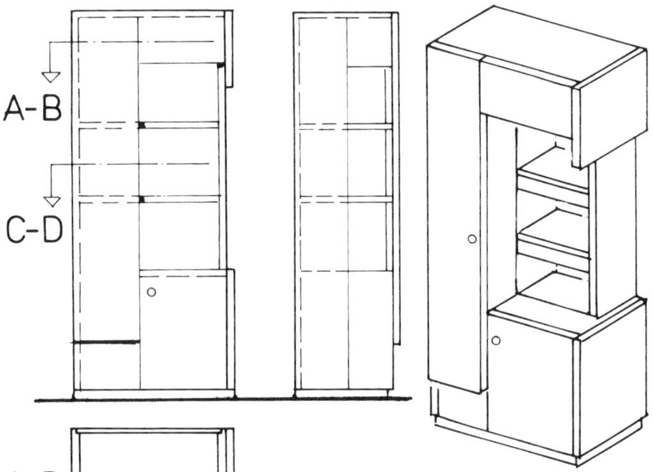

In der Kombination mit Schränken kann man mit der Anordnung und Gliederung von Vitrinenfronten experimentieren. Hier werden häufig rahmenlose Glastüren eingesetzt. Das Glas muß dafür allseitig geschliffen sein. Spiegelnde Glasflächen lassen sich vermeiden, wenn man entspiegeltes Glas verwendet. Zur Gliederung der Fronten dienen Sprossen oder Gitter.

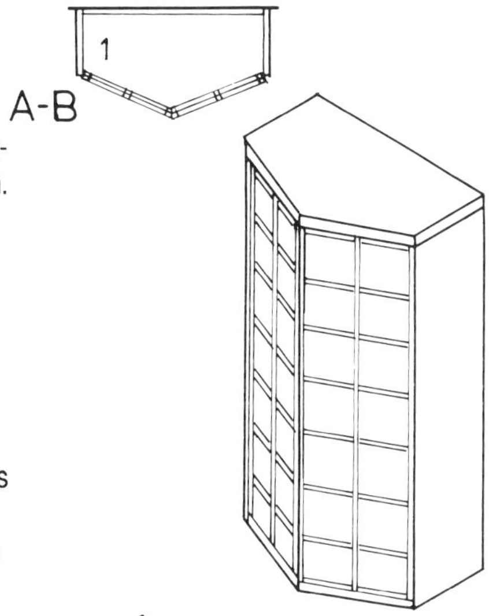

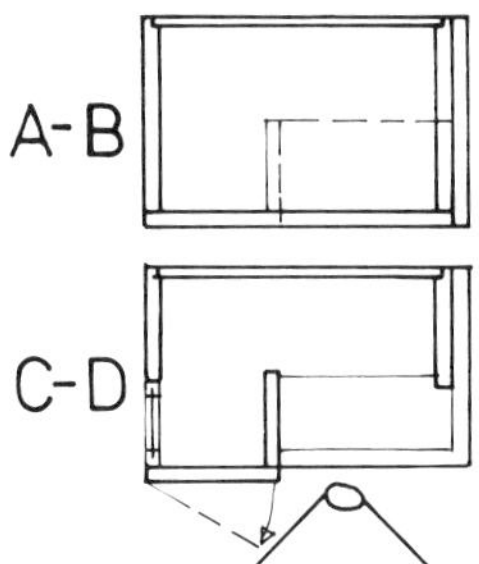

Sprossenwerk kann auch ohne Verglasung reizvoll wirken. Dies hat allerdings den Nachteil, daß es nicht vor Staub schützt.

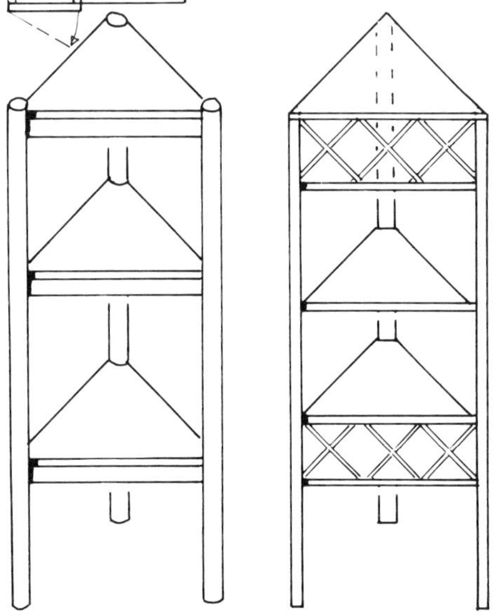

Dreieckvitrinen können auch dreieckige Stollen haben.

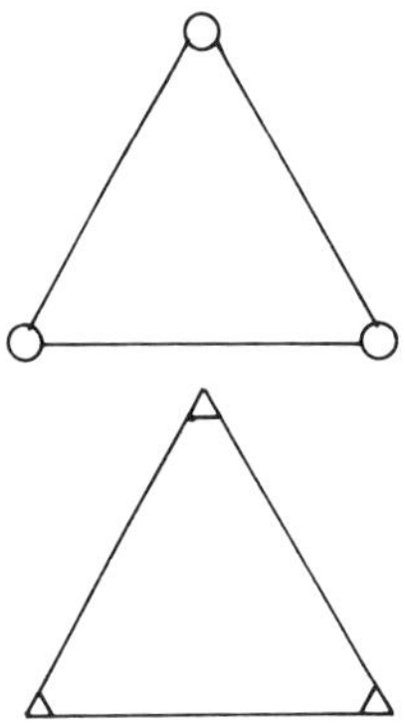

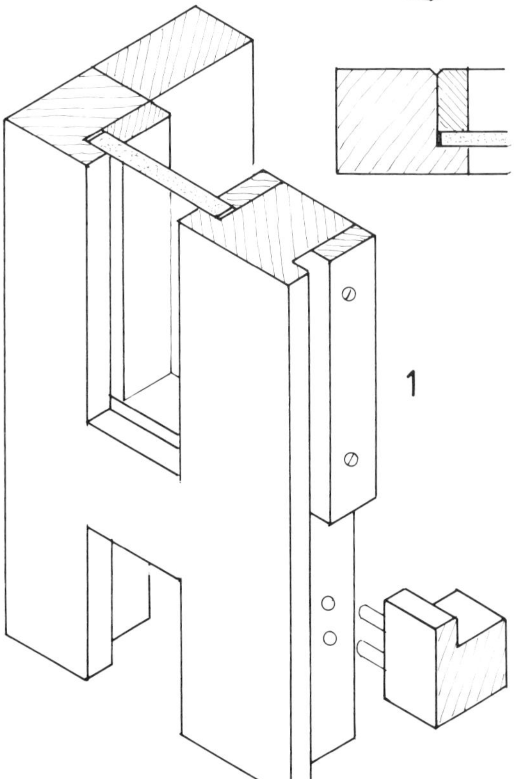

Dieser Vitrineneckschrank besteht aus zwei Teilen: dem Oberschrank mit verglaster Sprossentür und dem Unterschrank mit Schubkästen. Die massiv gearbeiteten Seitenteile sind gleichzeitig die Rückwände. Von den Fachböden wird einer fest eingearbeitet und gibt der Vitrine Halt. Der Unterschrank hat breite Lisenen.

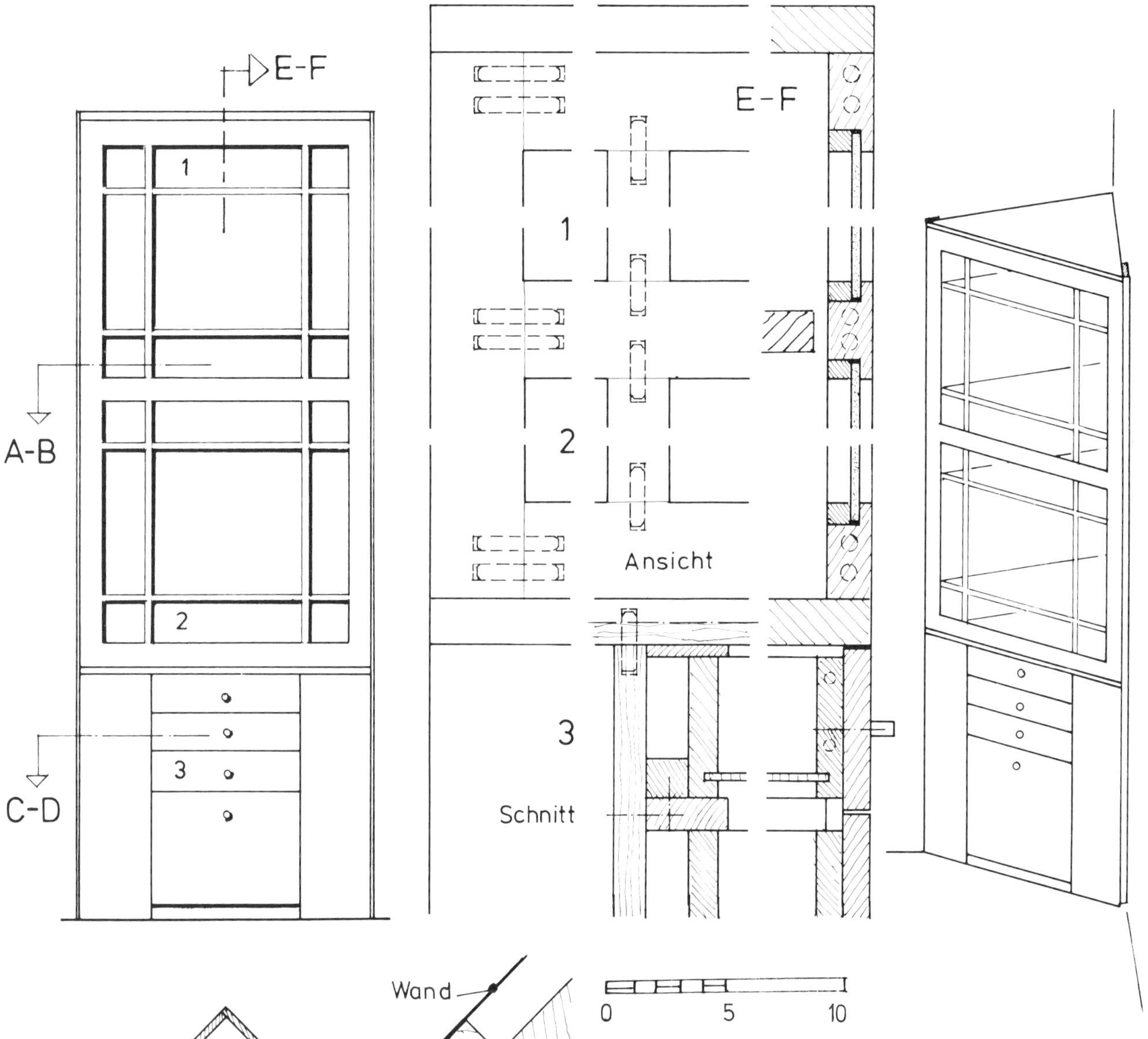

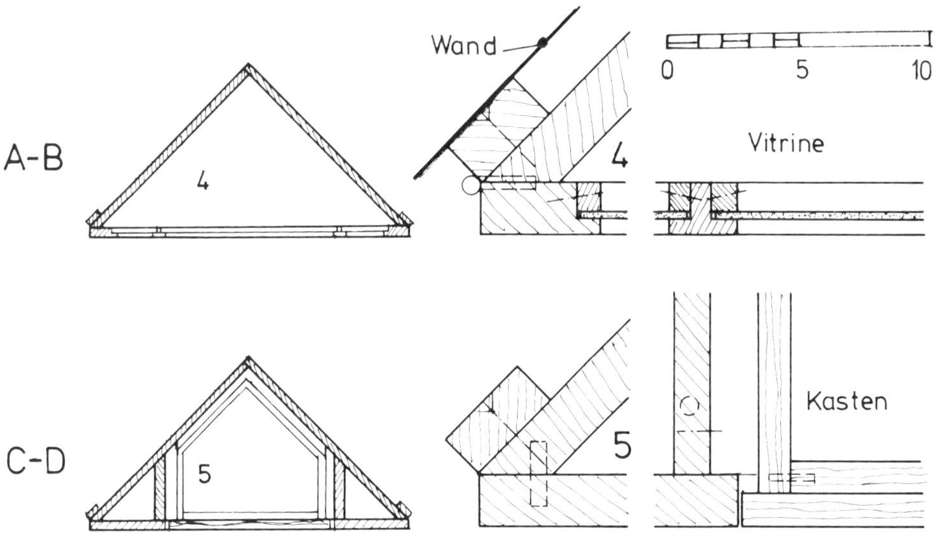

Die Ramenhölzer und Leisten der Tür sind zur Aufnahme der Glasfüllung gefalzt und miteinander verdübelt. Die Kästen laufen auf Rahmen, die Streichleisten sind darauf festgeleimt. Der Wandabstand wird durch auf die Seiten aufgedicktete Leisten festgelegt. So kann die Luft zirkulieren, auch bei eventuell schiefer Raumecke, und es bleibt genug Platz für die Scheuerleisten.

Zwischen zwei schlanken Schrankelementen steht auf einem Unterbau mit zwei Türen eine transparente Vitrine ohne jeden Kontakt zu den Seitenteilen und nach hinten. Sie besteht aus Sprossenwerk mit hintergeschraubtem Plexiglas und einem ebenso konstruierten Satteldach. Die seitlichen Schrankteile sind gegenüber der Vitrine in der Höhe versetzt. Das ist zwar konstruktiv nicht ganz einfach, aber gestalterisch von Bedeutung.

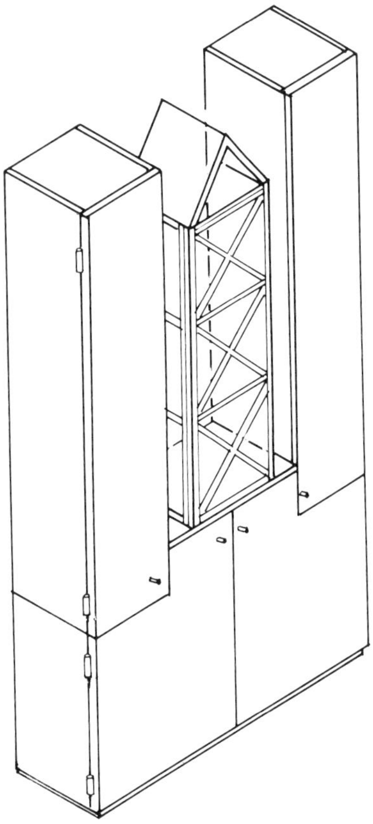

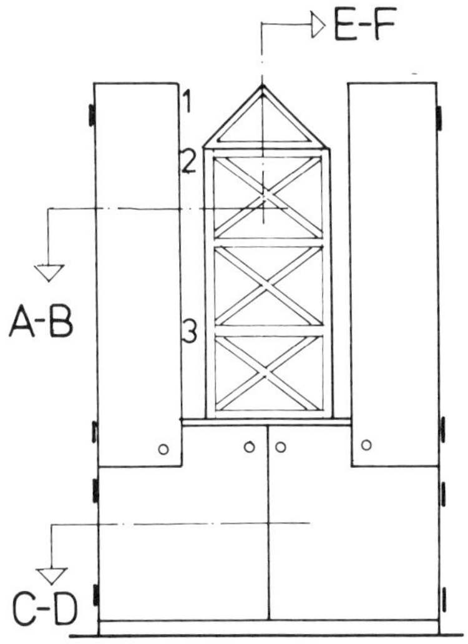

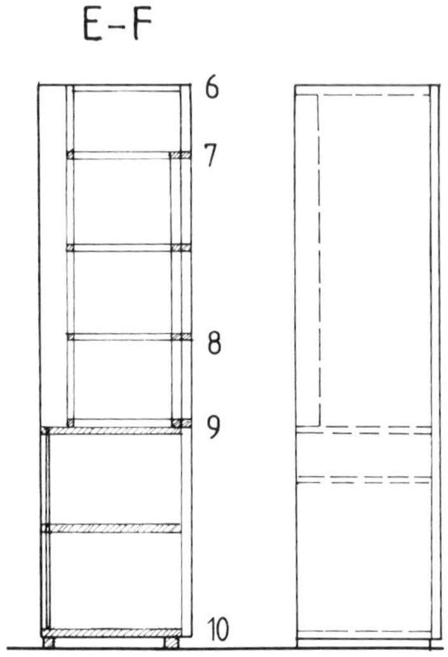

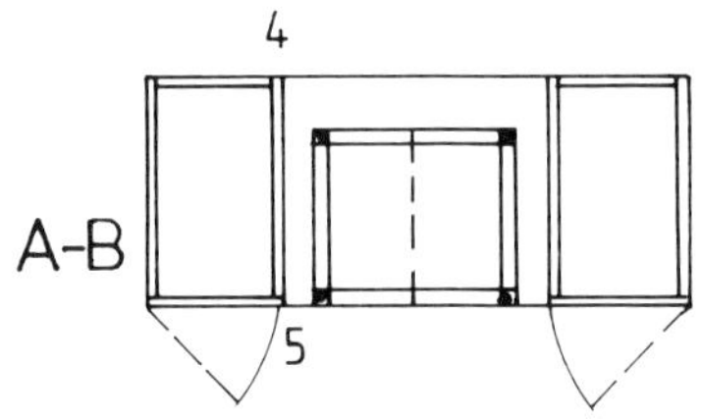

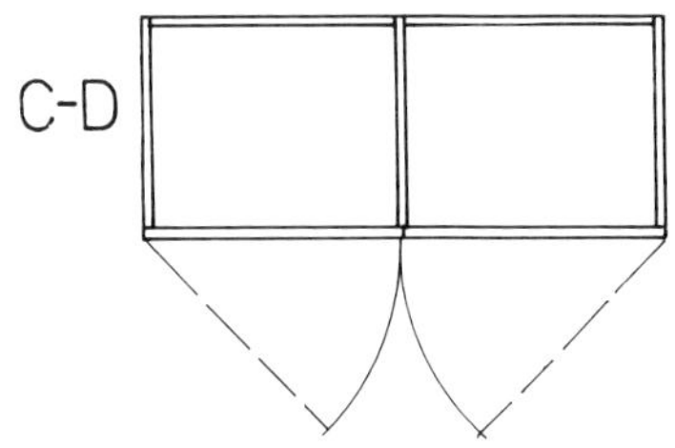

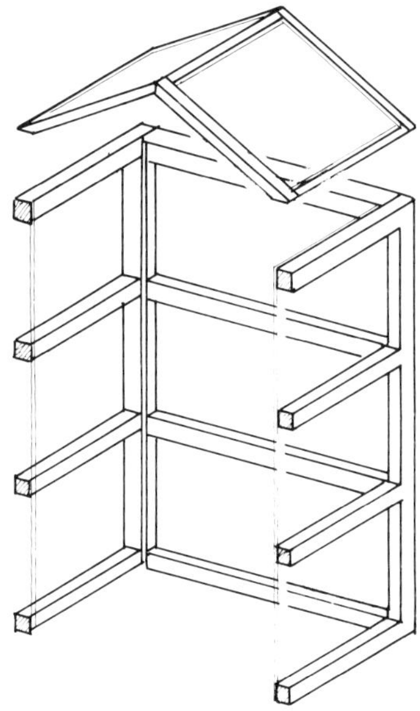

Bei den unten dargestellten Varianten sind die Vitrinen in den Schrank eingebaut. Die linke Vitrine, ohne Türsprossen, steht übereck auf dem unteren Teil des Schranks. Die mittlere Vitrine steht ebenfalls übereck, ragt aber mit ihrem Flachdach über die Schränke hinaus. Die rechte kleine Vitrine mit geschlossenem Satteldach hängt zwischen den Schrankteilen über den Zwischenböden.

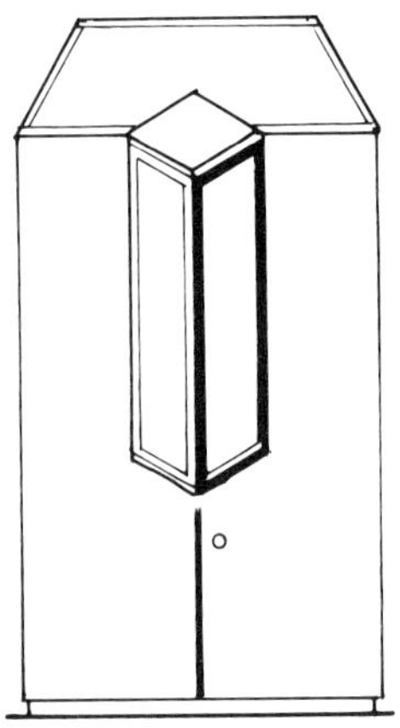

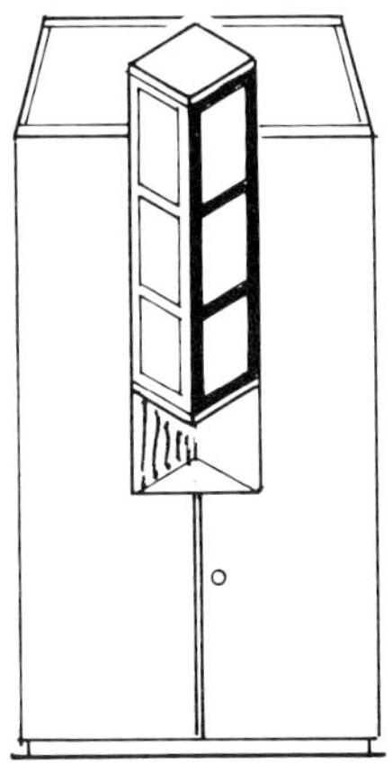

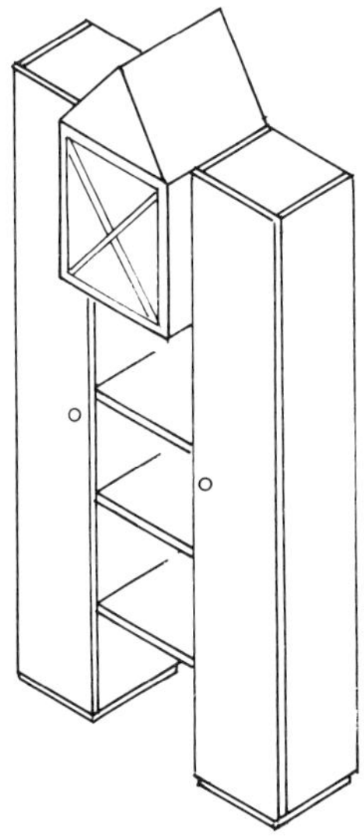

Die Isometrie zeigt das Konstruktionsprinzip: Die Seitenrahmen werden wie Leitern vorgefertigt, die hinteren Quersprossen dann in diese eingedübelt und schließlich die Dachsprossen aufgesetzt. Die Plexiglasscheiben werden zum Schluß eingesetzt, zunächst an den Seiten, dann an der Rückwand.

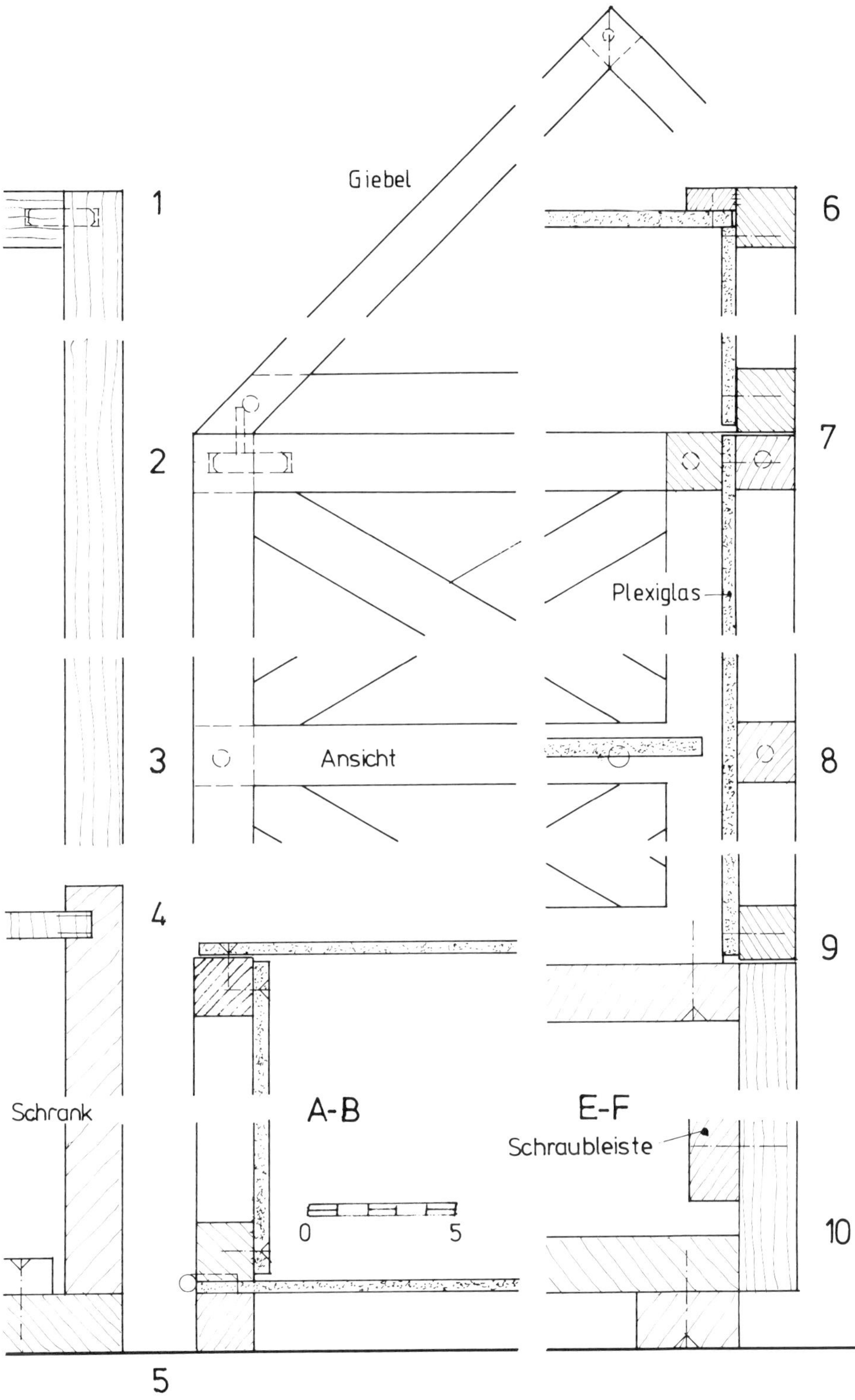

Das Plexiglas wird hinter die schlanken Sprossen geschraubt, an den Seiten und an der Tür von innen, an der Rückwand von hinten, jeweils mit kleinem Abstand zu den äußeren Kanten.

Auch die Einlegeböden bestehen aus Plexiglasscheiben. Sie werden von eingebohrten Bodenträgern gehalten.

Die Bohrung für die Bodenträger geht durch die seitliche Plexiglasscheibe in die Seitensprossen.

Der Unterschrank wird in einem Stück mit Mittelwand gefertigt. Wie an den Türen sind oben zur Aufnahme der Oberschränke Aussparungen vorgesehen.

Die Türen des Unterschranks müssen wegen ihrer Breite von hinten mit Schraubleisten geradegehalten werden.

Eckschränke als Schreibschränke variieren stark in Bauart und Gestaltung. Links ein hängender Eckschrank mit offenem Fach, über dem sich ein Kastenelement befindet. In der Mitte ein Eckschrank mit Schreibfach über Schubkästen, rechts ein Schrank mit Lisenen in der Ebene der Vorderfront. Die Fächer unter der Schreibklappe sind offen.

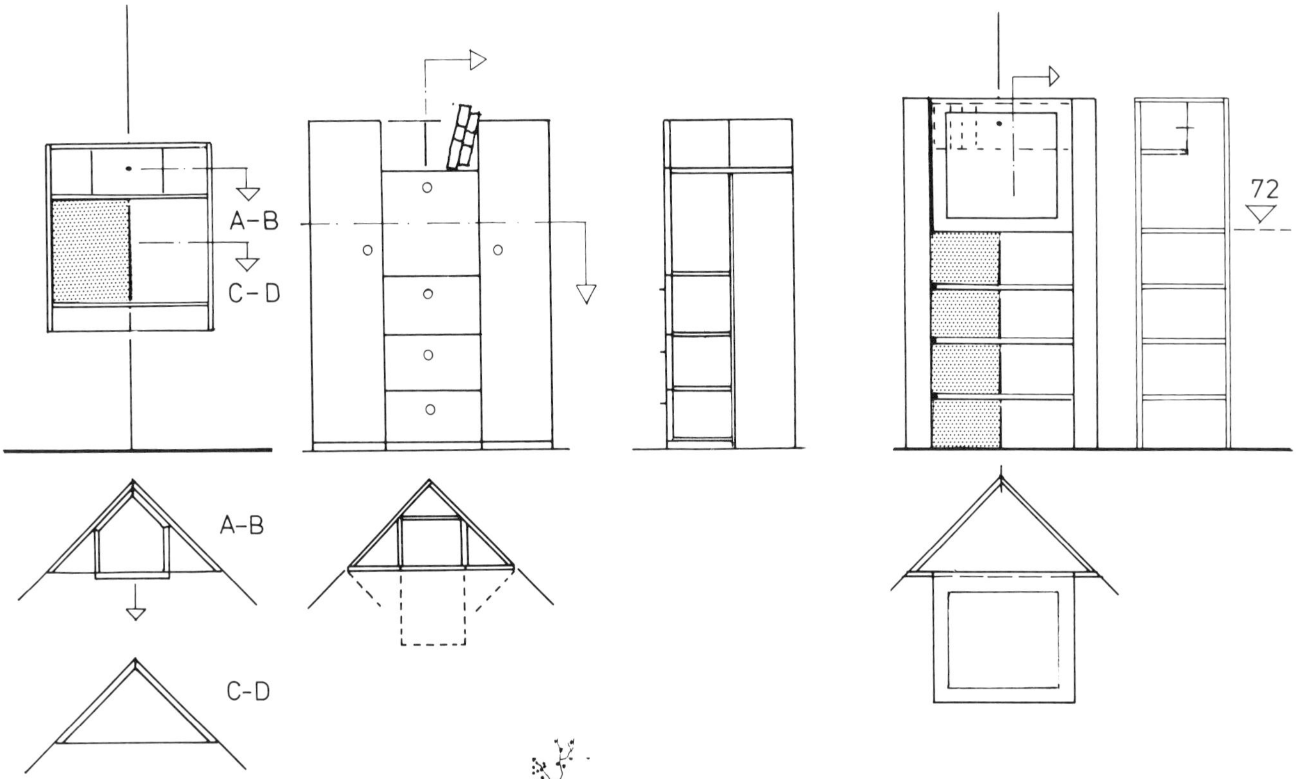

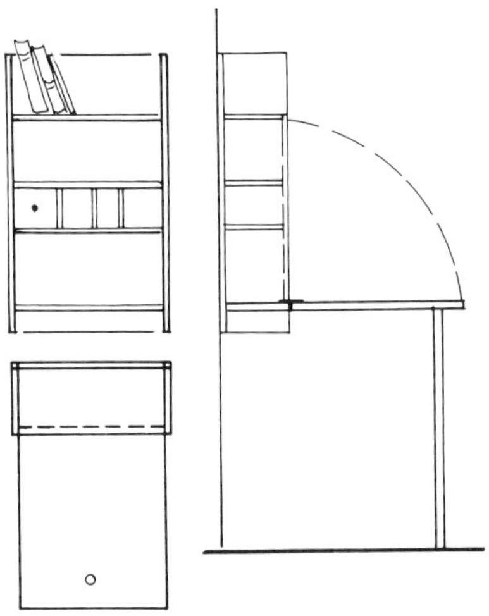

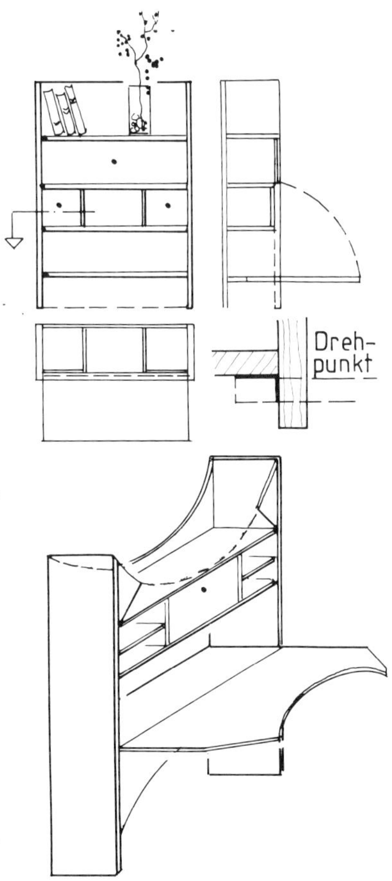

Hängeschreibregale, links mit einer Klappe im Hochformat, an der man seitlich sitzen kann, rechts mit einer Klappe im Querformat, bei der man vor dem Schrank sitzt. Die Klappe des linken Schranks ist mit einem Bein abgestützt, die des rechten schlägt unter den Korpus und ist damit gesichert.

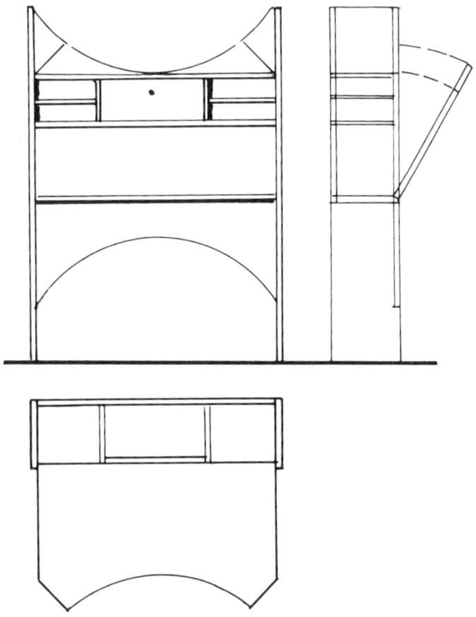

Schreibschrank mit geschweifter Klappe, aber geradem Oberboden. Die Klappe zwischen den Schrankseiten, auf Zapfenband angeschlagen, liegt in geöffnetem Zustand bündig mit dem Innenboden, der damit die Schreibfläche erweitert.

Eckschreibschrank mit abgewinkelten Lisenen. Die Klappe ist wie die Tür auf Rahmen gearbeitet. Die Füllung liegt innen bündig, so daß eine glatte Schreibfläche vorhanden ist.

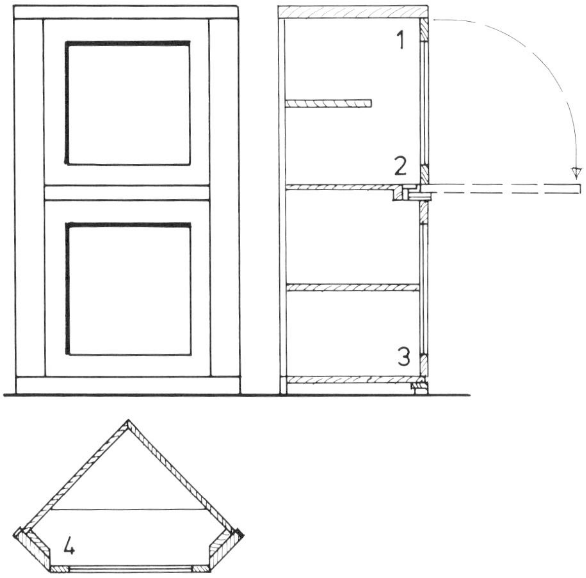

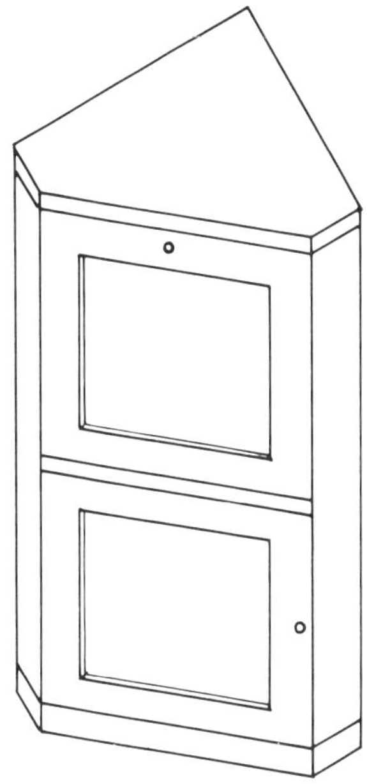

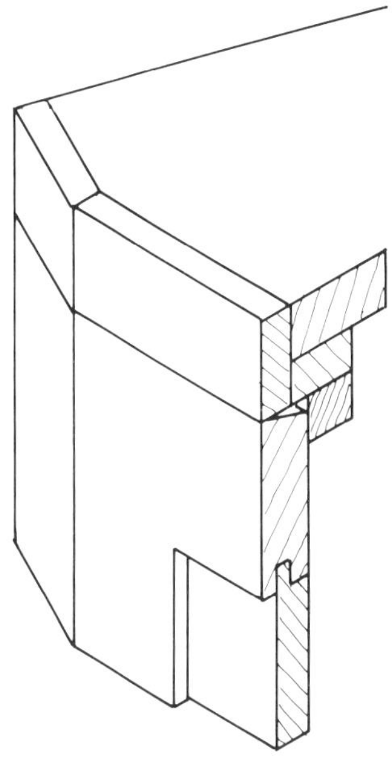

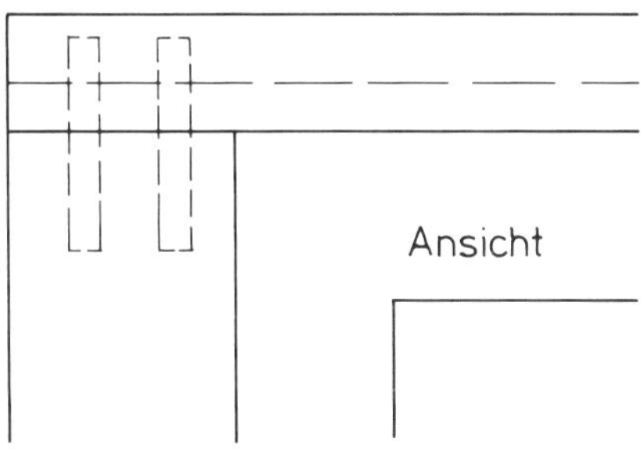

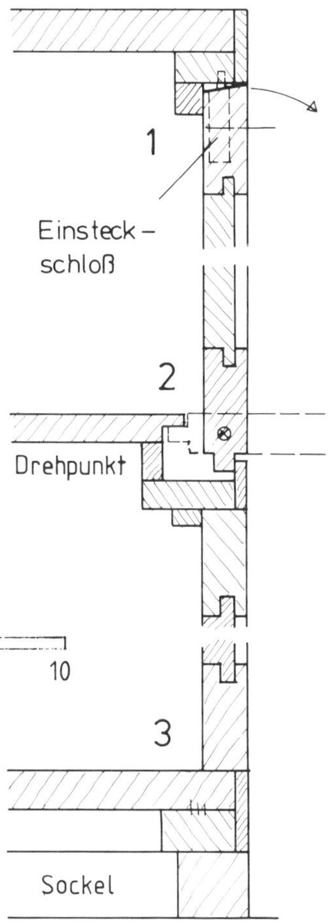

Die Ober- und Unterböden sind verstärkt und tragen Vorleimer. Die Seitenwände sind massiv, die verstärkten Lisenen stehen im rechten Winkel dazu.

Die Klappe ist mit Zapfenbändern angeschlagen und schlägt in geschlossenem Zustand hinter einen Vorleimer, in geöffnetem Zustand unter den Innenboden, so daß sie in beiden Positionen dicht schließt. Der Innenboden wird nach dem Klappenanschlag eingepaßt auf eine hochkant stehende Leiste.

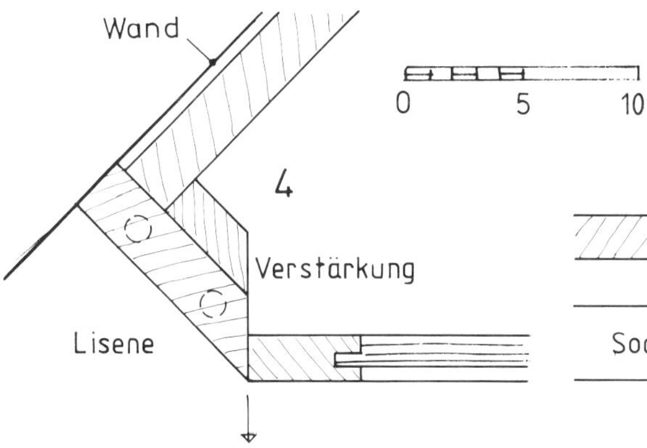

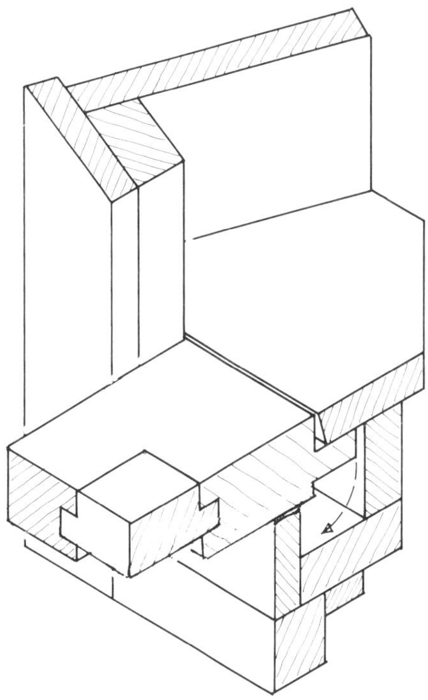

Schreibschrank mit geneigter Klappe, die durch Knaggen abgestützt wird. Der Unterboden läuft in Nuten der Seitenstege und ist ausziehbar. Die Beine, Zargen und Stäbe des Untergestells sind zusammengedübelt. Die Innenausstattung ist reichhaltig. Geschweifte, nach vorn durchlaufende Mittelwände trennen die gestaffelten Seitenfächer von denen in der Mitte.

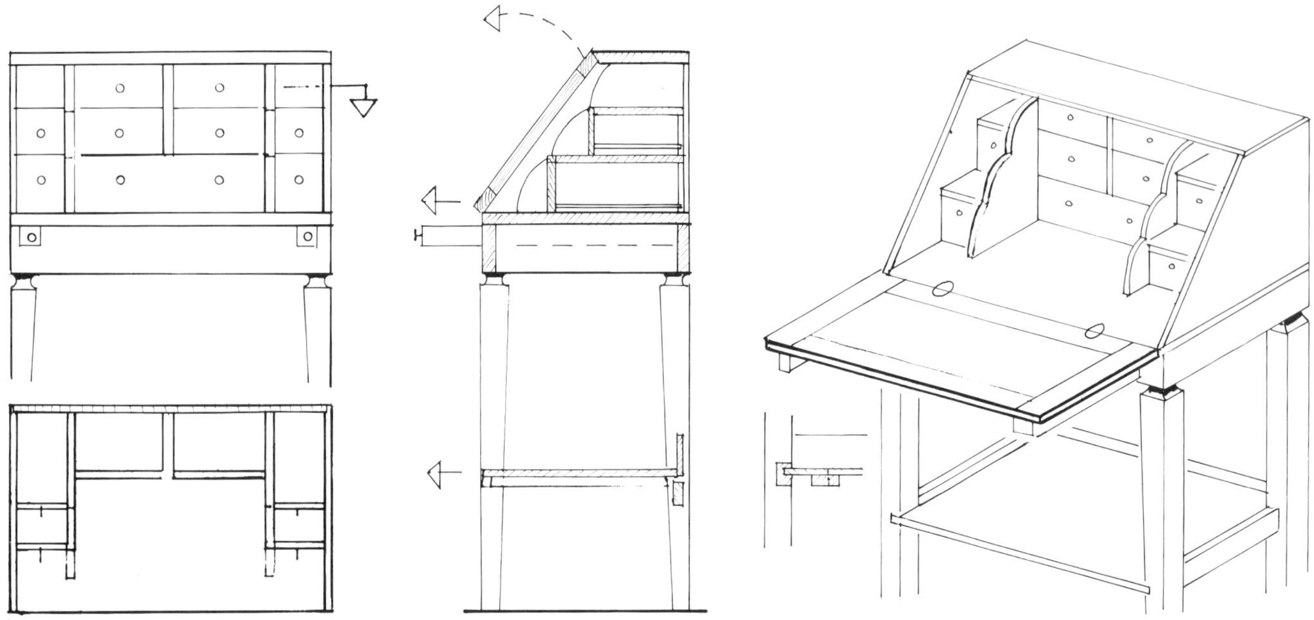

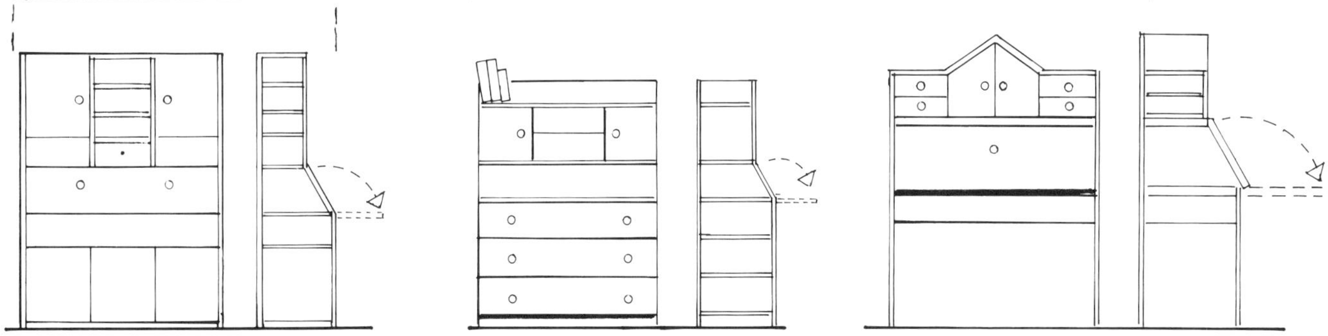

Schwere Schreibsekretäre mit geneigten Klappen, großen Aufbauten und geschlossenem Unterbau bieten enorm großen Bergeraum.

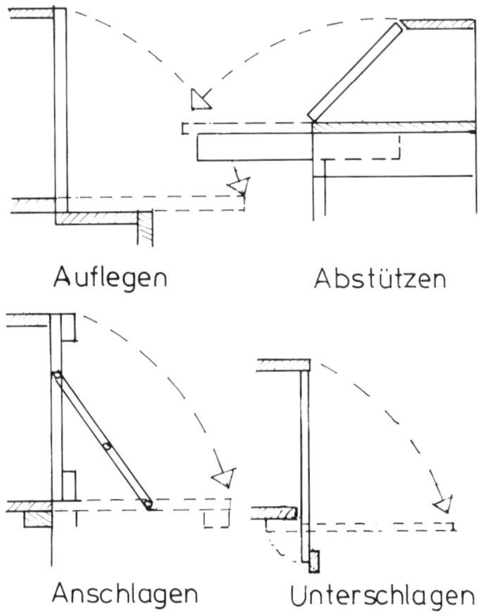

Schreibklappen müssen, wenn sie heruntergeklappt sind, abgestützt werden. Dafür gibt es mehrere Möglichkeiten:

- Auflegen auf vorstehende Unterbauten;
- Aufstützen auf seitliche Knaggen oder mittlere Bretter;
- Anschlagen mit Profilleisten gegen den Unterbau;
- Unterschlagen der Klappe zwischen den Seiten unter einen Boden.

Daneben gibt es im Handel Scheren und Bügel zum Abstoppen lotrechter wie geneigter Klappen. Die Öldruck-Klappenbremse bewirkt das langsame Absenken der Klappe und ist eine stabile Halterung. Alle diese Beschläge sind jedoch sichtbar und brauchen Platz. Wenn man ohne sie auskommen will, muß man sich für eine der zuvor beschriebenen Möglichkeiten entscheiden.

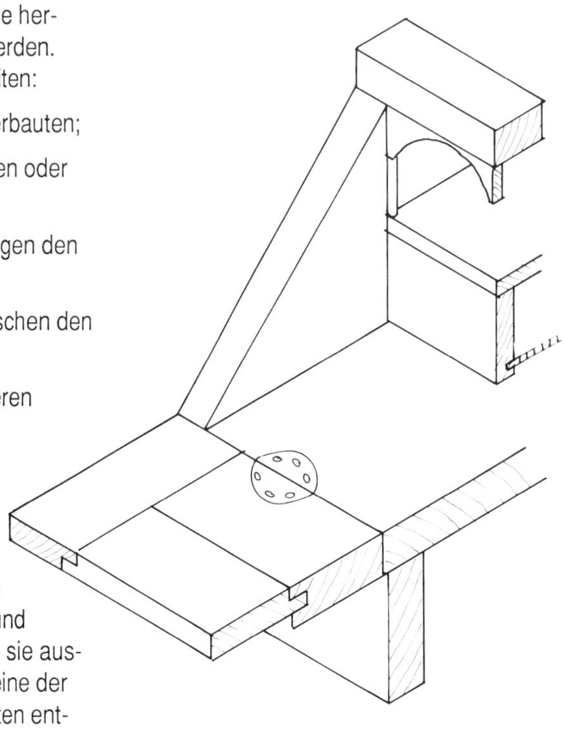

Die geneigte Klappe dieses Schreibsekretärs ist auf Rahmen gearbeitet und hat eine innenbündige Füllung als Schreibfläche. Die Innenausstattung besteht aus zwei Schubladen für DIN-A4-Blätter und drei offenen Fächern, die mit Segmentbogen verziert und durch Stäbe getrennt sind. Geheimfächer lassen sich hinter der geschlossenen Zarge unterbringen: vorgefertigte Kästchen werden von unten in Nuten eingeschoben und verriegelt.

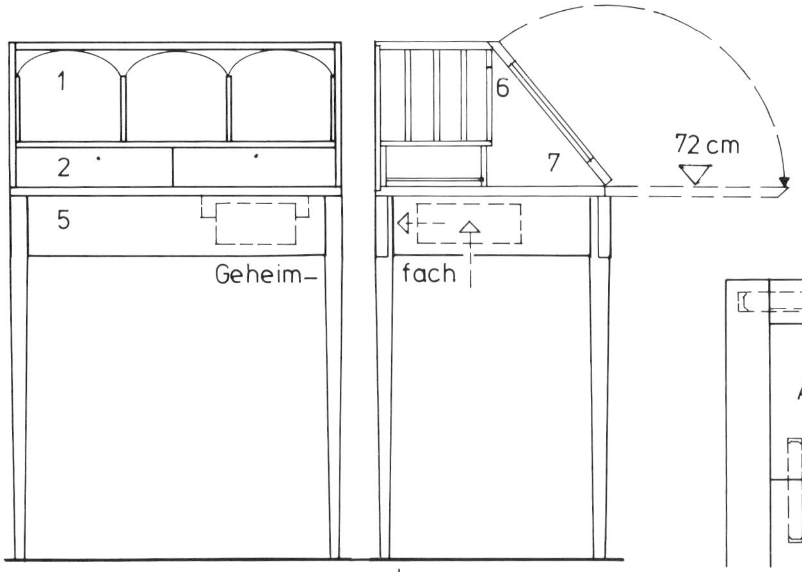

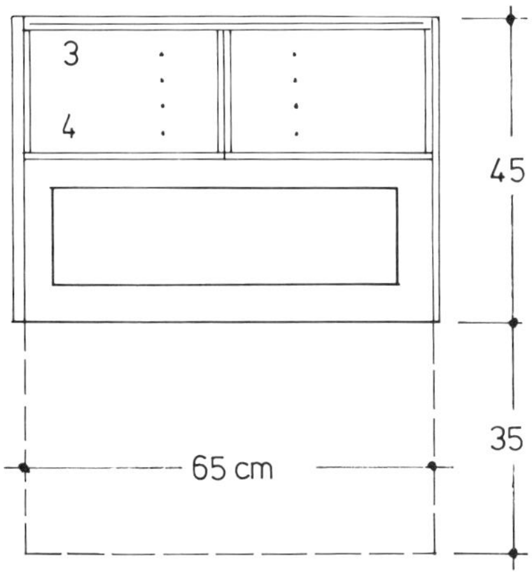

Die Klappe schlägt stumpf vor und ist damit oben wie unten gestoppt und gehalten. Die Bänder liegen innen verdeckt und sind von außen kaum sichtbar.

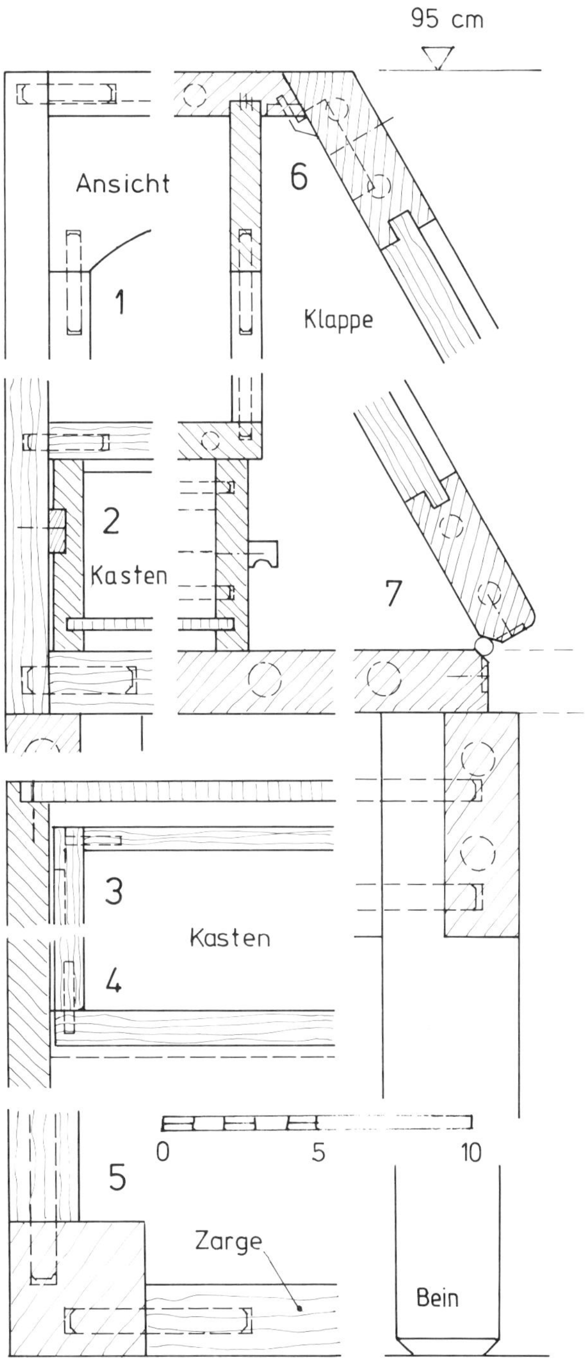

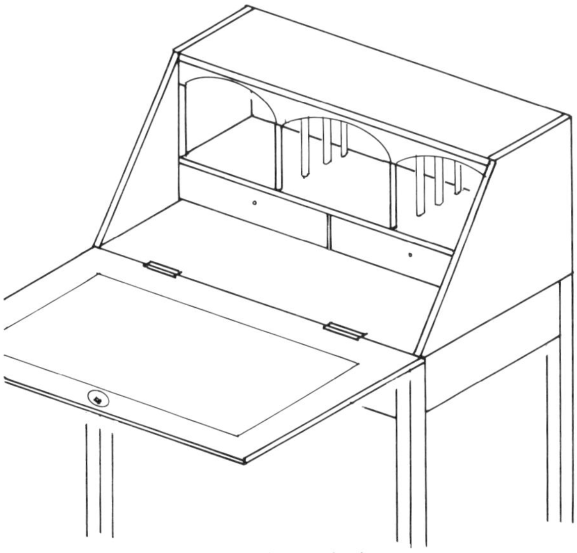

Die Beine sind leicht zugespitzt und mit den Zargen innen versetzt verdübelt.

Schreibpult mit einfacher, schräggestellter Platte. Die Leiste vorn verhindert, daß Schreibunterlagen und -utensilien abrutschen. Oben hat das Pult ein schmales Stellbrett. Das Gestell besteht aus gegeneinander versetzten Kanthölzern, die von außen her zusammengeschraubt oder verdübelt werden. Oben sind die Beine in die Platte eingestemmt, hinten mit der Längszarge verschraubt.

Stehpult mit aufklappbarem Körper, untergesteckten Beinen, einem Zwischenboden mit Querzarge und einem ausziehbaren Abstellbrett.

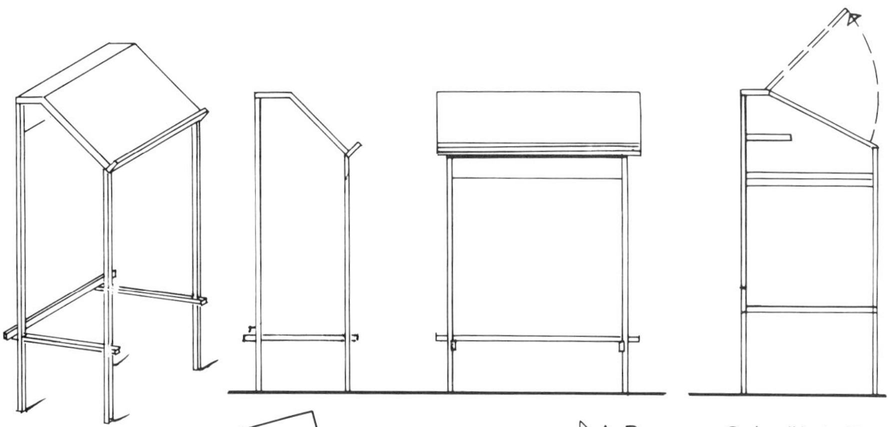

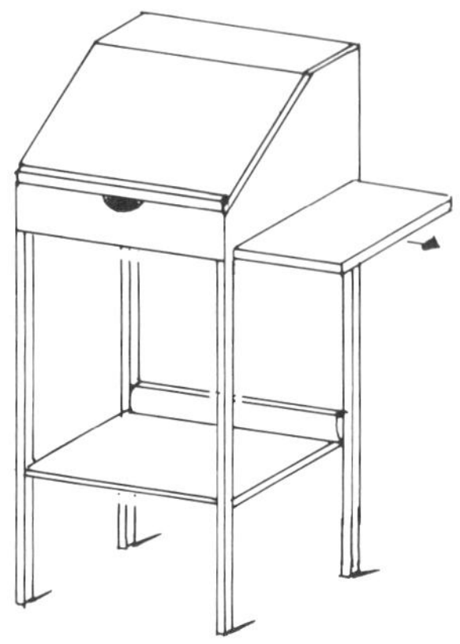

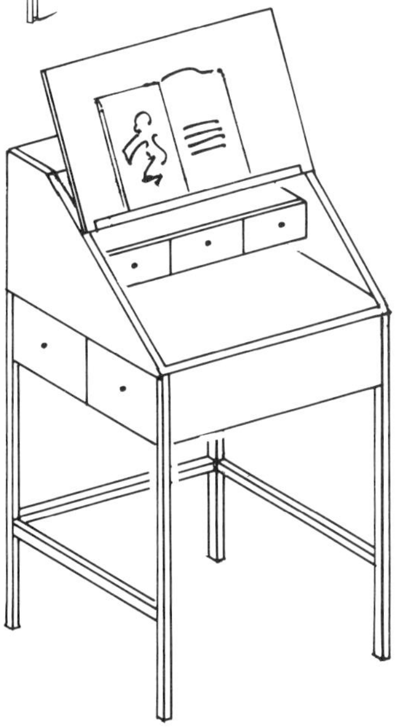

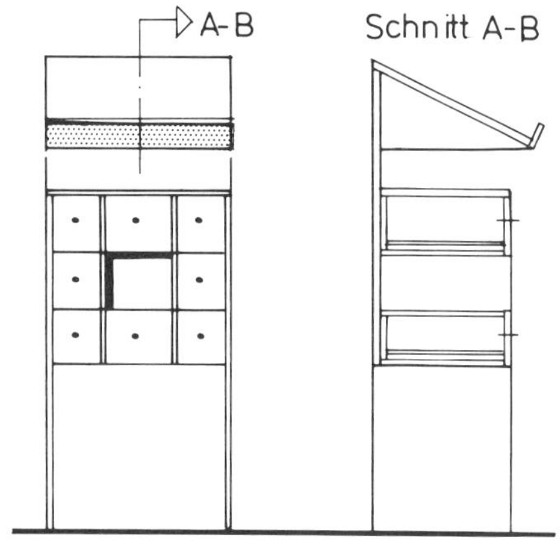

Links ein Stehpult, das innen und außen Schubkästen hat. Die Klappe dient in geschlossenem Zustand als Schreibfläche, in geöffnetem Zustand zum Abstellen von Büchern oder Zeitschriften. Innen wie außen sind an der unteren Längskante Halteleisten angebracht.

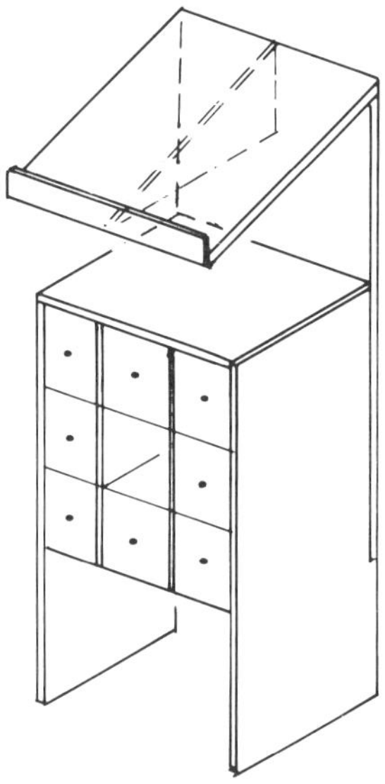

Dieses Stehpult in Wangenkonstruktion hat im unteren Teil einen Schubkastenkörper. Die frei auskragende feststehende Platte ist mit einer Knagge gegen die Rückwand abgestützt.

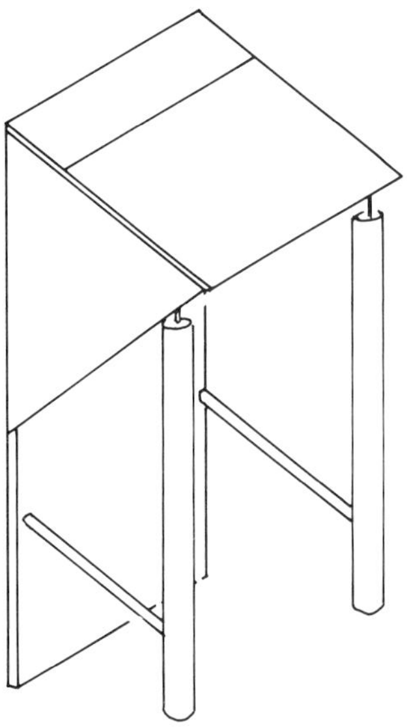

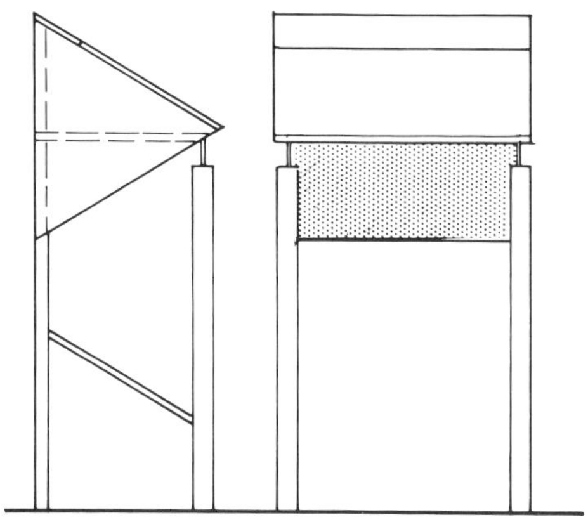

Stehpult mit aufklappbarem dreieckigem Körper und geradem Innenboden. Die vorderen Säulen sind mit Stäben schräg zur durchgehenden Rückwand hin abgestützt.

Links ein Schreibtisch mit geschweifter Platte. Der Schubkastenkörper und die Wange sind durch einen Steg verbunden.

Rechts ein Schreibtischchen mit eingelassener Klappe und U-förmig umlaufendem Rahmen. Der Kastenboden ist in die Zarge eingenutet, der Quersteg etwas nach hinten versetzt zwischen die Seitenstege gedübelt.

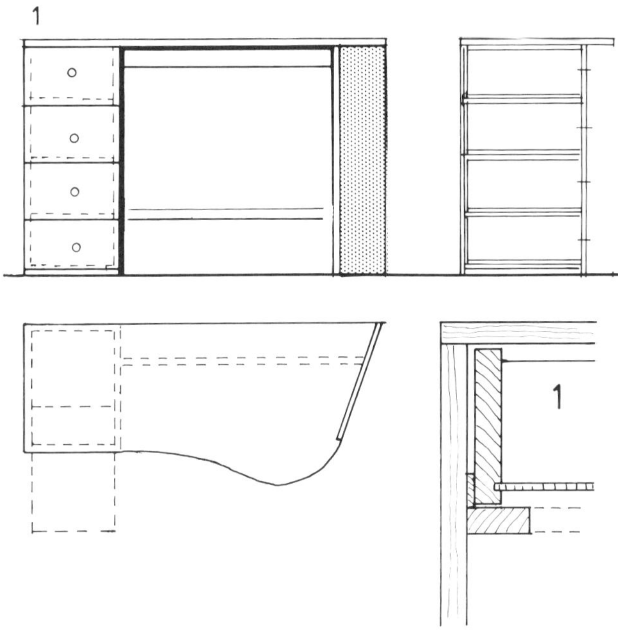

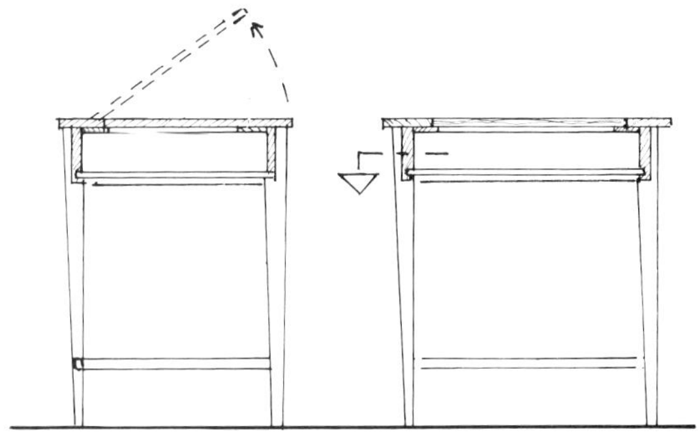

Unten ein Schreibtisch mit runden, leicht konisch zulaufenden Beinen. Die Seitenteile des Aufsatzes, der zwei Schubkästen und ein offenes Fach enthält, sind mit der Platte verdübelt und durch die Rückwand ausgesteift.

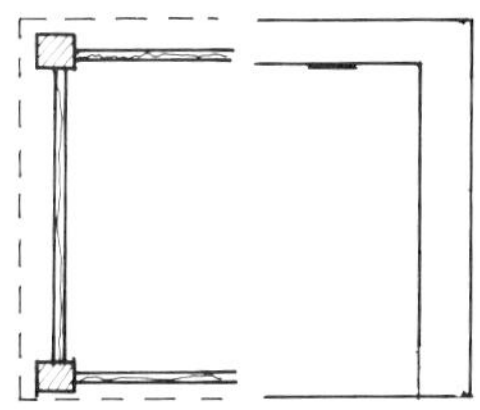

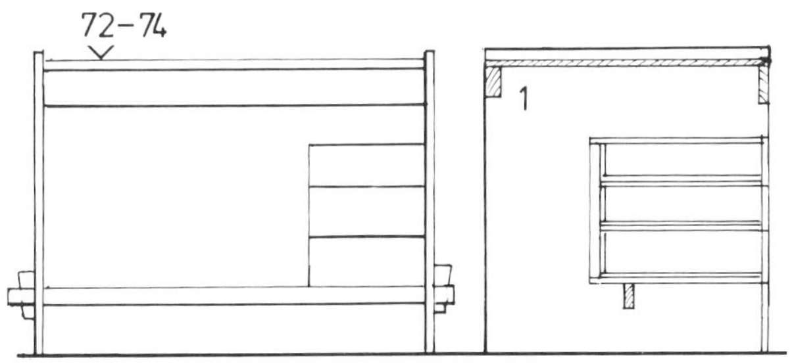

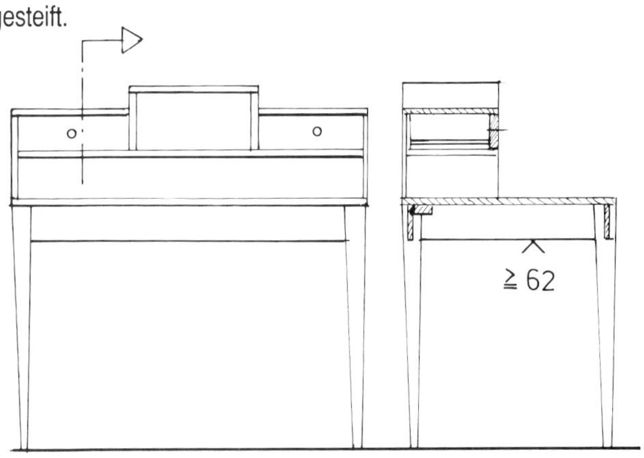

Schreibtisch mit verkeiltem Steg zwischen den Wangen. Der Schubkastenkörper sitzt auf dem Steg auf. Die Tischplatte ist zwischen den Seiten vorn auf die Zarge aufgeleimt und hinten mit Nutklötzen gehalten.

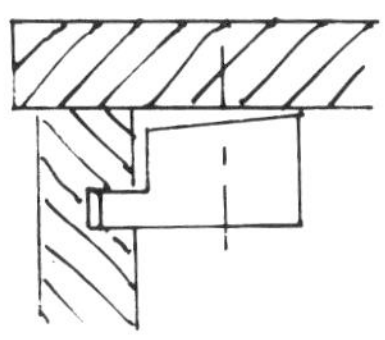

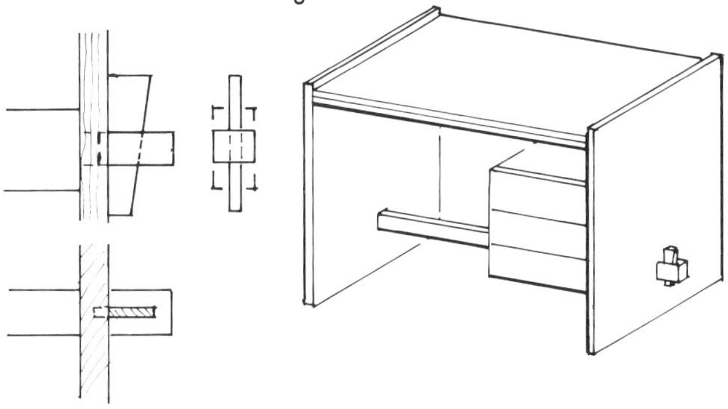

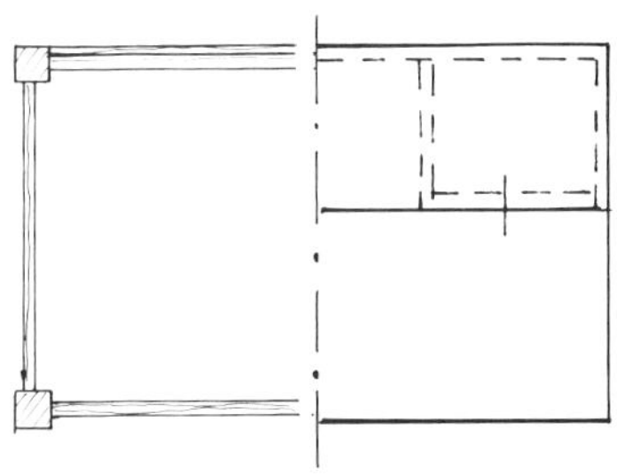

Die Beine sind mit den Zargen verdübelt. Die Platte wird durch Nutklötze gehalten.

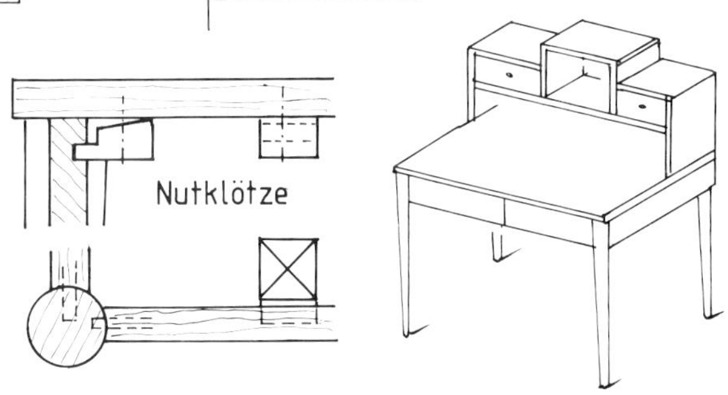

Wohntürme sind Allseitenmöbel, sie stehen meist frei im Raum. Es ist sehr reizvoll, sie plastisch zu gestalten. Dennoch bestimmen vielfach technische und konstruktive Aspekte ihr Aussehen. Die Brettkonstruktion links hat wegen der geschlossenen Wangen nur geringe Transparenz im Gegensatz zu den Stollenkonstruktionen daneben. Die Stollen können quadratische oder rechteckige Querschnitte aufweisen. Die diagonal gestellten Stollen sind durch Querbretter verbunden, die im Kreuzungspunkt in entsprechenden Ausklinkungen ineinandergreifen.

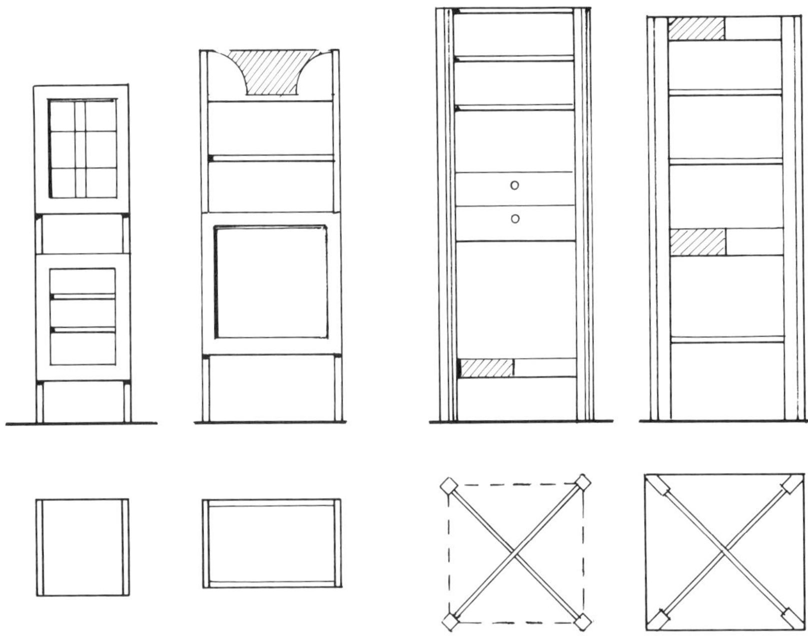

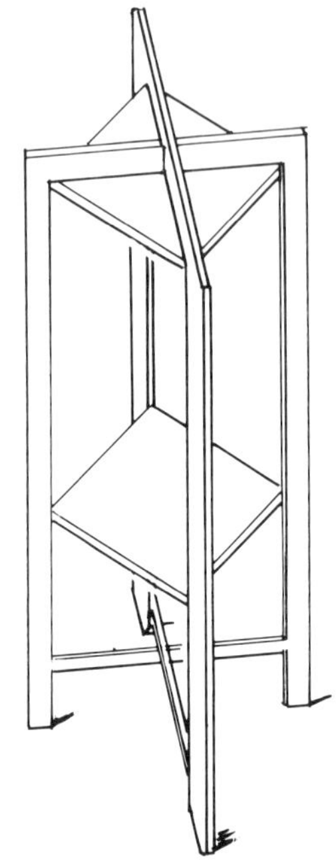

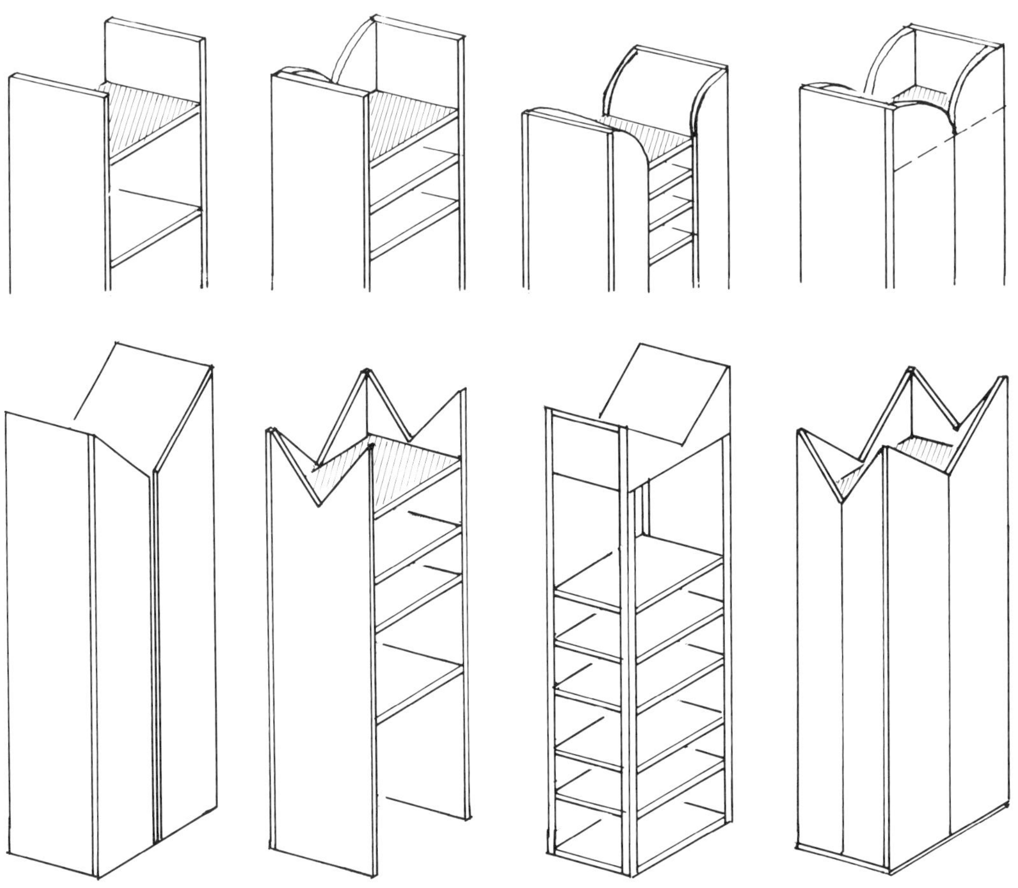

Der obere Abschluß der Türen, Wangen und Zargen bestimmt das Aussehen der mehr oder weniger geschlossenen Wohntürme unten. Sattel- oder Pultdächer, eckige, spitze oder runde Lösungen, nach innen oder nach außen geneigte Flächen und Kanten – hier bieten sich viele Möglichkeiten der Gestaltung.

Brettstollen in Winkelform haben die Wohntürme auf dieser Seite gemeinsam. Die Winkel können nach außen oder nach innen gekehrt sein. Die Böden, Giebel oder Zargen lassen sich einfach dazwischenschrauben oder -dübeln. Die Böden erhalten, wenn sie außen bündig abschließen sollen, an den Ecken entsprechende Aussparungen. Bei nach innen gekehrten Winkeln werden in den Stollen Schlitze angebracht, um die Böden aufzunehmen. Oben werden die Stollen gerade oder schräg geschnitten. Sie können mit dem Oberboden bündig abschließen oder überstehen.

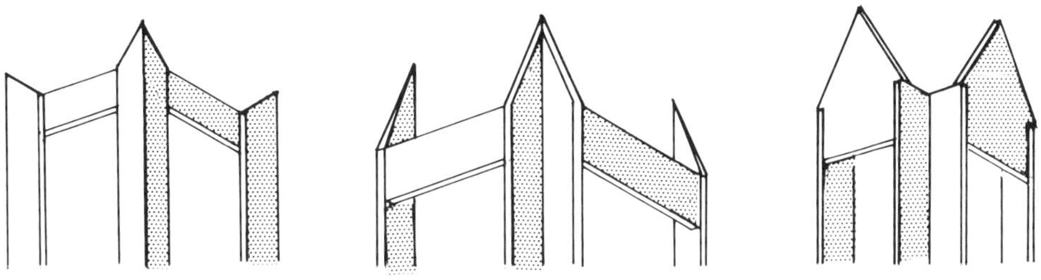

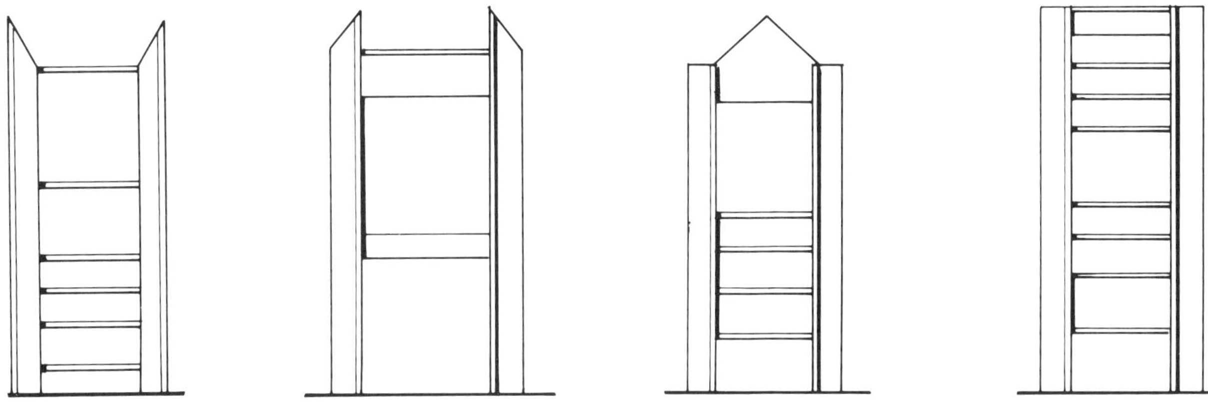

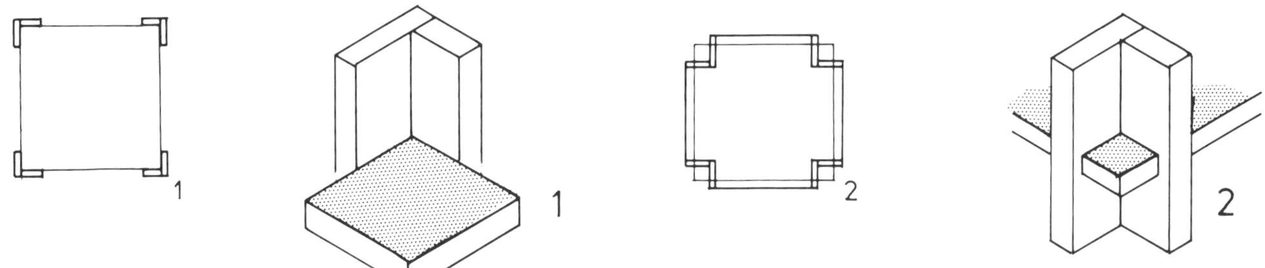

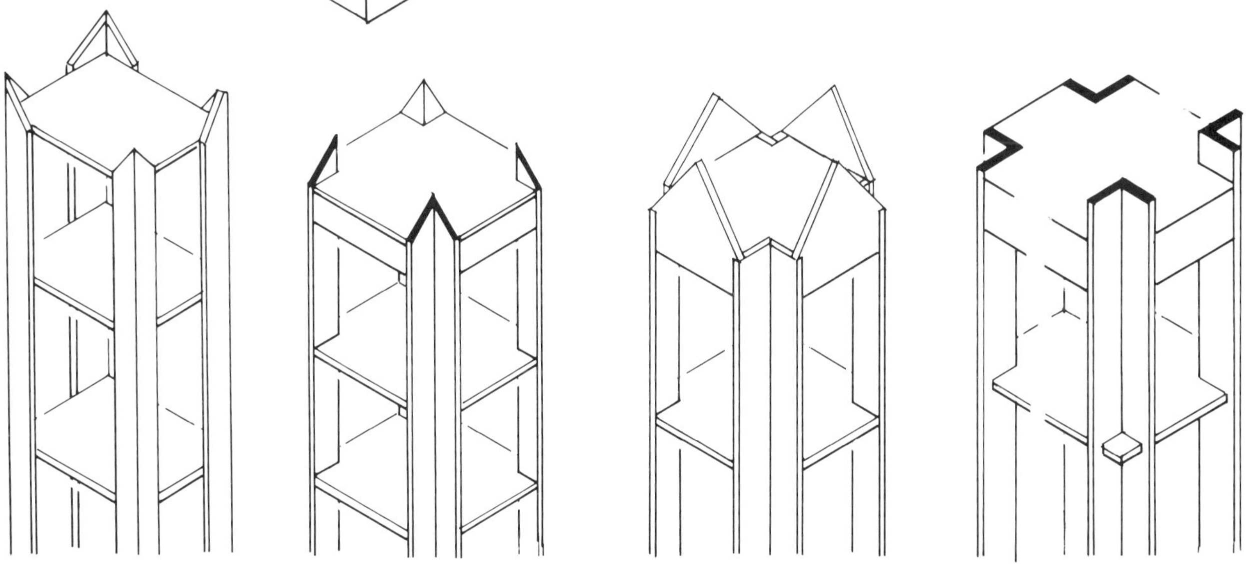

Dachformen eignen sich gut als oberer Abschluß von schmalen Regalen und Wohntürmen. Satteldächer werden einmal durch ihren Neigungswinkel bestimmt, zum anderen durch die Gestaltung der Dachseiten. Nach innen gekehrte Dachflächen ergeben in der Frontansicht ein kronenartiges Erscheinungsbild.

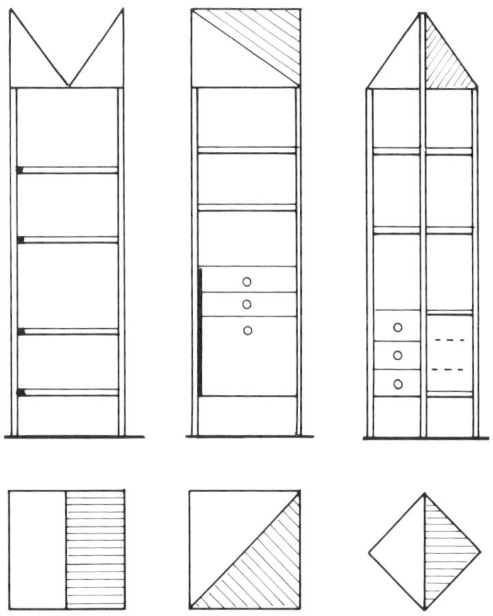

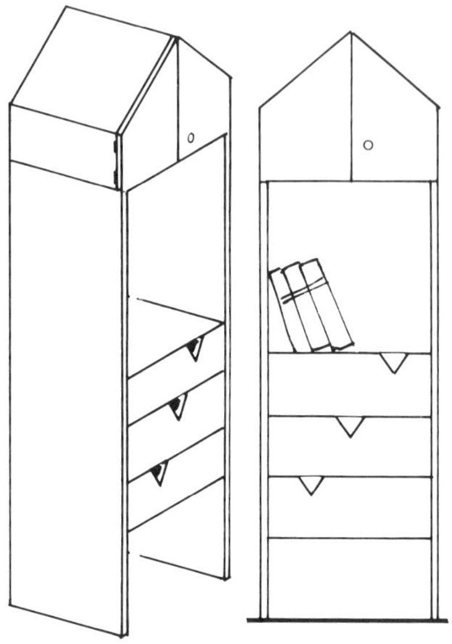

Die Firstlinie verläuft üblicherweise parallel zu den Seiten des Baukörpers. Bei diagonalem Verlauf ergeben sich dreieckige, pultdachartige Seitenansichten, die auch offene Dreiecke bleiben können.

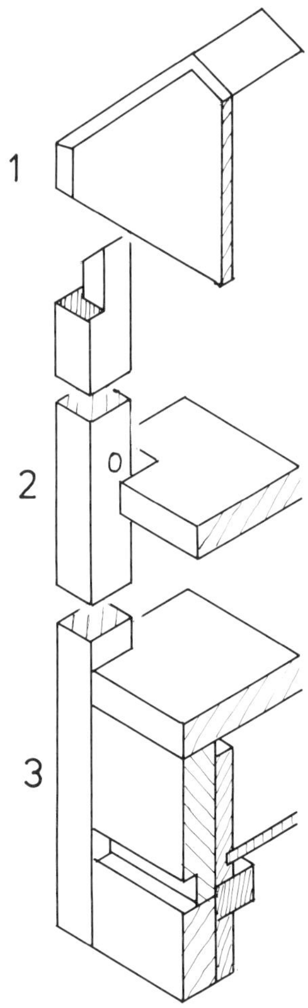

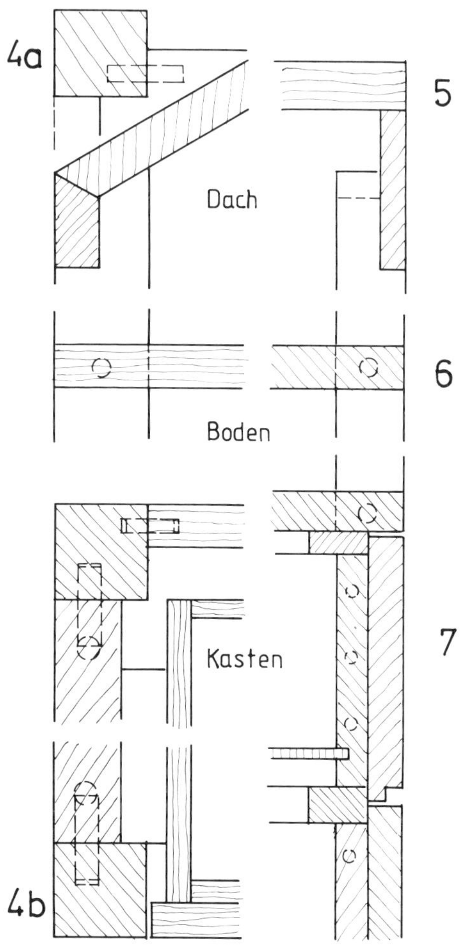

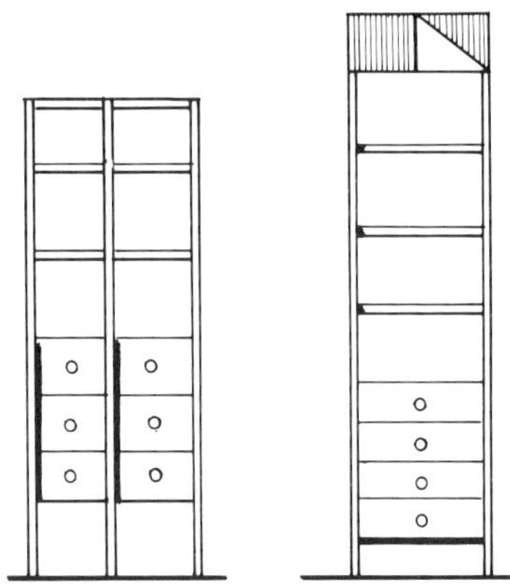

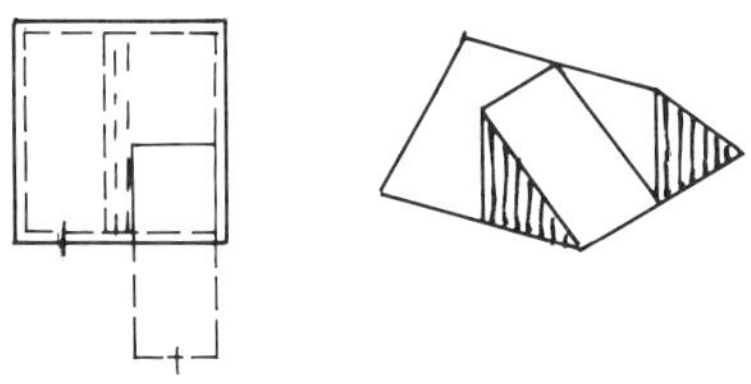

Dieses Satteldach, bei dem ein Viertel ausgeschnitten und gedreht wurde, ist besonders lebendig in der gestalterischen Wirkung.

Bei diesem Stollenmöbel mit Satteldach werden die Kanteln der Stollen mit den Seiten und der Rückwand des Schubladenkörpers außenbündig verdübelt (Details siehe linke Seite).

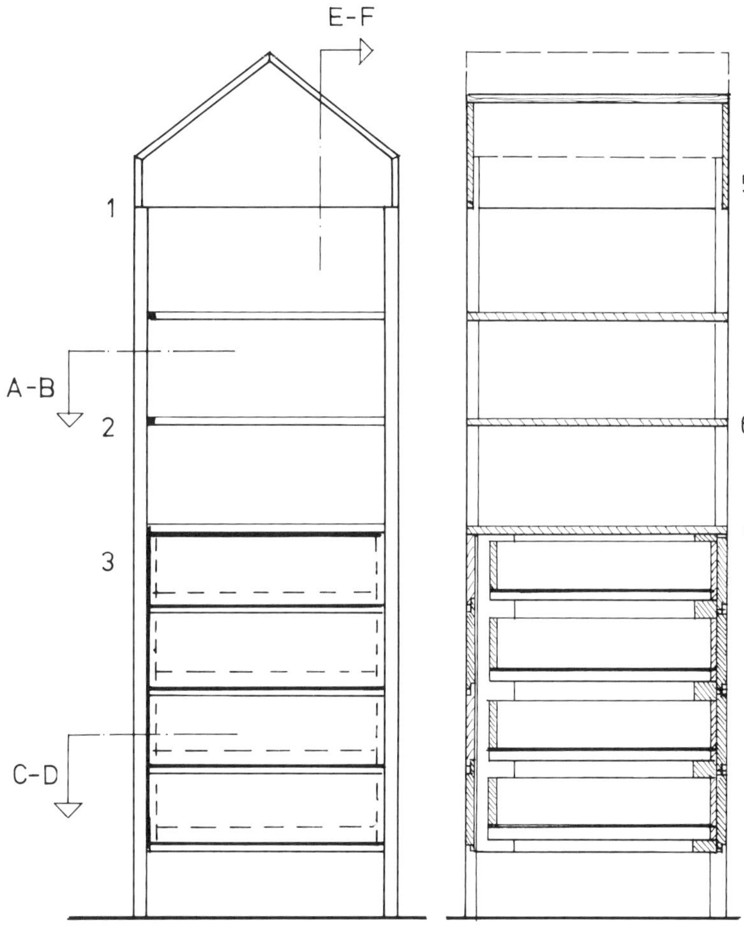

E-F

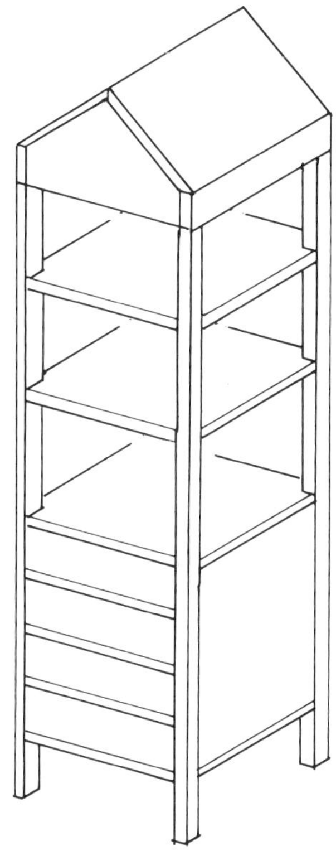

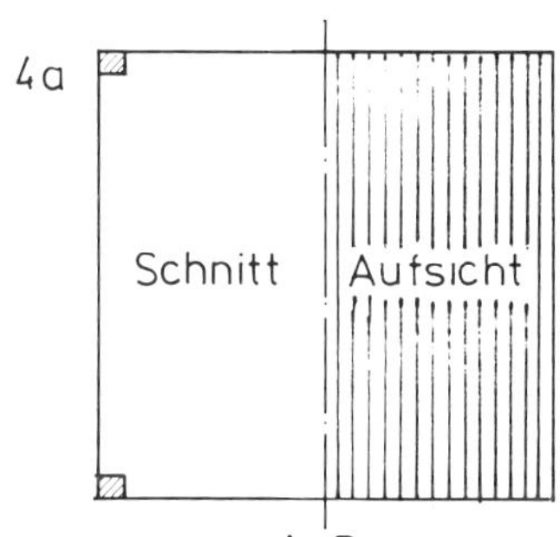

A-B

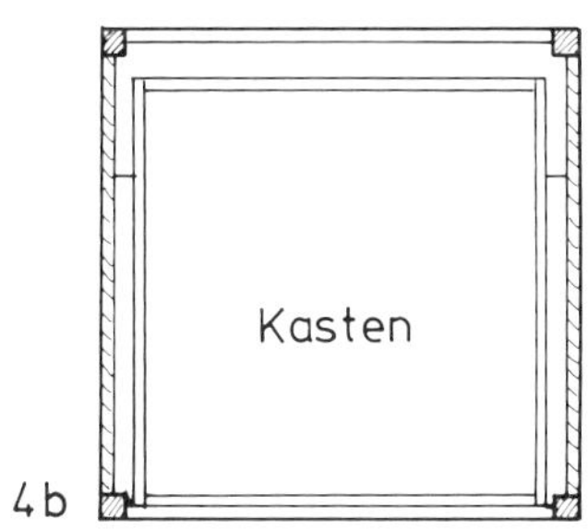

C-D

Das Dach entsteht aus verdübelten Zargen und aufgesetzten, auf Gehrung geschnittenen Flächen. Die Kanteln werden der Detailzeichnung entsprechend abgesetzt und mit dem Dach verleimt, die Böden an den Ecken ausgeschnitten und mit den Stollen verdübelt. Laufrahmen und Streichleisten der Schubladen werden von innen mit den Kanteln und Seiten verschraubt.

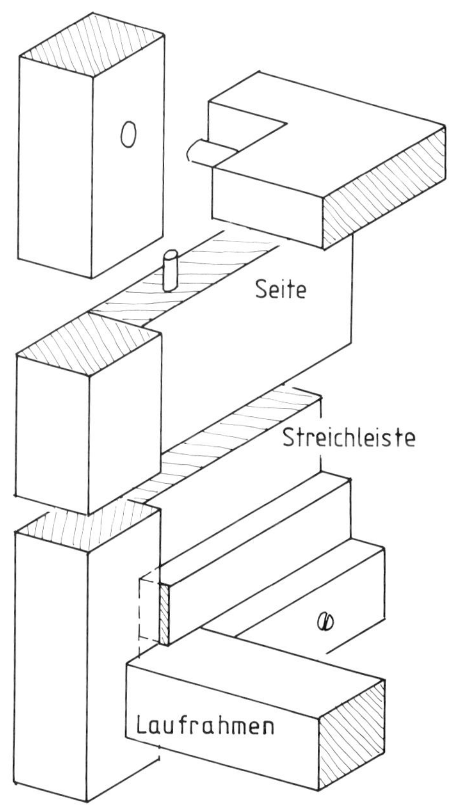

Bei den Wohntürmen auf dieser Seite lassen sich die Seitenteile als Gitterwerke vorfertigen. Der Turm kann nach dem Zusammenbau geschlossene (a) oder offene (b) Stöße haben. Bei dem Wohnturm unten bilden Winkelleitern das Tragwerk. Sie sind an die Ecken der Böden angedübelt. Der Oberboden erhält seinen Ausschnitt schon bei der Verleimung der Bretter. Die Sprossenpyramide wird später eingesetzt.

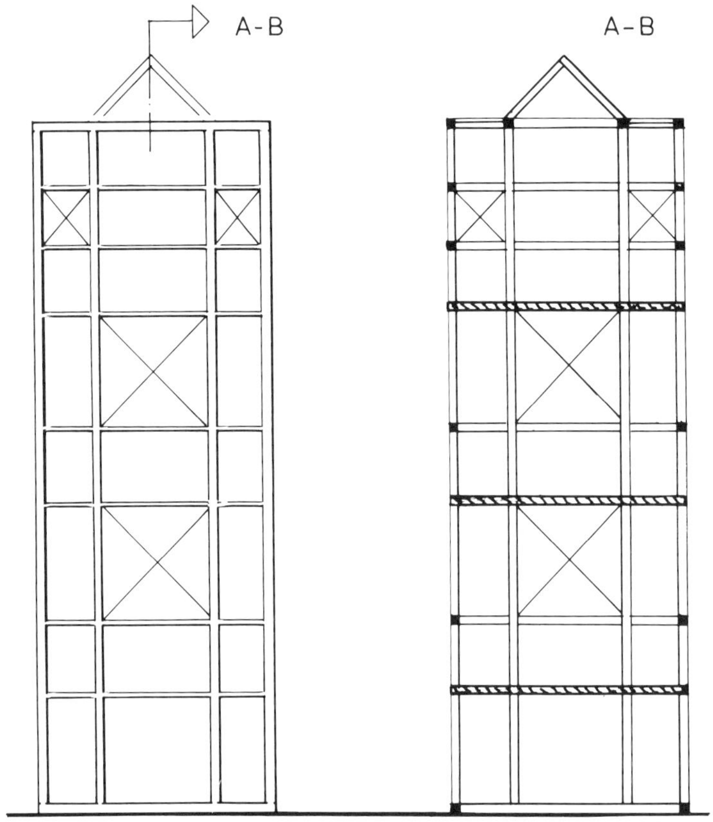

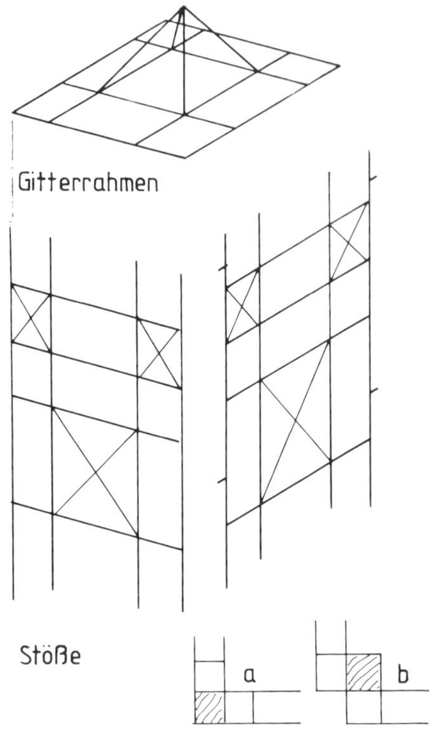

Winkelleitern

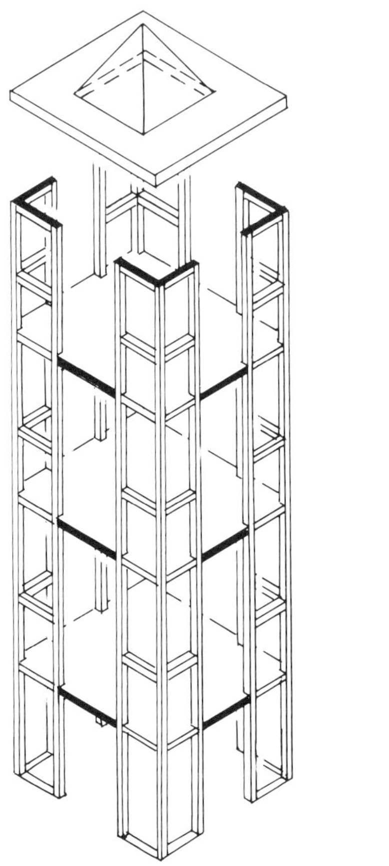

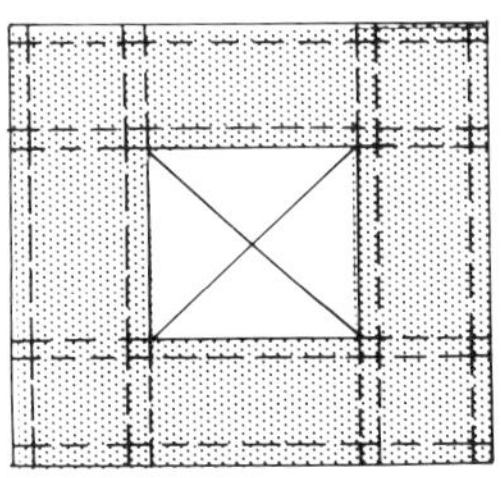

1

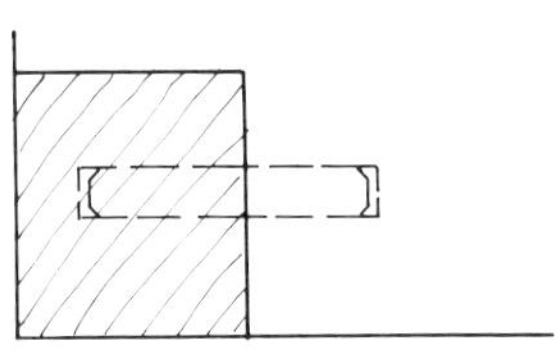

2

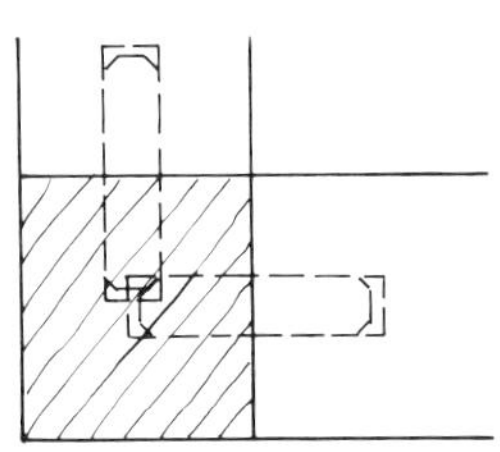

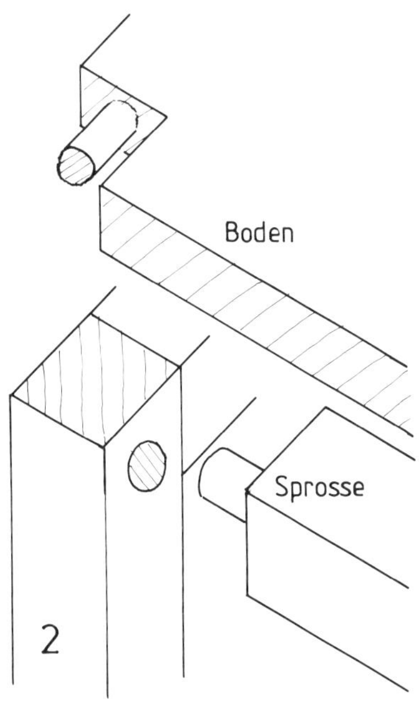

2

Bei diesem Wohnturm sind die tragenden Stützen nicht an die Ecken, sondern in die Mitte der Seiten gesetzt. Der Ausschnitt der Dachecken ergibt einen besonders interessanten Effekt. Die Bretter werden verdübelt, dadurch ist die Fertigung recht einfach. Die Dachflächen sollten erst nach dem Aufleimen auf die Zargen bündig abgeschnitten und geschliffen werden. Auch für geübte Tischler dürfte es kaum möglich sein, die richtige Kantenschräge vorher zu ermitteln und herzustellen.

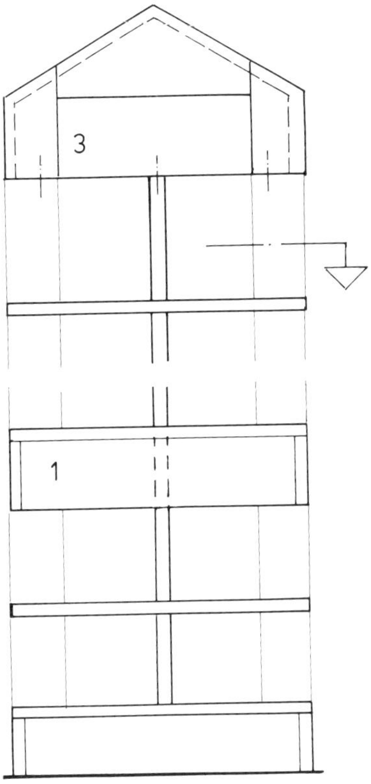

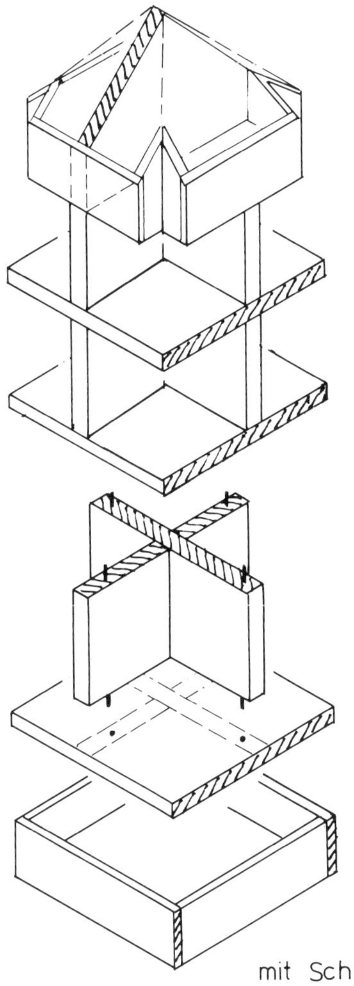

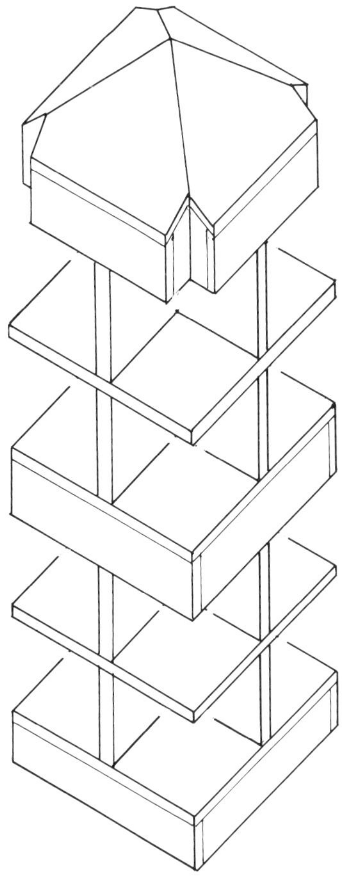

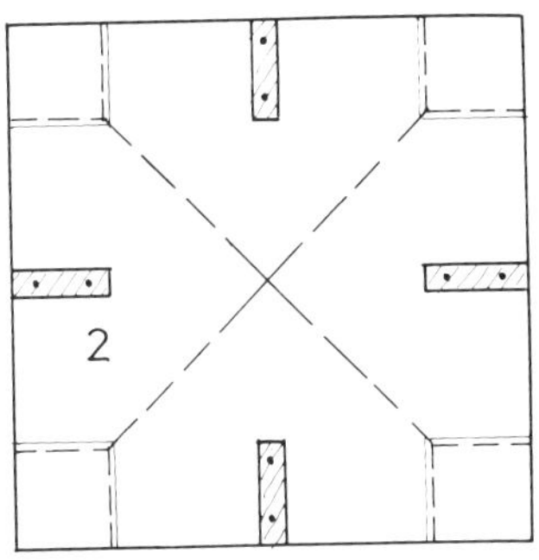

mit Scheiben

mit Stollen

Die seitlichen Achsen dieser Regale können als durchlaufende Stützen, aber auch als Scheiben zwischen den Böden konstruiert werden.

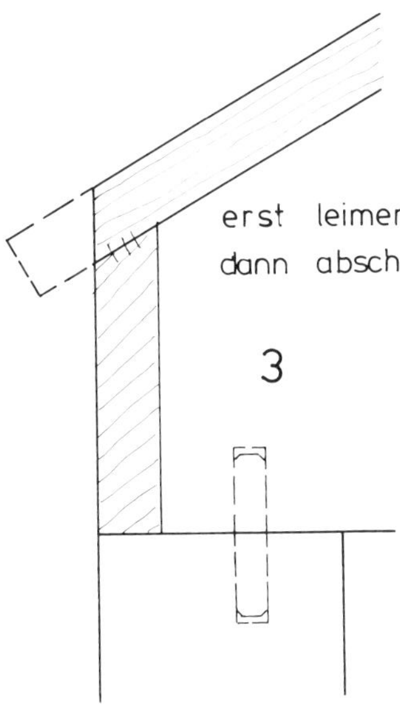

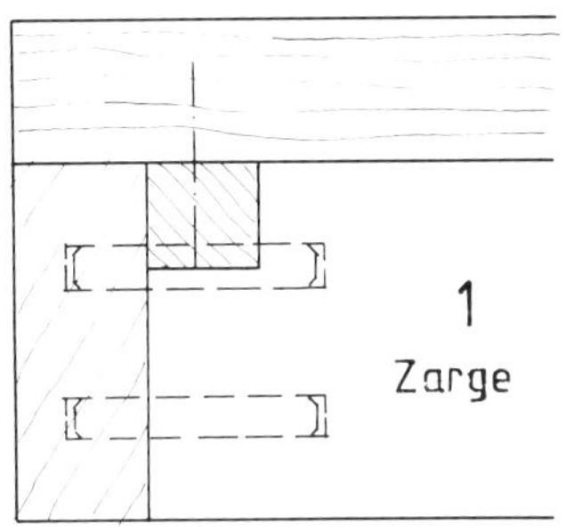

1
Zarge

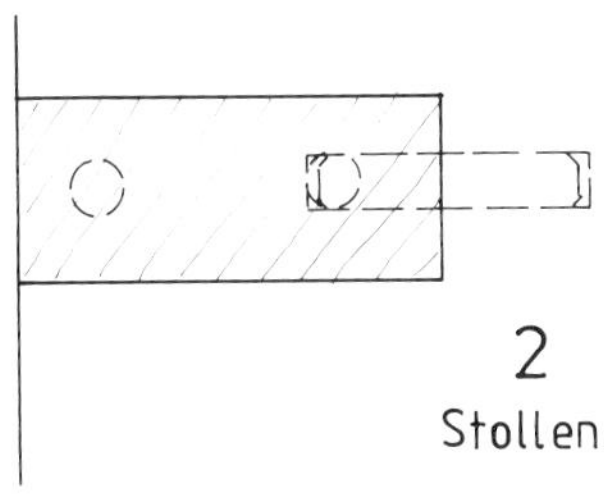

2
Stollen

Möbelprogramme bestehen aus aufeinander abgestimmten Einzelstücken, die in Form und Gestaltung zueinander passen sollen. Die einzelnen Programmteile hier haben einmal die Rahmenkonstruktion gemeinsam und zum anderen das Quadrat als Gestaltungselement. Die hohen Rahmen sind so durch Querstücke gegliedert, daß im unteren Teil ein quadratisches Feld entsteht.

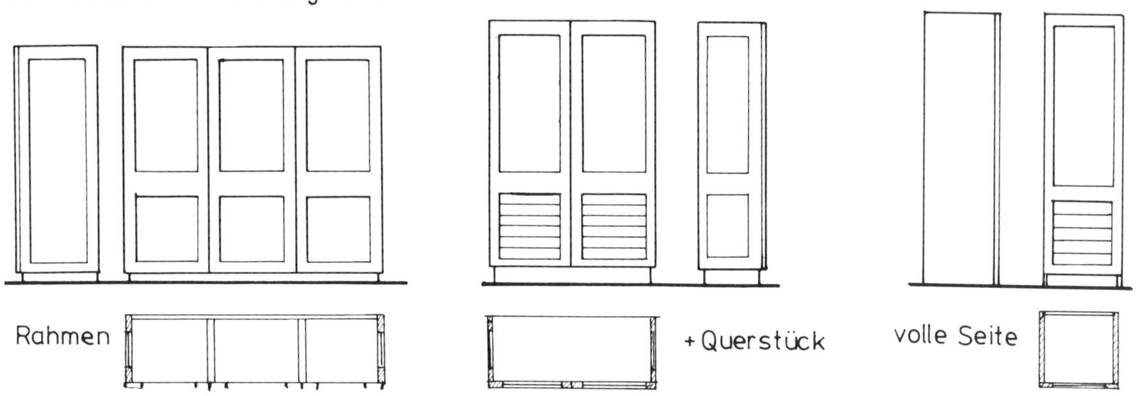

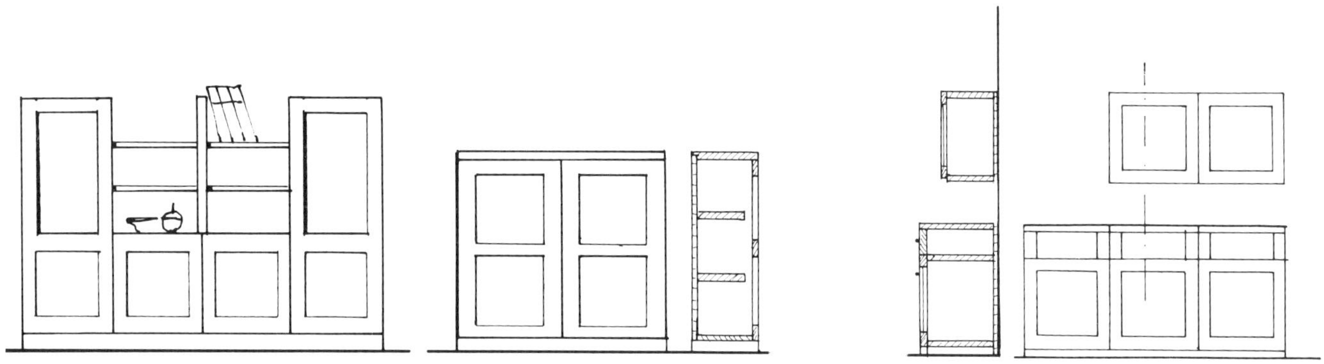

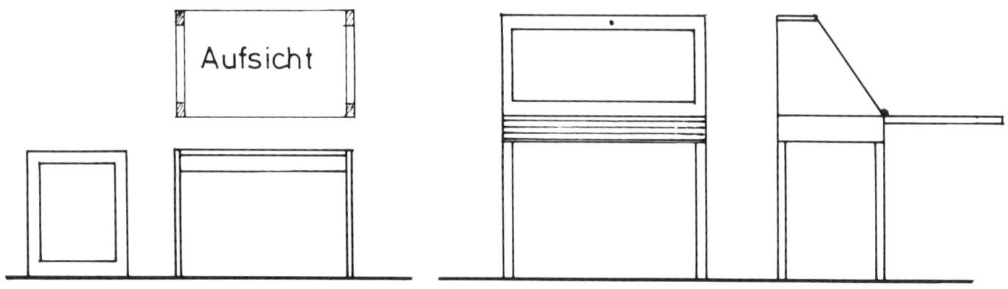

Die Schrankseiten können bei geringen Tiefen voll, aber auch auf Rahmen mit und ohne Querstück gearbeitet werden, wie die obere Reihe zeigt. Darunter sind Kombinationen von Schränken mit Regalen, Schubladen und halbtiefen Hängeschränken abgebildet.

Quadrate lassen sich sehr verschieden gliedern, das kann bei den Füllungen im Rahmenbau genutzt werden. Die Fugen laufen aufrecht oder waagerecht, die Felder sind glatt oder seitlich betont. Kombinierte und integrierte Lösungen ergänzen die Möglichkeiten. Die Mitte wird betont bei aufrechten oder waagerechten Hölzern und bei auf Gehrung zusammengesetzten Streifen.

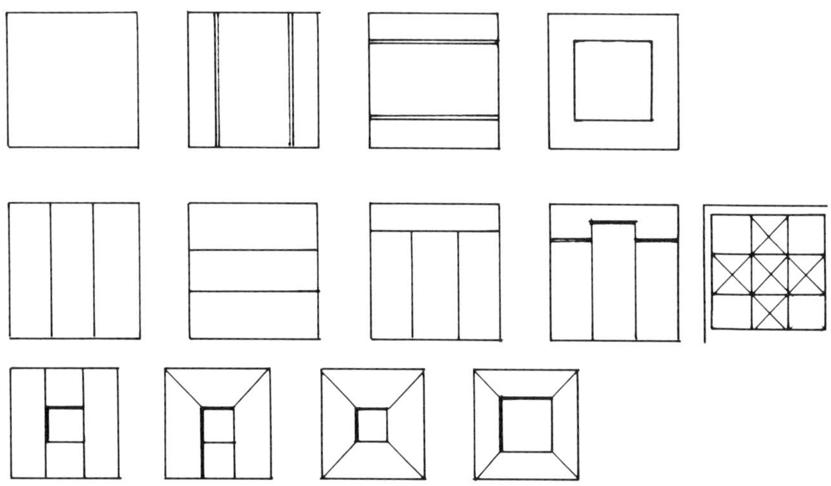

Die Querstücke dieser Rahmentüren sind gestalterisch wichtig. Sie werden vor dem Zusammenbau profiliert. Die Seitenteile können entweder in Rahmenbauweise oder glatt gefertigt werden.

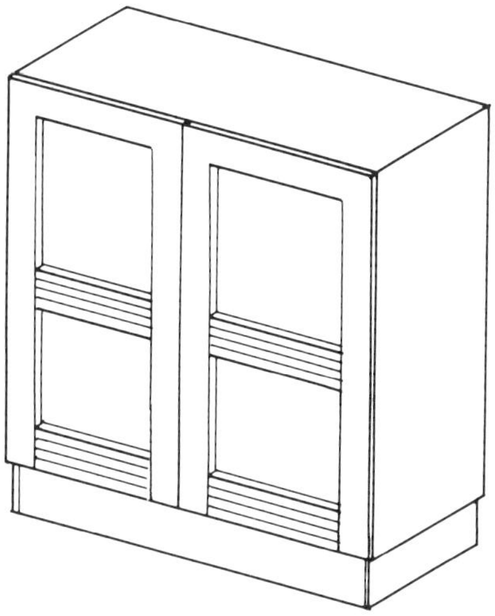

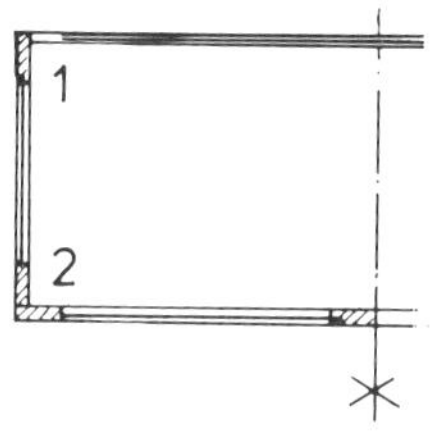

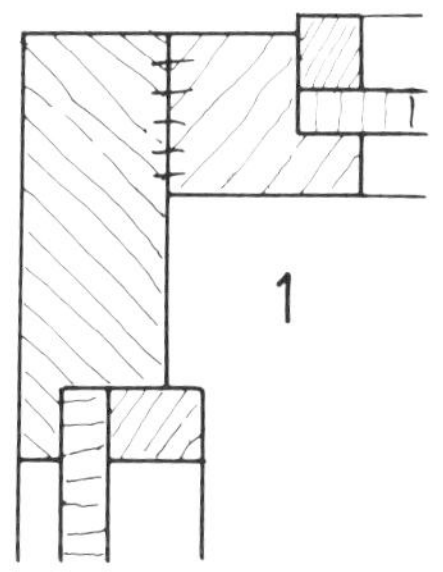

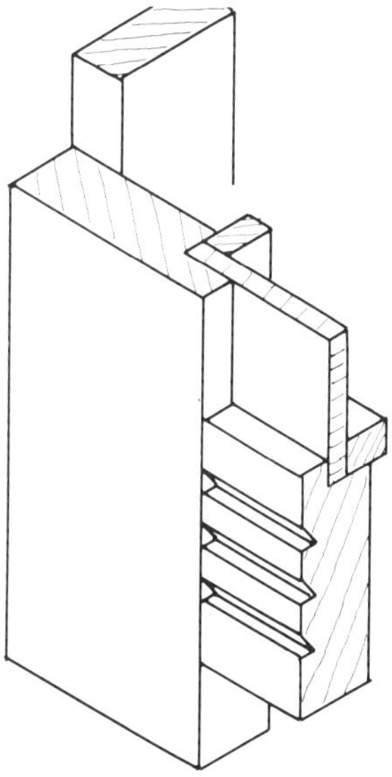

Für die Füllungen sind mehrere Lösungen möglich: Flächen glatt oder reliefiert, Bretter gefast oder genutet, in Reihe oder versetzt, Flächen aufgedicktet oder geschlitzt, Raster und Stäbe bündig oder versetzt. Glasfüllungen gehen glatt durch oder haben Sprossen, sind eingesteckt oder verleistet.

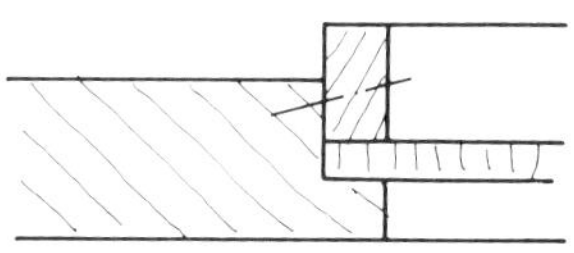

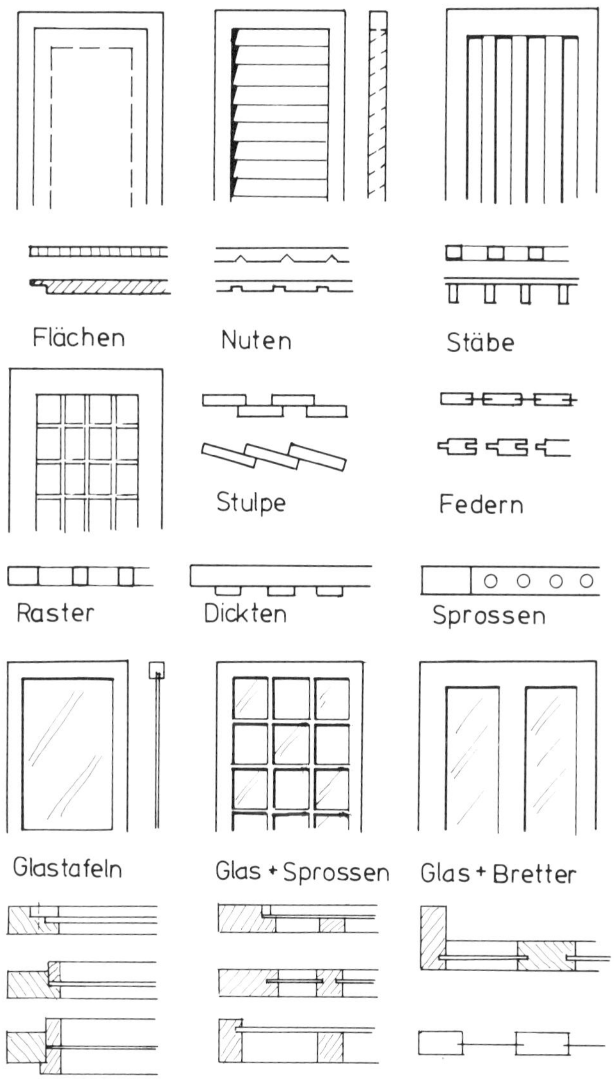

Dieses Programm hat waagerecht angeordnete Rechtecke als konstruktive Gemeinsamkeit. Dargestellt sind ein- und mehrtürige Schränke, Eck- und Hängeschränke, Kommoden, Anrichten, Schreibtische.

Die Felder können geschlossen oder verglast, die Rahmen tragend oder aufgedicktet sein. Türen und Schubkästen werden in gleicher Weise gestaltet.

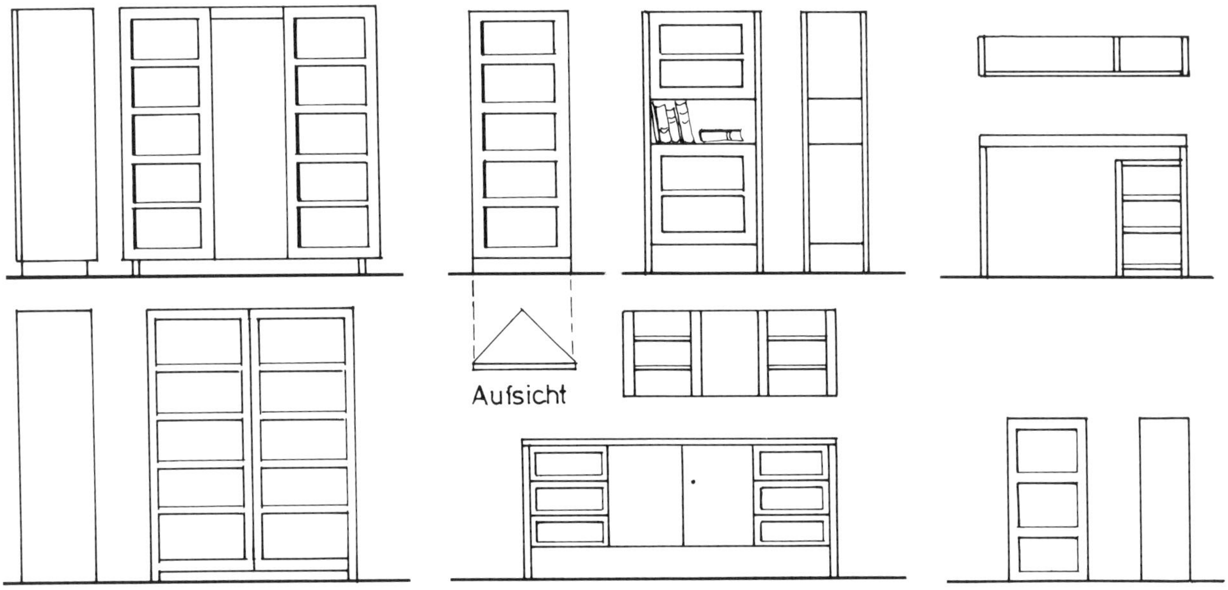

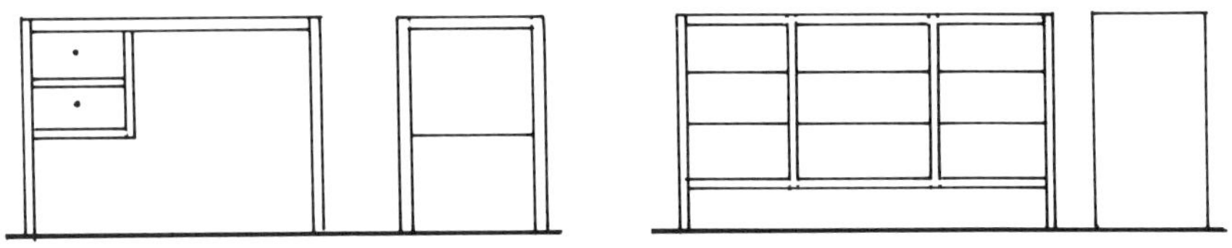

Aufdicktungen müssen immer mit der Faserrichtung des Untergrunds parallel laufen, damit das Holz in gleicher Richtung arbeiten kann.

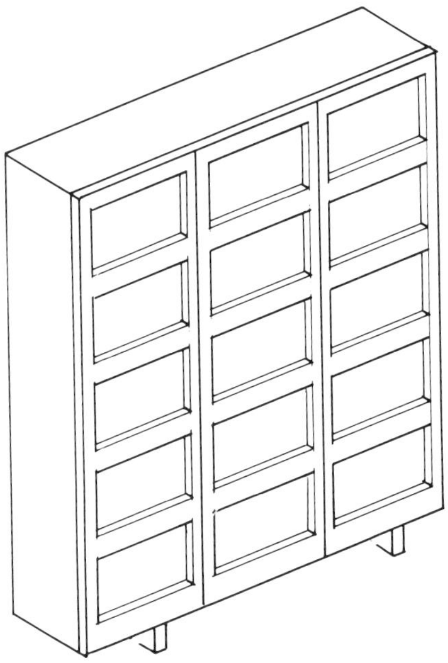

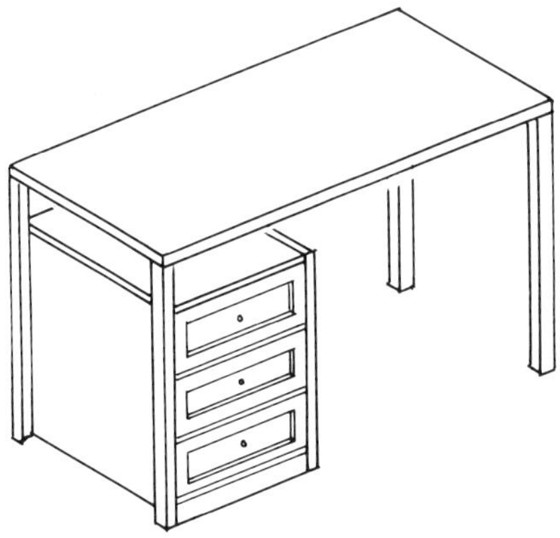

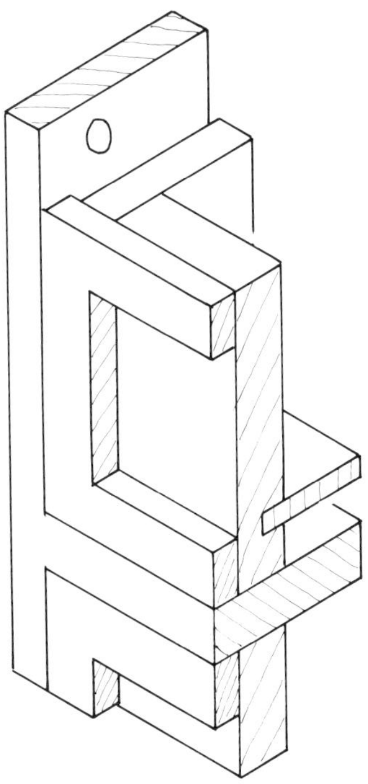

Die rechteckigen Felder bei den hier gezeigten Möbeln entstehen als Rahmen mit Füllung oder durch aufgedicktete Leisten. Die Elementfugen müssen nicht immer durchlaufen, auch der versetzte Stoß kann reizvoll wirken, wie die Kommode in der Mitte unten zeigt.

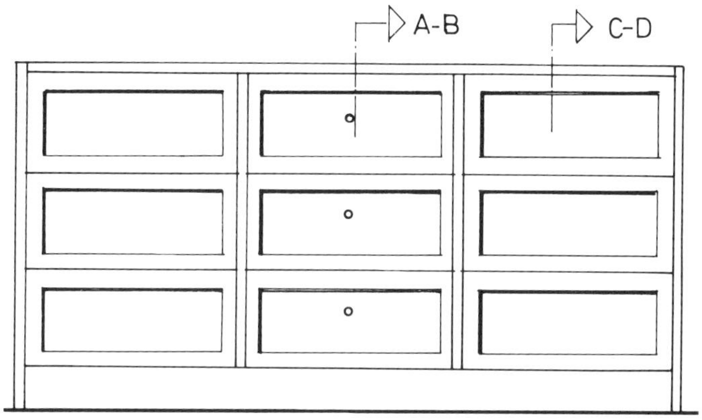

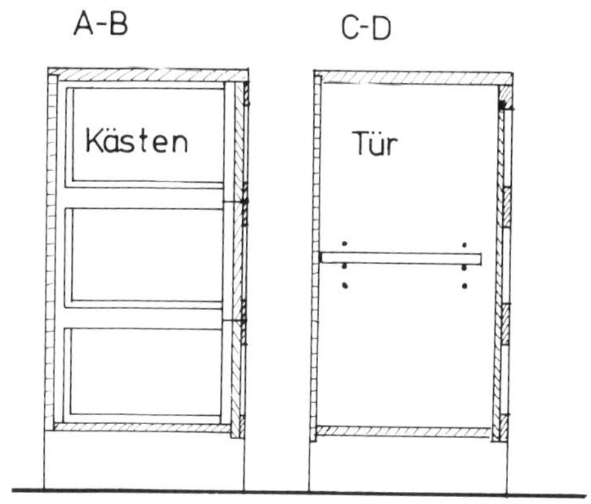

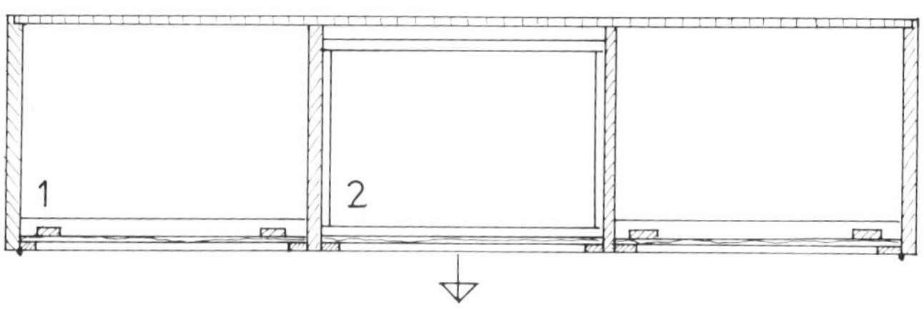

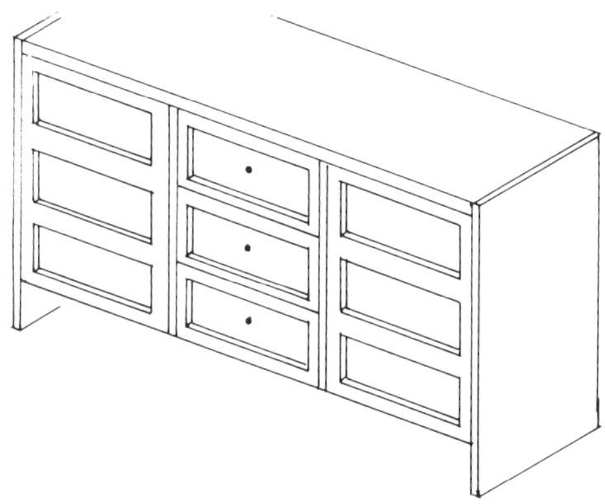

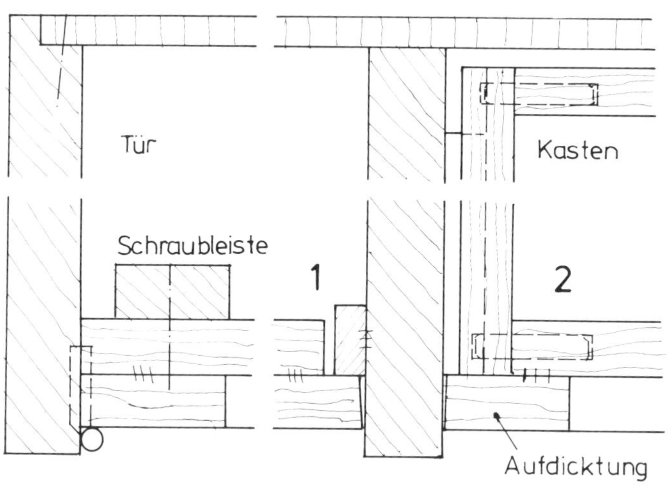

Auch Stuhl- und Tischgestelle lassen sich als Sprossenkonstruktionen passend zum Möbelprogramm entwerfen. Die Gestelle sind sehr haltbar, wenn sie übereinander versetzt zusammengedübelt werden, so daß die Dübel die maximale Länge haben können.

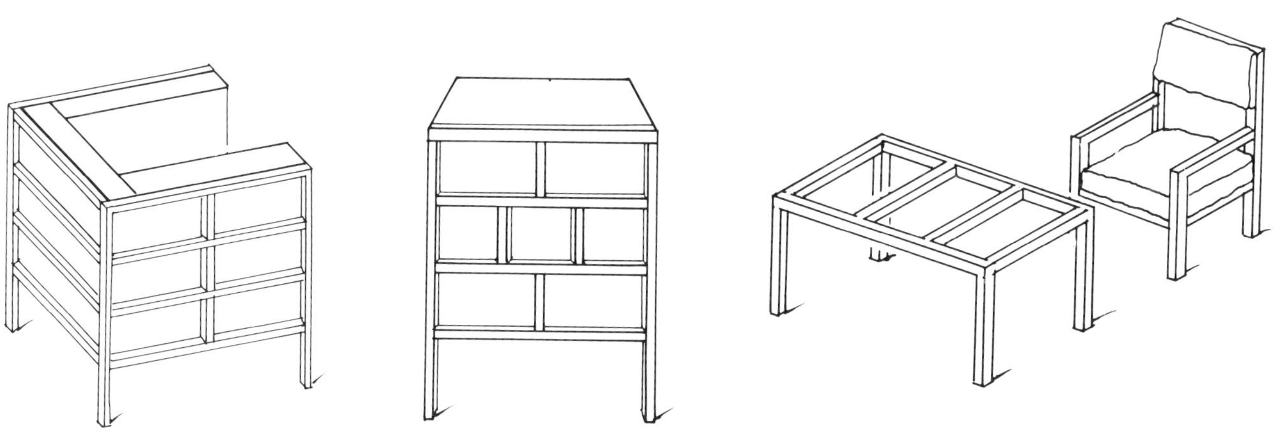

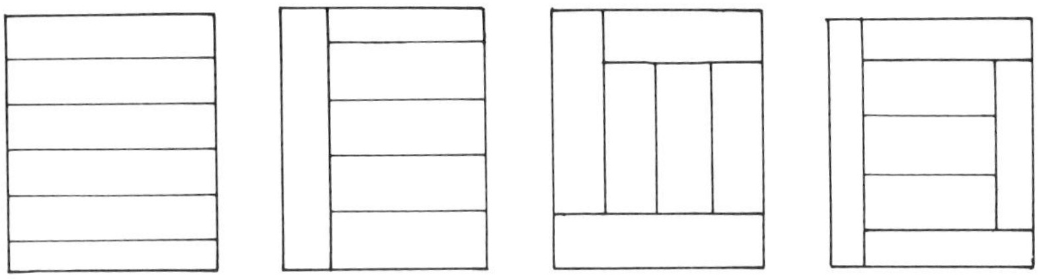

Wer Möbel aus Massivholz baut, befaßt sich zwangsläufig auch mit Brettkonstruktionen. Sie sind weder in der Ausführung noch in der Gestaltung einfach, bieten jedoch eine Fülle von Möglichkeiten, wenn das Ergebnis etwas Besonderes sein soll.

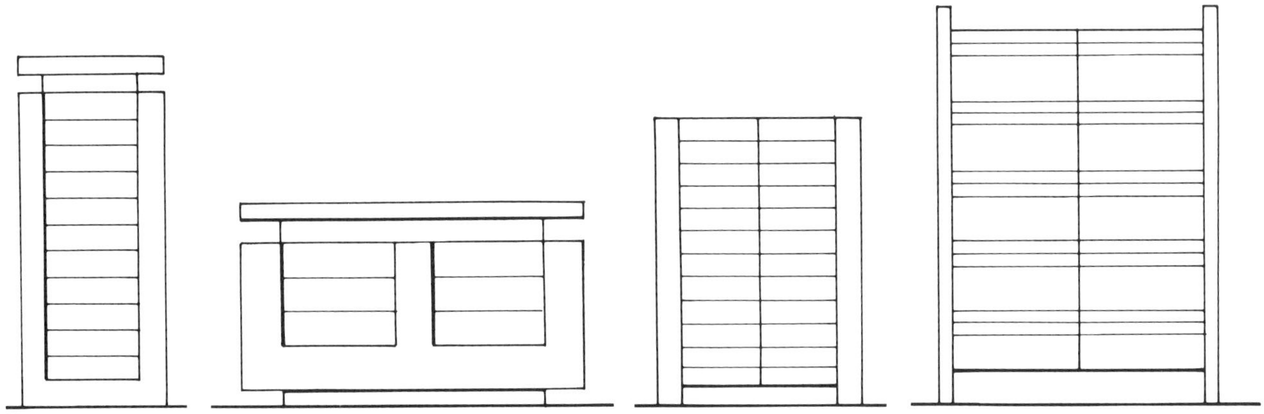

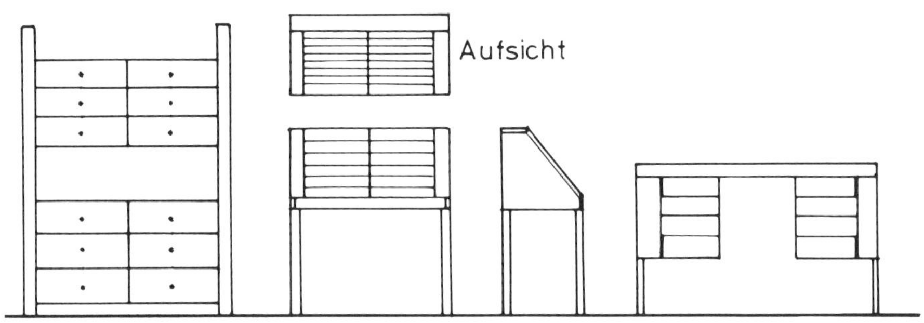

Interessant wirkt der Wechsel der Brettbreiten (siehe oben). Spannung erzeugt der Zusammenschluß horizontaler und vertikaler Bretter; er kann flächenbündig oder versetzt erfolgen. Die Gestaltung hängt somit sehr vom Fugenstoß ab. In der oberen Reihe ist dies in systematischer Abfolge skizziert. Unten kommen räumliche Muster dazu.

Tischplatten, Klappen und Türen erhalten Querstücke in Form gedübelter Hirnholzleisten. Die Konstruktion ist unten im Detail dargestellt.

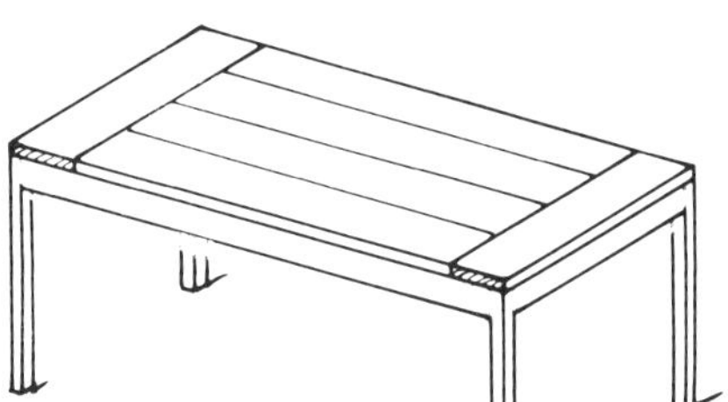

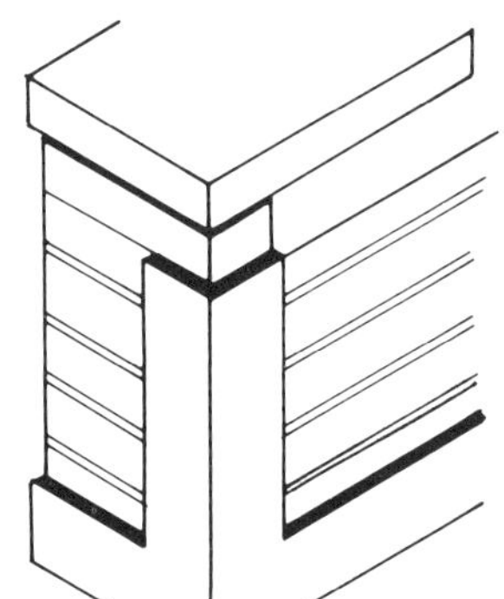

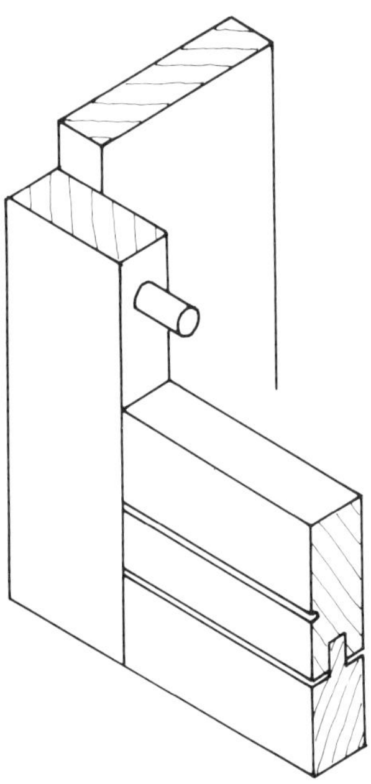

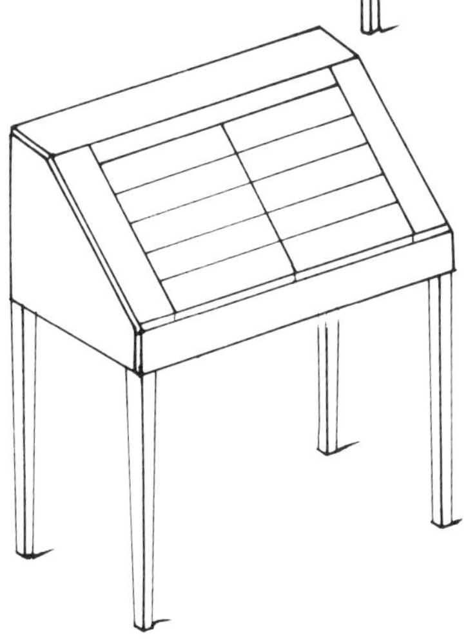

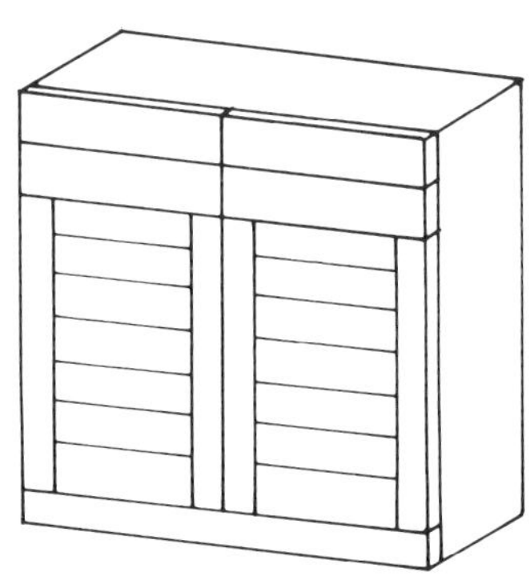

Die Körper sind seitlich glatt, sie stehen direkt auf dem Boden oder auf Sockeln. Man kann sie auch zwischen Stollen hängen. Die Anordnung gleich breiter oder der Wechsel breiter und schmaler Bretter bestimmen die Gliederung der Fronten. Zusätzliche Wirkung hat die Holzstruktur. Das ist vor allem bei der Auswahl der Bretter zu bedenken.

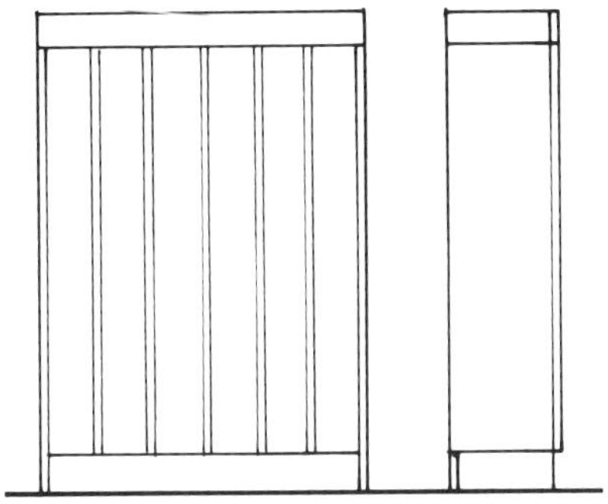

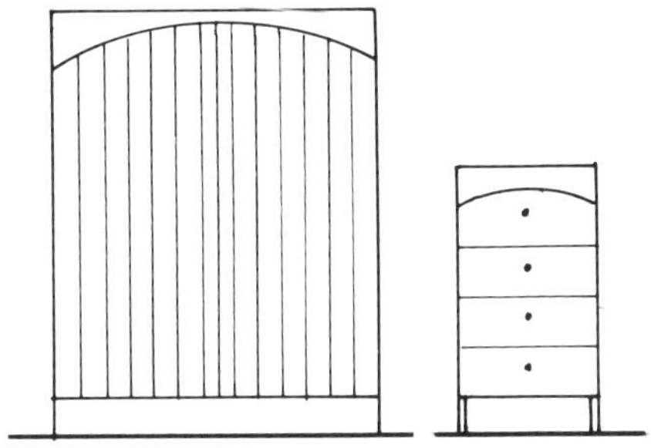

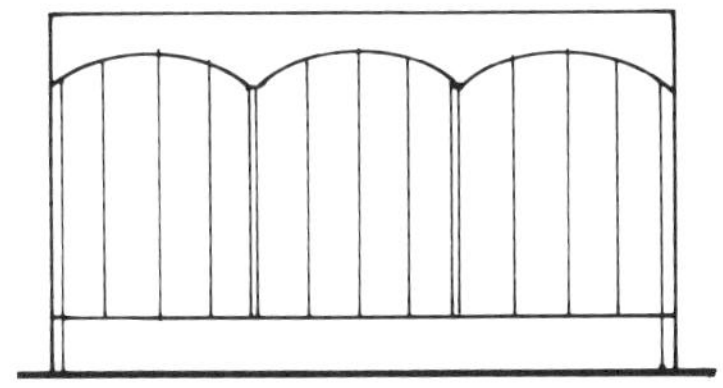

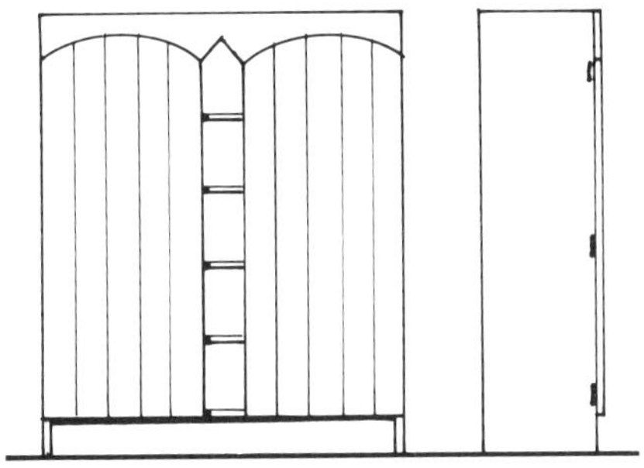

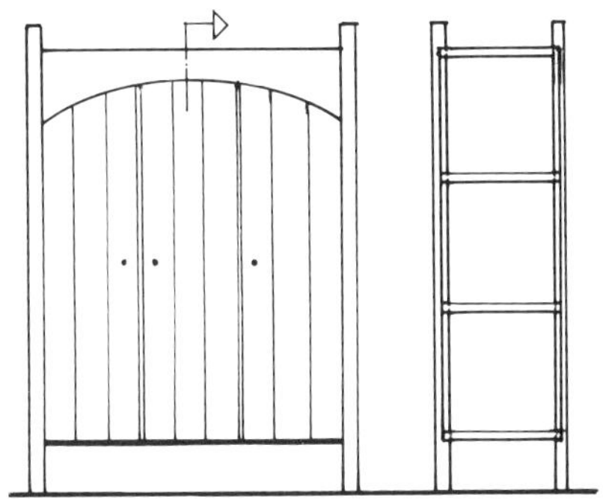

Einfach vertikal angeordnete Bretter wären zu langweilig und würden zu sehr an Kellertüren erinnern. Erst die Kombination mit Querstücken, z. B. verdübelten Hirnholzleisten, erzeugt Spannung und Ausdruck. Als Querstücke können gerade Bretter, aber auch ein oder mehrere Segmentbogen dienen, deren Gestaltung die Gliederung der Fronten durch Türen, Seiten- und Mittelleisten berücksichtigen muß.

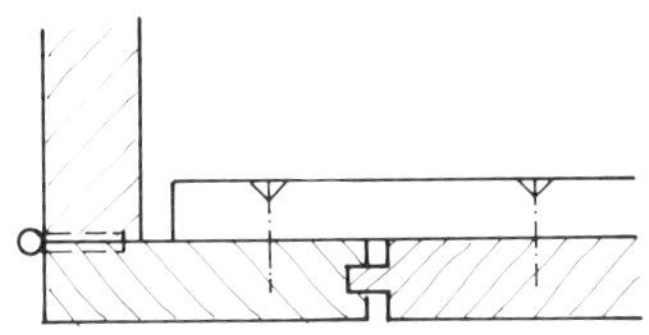

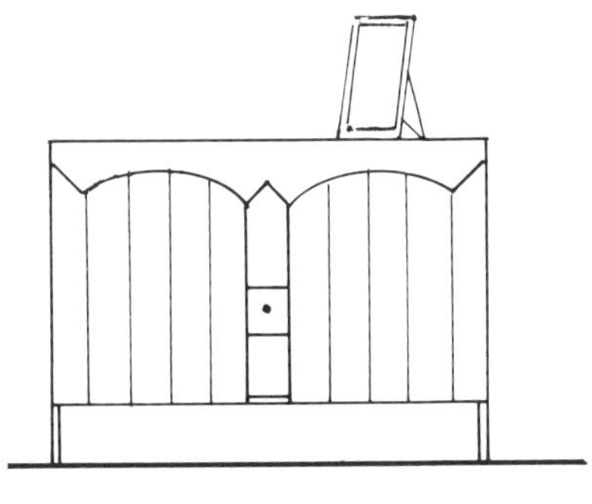

Die Konstruktion mit geschweiften Hirnholzleisten dürfte für den Freizeit-Tischler zu kompliziert sein. Einfacher ist es, geschweifte Querstücke durch Schraubleisten zu befestigen. Diese sind bei breiten Massivholztüren ohnehin zur Ausrichtung nötig und werden von hinten gegen die Bretter geschraubt (siehe Detailzeichnung links unten).

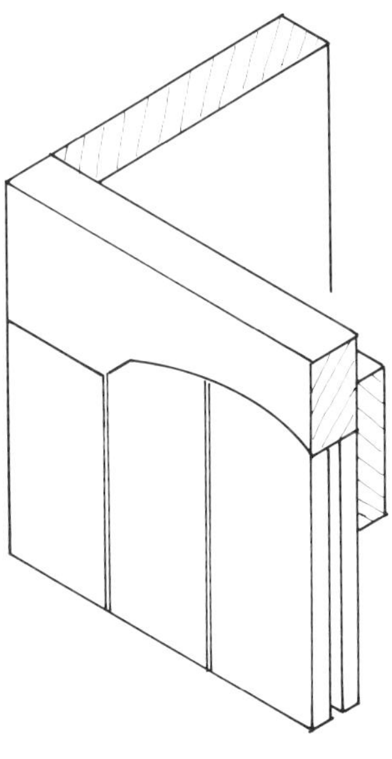

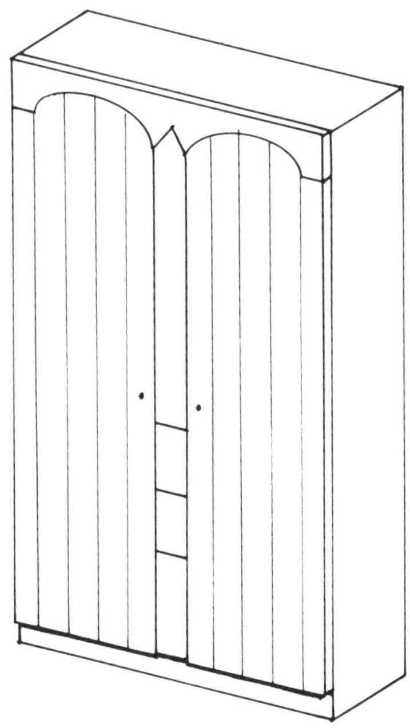

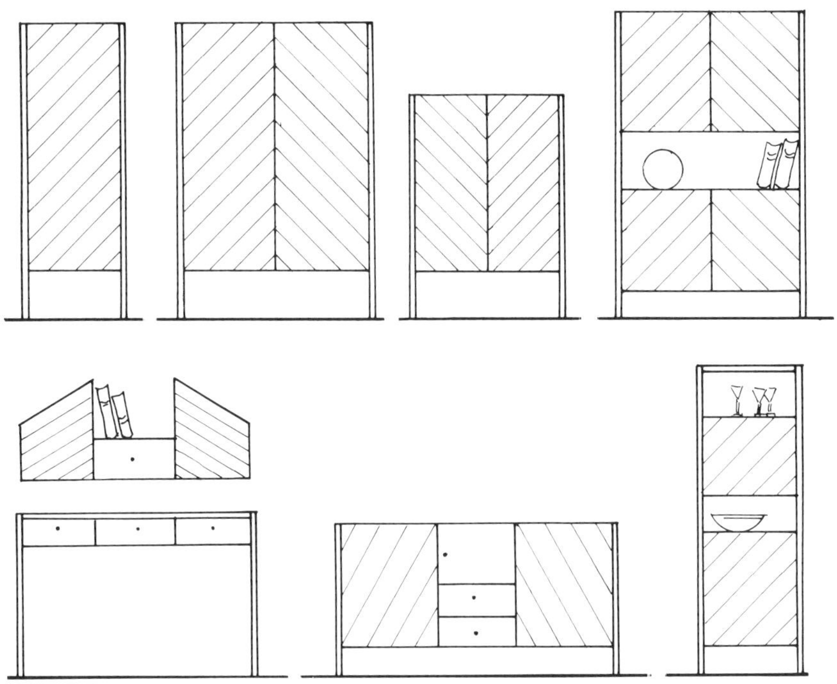

Wie bei Außentüren können auch für die Gestaltung von Möbelfronten diagonale Brettanordnungen eingesetzt werden. Dabei muß man berücksichtigen, welche Wirkung diagonale Linien haben.

Ein einfaches, schräg durchlaufendes Fugenbild wie an dem eintürigen Schrank links kann aggressiv wirken. Nach rechts ansteigende Linien haben eine positive, nach rechts abfallende Linien eine negative Wirkung. Fischgrätmuster aus zwei gegeneinandergestellten Schrägen mit der Spitze nach oben wirken harmonisch, mit der Spitze nach unten lebendig und aufregend.

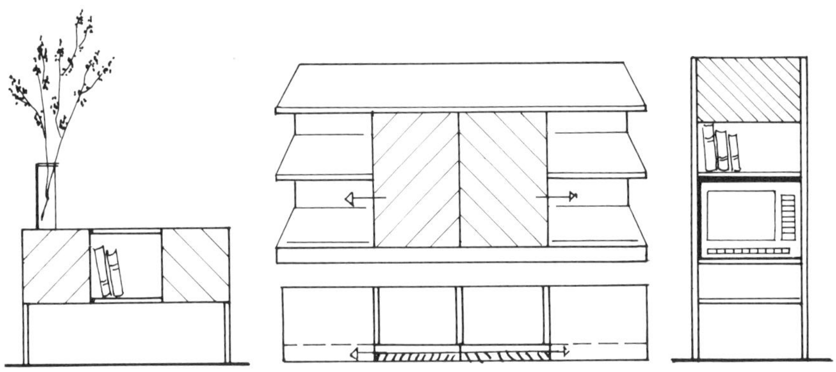

Die Türen bestehen aus gedübelten Rahmen mit aufgeschraubten Brettern, die durch Nuten und Federn verbunden sind. Türen können als Dreh- oder Schiebetüren angeschlagen werden.

Schiebetüren laufen zwischen oder vor den Böden mit Federn in Nuten, oder sie werden mit Nutklötzen oder Riegeln gehalten.

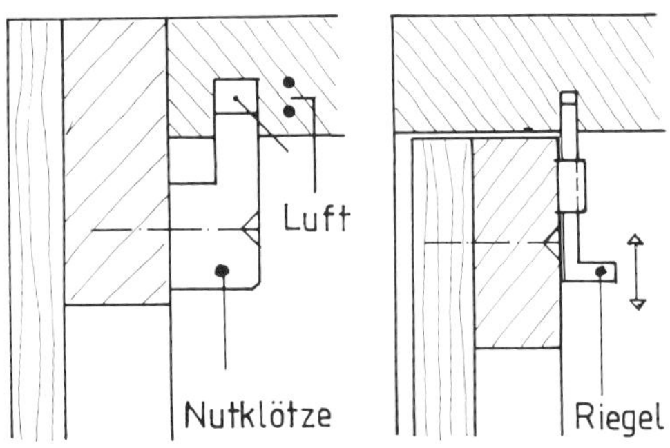

Schiebetür-variante

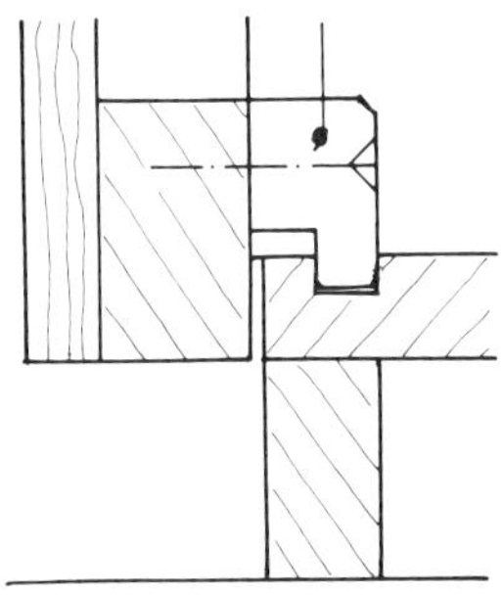

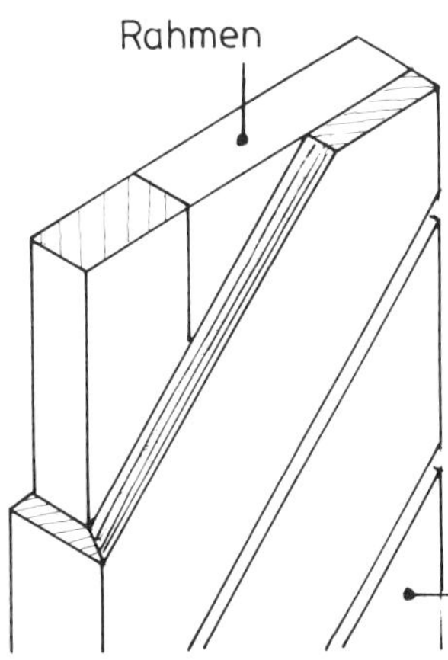

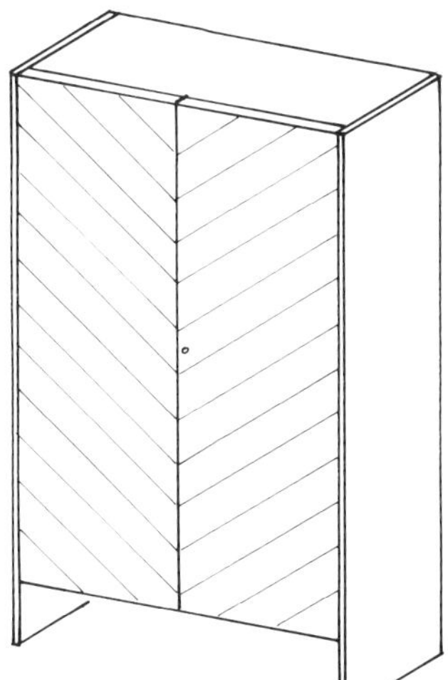

Seitliche Vorleimer verdecken das Hirnholz der Aufdicktung. Im Beispiel rechts sind sie auf Gehrung gearbeitet.

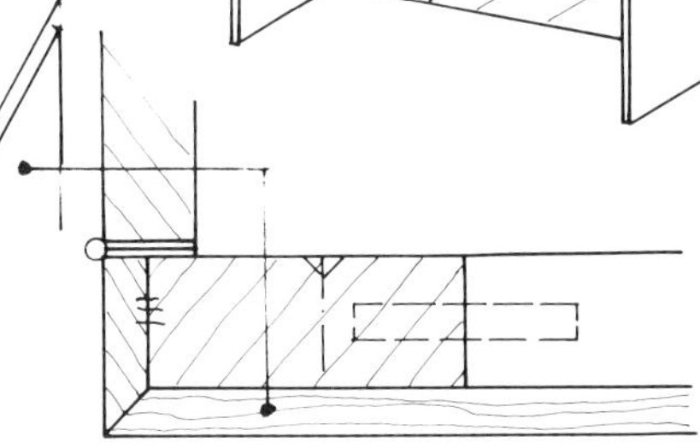

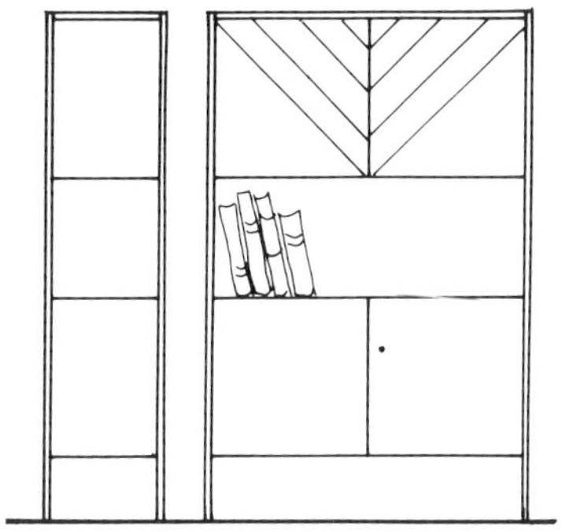

Dreieckförmig schräge Brettanordnungen können eingesetzt werden, um Türen, Klappen und Flächen partiell zu gliedern. Dies wirkt manchmal interessanter als die durchlaufenden Diagonalen bei den Beispielen auf der linken Seite, vor allem, wenn die Schrägen betonte Fugen haben, die in glatte Flächen eingreifen.

Technisch sind alle Schräganordnungen nicht ganz einfach. Sie bergen die Gefahr, daß sich die Flächen durch Diagonalspannungen verziehen. Ausgesuchtes Holz mit stehenden Jahresringen und auf solide Rahmen geschraubte, nicht geleimte Aufdicktungen erlauben aber gute Resultate. Klappen müssen in Sandwichbauweise beidseitig aufgedoppelt werden.

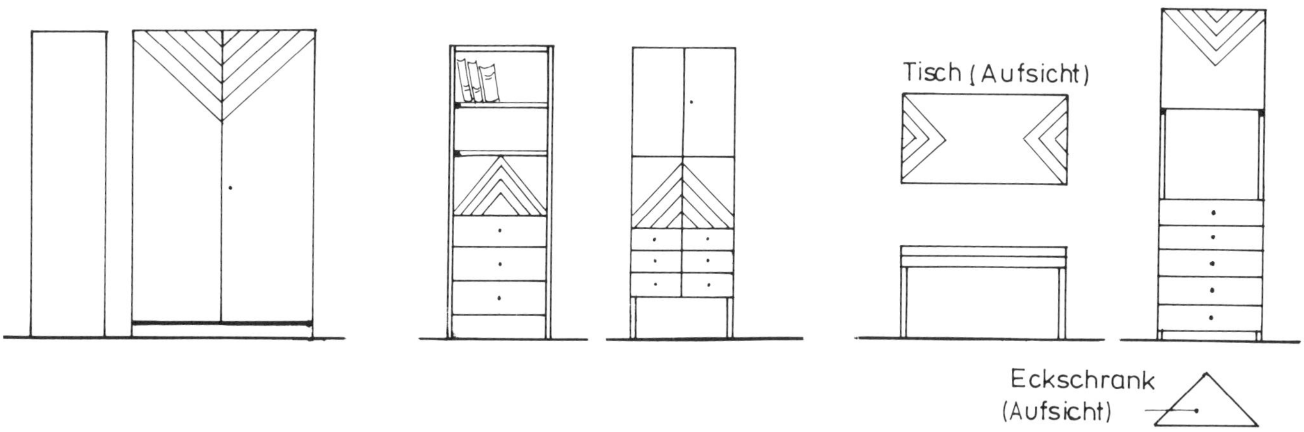

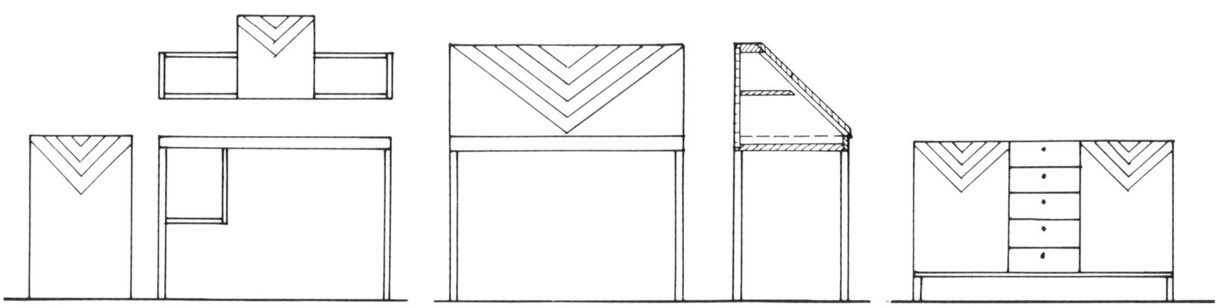

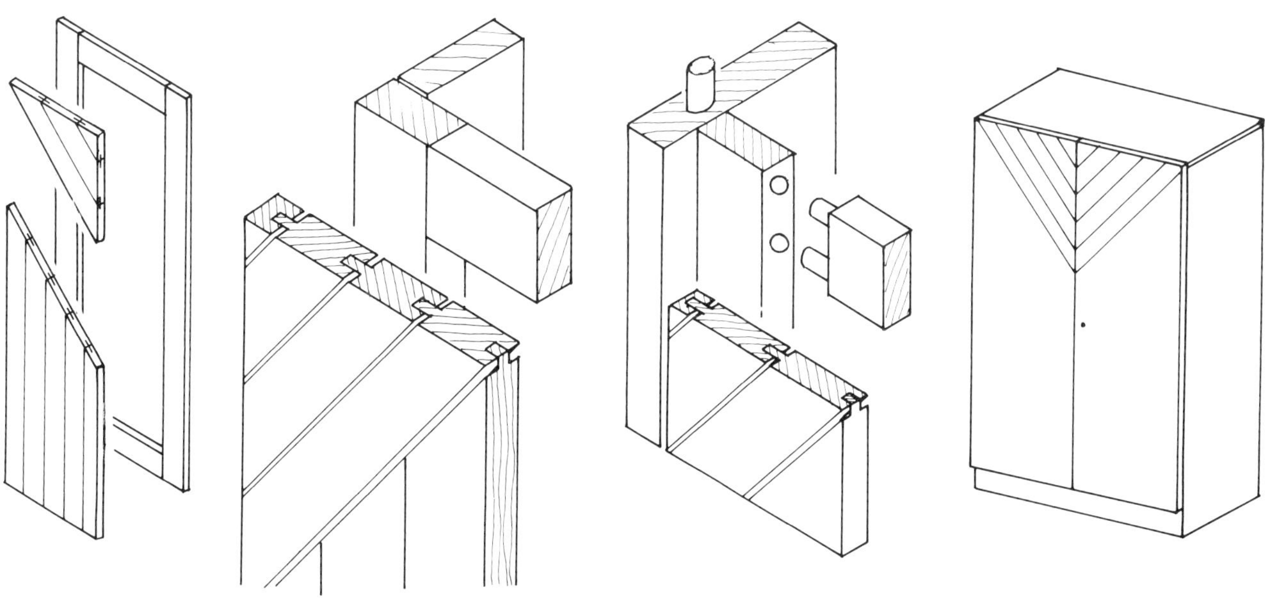

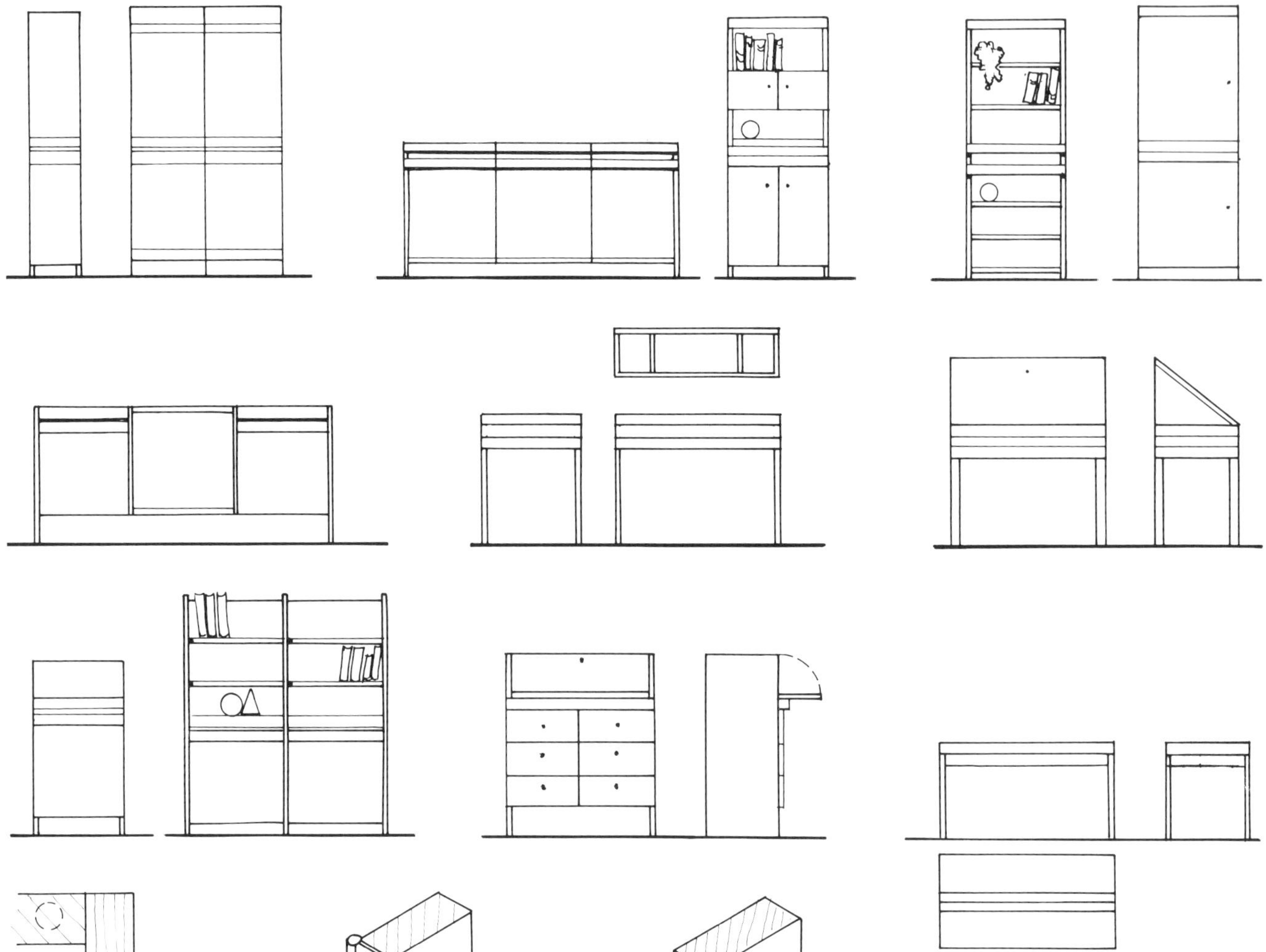

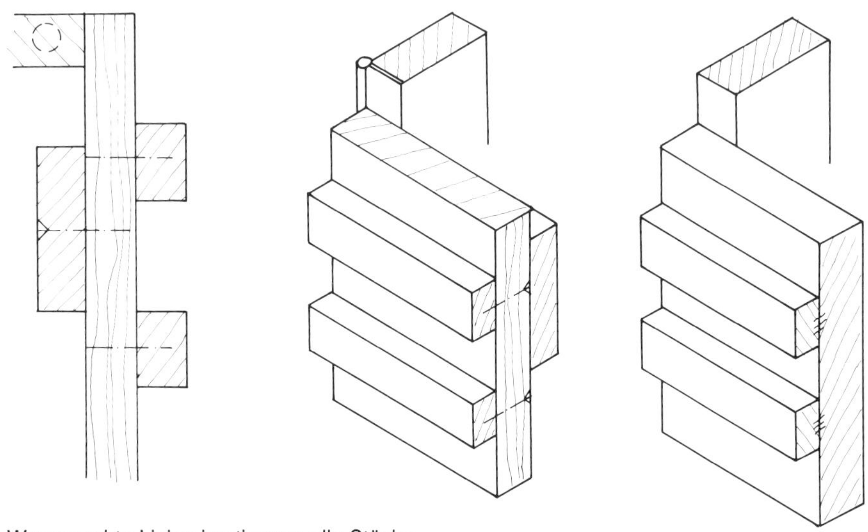

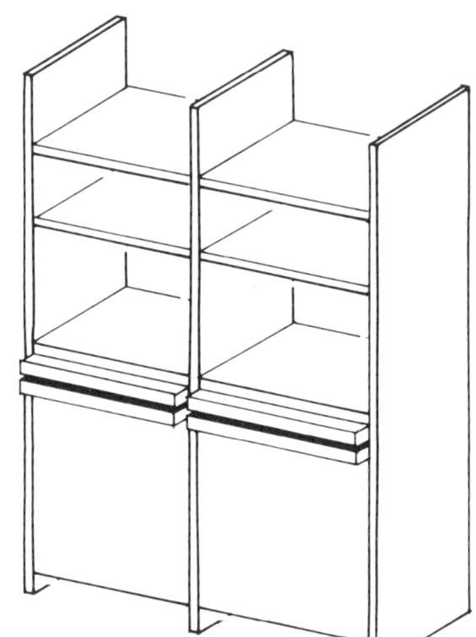

Waagerechte Linien bestimmen alle Stücke auf dieser Seite. Der Schnitt und die Isometrien zeigen, daß die Querleisten alle einzeln verschraubt werden müssen, und zwar mindestens zweifach.

An Blenden, zwischen Türen und an Schubladen kann man sich diese mühsame Arbeit jedoch ersparen, wenn die Maserung der Leisten und des Untergrunds in gleicher Richtung verläuft.

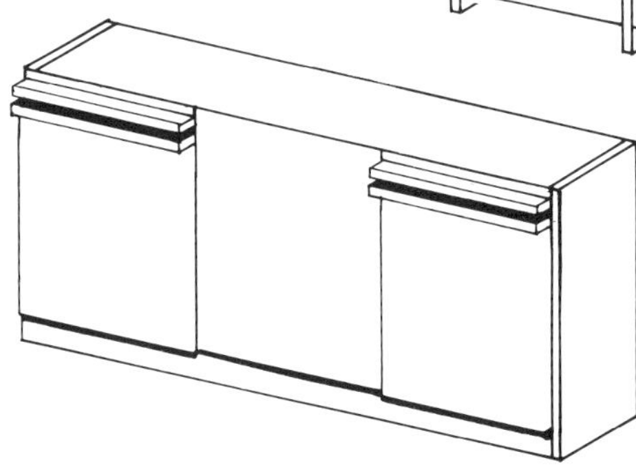

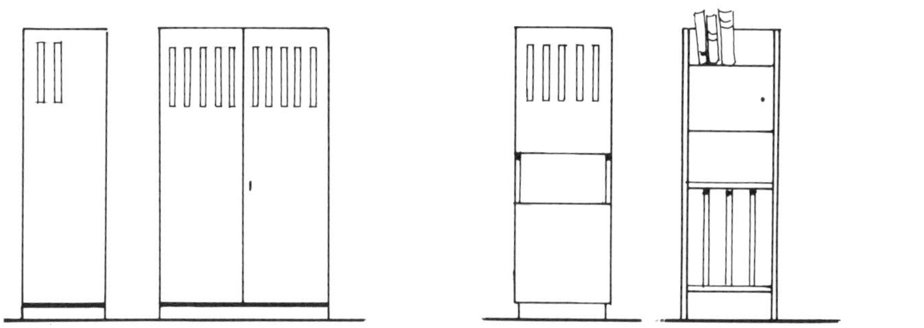

Schlanke, vertikale Linien kennzeichnen dieses Möbelprogramm. Auf die Fronten sind Leisten stückweise oder durchgehend, oben oder unten, seitlich oder mittig, kantig oder rund vorgeschlagen. Sie werden am einfachsten auf glattflächig verleimte Bretter, die von hinten durch Schraubleisten gerade gehalten werden, aufgeleimt. Seitliche Vorleimer schließen die Stabfolge ab. Auch Rahmenkonstruktionen mit Füllungen sind möglich.

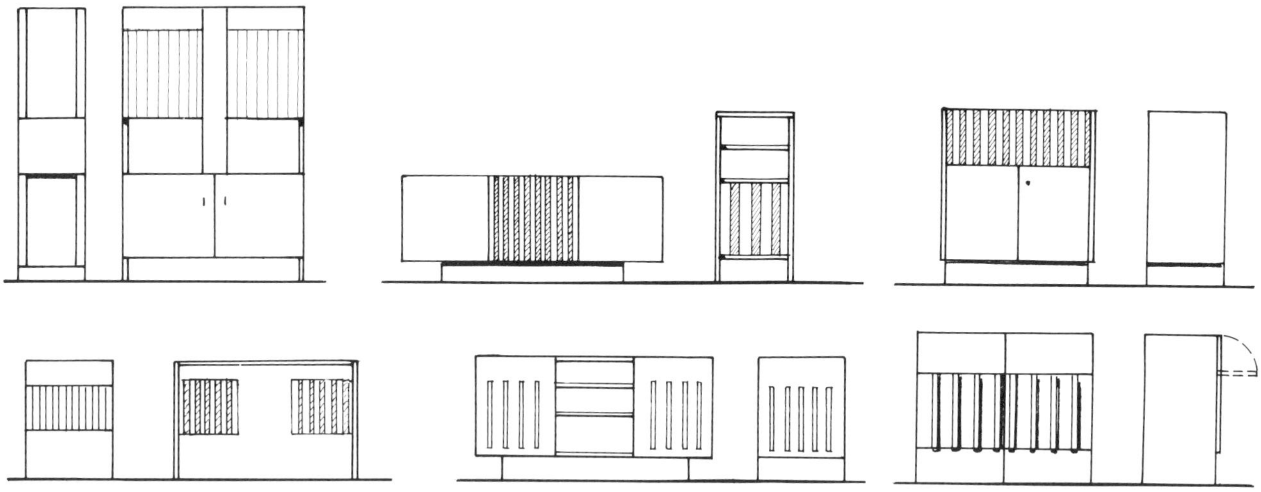

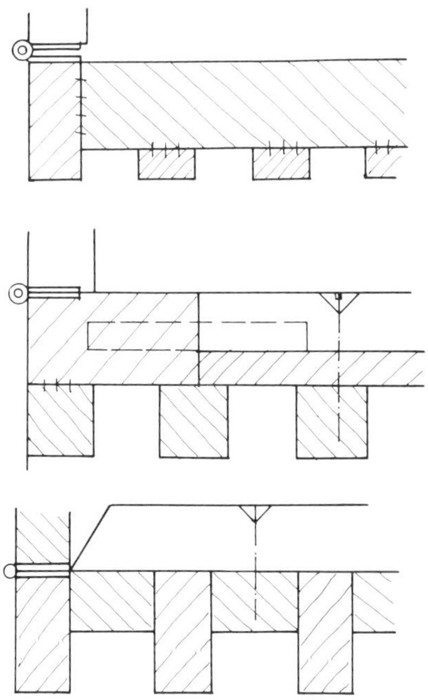

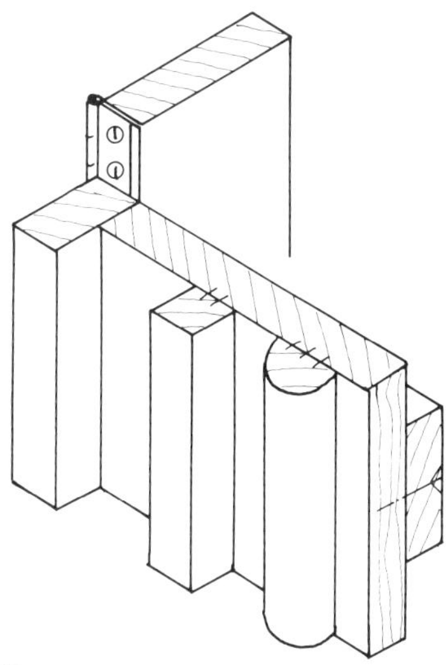

Die senkrechten Linien können auch als Schlitze in glatten Flächen entstehen, wie das Beispiel unten zeigt.

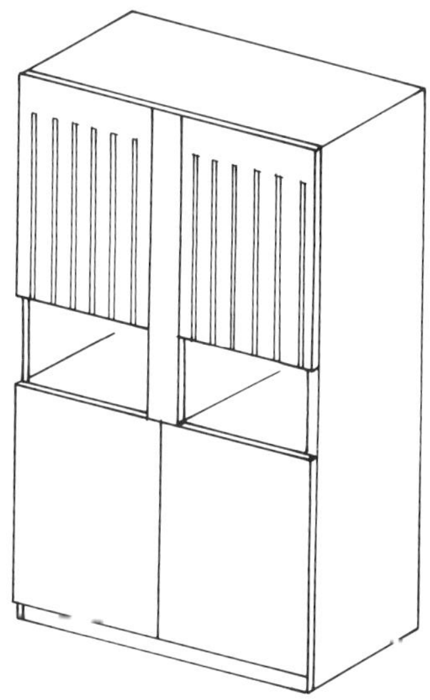

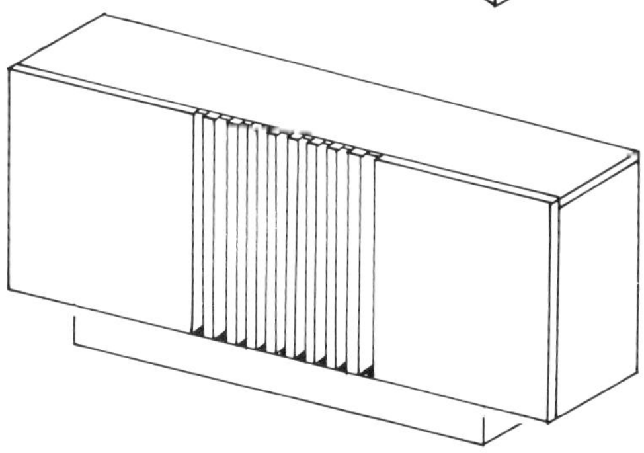

Lisenen sind Verstärkungen hoher Schrankseiten, die in den Möbelfronten recht breit in Erscheinung treten. Manchmal ist ihr Einsatz konstruktiv bedingt, manchmal aus gestalterischen Gründen nötig. In rechtwinkliger Stellung betonen sie die Seiten, schräggestellt leiten sie von den Fronten zu den Seiten über. Seltener, aber von großer gestalterischer Wirkung ist die Anordnung von Lisenen schräg nach innen, z. B. bei Schreibtisch und Oberschrank rechts oben oder – in abgewandelter Form, bei der der V-förmige Einschnitt nicht durchläuft – bei der Kommode darunter.

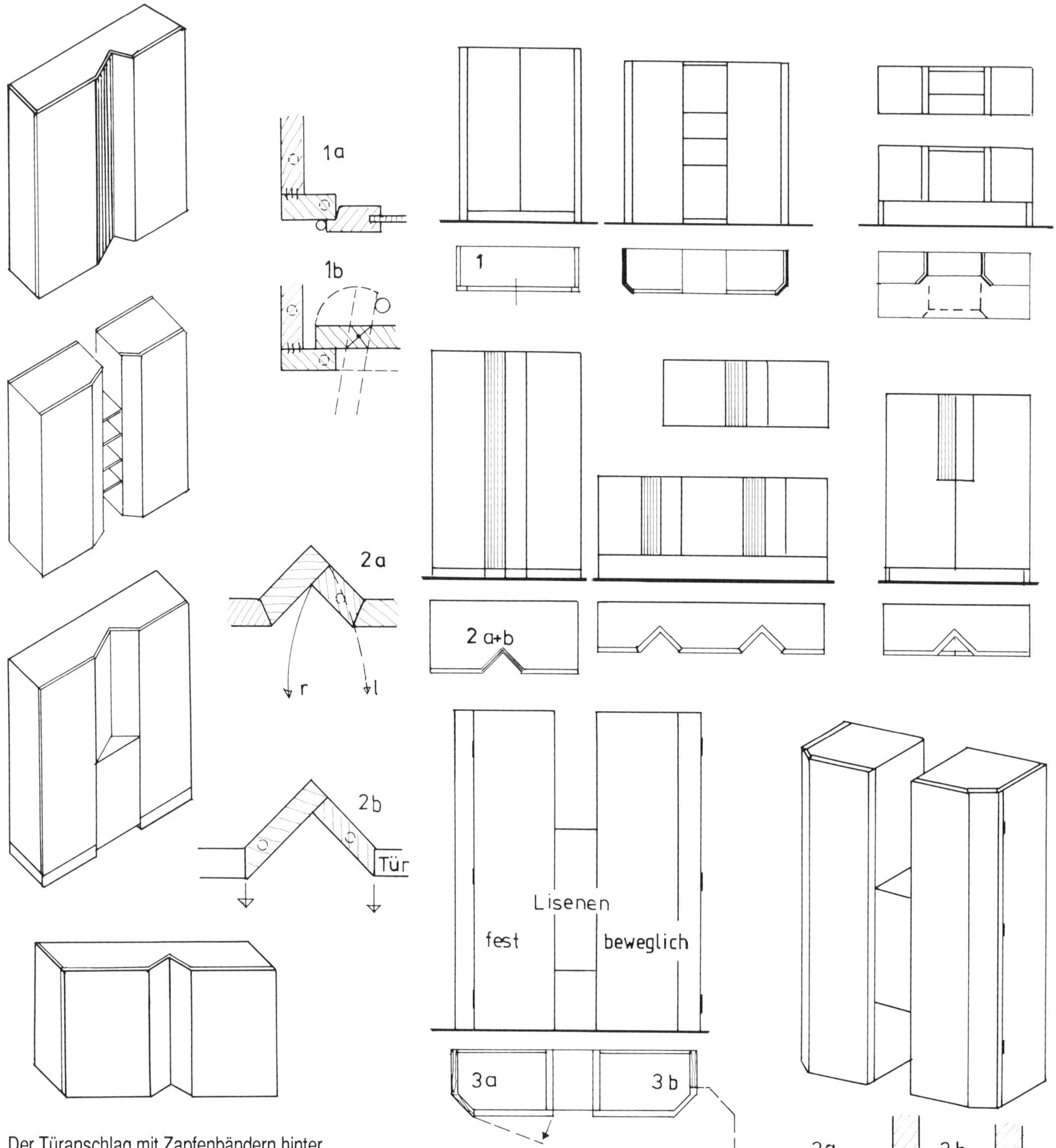

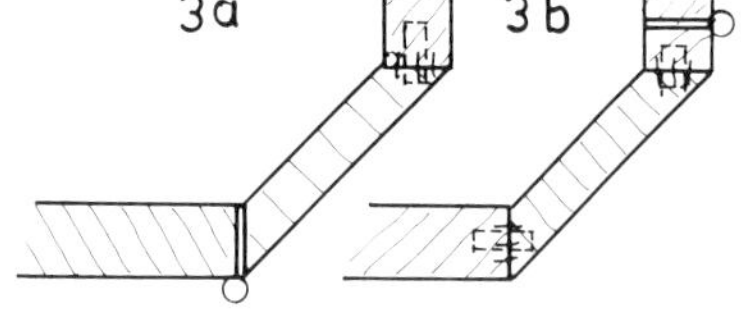

Der Türanschlag mit Zapfenbändern hinter den Lisenen ist klassisch, aber auch stumpfer oder überfälzter Anschlag ist möglich. Die Lisenen können als Teil des Schrankkörpers feststehen, aber auch als Teil der Türen mit aufgehen.

Raster und Stufen sind vom Erscheinungsbild her interessant und lassen sich auf verschiedene Weise herstellen. Raster ergeben sich aus dem Zusammenstoß sich kreuzender Sprossen, durch Aufdickten von Feldern und Leisten oder durch Kerben und Schlitze. Abstufungen werden an Ecken und Flächen (z. B. Türen) ausgeschnitten oder durch vorgesetzte Blenden geschaffen.

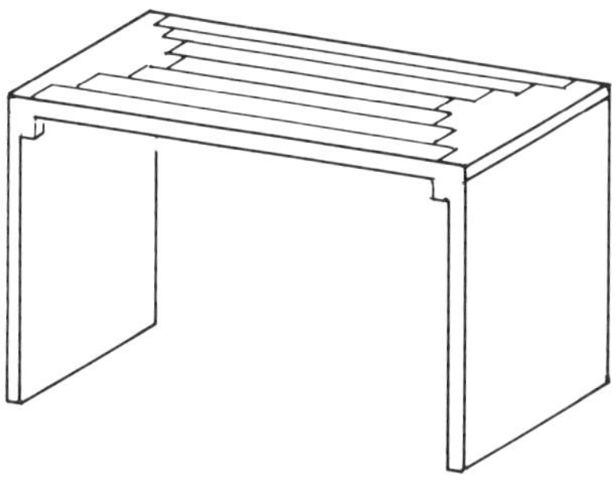

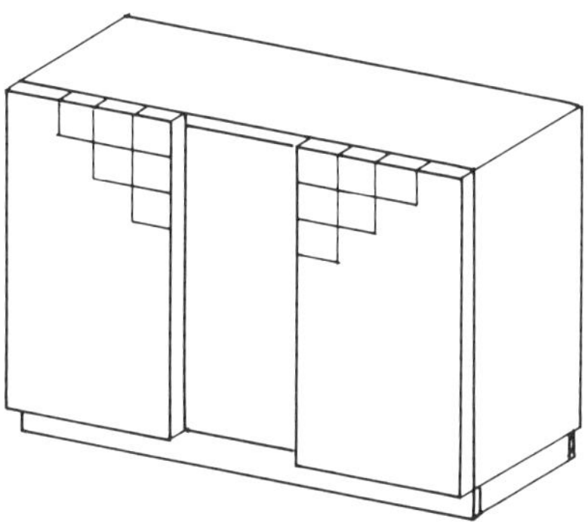

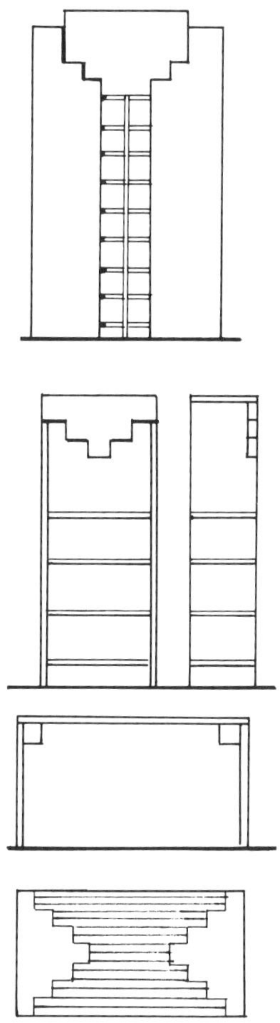

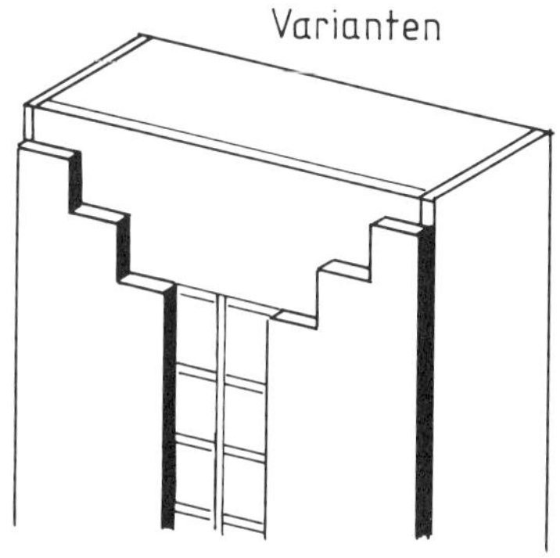

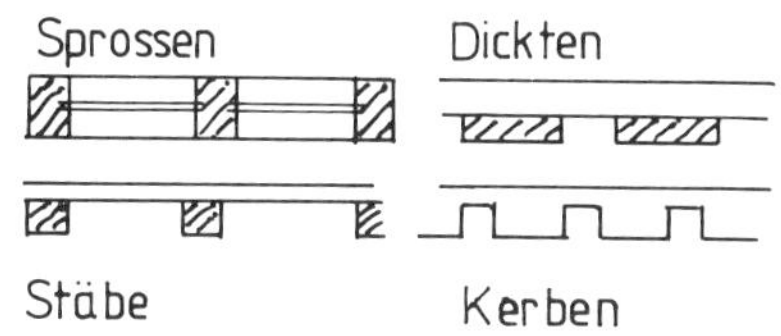

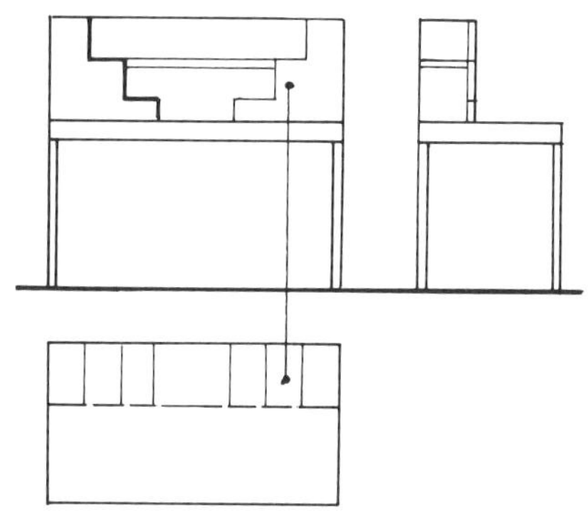

Abstufungen, die in der Fläche bündig liegen sollen, lassen sich am einfachsten herstellen, wenn man die Teile vor dem Verleimen entsprechend zuschneidet. Anders, z. B. durch Kerben oder Schlitze, sind Muster wie bei dem Tisch oben links kaum zu erzielen.

Der Mittelschluß läßt sich durch Schlagleisten vor oder hinter den Türen ausbilden.

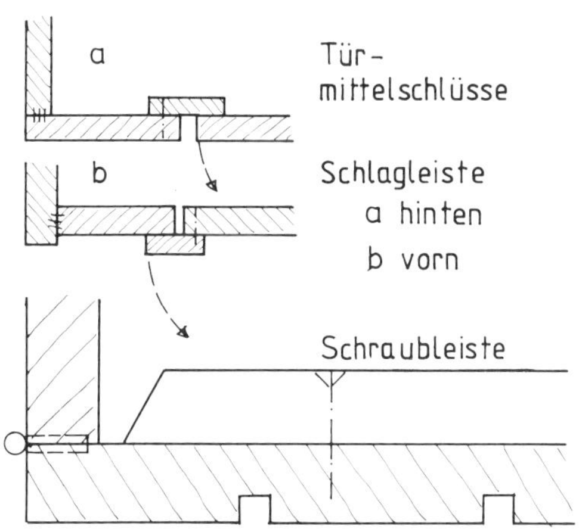

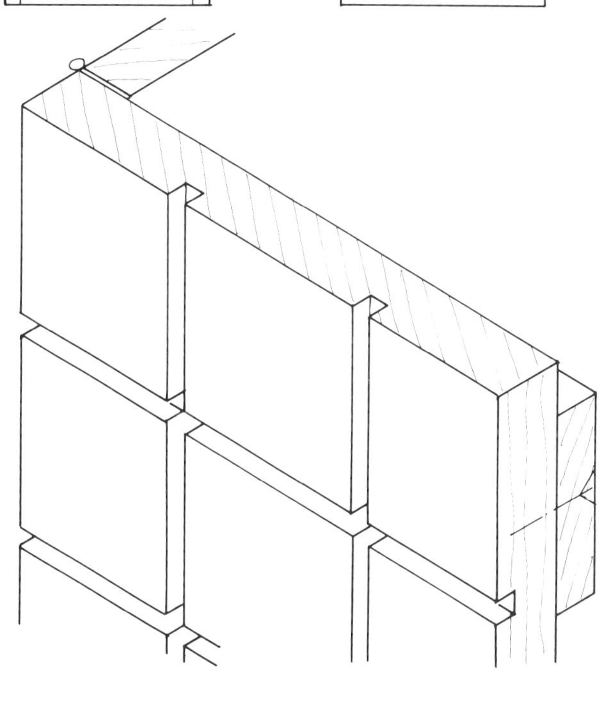

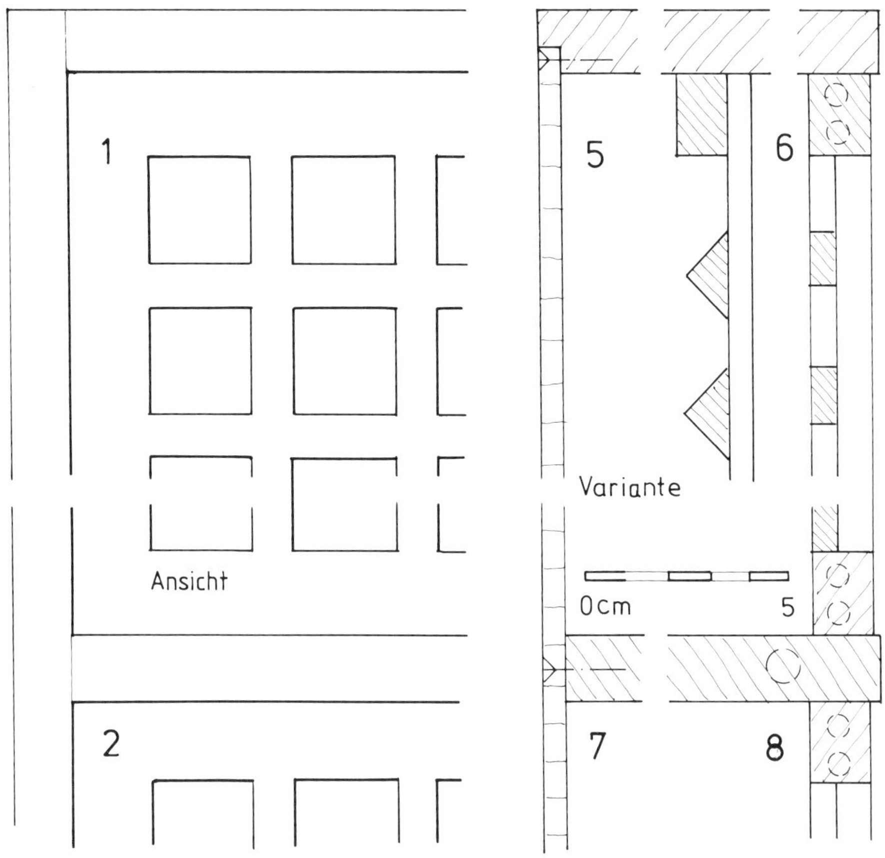

Sprossen sind Stabprofile, die waagerecht oder senkrecht eingesetzt werden. Im Querschnitt sind sie meist rechteckig, aber auch runde, dreieckige oder andere Formen sind möglich.

Sprossenkreuzungen sind meist rechtwinklig. Wenn sie bündig sein sollen, müssen die Sprossen in Ausklinkungen ineinandergreifen. Einfacher ist es, sie versetzt aneinander vorbei zu führen. Gestalterisch interessant ist der Einsatz diagonal laufender Sprossen.

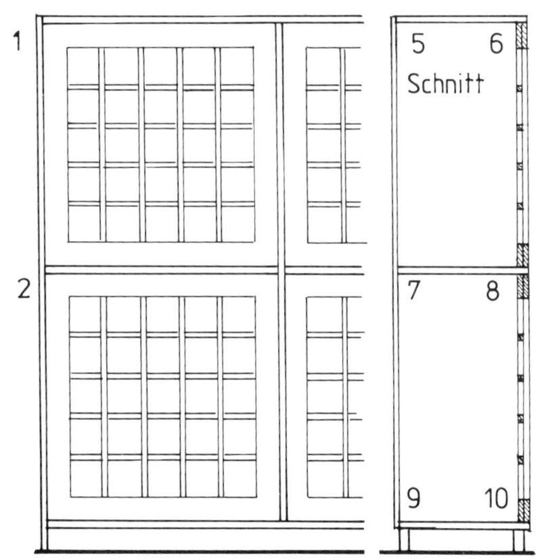

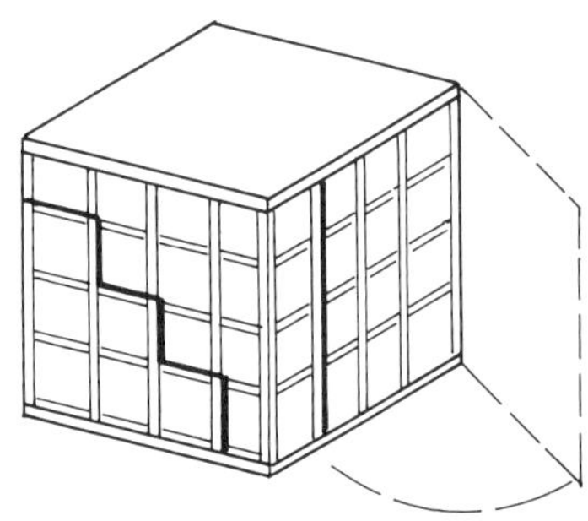

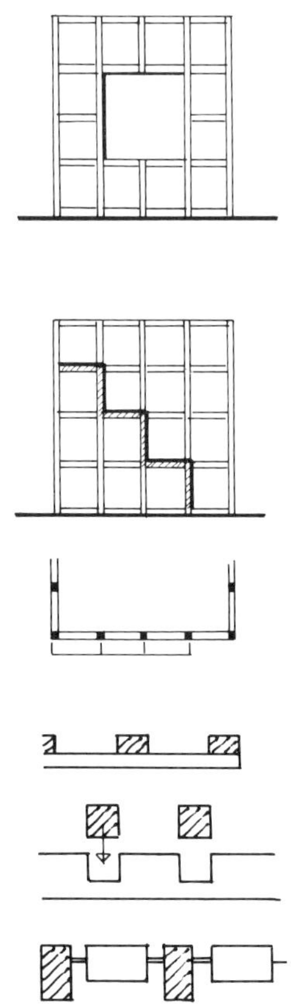

Die Fronten des Würfels lassen sich unterschiedlich gestalten. Sprossenanteile können ausgespart oder ein zweiter gestufter Sprossenrahmen kann aufgedicktet werden, so daß eine treppenartige Staffelung entsteht.

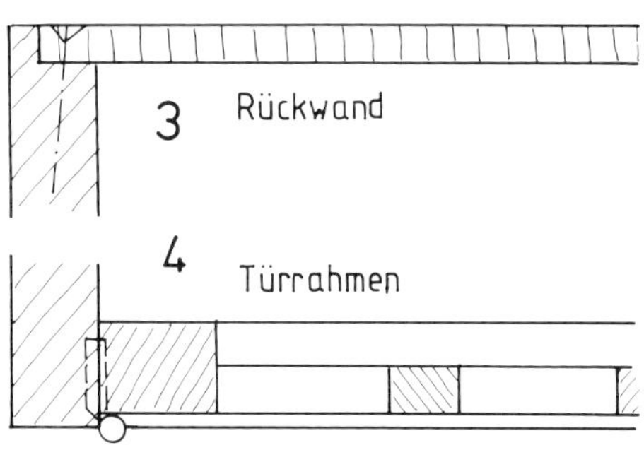

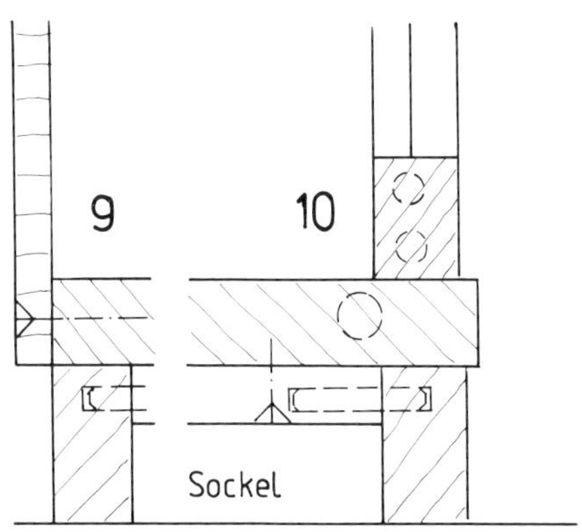

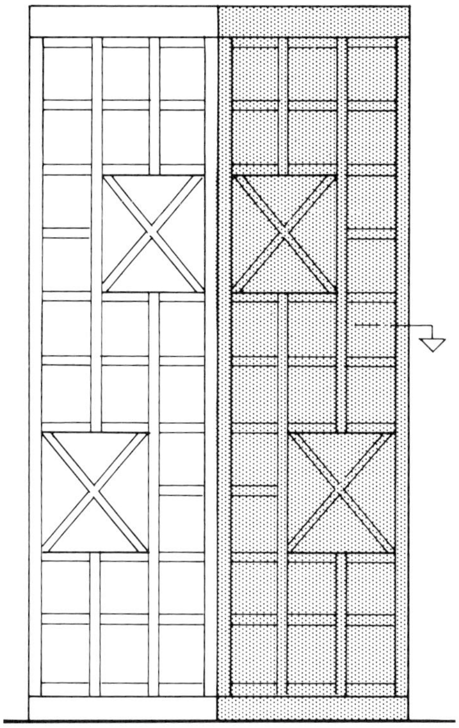

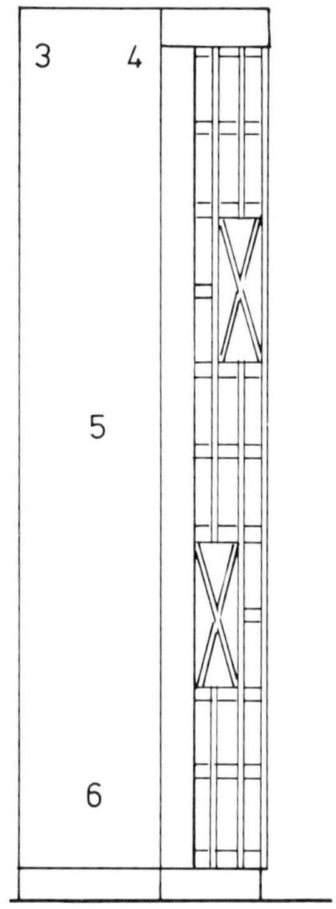

Schrank mit verglasten Sprossentüren zwischen hohem Kranz und hohem Sockel. Die breiten Blenden von Kranz und Sockel sind mit Eckklötzen ausgesteift.

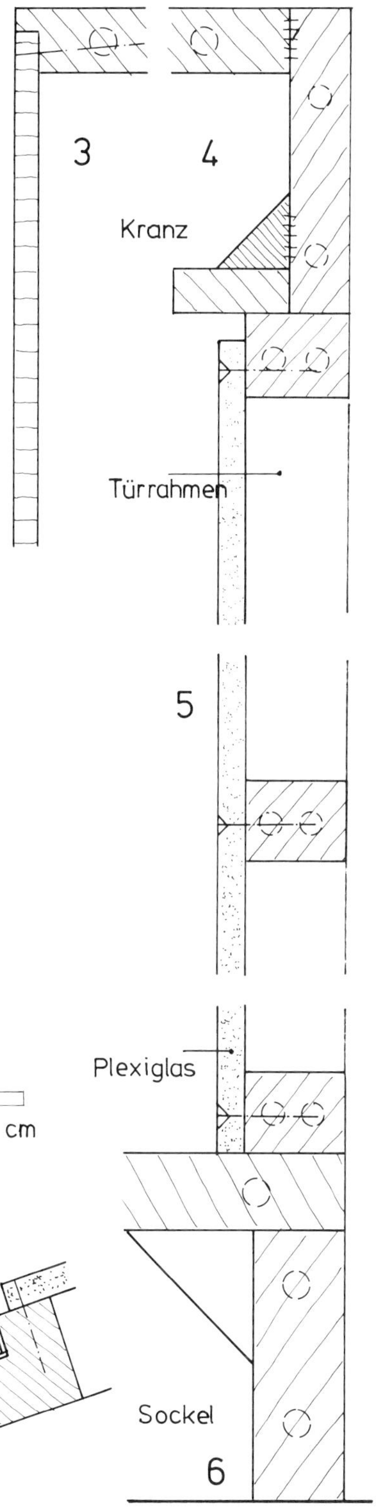

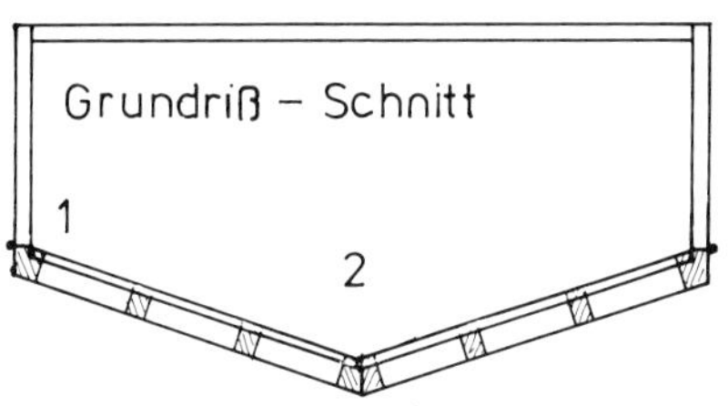

Der Mittelschluß der Türen ist auf Gehrung gearbeitet und kommt ohne Deckleisten aus. Die Türen schlagen in stumpfem Winkel aneinander. In den Sprossenrahmen, dessen Leisten verdübelt sind, werden diagonal gestellte Kreuze eingesetzt. Die Plexiglasscheiben sind von hinten gegengeschraubt und steifen den Rahmen aus.

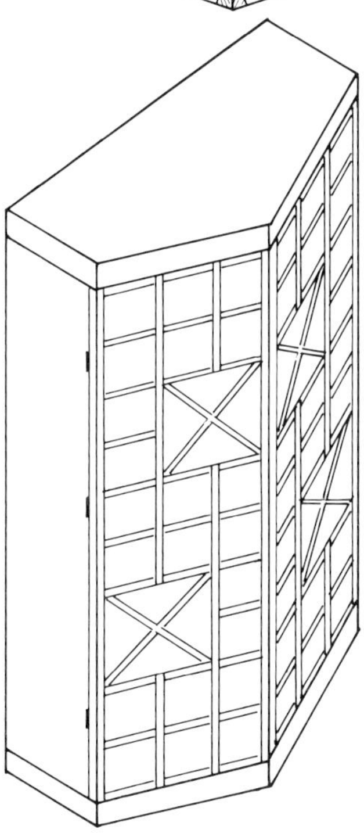

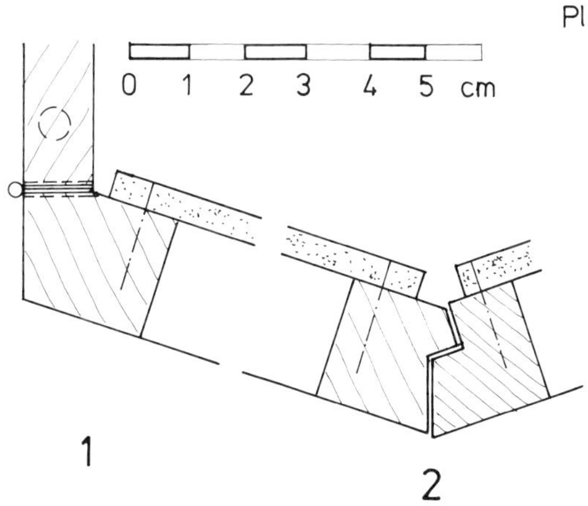

Schlitze lassen sich am einfachsten herstellen, wenn Bretter nicht dicht, sondern auf Abstand gesetzt werden. Durch Aussparungen oder Rücksprünge an den Kanten können Schlitze flächig erweitert werden. Reizvoll sind solche erweiterten Einschnitte in Flächen oder Körpern, wenn man sie besonders gestaltet. Sie können hinterlegt werden, z. B. mit gleichem oder anders strukturiertem Holz, anderem Material, Farbe.

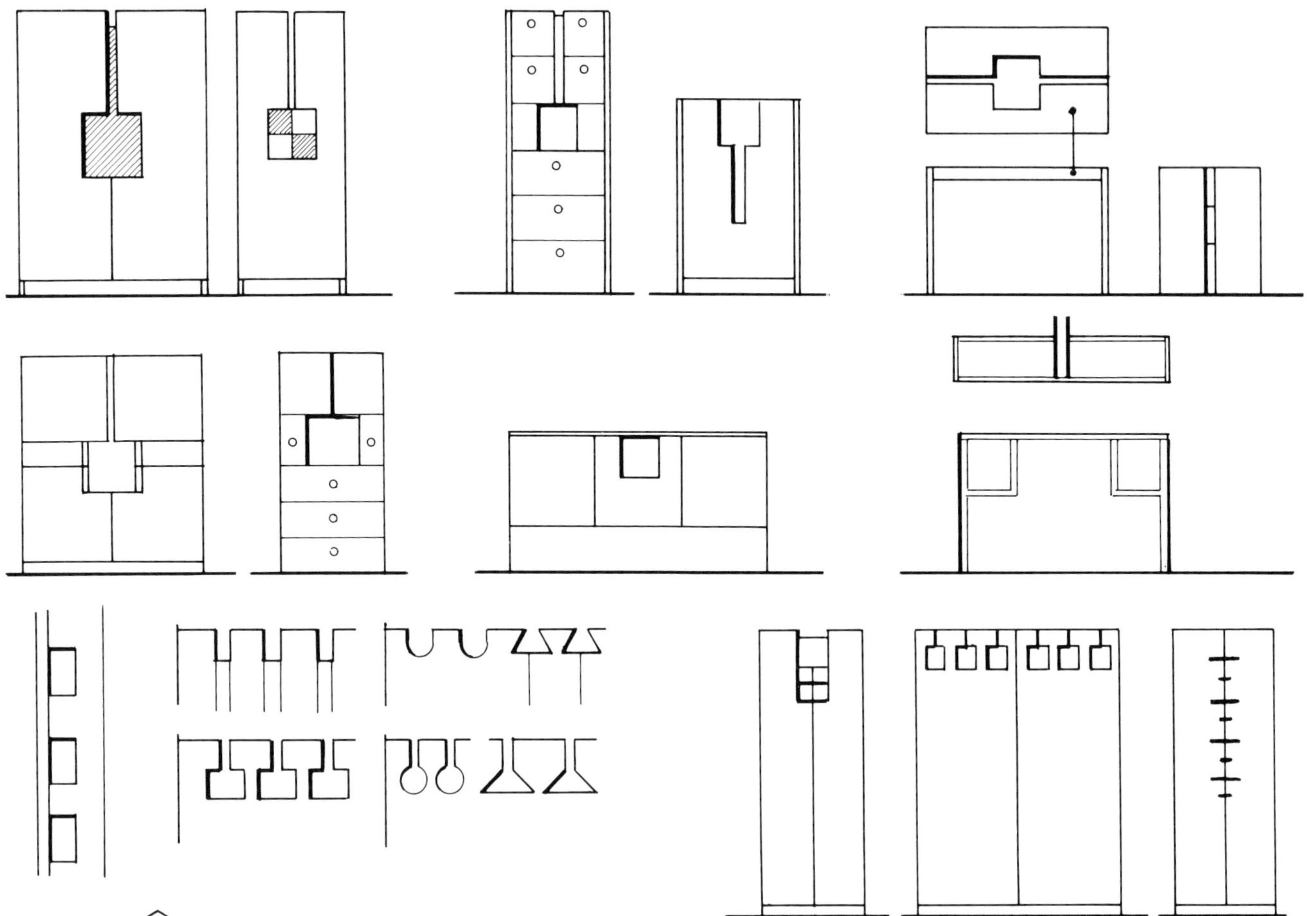

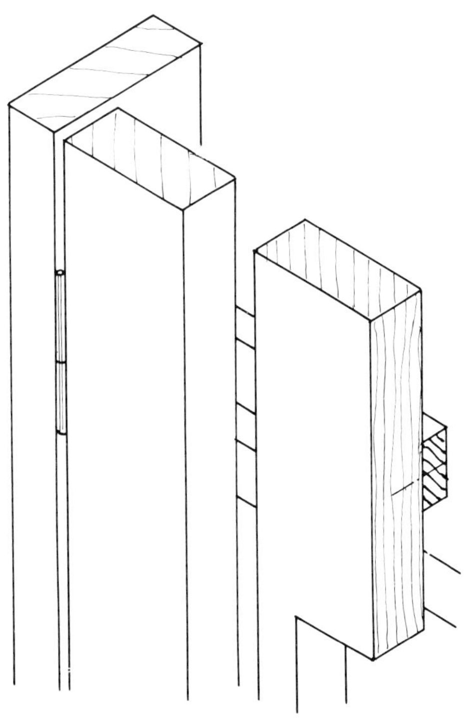

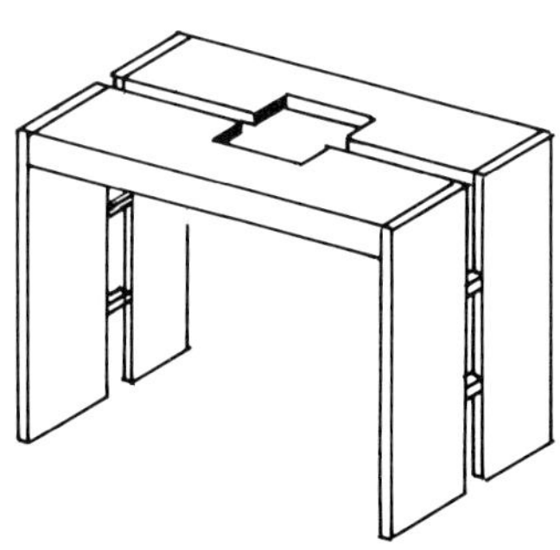

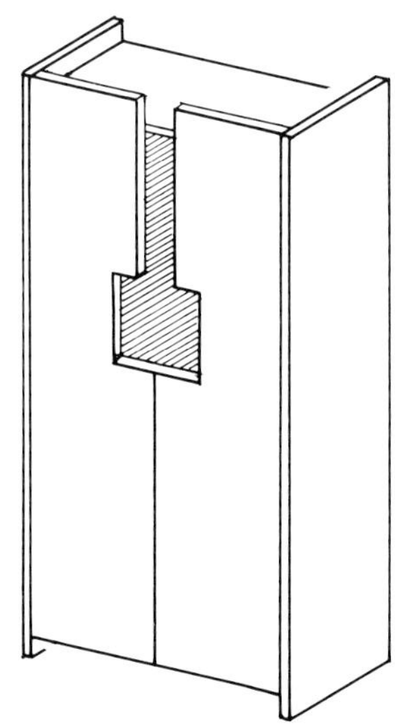

Auf Abstand gesetzte Teile lassen sich durch Querstücke oder Überbrückungen verbinden oder verklammern. Die Fugen zwischen Türen können mit Dichtleisten geschlossen, große Öffnungen mit Füllungen bestückt und auch farbig gestaltet werden.

Schraffuren ziehen zusammen, das ist vom Zeichnen her bekannt. Dieser Effekt läßt sich auch für die Gestaltung von Möbelfronten nutzen. Eine doppelte Struktur ergibt sich, wenn z. B. über Brettfugen hinweg Linien in Form von Kerben, Nuten oder Rillen geführt werden. Solange sie gerade verlaufen, ist ihre Herstellung nicht schwierig. Gekrümmte Linien (Kreise, Bogen) lassen sich am saubersten mit der Oberfräse fertigen, mit etwas Übung auch mit einer Schablone und der Handbohrmaschine.

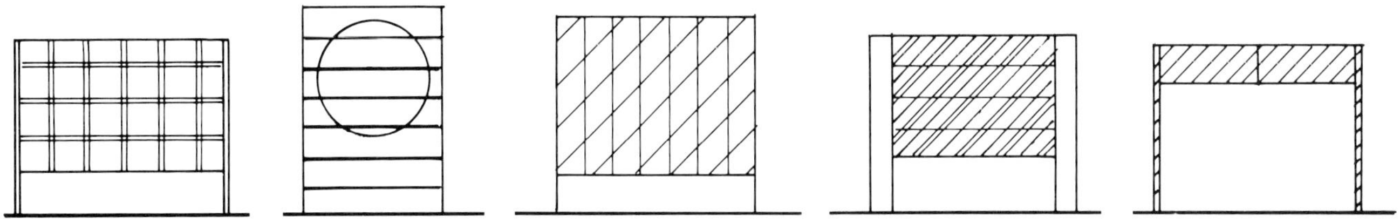

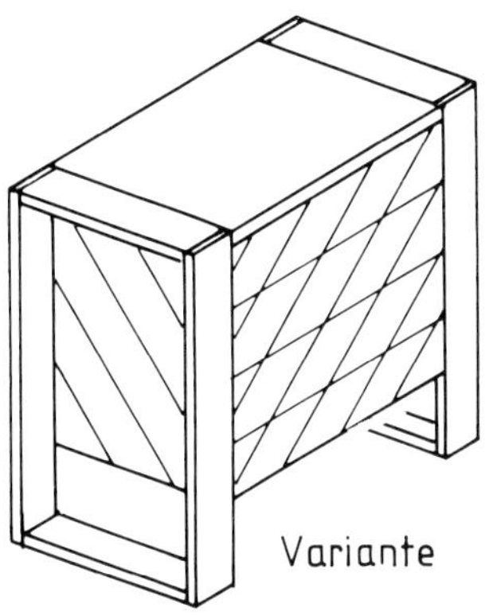

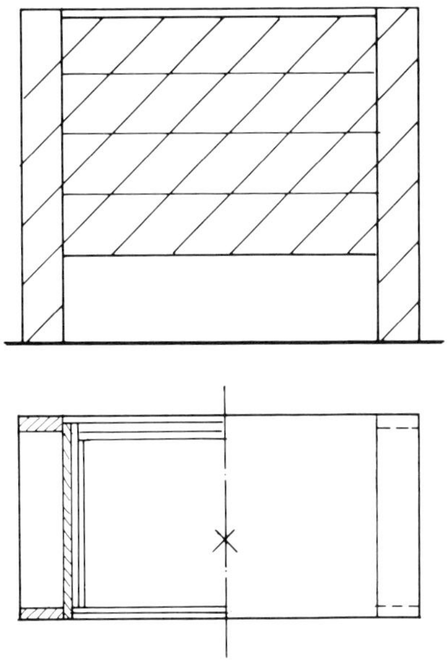

Die Wirkung der Linien wird durch ihren Abstand, ihre Anzahl, Breite, Tiefe und die Form der Vertiefung bestimmt. Linien lassen sich aber auch flächig ausführen, z. B. aufzeichnen, aufkleben oder farbig gestalten. Sie müssen nicht auf Teilflächen begrenzt bleiben, sondern können über mehrere Schubladen hinweg, über Tischgestelle oder -beine geführt werden. Unterschiedlich geformte Kerben oder Nuten können miteinander oder mit aufgedickteten Profilen kombiniert werden.

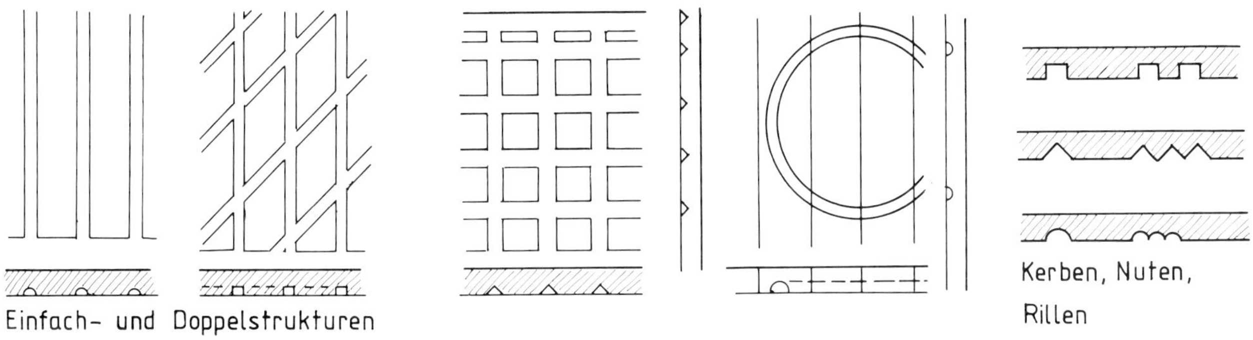

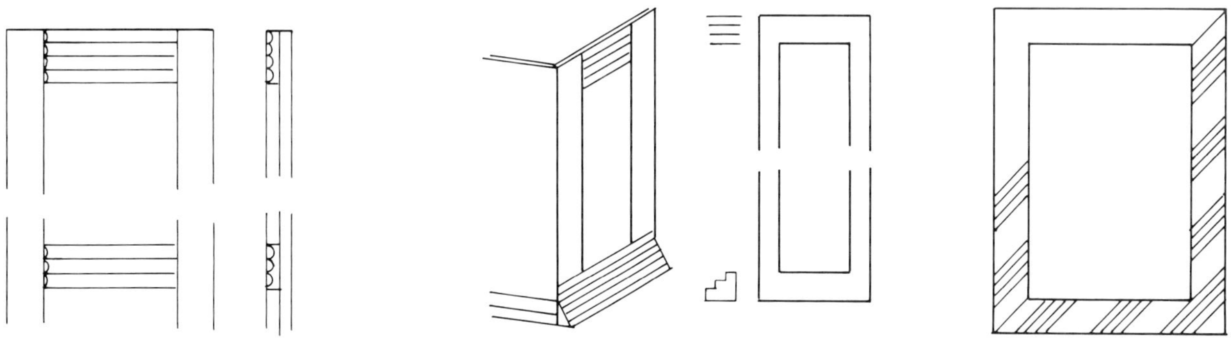

Geometrische Formen sind nahezu zeitlos. Sie lassen sich daher auch gut für Ausschnittformen heranziehen. Bevor man sich für eine bestimmte Form entscheidet, sollte man verschiedene Entwürfe miteinander vergleichen. Ihre Wirkung hängt nicht nur von den Formen und Größen, sondern auch von den Kontrasten und der Harmonie der Figuren untereinander oder vom Randabstand ab.

Die Ausschnitte entstehen entweder vor dem Zusammenbau der Teile, was technisch einfacher ist, oder sie werden aus den fertigen Flächen geschnitten, was auf Kosten der Genauigkeit gehen kann. An erster Stelle steht aber in jedem Fall ein genauer Entwurf des Möbelstücks. Er ist Voraussetzung für eine solide Konstruktion und saubere Ausführung.

Hier sind Dreieck- und Kreisformen in verschiedenen Ausführungen dargestellt, links gesägt, rechts gebohrt. Sägeschnitte lassen sich gut ausführen, wenn sie gerade sind. Bohrungen sind am einfachsten in der Fläche. An Kanten muß man eventuell durch Zulagen der Bohrerspitze Führung bieten.

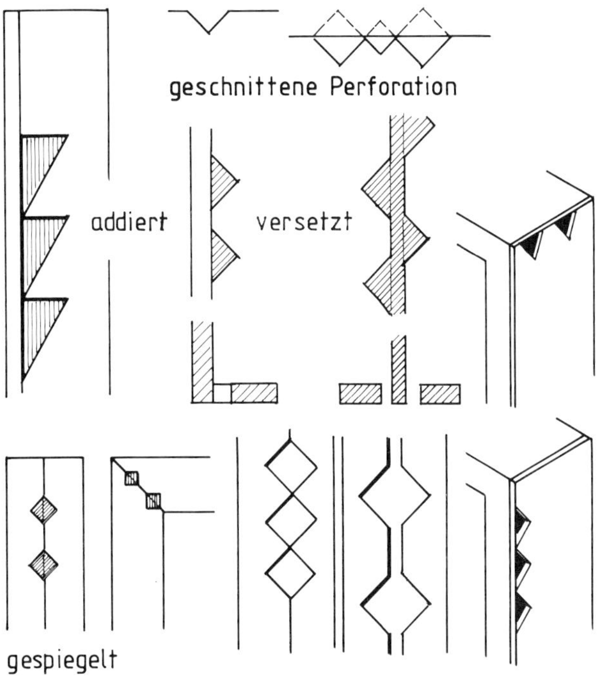

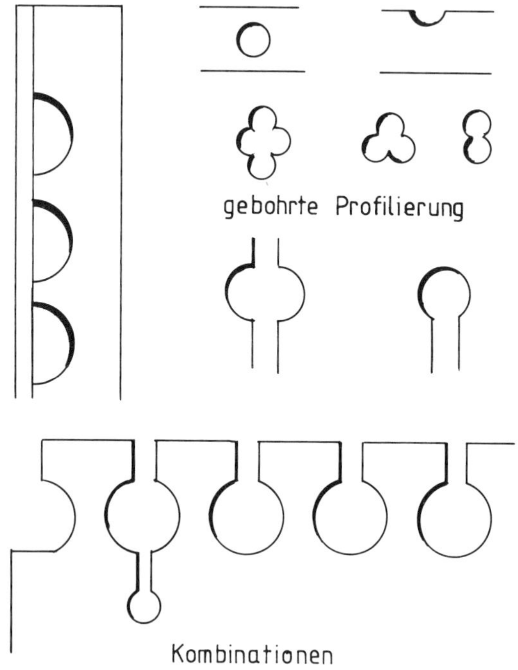

Die Ausschnitte lassen sich so zusammenfügen, daß sie sich ergänzen, spiegeln oder gegeneinander versetzt sind. Sie sind an Längskanten, Querstücken und auch an Gehrungen denkbar. Dreieckformen und ihre Kombinationen wirken im Vergleich zu runden Formen aggressiv.

Ausschnitte können mit Sprossen und Stäben erweitert werden. Auf diese Weise lassen sich viele Ornamente gestalten.

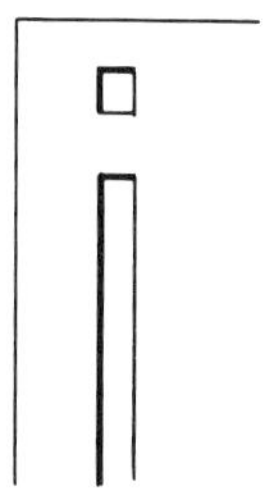

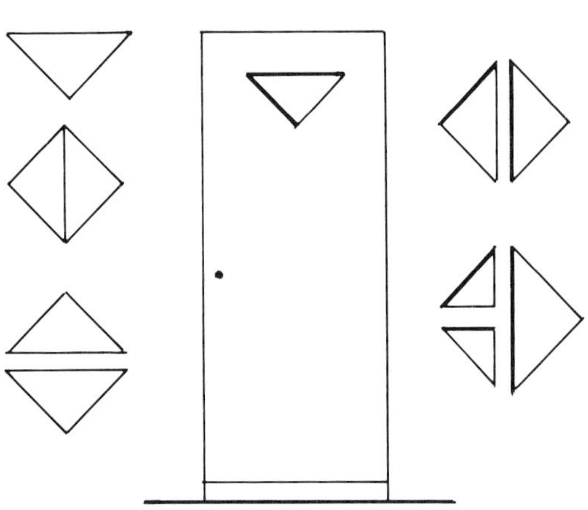

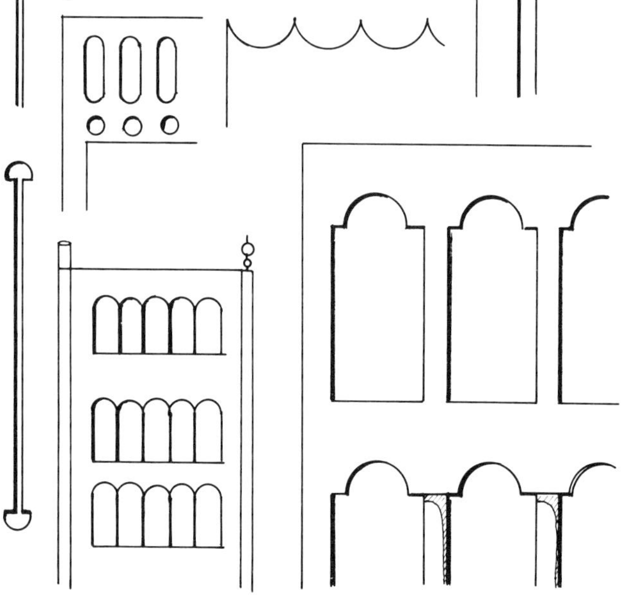

Schrank mit großem Kreisausschnitt in der aus waagerechten Brettern zusammengesetzten Rahmentür. Im Kreis läuft eines dieser Bretter durch und trifft sich in der Mitte mit einem senkrecht in der Mittelachse hochgeführten Brett. Die Anzahl der Bretter und Fugen ist variabel, auch die Lage des durchlaufenden Bretts im Kreis.

Runden Formen kann man Richtung geben, indem man sie gliedert: sie können waagerecht oder senkrecht halbiert, geschnitten, geviertelt werden. Quadratische Formen lassen sich auf die Spitze stellen. Wenn Ausschnitte sehr klein gehalten werden, ist ihre Gruppierung wichtiger für den Gesamteindruck als ihre Form.

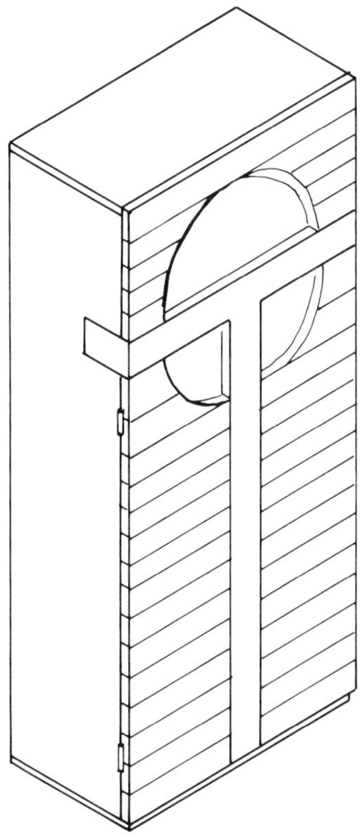

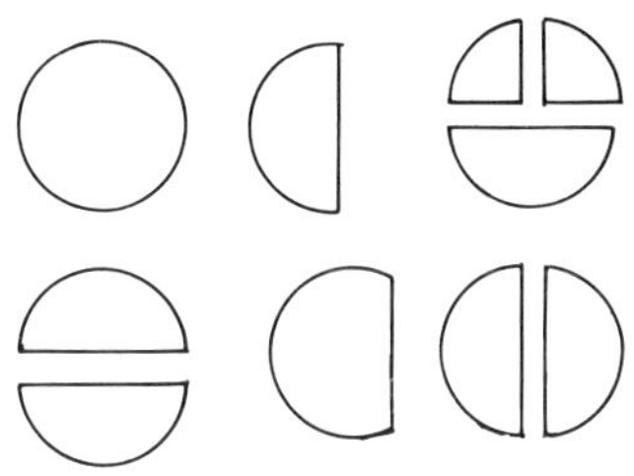

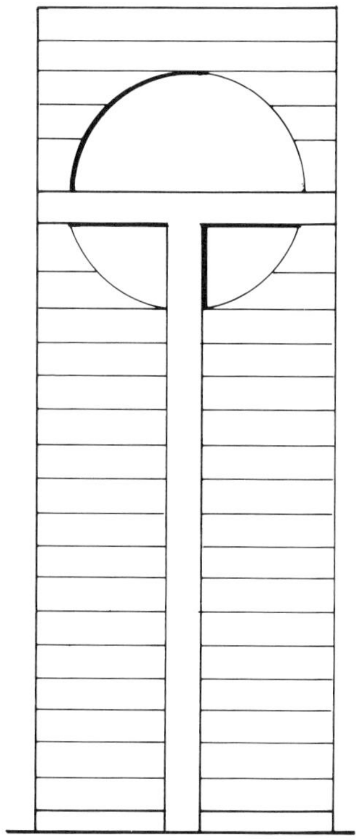

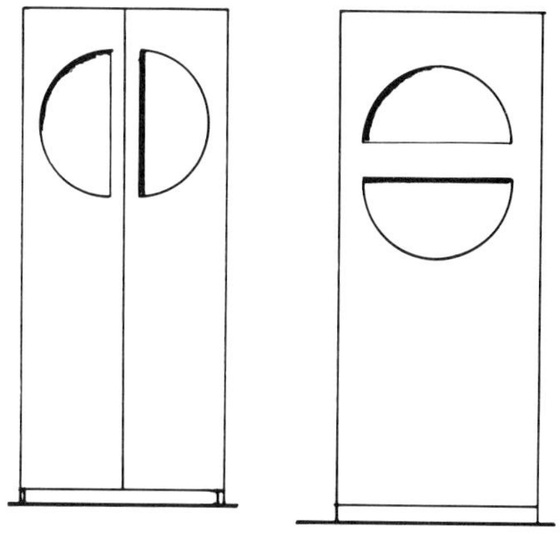

Formale Varianten der Kreisausschnitte bei unterschiedlichen Schrankformen.

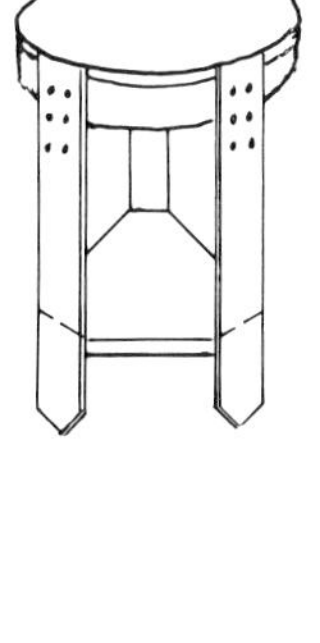

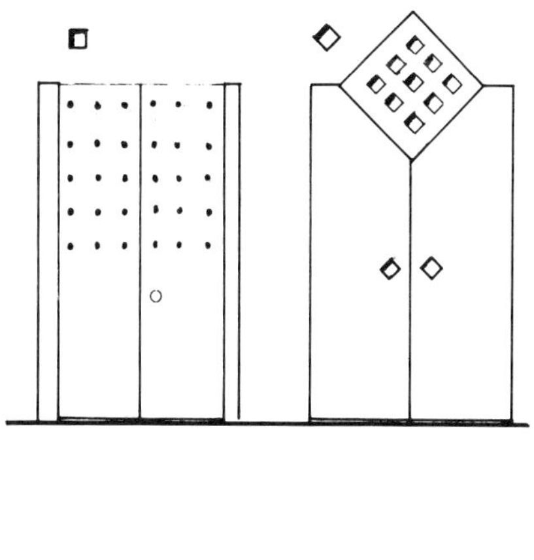

Bei den Beispielen dieser Doppelseite sind quadratische Ausschnitte in Reihen gruppiert, in Fugen eingelassen oder als große Rahmen ausgebildet. Brettstollenkonstruktionen kennzeichnen viele der Seitenteile. Der Schrank links oben hat breite Lisenen und an der Tür doppelte Rahmenbretter, die im Sockelbereich abgestuft sind und oben stumpf unter dem Querbrett enden. Bei der dreiteiligen Kommode in der Mitte sind die oberen Türen und die hinterlegten Ausschnitte in den unteren Teilen quadratisch. Der rechte Schrank hat schmale Brettseiten, die Tür quadratische Aussparungen in den unteren Ecken, wo sie vor den Sockel schlägt, und in der Mitte oben. Dort sind die Ausschnitte hinterlegt.

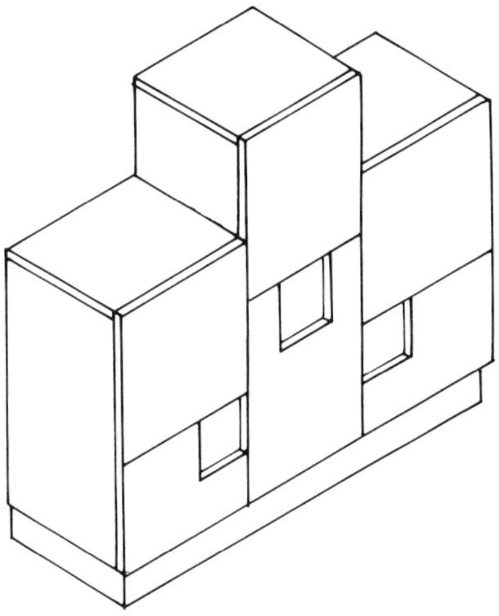

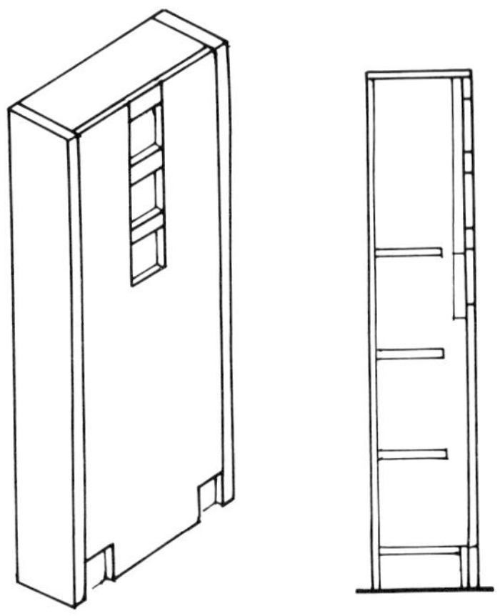

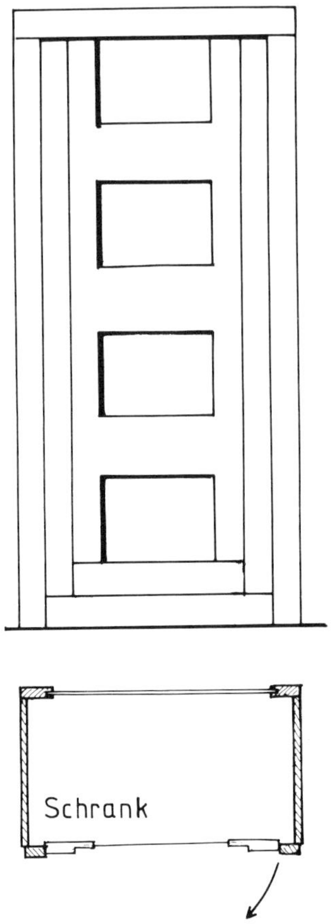

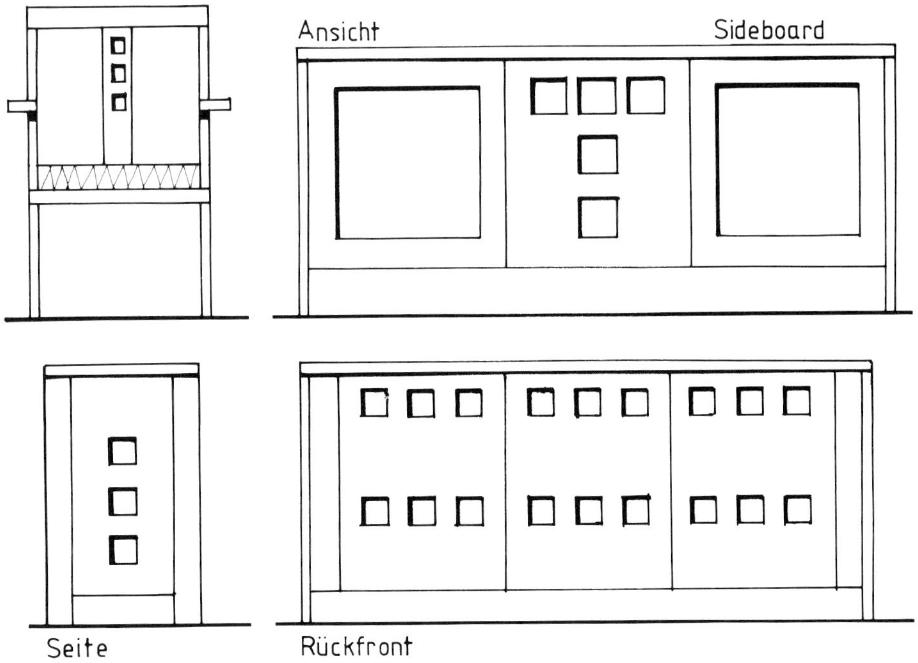

Quadratische Ausschnitte in der Front, den Seiten und der Rückwand kennzeichnen die Anrichte in der Mitte. Sie kann frei im Raum stehen.

Für die Ausschnitte in den Seitenflächen dieser Anrichte wird im unteren Teil mit zwei Dickten gearbeitet. Die Einzelteile werden sauber ausgeschnitten und miteinander verleimt. Die Türen sind innen durch Schraubleisten gerade gehalten, die Schubkästen verdübelt. Der Schrank unten lebt von der Spannung zwischen dem großen und den kleinen Quadraten, die als Ornamentband bis auf die Seiten geführt sind.

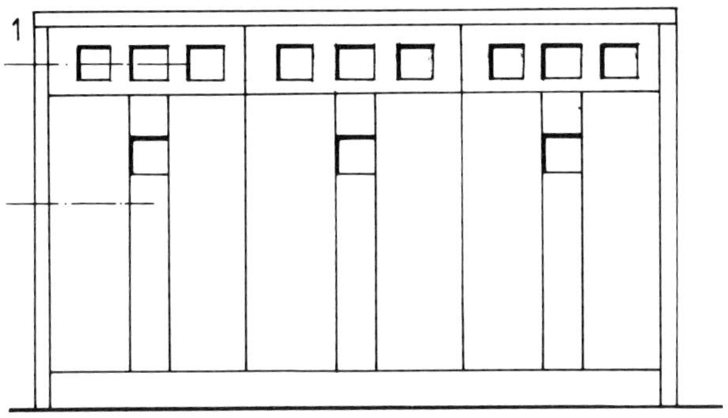

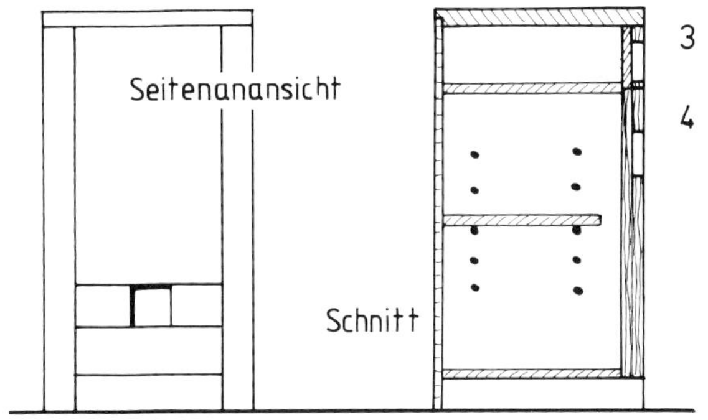

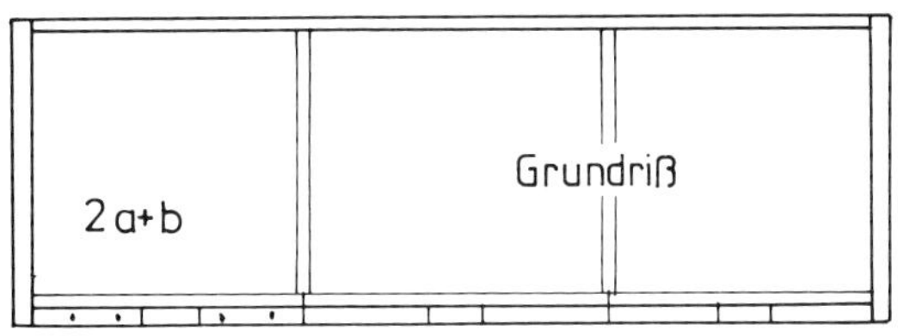

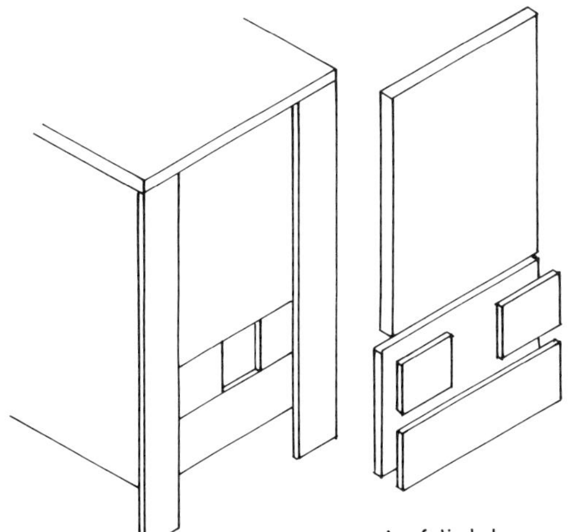

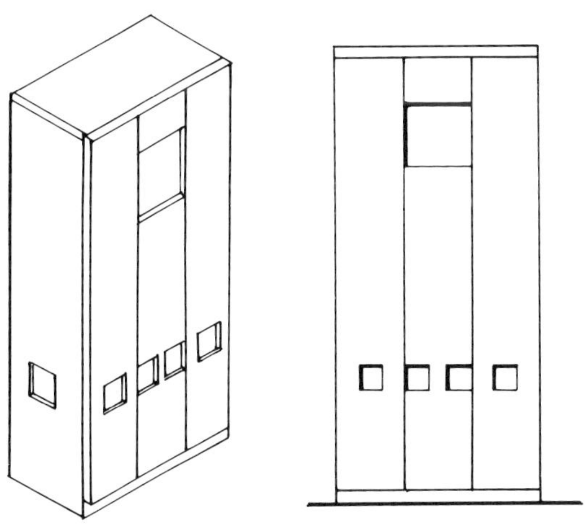

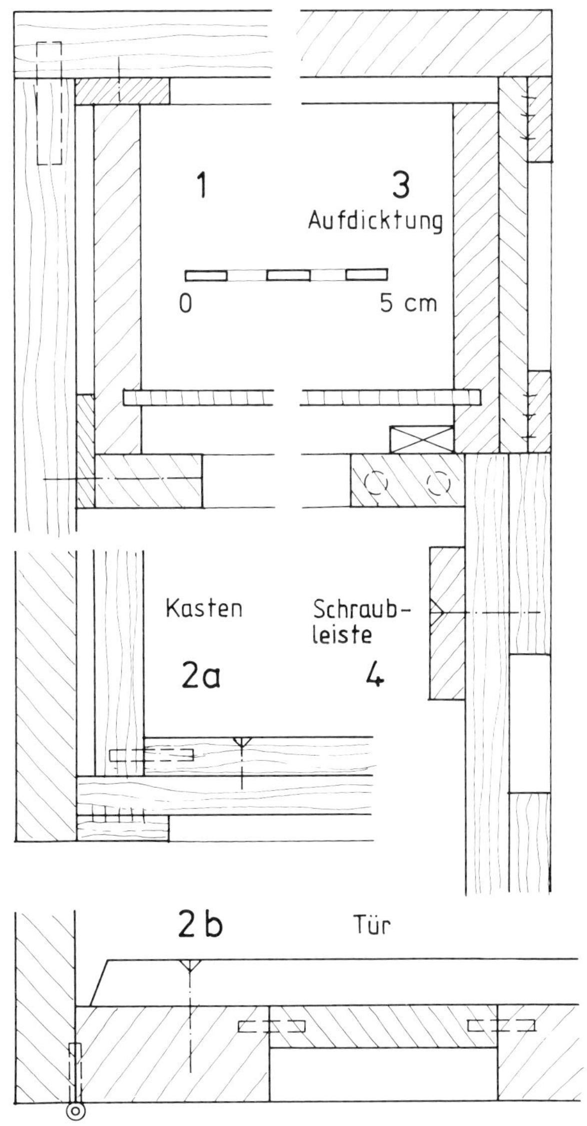

Schrank in Brettbauweise mit vorn verstärktem Oberboden und stumpf vorschlagender Tür. Profile sind oben an den Seiten und vorn am Sockel vorgesetzt. Ihren Ausschnitt erhält die Tür gleich beim Verleimen der Bretter, wobei die Brettfugen je nach Gestaltungsabsicht gefast und dadurch betont werden können. Die Sprossen sind bündig mit der Türfläche eingesetzt. Sie werden oben eingedübelt und unten seitlich angeleimt, der Kreuzstoß im oberen Feld ist ausgeklinkt.

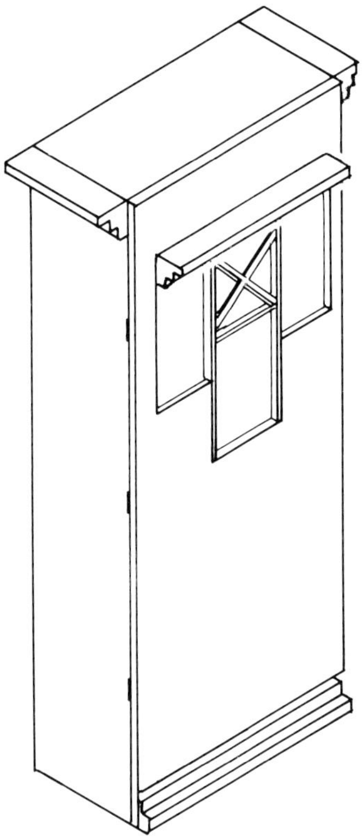

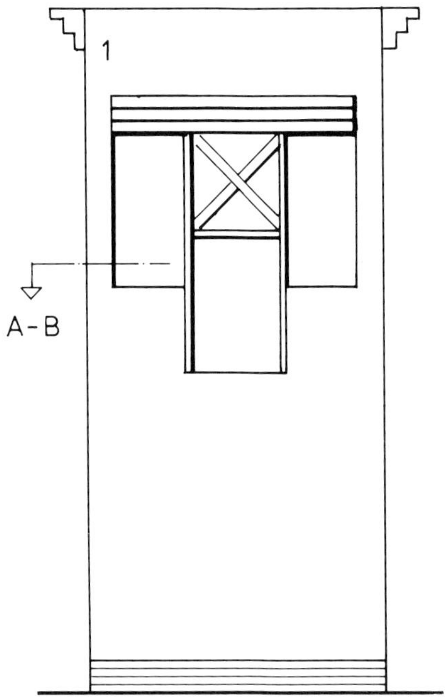

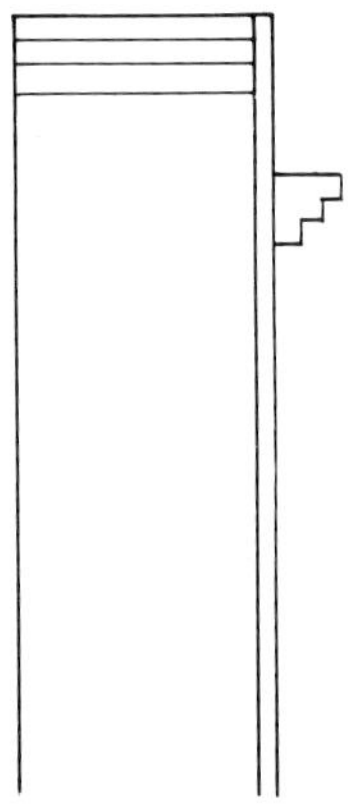

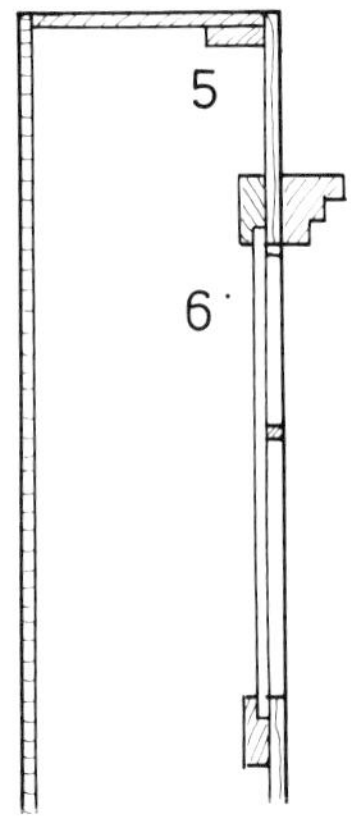

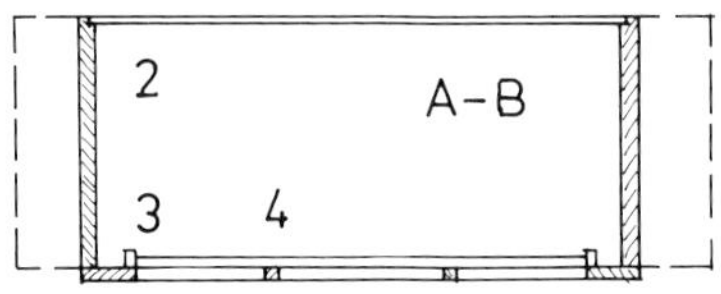

Der untere Schrank ist eine Variante zum oberen. Die Kranzprofile sind nicht auf Gehrung gearbeitet, sondern enden stumpf und bilden mit ihren Hirnholzflächen einen rechten Winkel. Der halbrunde Türausschnitt ist mit jalousieartigen Leisten gefüllt. Dahinter ist ein Leistenrahmen geschraubt, in den eine glatte Füllung eingesetzt wird.

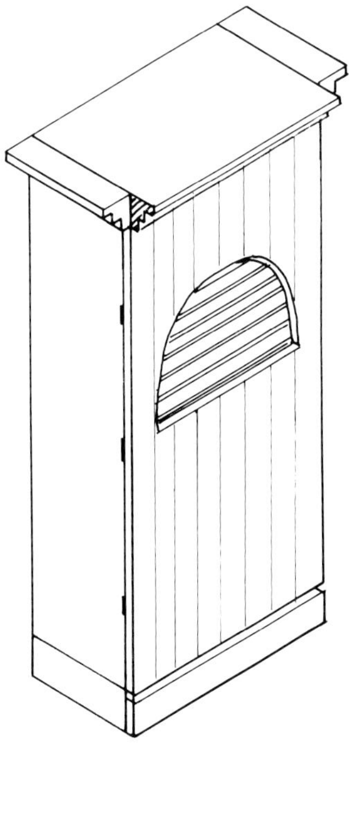

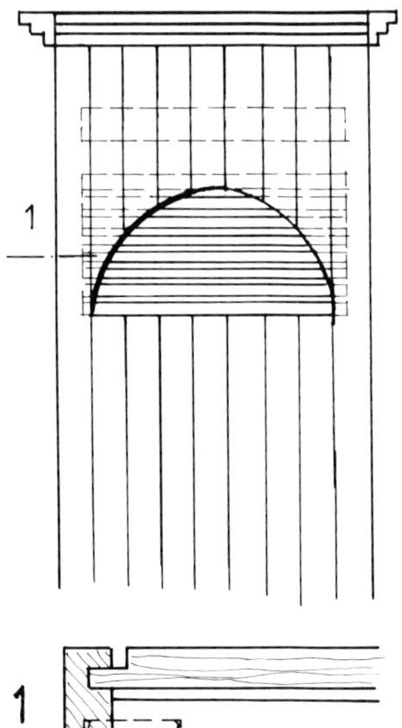

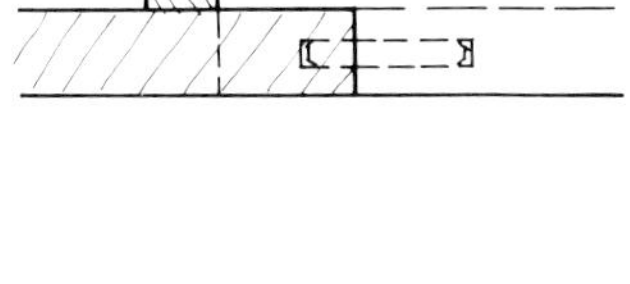

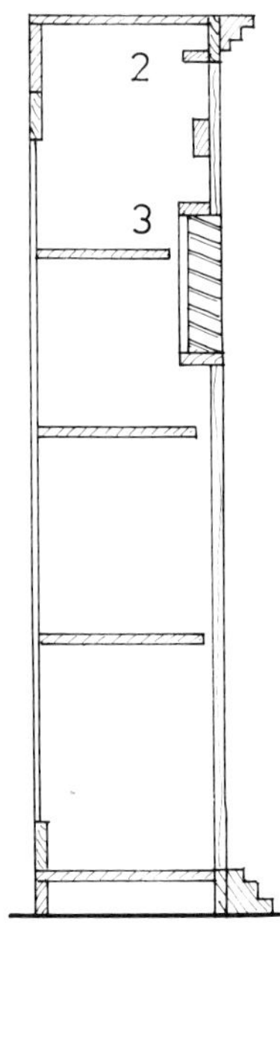

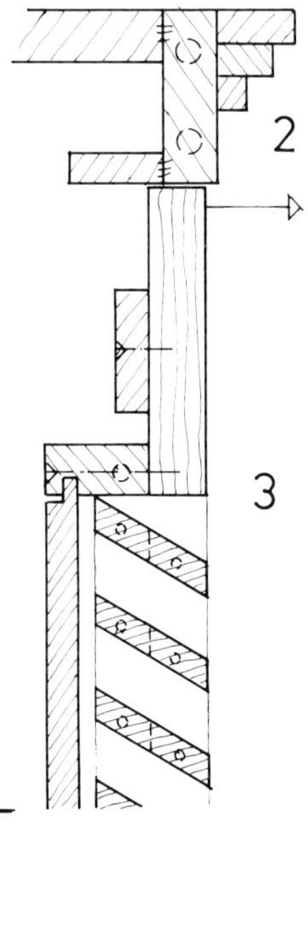

Die Profilleisten an den Seiten und an der Tür werden nur an einem Ende festgeleimt und an dem anderen mit Schrauben in Langlochschlitzen gehalten, damit die großen Flächen frei arbeiten können.

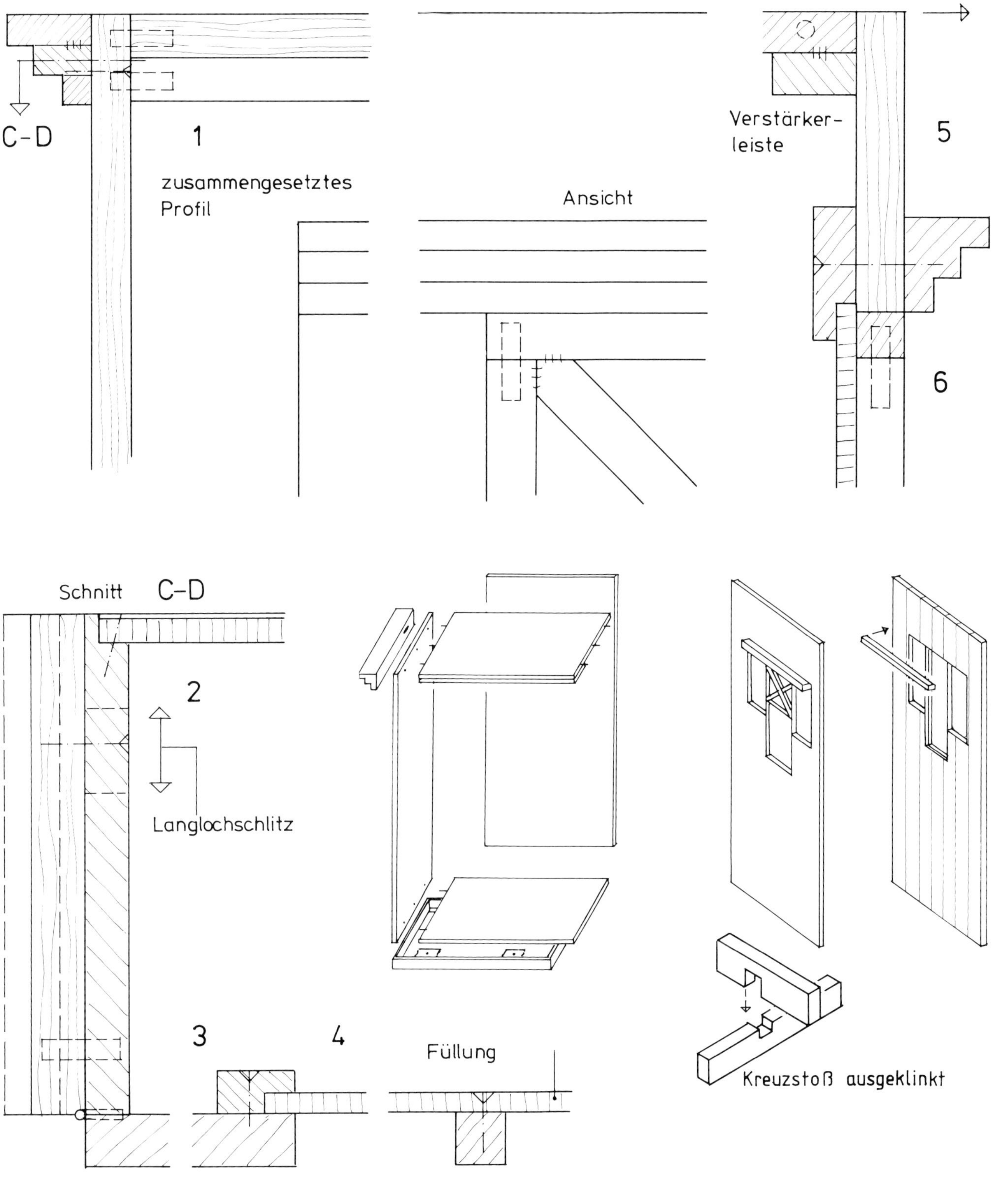

Auf einem gemeinsamen Sockel sitzen ein hoher Seitenschrank und ein zweitüriger Unterschrank mit geschweiftem Oberteil. Der Reiz dieses Möbels beruht eindeutig auf dem Schwung des Oberschranks. Seine Herstellung stellt für den Freizeithandwerker eine Herausforderung dar und steht daher am Schluß dieses Buches.

Die Querhölzer der Rahmentür sind geschweift und mit den senkrechten Rahmenbrettern verdübelt.

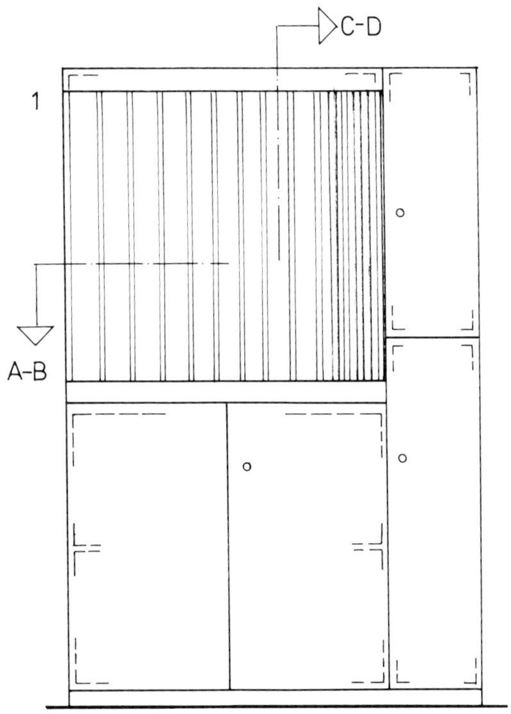

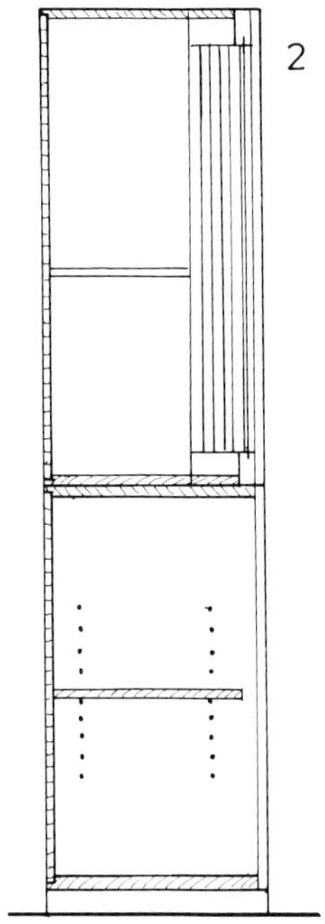

Schnitt C-D

Für die Türfüllung gibt es mehrere Möglichkeiten: geschlossene Füllung mit schmalen Leisten, miteinander verbunden durch Nuten und Federn; offene Fülllung mit Stäben, in den geschweiften Rahmen eingebohrt; Aufdicken von Stäben oder Leisten, die mit Stoff hinterlegt werden; geschlossene Füllung mit biegsamem Material, das in einen Falz eingesetzt und hinten von Leisten gehalten wird.

Die Konstruktion der Schränke ist einfach. Die Teile werden einzeln vorgefertigt und dann zusammengebaut. Die Verbindungen sind gedübelt, die Rückwand ist in einen Falz eingesetzt und gibt dem Möbel Stabilität.

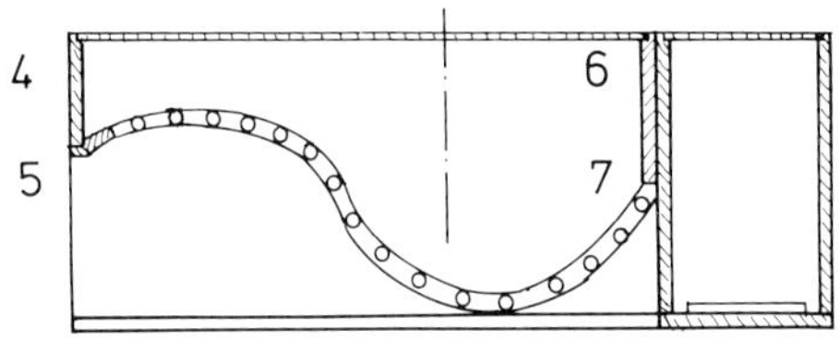

A–B

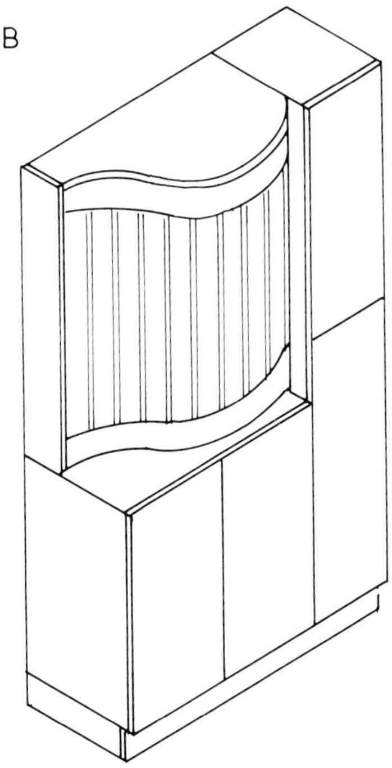

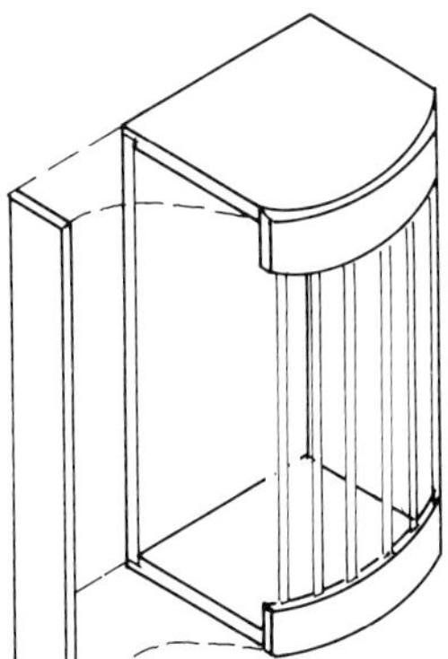

isometrischer Schnitt

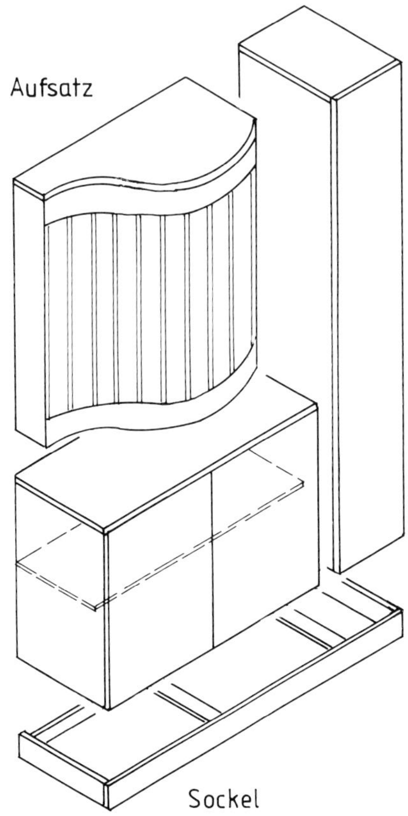

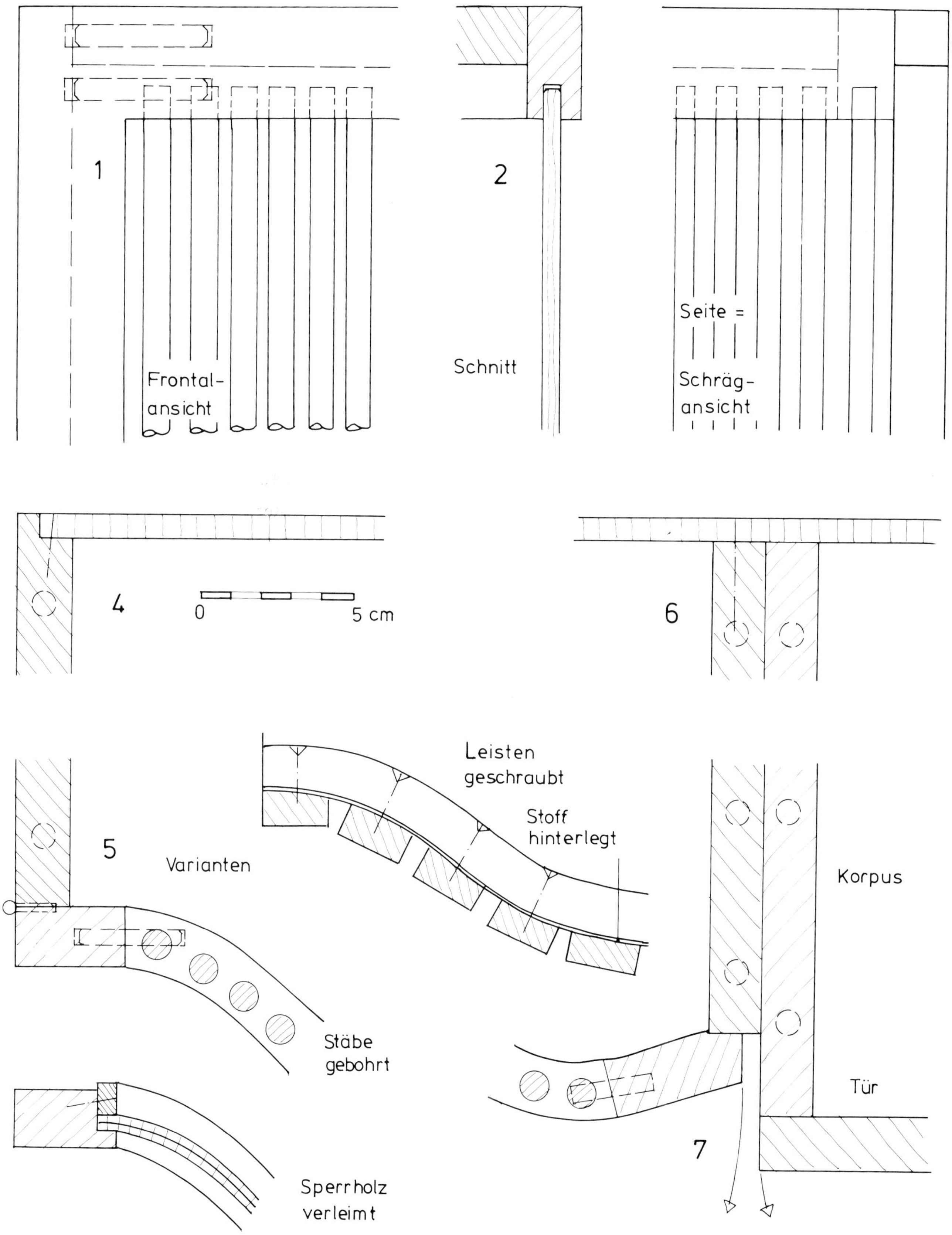
1
Frontal-
ansicht
2
Schnitt
Seite =
Schräg-
ansicht
4
0
5 cm
6
5
Varianten
Stäbe
gebohrt
Sperrholz
verleimt
Leisten
geschraubt
Stoff
hinterlegt
Korpus
Tür
7